외식경영사례

김영식
전용수
전규미

공저

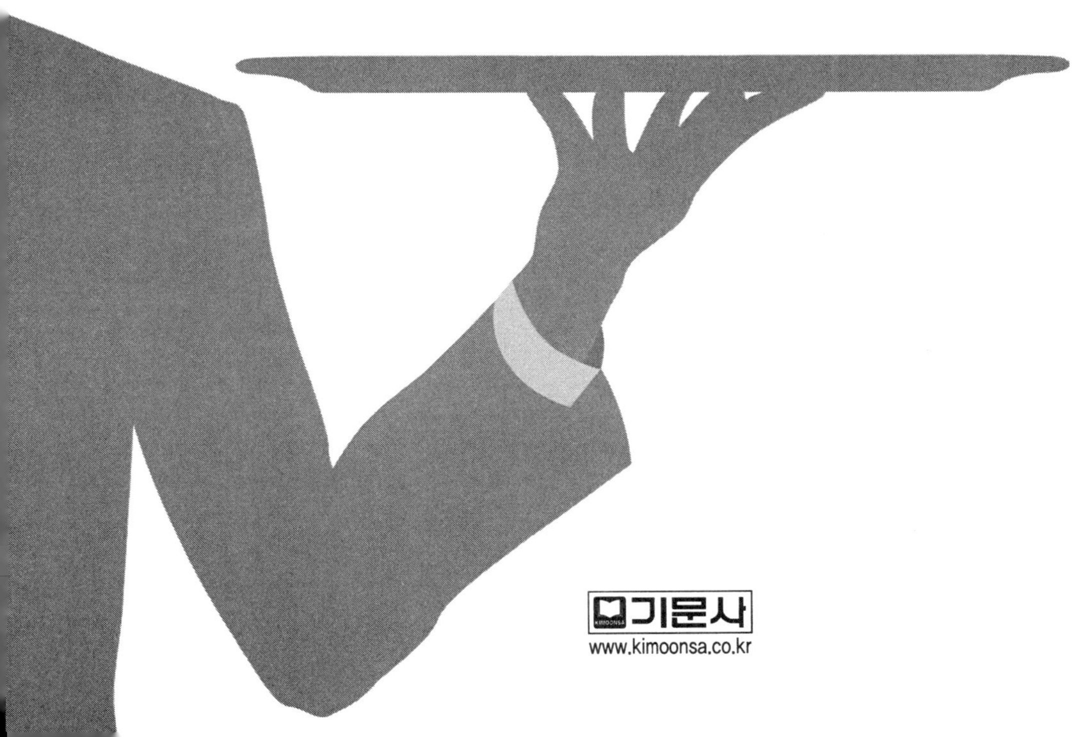

기문사
www.kimoonsa.co.kr

머리말

2015년도 국내 외식 트렌드는 '로케팅 소비, 먹방 신드롬, 한식의 재해석'으로 꼽혔다(한국농수산식품유통공사, 2014년 국내 외식 트렌드 조사용역 보고서). 또한 'SNS 사진 공유, 배달 · 테이크아웃 음식, 체험형 소비'와 함께 '한식 뷔페, 로컬 푸드, 웰빙'이 여전히 대세로 자리 잡고 있으며, '가치소비, 스몰 럭셔리(Small Luxury), 소비보상심리'와 '소비양면화, 경기침체, 소비위축' 등은 우리나라 외식산업의 현주소를 가늠할 수 있다.

60년대 이후, 급속한 경제발전과 함께 성장한 우리나라의 외식산업은 이제 국내 시장을 넘어 세계시장 진출을 적극적으로 추진하고 있으며, 국내 외식시장은 양적으로나 질적으로 괄목할 만한 성장을 이루었다.

과거 서민들의 사업영역이었던 외식업이 다국적 기업, 대기업의 참여로 빠르게 산업화되고 있으며, 인력에 대한 의존도를 줄이고 시스템으로 운영하는 음식판매점들이 대세를 이루고 있다. 이처럼 외식시장의 지형은 급속도로 변모하고 있다.

2013년에 발표된 국세통계로 본 외식업의 시장규모는, 대략 136만 명이 외식업에 종사하고 있으며, 신고된 외식업 시장규모는 약 84조이다. 보통 GDP의 30%를 지하경제라고 하는데 신고된 금액을 70%로 가정한다면 현재 외식업의 추정규모는 약 120조에 달한다고 볼 수 있다.

그러나 최근, 지속적인 경제성장률 둔화 및 민간소비 위축은 외식업 경기 침체의 주요인으로 작용하고 있으며, 꾸준한 외식업 공급과잉과 이로 인한 경쟁심화 역시 외식업의 경기회복세를 둔화시키고 있다.

그럼에도 외식사업은 여전히 21세기 유망사업 중의 하나다. 퇴직자와 전업 희망자들이 가장 선호하는 업종이 외식업이며, 청년창업의 1순위를 차지하고 있다. 그러나 아무리 유망한 사업이라도 많은 사람들이 몰려들면 경쟁이 치열해지고 따라서 성공하기란 어려워지는 것이다.

외식업 환경에 대한 철저와 이해와 분석, 준비 없이는 경쟁 속에서 살아남을 수 없으며 외식업의 급격한 환경변화에 슬기롭게 대처해 나가지 않으면 안 되는 상황에 직면해 있다.

이에 본 교재는 외식업에 대한 실상을 제대로 알고, 외식업에 진출하기 위해서는 어떠한 준비를 해야 손실을 최소화하는지 익히는 '지침서' 역할이 되고자 한다.

다양한 업종 · 업태의 외식경영사례를 답습하는 것에 머무는 것이 아니라, 더 면밀히 검토하고 분석하고 연구하고자 하며, 급변하는 외식사업의 환경파악, 외식업소의 문제점과 실패원인, 나아가 문제해결을 위한 대안 제시 등의 능력을 함양시키는데 일조하고자 한다.

향후 외식업계의 진출 및 창업을 준비하는 많은 분들에게 '타산지석' 이란 말처럼, 다양한 분야의 외식경영에서 실패와 성공사례를 체득하여 장점을 취하고 단점을 반면교사로 삼아 예비경영자나 예비창업자가 경영하거나 운영하고자 하는 사업체에 도움을 주고자 한다.

본 교재의 구성을 보면 다음과 같다.

- 도너츠 : 던킨도너츠, 크리스피크림
- 분식 : 스쿨푸드
- 슬로우푸드 : 본죽
- 전문레스토랑 : 매드포갈릭, 블랙스미스
- 치킨전문점 : 교촌치킨, 비비큐치킨
- 카페문화공간 : 민들레영토
- 커피전문점 : 엔제리너스, 카페베네
- 패밀리레스토랑 : 애슐리
- 피자전문점 : 도미노피자, 미스터피자
- 한식 : 불고기브라더스, 비비고

많이 부족하고 부끄럽다. 많은 분들의 진심어린 충고와 조언을 기다린다. 또한 차후 더욱 보완 · 발전시켜 좋은 지침서가 될 것을 약속드린다.

끝으로 본 교재가 출간될 수 있도록 지도와 조언을 아끼지 않으신 많은 분들에게 감사드리며, 기문사 가족 여러분께도 진심으로 감사의 인사를 드린다.

2015년 공동저자

Contents

차례

04_본죽 • 97

05_매드포갈릭 • 127 Mad for Garlic

06_블랙스미스 • 151 black'smith

07_교촌치킨 • 175

08_비비큐치킨 • 195

09_민들레영토 • 215

10_엔제리너스 • 239

11_카페베네 · 271

12_애슐리 · 299

13_도미노피자 · 321

14_미스터피자 · 337

15_불고기 브라더스 · 359

16_비비고 · 391

01

던킨도너츠

DUNKIN' DONUTS

던킨도너츠

1 던킨도너츠 소개

1) 던킨도너츠란?

던킨(dunkin)이라는 말은 우리말로 "적시다", 즉 과자나 빵을 적셔 먹는다는 의미이다. 던킨도너츠의 이름이 유명해진 이유는 예전에 유명했던 여배우, "Mae Murray"가 뉴욕의 한 점포에서 우연히 도너츠를 커피에 떨어뜨리게 된 계기로 널리 알려지게 되었다.

2) 역사

던킨도너츠의 창시자 빌 로젠버그는 2차 세계대전 중에 노동자들에게 간편한 음식을 제공할 필요성을 느껴, 1946년 5,000불을 투자해서 노동자를 위해 새로운 점심메뉴로 도넛과 커피를 서비스하였다.

그리하여 1950년에 메사츄세츠, 퀸시에 "Open Kettle"이라는 이름으로 첫 점포를 열었으며, 상당한 인기를 끌며 지속적으로 점포를 확장하였다. 그 당시 대부분의 도넛점포들은 3~4가지의 단순한 아이템만 갖고 있었고 커피도 취급하지 않았기에 빌 로젠버그는 다양한 도넛 개발과 질 좋은 커피 빈 공급에 매진하여 1955년에 가맹 1호점을 개설하게 되었다. 1963년에는 100개의 점포에서 천만 불의 매출을 기록하였으며, 1970년에는 일본에 1호점을 개점하였다.

1978년에 첫 TV광고를, 1979년에는 방콕에 세계 최대의 도넛 전문매장을 운영하며 사업을 확장하였고, 그 후 세계적 식품회사인 Allied Domecq를 인수하며 국제적인 브랜드로 성장하였다. 1994년에는 커피의 다양화를, 1998년에는 여름 음료인 쿨라타를 출시하여 다양한 도넛 개발 못지않게 음료 부분에도 많은 투자를 하였다. 2000년도에는 창립 50주년과 더불어 5,000번째 매장을 인도네시아 발리에 세우는 등 세계 최고의 도넛과 커피브랜드로써 세력을 확장하고 있다.

'가장 좋은 상품을 가장 신선한 상태에서 판매한다.'는 기업 이념으로 세계 최대의 도넛&커피 전문 브랜드이다. 2012년 9월 자료를 기준으로 60여 개 국가에서 16,000여 개 매장이 운영 중이며, 미국에만 6,700여 개 매장을 운영하고 있다.

3) 명칭 및 로고의 기원

'던킨도너츠'를 '던킨커피'에 DUNK IN하여 먹는다는 의미가 있으며 이는 던킨도너츠는 던킨커피에 어우러져 먹을 때 가장 제 맛을 느낄 수 있다는 것을 뜻한다.

던킨도너츠의 로고는 흰색 바탕에 화려한 오렌지색과 마젠다색으로 구성하여 세계 사람들이 항상 젊음을 느낄 수 있도록 만들었다.

2 시장 환경 분석

1) 경제적 환경

경제성장률이 낮은 수치를 보이면서 국민들의 소득이나 지출이 줄어들었고, 이런 현상이 지속될 경우에는 던킨도너츠의 매출 활동에 악영향을 미칠 수 있다.

2) 사회 · 문화적 환경

독신자 증가, 맞벌이부부의 증가, 늦어지는 결혼시기 등으로 인한 라이프스타일의 변화로 서구식 식생활과 혼자 먹는 식사가 증가하고 있다. 또한 소비자들은 건강을 중시하는 트렌드로 변화하고 있다.

3) 도넛시장 환경

2004년 롯데쇼핑이 도입한 미국의 크리스피크림 도넛이 매년 200% 이상의 급성장세를 보이고 있으며 대기업들이 잇따라 도넛 시장에 뛰어들고 있다.

4) 내부 환경 분석

최근 Life Style의 변화와 개인소비수준의 증가에 따른 외식업계의 빠른 성장세에 힘입어 외국합작투자 형식의 다양한 프랜차이즈 체인점들이 등장하고 있다. 드넛을 전문적으로 취급하는 가장 큰 브랜드로, 업체 선두의 위치를 확고히 하기 위해서는 철저한 환경 분석에 따른 마케팅 전략수립이 필요하다.

(1) 베이커리 산업의 오랜 노하우

(주)샤니는 제과제빵의 분야에서 30년이 넘는 오랜 노하우를 가진 회사로 기존의 제품생산능력 활용이 가능하고, 탄탄한 기술력을 바탕으로 미국 본사에서 원하는 수준의 기대치에 충분히 부합하므로 국내에서는 가장 적합한 업체라고 여겨진다. 또한 미국본사 던킨과의 협의 하에 자체적으로 한국인의 입맛에 맞게 도넛 출시가 가능하다. 하지만 현재 한국적인 맛의 도넛 출시는 미미한 실정이다.

(2) 선점효과, 직접적인 경쟁자 전무, 높은 M/S

던킨도너츠의 국내 진출 시점인 1993년 당시 국내 도넛 시장은 전무한 실정이었다. 하지만 이때의 도넛시장 선점은 던킨으로 하여금 지금까지 거의 절대적인 도넛시장의 우위(도넛시장의 70% 이상)를 지키고 있다.

사람들에게 '던킨=도너츠' 라는 콘셉트가 강하게 인식되어 있다. 이는 도넛 시장의 선점으로 인한 다른 신규 경쟁사의 진입을 어렵게 만들어 던킨으로 하여금 무난한 현상유지 정책만으로도 매출의 지속적인 성장을 기대할 수 있는 요소로 작용하고 있다.

이러한 던킨의 강한 도넛에 대한 이미지는 나중에 살펴볼 커피에 대한 인식 미비와 함께 던킨이 해결해야 할 과제로 부각되게 된다.

(3) 두터운 충성고객 확보

던킨은 이름 알리기에 긴 기간을 거치면서 지속적인 매출 증가 추세를 보여 왔다. 이는 매장 절대 수의 증가로부터도 기인하지만 매장당 평균 매출액의 증가 추세로 보아 상당한 충성고객을 확보했다고 할 수 있다.

젊은이들로 구성된 이 충성고객층은 향후 커피 판매에도 충성고객이 될 확률이 높은 계층이다. 도넛에 대한 충성고객층은 커피를 항상 도넛과 함께 먹고 있다는 것으로부터 알 수 있다.

(4) 브랜드가 제품의 카테고리로 인식

브랜드 자체가 새로운 카테고리로 인식되는 것은 패스포트의 예에서 알 수 있듯이 기존 제품과의 직접적인 경쟁 구도 없이 상당한 시장을 확보할 수 있는 이점이다. 도넛의 경우 우리나라에서는 베이커리점에서 판매하는 도넛이 전부였다고 할 수 있다. 이러한 시장 상황에서 한국에 진입한 던킨이 도넛이라는 새로운 제품 카테고리를 형성했다는 것은 상당한 선점 효과를 누릴 수 있다는 것을 의미한다.

3 한국의 던킨도너츠

1985년 태인 샤니 그룹(現 SPC그룹)과 영국의 Allied Domecq그룹의 합작투자로 설립된 BR KOREA㈜는 1985년부터 '베스킨라빈스 31' 프리미엄 아이스크림으로 현재까지 520여 개의 점포를 운영 중이며, 던킨도너츠 인터내셔널과는 1993년 합작 사업을 실시하여 매년 급속한 신장을 하였다.

2001년 5월에는 Allied Domecq에서 전 세계의 베스킨라빈스와 던킨도너츠를 대상으로 경영 전반에 관해 우수 국가에 수여하는 'Challenge of Excellence' 부문에서 두 브랜드 모두가 최우수상을 수상하여 화제가 되었다.

그리하여 던킨도너츠는 철저한 현지화 전략으로 국내 소비자의 입맛을 사로잡고, 최근 웰빙 흐름에 맞춘 다양한 메뉴의 개발과 함께 커피 등 음료 부분을 집중 강화하고 유기농 및 천연 재료로 만든 웰빙 도넛 제품과 저칼로리 고농축 과즙 음료 등 다양한 제품을 출시함으로써 더욱 성장해나갔다.

현재 국내에서 전문적으로 도넛만을 판매하는 매장 형태의 도넛 시장에서는 던킨도너츠가 90% 이상의 독보적인 점유율을 가지고 있다. 현재 국내에서 영업을 하는 도너츠 시장의 모든 제품들은 사실상 '던킨도너츠'에서 파생하였다고 해도 과언이 아니다. 제품의 외형은 흡사한 편이나, 미국 던킨도너츠 본사에서 직수입된 원료로 생산한다는 것이 저가의 국내 원료를 사용하는 국내 제조업과 다른 점이다. 제품 종류도 50가지 이상의 다양한 도넛과 커피, 던킨도너츠만의 계절 음료 등을 보유하고 있다.

4 Basic 전략

1) 미국 시장 확대와 과소 진출한 세계 주요 지역에 진출

매장의 확장을 통해 어느 지역에서나 던킨을 볼 수 있기에 소비자들에게 친숙하게 다가갈 수 있다. 고객이 던킨도너츠의 제품을 언제, 언제든지 간편하게 즐길 수 있게 함으로써 생활 속의 던킨이라는 이미지를 심어준다.

2) 커피 음료의 판매 비중 강화(던킨커피 마케팅)

던킨의 매출 구조는 음료 50%, 도넛 20%, 식사류(베이글, 샌드위치, 머핀 등) 30%로, 음료 시장 특히, 커피 시장에서 1위로 올라서기 위해 노력 중이다.

시장조사 전문기업 '매경리서치'와 '엠브레인'이 전국에 거주하는 만 20~49세 남녀 922명을 대상으로 한 '커피 소비행태와 이용 매장 만족도 조사'에서 나온 결과 한국인이 커피를 마시기 위해 가장 많이 이용하는 곳은 스타벅스이며, 던킨도너츠 · 맥도날드 등 비전문 커피 매장의 저렴한 커피도 시장에서 선전하고 있는 것으로 나타났다. 커피를 마시기 위해 주로 이용하는 곳은 스타벅스(33.4%), 던킨도너츠(16.6%), 커피빈(10.8%), 맥도날드(8.5%) 순이었다. 커피는 주로 점심식사 후에(41.1%), 매장 안에서(51.2%) 마시는 사례가 많았다.

■ 커피를 마시기 위해 주로 이용하는 곳 (단위=%)

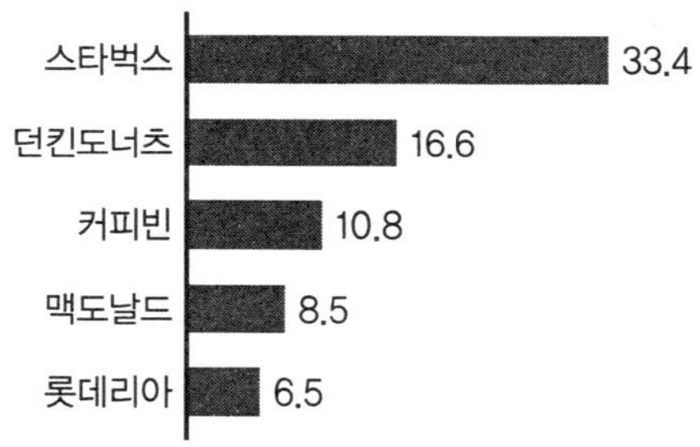

커피 맛보다는 접근성이 단골 커피판매점을 주로 이용하는 이유로 꼽혔다. 가격 · 커피 맛 · 매장분위기 등 전반적인 만족도는 스타벅스(28.2%)가 가장 높았고, 던킨도너츠(16.5%), 커피빈(12.9%), 맥도날드(7.6%), 엔제리너스(6.8%)가 뒤를 이었다. 만족하는 이유로 던킨도너츠는 커피 맛(32.2%)과 메뉴종류(23%), 가격(21.1%) 등을 꼽았다(2009년 2월 Trend Monitor).

3) 기호식품에서 식사 대용식품으로 리포지셔닝

예전엔 '도넛이 먹고 싶다' 라는 생각으로 던킨도너츠를 찾았다면 이제는 도넛을 바쁜 현대인의 생활에 아침, 점심식사 대용으로 끼니를 해결할 수 있는 식사 대용식품으로 제품의 구매이유를 리포지셔닝하는 계획이다.

그 결과 미국 사람들은 아침에 일어나 던킨도너츠에 들러서 던킨커피를 마시며 잠을 깨고, 던킨도너츠를 먹으며 아침식사를 하는 것이 마치 우리가 매일 아침 옷을 입는 것처럼 하나의 아침 '의식' 이 되었다. 2012년에 핫볼과 2013년 핫밀을 출시하였다.

4) 유명 인사나 캐릭터를 이용한 스타마케팅

인기스타들이 CF광고를 함으로써 고품격 도넛이라는 이미지를 소비자에게 인식시킨다. 스타의 인기는 매출상승으로 이어지기 때문이다.

5) 던킨화

소비자들의 기호에 따른 트렌드에 맞춰 시기적절한 제품을 개발한다. 다른 곳에서 트렌드를 만들어 내면 던킨은 즉시 빠른 속도로 그 제품을 던킨화하여 출시하였다. 예를 들면 스타벅스의 프라푸치노를 보고 Coolata를 출시하였고, 베이글 역시 던킨에서 출시하여 많은 매출을 올렸다.

6) 던킨+베스킨 라빈스 통합 매장(Shop-in-Shop)

같은 계열사인 베스킨라빈스와의 매장통합을 통해 고객의 기호에 맞는 다양한 메뉴 선택을 가능하게 한다. 던킨도너츠와 베스킨라빈스를 모두 운영하고 있는 비알코리아㈜가 처음으로 이와 같은 복합매장을 시도하고 있는데 젊은 세대뿐 아니라 가족단위 고객의 발길까지 이어지고 있어 앞으로 확대한다는 계획이다.

5 SWOT 분석

1) 강점(Strength)

① **제과업계 내에서의 Know-how** : 제과업계에서 단연 선두를 유지한 만큼 마케팅에 대한 자신감이 있다.

② **동종 업계에서의 독점적 위치** : 제과업계 내 독특한 상품으로 던킨하면 도넛이라는 이미지로 독점적 위치를 선점하고 있다.

③ **높은 브랜드 파워** : 도넛이라는 상품을 브랜드자체의 이미지로 확고하게 자리 잡고 있다.

④ **마케팅 능력** : 세계적인 브랜드인 만큼 마케팅 능력 또한 세계적인 수준이다.

⑤ **다른 브랜드보다 다양한 메뉴 확보**

2) 약점(Weakness)

① **던킨 커피에 대한 인식 부족** : 도넛에 대한 인식으로 굳어져 있다.

② **음료의 가격 정책** : 지나친 저가정책으로 인하여 저급커피라는 이미지, 도넛에 초점이 맞춰져 있는 인식이 있다.

③ **직접 경쟁 업체의 부재로 위기감 결여**

3) 기회(Opportunity)

① **생활 패턴의 서구화** : 소비자들의 생활패턴 변화로 밥과 된장국보다는 빵과 커피로 변하고 있다.

② **잠재적 도넛시장** : 도넛시장에서의 경쟁자가 극소하므로 갖는 도넛시장의 잠재고객 확보가 쉽다.

③ **원두커피 시장의 발전** : 경쟁자가 많은 반면 잠재적 시장의 가능성 또한 많아서 이점을 가지고 있다.

④ **Take-out 문화 성장 추세** : 간단히 먹는 도넛과 커피라는 주제로 Take-out 문화와 결부성을 가질 수 있다.

4) 위협(Threat)

① **잠재적 경쟁 업체** : 다른 커피전문점과 선점을 하고 있는 커피전문점으로 인해 새로운 메뉴인 커피시장에 대한 불안감을 갖고 있다.

② **Fast Food에 대한 좋지 않은 시각** : 많은 연구결과로 인하여 Fast Food의 문제성이 대두하고 있다.

③ **베이커리 업체의 변화** : 베이커리 업계의 탈 획일화로 인하여 도넛시장이 위협받고 있다.

④ **경기 침체** : 꾸준한 경기침체로 인한 소비심리가 위축되어 있다.

6 7P 분석

1) Product

(1) 브랜드전략

던킨의 브랜드 전략은 세계에서 제일가는 도넛과 커피전문점이 되는 것이다. 그것은 곧 막강한 경쟁사인 스타벅스에 대한 도전이기도 하다. 이들은 맛있고 신선한 도넛과 커피라는 이미지를 강조한다.

(2) 제품전략

기존의 먼치킨, 머핀, 도넛은 현상유지를 한 채로 커피, 쿨라타 등 새로 개발하는 음료에 포커스를 맞추어 다양한 제품과 질의 향상을 노리고 있다.

따라서 새로운 신제품은 베이커리 쪽보다 다양한 커피, 음료 등을 중심으로 출시하고 있다.

2) Price

주변 경쟁업체와의 시장경쟁성을 확보하기 위한 주 고객층에게 저가정책을 썼을 경우 그 메리트는 없다고 해도 과언이 아니다. 그들은 이미 던킨에 대한 충성고객이자,

던킨의 열렬한 팬이기 때문이다. 현재 주력 상품인 도넛에 대한 가격정책은 유지하되, 저가의 이미지를 탈피하여 고급 커피전문점과의 경쟁성을 확보하는 것이 중요하다. 이는 곧 커피의 가격 인상과 더불어 질의 향상을 같이 꾀하는 것을 말한다.

싼 값의 질 나쁜 커피라는 이미지는 더 이상 경쟁력이 없다고 생각한다. 가격을 올리되 질 또한 같이 업그레이드시켜 고급커피의 이미지를 만드는 것이 중요하다.

3) Place

시급하게 개선해야 할 것은 도넛만이 부각되는 매장분위기였다. 이를 도넛이 아닌 커피를 부각시킬 수 있는 매장 혹은 도넛과 커피를 공유할 수 있는 분위기의 매장으로 개선한 것은 좋은 시도라고 볼 수 있다.

다양한 매체를 통한 광고를 자제하는 대신 매장을 직장과 가정, 그 사이의 중간이라는 이미지를 만들어 갔다. 가정만큼이나 편안한 제3의 장소라는 전략이 성공한 것이다. 이러한 장소의 고급화 또는 제품의 질을 고급화하는 것만큼이나 중요하다.

(1) 핫도넛 카페

경쟁 브랜드들이 대형화된 매장만으로 카페형 매장을 불리는 것과 달리 핫도넛 카페라 불리는 카페형 매장으로 리뉴얼, 제품, 매장의 프리미엄화를 가속화하고 있다. 카페형 매장은 오픈키친 형식으로 제품을 직접 구워 소비자에게 공급할 뿐 아니라 프리미엄 음료 등을 제공하고 있다.

(2) 매장 내에서의 풀 서비스

500호점 출점을 계기로 서비스 부분을 풀서비스 방식으로 혁신했다. 기존의 소비자가 직접 고르는 서비스가 아닌 근무자가 직접 고객의 도넛 선택을 돕는 도넛 풀 서비스 개념을 도입했다.

(3) 유통가나 대학가 중심-고객 세분화에 따른 마케팅으로 젊은 층 공략

주요고객에 대한 정확한 타깃팅을 통해 국내시장에서 던킨도너츠만의 독특한 브랜드 카테고리를 형성하는 전략을 전개했다. 50여 가지가 넘는 다양한 도넛과 던킨오리지널 원두커피를 통한 제품의 전문화를 비롯하여 유통가나 대학가를 중심으로 한 매장 입점을 통해 젊은 층(특히 20대 여성)의 수요에 부합하는 다양한 마케팅 전략을 펼치고 있다.

4) Promotion

(1) 광고 및 이벤트

던킨도너츠의 광고는 Coffee & Donuts이라는 던킨도너츠의 원래 의미인 도넛을 커피에 적셔 먹는다는 콘셉트를 전달하고 있다. 커피와 도넛을 하나로 묶어 둘이 떨어질 수 없다는 이미지를 강하게 부각시키고 주요 타깃을 20대 초반에서 30대 초반으로 잡아 커피와 도넛을 젊은 층의 새로운 문화로 만들 수 있는 효과적인 광고를 선보였다.

또 지속적인 Event와 홈페이지 리뉴얼(2009년 3월)을 통해 던킨에 대한 새로운 이미지 확보를 위해 노력하고 있다.

창업초기부터 도넛에 대한 이미지가 강해 지금도 커피전문점보다는 베이커리로서의 느낌이 강하다. 따라서 던킨이라는 이름을 들을 때 도넛뿐만 아니라 커피가 같이 떠오르도록 하는 마케팅이 중요하다.

(2) 그린콘셉트

던킨도너츠는 일회용 종이컵 2개를 가져오면 유리컵으로 바꿔준다. 던킨도너츠 매장에서 음료를 살 때 주는 일회용 컵을 반환하는 고객들에게는 디니 마일리지 카드를 전달하고 같은 매장에서 일회용 컵을 2회 반납할 때는 친환경적인 환경 고급 유리컵을 증정하는 행사다. 사회적으로 환경을 먼저 생각하고 제품을 생산, 유통하는 의미를 가지고, 환경을 보호하며 소비자가 안전한 제품을 믿고 소비할 수 있도록 제품 생산에서부터 마케팅까지 친환경 그린콘셉트를 내세우고 있다.

5) Process

※ 다양한 형태의 도넛

- 도넛 분류 : 링도넛, 필드 도넛, 데코도넛, 핫도넛, 케이크도넛, 츄이스티, 후렌치크롤러, 올드훼션드, 먼치킨
- 총 63 종류의 도넛

(1) 제1단계 반죽 & 분출

'도넛MIX' 에 이스트와 물을 넣고 커다란 반죽을 만든 후, '분출기' 라는 기계에 넣고, 공기의 압력으로 반죽을 잘라낸다. 분출된 도넛 반죽 형태는 구멍의 유무에 따라서 기본 도넛(글레이즈)과 특별한 도넛(어소티드 도넛)으로 구분하며, 특별한 도넛에는 젤리, 커스터드, 크림 등으로 채우게 된다.

(2) 제2단계 숙성

'숙성기' 는 도넛을 부풀게 하는 기계이다. 선반 위에 올려진 도넛이 아래, 위로 천천히 움직이면서 열(85~90°F)과 잘 맞춰진 습도에 의해 부푼다.

(3) 제3단계 조리

이스트로 부풀린 도넛을 식물성 쇼트닝 속으로 넣는다.

- 선공정 이후 공정의 필요에 관계없이 선공정의 일정계획에 따라 제품을 생산하여 후공정으로 밀어 보내는 형태
- 장기적 예측에 근거하여 생산 · 유통 결정
  - 장점 : 소비자 만족도 High
  - 단점 : 변화하는 수요패턴에 대처 능력 부족, 재고 비용 증가

6) Physical evidence

서비스가 제공되는 환경이 고객의 경험과 인식에 영향을 미치기 때문에 고객의 만족도를 높일 수 있는 물리적 환경을 조성해야 한다. 던킨도너츠는 그객의 감성을 충족시키고 고객에게 환상적인 경험을 제공하는 것도 마케팅요소에 속한다고 주장한다.

① 던킨도너츠, 가을 분위기 담은 도넛 제품 출시(2012. 9. 14) : 가을 정취를 담은 맛으로 나들이에 어울리는 도넛제품을 출시

② '못생긴 포테이토 vs 울퉁불퉁 후리터' 와 같은 고객으로 하여금 위트있는 메뉴명을 선정

7) People

– 스마트 던킨(고객과의 소통) : '영양' 을 키우고 '지방과 당도' 를 줄이며, '환경' 을 생각한다는 모티브로 사람에 초점을 맞춤

7 STP 분석

1) 시장세분화(Segmentation)

여러 가지 세분화 가능 변수 중에서도 시장여건과 관련이 있고 실행 가능성이 있는 나이와 성별, 구매, 소비상황, 지역에 따른 세분화 등 여러 가지로 나눌 수 있다. 그 중에서도 나이와 성별과 지역의 세분화가 던킨도너츠의 세분화에 있어서 가장 중요한 요소라고 할 수 있다.

(1) 나이와 성별에 따른 시장세분화

여기서 고려 사항은 어떤 계층이 가장 많은 구매를 하는지에 관한 것이다. 국내에선 아직까지는 도넛을 식사대용으로 생각하기보다는 군것질용으로 인식하는 사람들이 더

많다. 도넛은 서구에서 수입된 음식이기 때문에 고연령층으로 갈수록 먹는 비율이 낮다. 도넛은 고연령층에서는 뚜렷하게 인식되지 않고 젊은 층들이 주 고객을 이루며, 전반적으로 20~30대 사이에서 인기몰이를 하고 있다. 40대 이상 고연령층에서는 도넛보다는 다른 먹거리를 선호하는 편이다.

던킨도너츠의 젊은 이미지에 대한 거부감과 한국적인 입맛의 고집으로 고연령층의 매출이 낮다. 20~30대 연령층 중에서도 아침, 점심식사를 할 수 없는 직장인이나 대학생들이 가장 큰 소비의 주체를 이루고 있다. 이것을 토대로 시장에 진출하는 것이 가장 안정적인 수익을 달성할 수 있는 기회요소이다.

나이	도넛에 대한 관점	경제적 수준	특징
10~20대	간단한 식사 & 간식	아직 미흡한 상태	가격과 맛, 인테리어를 중시하는 고객층
20~30대	개인 선호도에 따른 다양한 메뉴 선택	여유 있음	젊은 직장인 층, 맛과 함께 건강도 중시
30~40대	개인 선호메뉴가 뚜렷함	여유 있음	건강, 인테리어, 분위기 중시

(2) 지역에 따른 시장세분화

던킨도너츠는 1994년 한국에 들어온 후 현재 전국에 850개 이상의 점포를 가지고 있다. 이러한 성장은 점포 입점 시 철저한 시장 구매력과 동선을 고려하기 때문이다. 유흥가나 역세권, 대학가, 주택가 등 상권을 세분화하여 각 상권의 특색에 적합한 구매력을 가진 장소의 요지에만 점포 입점을 허가하고 있다.

■ 서울, 대전, 청주지역 세분화

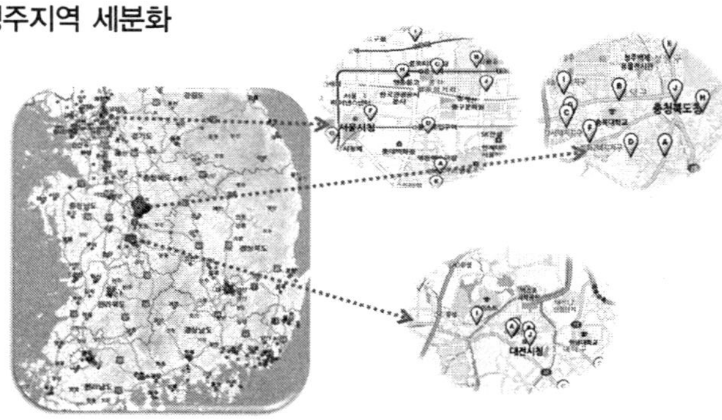

2) 목표대상(Targeting)

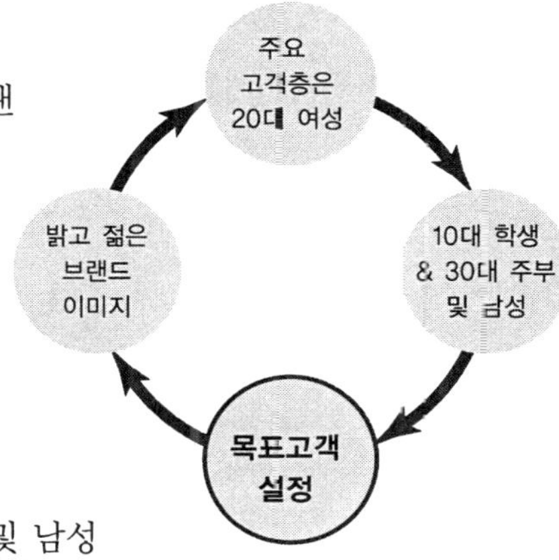

덕킨도너츠는 이미지 자체가 밝고 젊은 브랜드 이미지로 시작하였다. 그렇기 때문에 주요 고객층은 20대 여성이 차지하고 있다. 여성의 경우는 남성들보다 프랜차이즈점 이용 빈도수에서 상당한 우위를 보이고 있고, 특히 20대 여성의 경우 구매의 대부분을 차지한다.

두 번째 고객층은 10대 학생과 30대 주부 및 남성이다. 이 계층에서도 주 구매층은 여성이다. 남성의 경우는 중, 고등학교 시절 이후로는 간식 비중이 줄어드는 추세이기 때문이다. 남성의 소비 비중이 낮음에도 두 번째 소비계층에 포함된 이유는 대부분의 던킨 매장이 역세권을 위주로 편성되고 있기 때문이다. 유동 인구 층에는 남성 직장인도 다수 포함되어 있기 때문에 남성 고객들을 잡을 수 있다.

3) 포지셔닝(Positioning)

(1) 과거 던킨도너츠 포지셔닝(도넛 강조)

① 경쟁사에 비해 저가정책과 다양성 강조

던킨도너츠의 포지셔닝은 한마디로 "골라먹는 재미, 700원의 행복"으로 표현할 수 있다. 던킨도너츠는 여러 가지 상품군을 제공하여 고객으로 하여금 선택을 할 수 있게 해주므로 "골라먹는 재미"라는 문구가 적합하다. 이러한 "700원의 행복"은 던킨도너츠가 경쟁사에 비해 저가정책을 펼치기에 가능한 일이다.

② 도넛 인식의 변화 : 소비자에게 '던킨=고품격 도넛' 인식의 포지셔닝

던킨도너츠는 2001년부터 TV광고를 시작하여 이병헌, 김재원, 일본모델 오타니 료헤이 등 인기 스타들이 CF광고를 함으로써 고품격 도넛이라는 이미지를 소비자에게 인식시켜주었다. 이런 고품격 마케팅이 던킨도너츠의 제품들이 도넛 900원 커피 1600원의 저렴한 가격이지만 소비자에게 고급이라는 이미지를 심어주었다.

③ **부담 없이 접근할 수 있는 브랜드의 친근함 강조**

던킨도너츠는 프랜차이즈 업체로 1994년 한국에 들어온 후 전국에 830여 개 이상의 점포를 가지고 있다. 수도권이나 지방의 역세권이나 많은 유동인구가 있는 지역이면 어디서든 찾을 수 있다.

(2) 현재의 던킨도너츠 포지셔닝(커피제품 출시 이후 재포지셔닝) : **'커피 & 도넛' 캠페인으로 브랜드 이미지 향상**

던킨도너츠는 세계적인 도넛 브랜드이기도 하지만 많은 원두를 소비하는 대표적인 커피 브랜드이기도 하다. 하지만 국내에서는 싼 값의 질 나쁜 커피라는 인식 때문에 도넛 이미지가 더 강했다. 그래서 던킨도너츠는 스타벅스와의 경쟁을 위해 '저렴한 가격', '짧아진 주문시간', '신속한 신제품의 출시' 등을 전략으로 사용하고 있다.

이러한 저가 이미지를 탈피하기 위해서 고급화 마케팅전략을 통해 이미지를 한층 업그레이드하고 다양한 음료나 커피 개발을 통해 "커피 & 도넛"이라는 캠페인을 지속적으로 해서 단일 품목을 판매하는 업체와의 경쟁에서 입지를 굳혀 나가고 있다.

8 경쟁사 분석

1) 크리스피크림

크리스피크림 도너츠는 1937년에 처음으로 판매를 시작하였고 현재 전 세계적으로 400여 개의 매장을 가지고 있는 대형 기업으로 성장했다.

우리나라에서는 아시아 최초로 롯데쇼핑에서 크리스피크림 도넛을 들여와 2004년 12월에 서울 신촌에 첫 매장이 들어섰다. 그리고 2005년 3월에는 서울 소공동 2호점이 오픈할 때에는 신영자 롯데백화점 부사장과 신격호 롯데회장 부인이 오픈식에 참여해 주목을 끌어 신촌점에서는 하루 3,000명이 방문한다. 1호점인 신촌점에는 사람들이 줄을 서서 도넛을 사가는 모습을 항상 볼 수 있다. 이렇게 크리스피크림은 한국에 들어온 지 얼마 안 되는 브랜드임에도 폭발적인 인기를 보이며 던킨도너츠를 위협하고 있다.

던킨과 크리스피크림의 경쟁은 크리스피크림이 진출해 있는 미국, 캐나다, 영국 등에서는 벌써 있어 왔다. 두 기업은 서로 다른 콘셉트와 마케팅 전략으로 성장해왔고, 크리스피크림이 알려짐에 따라서 미국에서 시장을 80~90% 차지하고 있던 던킨도너츠의 시장점유율도 크리스피크림에게 그 일부분을 내주었다.

2) 미스터 도넛

미스터 도넛(Mister Donut)은 미국 매사추세츠 주 보스턴에서 1956년에 세워진 대규모 도넛 체인점이다. 대한민국에서는 2007년 4월 2일 서울 명동에 1호점을 열었으며, 2012년 87개의 지점을 운영하고 있다.

미스터 도넛은 넓은 매장과 다양한 종류의 도넛을 이용하여 최근 던킨도너츠와 크리스피크림에 이어 세 번째로 많은 시장점유율과 매장을 확보하고 있다. 그리고 미스터 도넛은 수제 도넛이라는 강점을 내세워 다양한 고객층의 지지를 받고 있다.

3) 팔래스 도넛

본점이 있는 미국 텍사스 주에서 현재 상당한 인기를 얻으며 매장식 점포로 가맹점을 늘려가면서 활발한 영업활동을 하고 있다.

2002년 서울 반포1호점을 시작하여 현재 경기, 충청, 강원, 부산, 대구 등에서 팔래스 도넛을 찾을 수 있다. 특히 2002년에 World cup 대회에서 세계 기자단 단독으로 공급하여 세계적으로 입맛을 입증받은 바 있다.

또한 에스프레소 커피, 과일주스, 도너츠와 베이커리, 아이스크림 등의 카페형 복합매장으로 가맹점을 늘려가고 있다.

팔래스 도넛은 신선한 제품, 부드러운 맛을 위해 '당일 생산-당일 판매' 원칙으로 고객의 입맛을 지켜 나가고 있다.

■ **점포 수 비교**

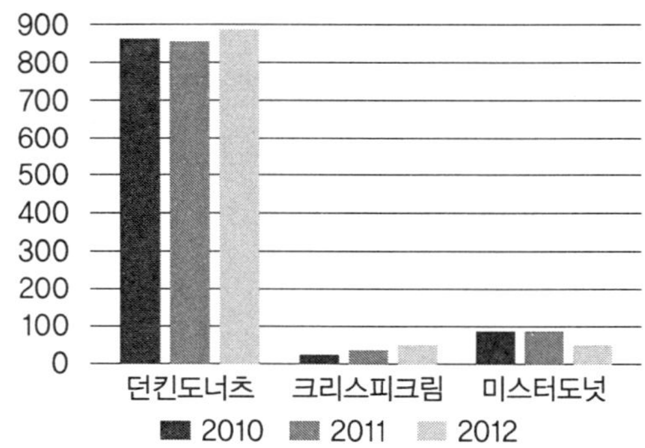

던킨도너츠는 국내 도넛 시장에서 독보적인 위치를 차지하고 있지만 시장점유율과 매장 수에 비해서 브랜드 선호도는 높지 않은 것으로 조사되었는 바, 브랜드 품질을 올릴 수 있는 방향으로 경영전략과 마케팅방향을 바꿔야 한다.

9 프로모션

1) 시즌별 프로모션

(1) '카카오톡 썸머 프로모션'

던킨도너츠는 이벤트 제품 28종 중 하나를 구매하고 이벤트에 응모하면 추첨을 통하여 해외여행권 및 아이스 아메리카노 등 푸짐한 경품을 증정하는 '카카오톡 썸머 프로모션' 을 진행했다.

(2) '한가위 맞이 프로모션'

던킨도너츠가 민족 최대의 명절 추석을 맞아 같은 계열사인 파리바게뜨와 함께 던킨도너츠 도넛 팩 구입 시 해피포인트를 최대 3배까지 적립해주는 해피포인트 적립 이벤트와 글레이즈드 3+3 이벤트를 실시했다.

(3) '따자따자 할로윈 프로모션'

던킨도너츠의 '따자따자 할로윈' 프로모션인 '커피 림 따고! 경품 따고!' 이벤트가 재미있는 할로윈 디자인과 푸짐한 경품으로 높은 호응을 얻었다. 할로윈을 맞아 진행된 이 이벤트는 모든 커피를 구매할 때(병 커피 제외) 즉석에서 당첨여부를 확인하고 스마트TV, 디지털카메라, 던킨도너츠 상품권, 할로윈 머그컵 등 다양한 선물을 제공했다.

2) 스폰서십

던킨도너츠는 신생 프로 야구 구단 NC다이노스와 스폰서십 계약을 맺었다(2013년 1월 9일). 이번 계약으로 NC다이노스는 모든 경기에 던킨도너츠 로고가 옆면에 새겨진 수비 모자를 쓰고 출전하여 던킨도너츠를 홍보하고, NC다이노스의 홈구장인 창원 마산구장에는 '던킨 다이나믹 존'을 지정하여 던킨도너츠의 상품 증정을 진행하는 스폰서데이 행사 등을 진행한다.

관중들이 도넛과 음료를 간편하게 구입할 수 있도록 구장 내 던킨도너츠 매장이 입점했다. 또한, 마산 야구장에 던킨 현수막을 설치하고 전광판을 통해서 광고를 노출한다.

3) 제휴

던킨도너츠의 자회사인 SPC 그룹에서는 통합 멤버십 서비스로 해피포인트를 운영한다. 해피포인트는 SPC 브랜드인 던킨도너츠, 파리크라상, 파리바게뜨, 파스쿠치, 베스킨라빈스 등과 제휴하여 소비자들에게 어필한다.

또한, 포인트를 적립할 수 있는 제휴처를 SPC에 속한 브랜드만이 아닌 YES24, 메가박스, 대한항공, 현대오일뱅크, 롯데관광, 옥션 등 문화, 생활 영역까지 확대하는 등 공격적인 마케팅을 시작하였다. 해피포인트카드 홈페이지(www.happypointcard.com)에서 이들 제휴처의 상품을 구매하거나 제휴처에서 해피포인트 카드를 제시하면 구매금액의 일부를 해피포인트로 적립하거나 할인혜택을 받을 수 있다.

4) SNS

온라인상에서 불특정 다수의 타인과 관계를 맺을 수 있는 서비스인 SNS를 통해 꾸준한 프로모션을 알리고 시행한다. 불특정 다수에게 알리고 그들이 광고를 재생산하며 홍보하는 형태이기 때문에 홍보 범위가 굉장히 넓을 뿐만 아니라 비용대비 효과가 뛰어나다.

5) 웰빙

웰빙 열풍에 따라 도너츠의 수요가 꾸준히 떨어지는 현상에 대한 해답으로 던킨도너츠는 'Eat & Drink, All-day Dunkin' 라는 커피 및 식사류를 강화한 콘셉트로 변화하였다. 다양한 밀과 함께 곁들일 수 있는 커피와 스무디, 쿨라타 등 건강음료를 확대를 통한 경쟁력 상승을 노리고 있다. 또한, 이를 위해 기존 도넛 제품보다 칼로리, 당도 등을 낮추려 노력하고 있고 저지방, 저칼로리 음료와 더불어 몸에 좋은 천연과일을 재료로 한 음료를 개발했다.

6) 던킨과 함께하는 아침

던킨도너츠는 'Eat & Drink, All-day Dunkin' 콘셉트에 따라 핫밀 제품을 강화하는 차원에서 새로운 메뉴를 출시하고 기존의 인기 핫밀 제품을 리뉴얼화한 모닝콤보를 출시했다.

던킨도너츠는 건강한 아침 습관을 도와주는 모닝 메뉴 할인 애플리케이션인 '모닝스타트업' 을 출시하였다.

이는 던킨도너츠가 제시한 'Eat & Drink, All-day Dunkin' 콘셉트를 본격적으로 구현하기 위한 것이다. 모닝 스타트업은 알람 기능과 쿠폰 발급, 소셜네트워크 서비스(SNS) 등을 효과적으로 연계하여 알람을 해제하는 모닝 미션 성공 후 매장을 방문하면 할인 쿠폰이 스마트폰 속으로 자동 발급된다. 이 두 프로모션은 바쁜 아침 식사를 거르는 2030 소비자들을 위해 건강한 아침 습관을 도와주기 위해 진행된다.

10 향후 전략

1) 모바일 결제 서비스

SK C&C는 이미 2012년 구글과 FDC, 던킨브랜드그룹, 보다폰, 페이팔, 베리폰 등에 모바일 커머스 솔루션을 공급하며 글로벌 모바일 커머스 시장 진출 속도를 높이고 있다.

SK C&C는 2011년 6월, 미국의 퍼스트데이터코퍼레이션(FDC)와 손잡고 구글 모바일 결제 서비스 '구글 지갑' 상용화에 필요한 핵심기술인 신뢰기반서비스관리(TSM) 솔루션을 공급한 후, 2012년 8월 미국 던킨도너츠에 모바일 지갑(CorPay)과 마케팅 솔루션(Cor360)을 기반으로 '던킨 전용 모바일 지갑 서비스 체계'를 구축했다.

SK C&C 모바일 커머스 글로벌 사업 현황

2) 식사와 음료 메뉴 강화

정태수 비알코리아 총괄부사장은 2013년 2월 29일 국내 사업 진출 20주년을 맞아 충북 음성 로스팅센터에서 기자 간담회를 열고 2015년 점포수 980개, 매출 4,800억원으로 확대할 계획이라고 밝혔다.

이날 던킨도너츠는 '던킨&드링크, 올데이 던킨' 이라는 새로운 전략을 제시했다. 새로운 콘셉트에 맞게 커피와 도넛뿐만 아니라 간편한 식사와 다양한 음료 메뉴를 강화할 계획이다. 이미 2012년 선보인 프라페음료 '던카치노' 와 여름에 선보인 '몽키 바나나 도넛' 의 히트로 새로운 콘셉트에 대한 자신감을 얻었다고 업체 측은 설명했다. 정 부사장은 "2012년 매출의 48%를 차지했던 도넛 · 스낵을 2015년에 40%로 줄이고, 그 대신에 2012년 매출의 7%에 그친 식사 메뉴를 2015년에 10%까지 늘릴 계획"이라고 밝혔다.

그는 "커피 · 음료 매출은 45%에서 50%로 확대할 것"이라고 덧붙였다. 새로운 콘셉트의 매장은 대학가와 서울 주요 상권을 중심으로 올해 120개까지 늘린다는 계획이다. 정 부사장은 "홍대점을 '그랩 앤 고(grab&go)' 콘셉트 매장으로 바꾼 뒤 매출이 20% 가량 늘었다"면서 "대학가 위주로 먹거리를 강화한 매장을 확대할 것"이라고 말했다.

3) 신메뉴 개발

던킨도너츠에게 필요한 건 확고한 입지를 굳힐 수 있는 마케팅 전략과 국내 소비자의 입맛에 맞는 도넛과 음료 개발이 지속적으로 이루어져야 하며 국내 소비층의 기호에 맞춰야 한다. 고정된 소비층을 확대하기 위해서는 전 연령층을 아우르는 마케팅방법이 필요하다. 가족 모두가 함께 즐길 수 있는 도넛과 커피 & 음료를 판매하여, 패스트푸드점처럼 패밀리세트를 기획하거나 가족이 편하게 즐길 수 있는 간식이나 식사대용으로 입지를 넓히는 것이다. 현재 던킨도너츠가 행사를 통해 저칼로리 제품을 내세우고는 있지만, 이전의 제품들을 볼 때 대다수가 칼로리가 높은 제품 위주로 되어 있는데 이는 현재 다이어트와 웰빙을 중요시하는 한국적인 상황에 비추어 볼 때 매출에 악영향을 줄 수 있다고 본다. 일부에 지나지 않는 미비한 저칼로리 제품군을 가격도 저렴하고 건강에 좋은 제품들을 다양하게 출시함으로써 학생들 및 직장인들이 빠르고 간편하게 먹을 뿐만 아니라 '던킨도너츠는 웰빙도너츠' 라는 이미지를 던킨도너츠의 궁극적인 목표로 삼아야 될 것이다.

국내 프랜차이즈 시장에서 살아남기 위해서는 국내 고객층의 기호와 국내 정세에 맏는 마케팅으로 고객에게 최상의 서비스와 맛과 품질로 고객에게 포지셔닝해야 할 것이다. 이것은 지속적인 매출 확대로 이어질 것이고 결국 경쟁업체와의 경쟁에서 우위에 서게 될 것이다.

사례 1

나이젤 트래비스 던킨브랜드 회장
3년간 업무목록 3만 2000개…매장 배가전략 치밀하게 지휘

"미래를 내다보면서 목표를 중심으로 계획을 세워야 한다는 걸 배웠다." 던킨도너츠의 글로벌 전략을 지휘하는 나이젤 트래비스(63、사진)는 최근 포브스 인터뷰에서 최고경영자(CEO)의 역할에 대해 이렇게 말했다. 목표를 중심으로 계획을 수립하고 실행하는 것은 상황에 따라 원하는 것을 추구하는 것과 대조되는 방식이다.

목표 중심은 '역방향 계획하기(backward planning)' 라고 불리고, 상황에 따른 목표 추구는 '순방향 계획하기(forward planning)' 라고 불린다. 역방향 계획하기는 구체적인 목표와 달성시기를 정해놓고 그 목표를 이루는 과정을 단계별로 되짚어 그려놓고 실천하는 것이다. 트래비스는 던킨도너츠의 모회사인 던킨브랜즈의 회장 겸 CEO를 맡고 있다. 트래비스 회장은 "계획을 잘 수립하는 것이 중요하다고 믿는다."며 "큰 프레젠테이션을 앞두고 다른 사람들이 사흘 준비한다면 나는 석 달 전부터 작업에 들어간다"고 예를 들었다. 그는 지난 3년 동안 컴퓨터에 입력한 일정과 업무 목록이 3만 2000가지에 이른다고 들려줬다. 그는 새로운 업무와 맞닥뜨리면서 철저하게 준비하는 자세를 갖추게 됐다. 1989년에 그가 다니던 그랜드메트로폴리탄이 버거킹을 인수하면서 39세였던 그를 인사관리 책임자로 보냈다. 2년 지나자 버거킹의 유럽 · 중동 · 아프리카 본부를 경영하라며 불러들였다. 그는 "대차대조표조차 읽지 못하는 까막눈이었다"며 "일을 모른다고 두려워하면 안 된다는 걸 배웠다"고 말했다. 트래비스가 역방향으로 추진하는 계획은 현재 7500개인 미국 던킨 매장을 2020년까지 1만 5000개로 늘리는 것이다. 그는 "해외에서는 글로벌화와 동시에 현지화를 추진할 것"이라고 말했다. 던킨도너츠와 배스킨라빈스를 합친 매장은 미국 이외의 지역에 현재 1만 300개가 운영된다. 그는 "이익은 중동에서 가장 많이 올리고 매장 수는 한국이 2,000개로 가장 많다"고 밝혔다. 도너츠와 아이스크림이 건강에 좋지 않다는 인식에 대해 트래비스 회장은 "우리는 건강 문제에 있어서 업계를 선도해 나간다"고 말했다.

던킨은 2008년에 DD스마트라는 이름으로 저칼로리 신제품을 출시했다고 예를 들었다. DD스마트는 100kal 단위로 열량 섭취량을 나눈 메뉴로 구성돼 있다. 트래비스 회장은 또 바나나와 오트밀 같은 건강식도 제공한다고 덧붙였다. 트래비스는 영국 미들섹스 대학에서 경제학을 전공하고 버거킹과 블록버스터 파파존스 등에서 능력을 인정받은 뒤 던킨에 합류했다. CEO 자리는 2005년 피자 전문점 파파존스에서 처음 맡았다. 그는 파파존스를 피자헛과 도미노피자 같은 대형 피자 체인들과 어깨를 나란히 하는 기업으로 키웠다. 그가 대표로 재임 중인 4년 동안 파파존스의 온라인 매출은 세 배로 뛰었다. 앞서 트래비스는 1994~2004년에 비디오 대여체인 블록버스터에서 근무하면서 이 회사가 글로벌 영화 · 게임 관련 대기업으로 성장하는 데 기여했다. 트래비스는 던킨에서도 조직에 활기를 불어넣는 역할을 맡았다. 그가 CEO 자리에 취임한 2009년 1월 던킨브랜즈는 내리막을 걷고 있었다. 글로벌 경제위기 탓에 더 위축돼 있었다. 그는 회사를 일으켜 세웠고 2011년에는 던킨브랜즈를 나스닥에 상장시켰다.

자료 : 아시아경제, 2013년 10월 10일

1. 가맹사업 보유현황에서 가맹점 및 직영점 수가 2010년까지는 오르는 추세였는데 2011년에 잠깐 주춤했던 이유는 무엇인지?

한창 그때 웰빙이라는 말이 등장하였고, 그에 따른 여성들의 다이어트나 라이프스타일, 가치관이 변화하여 패스트푸드에 대한 좋지 않은 시각도 갖게 됨으로써 잠시 주춤하였고, 던킨은 이에 대한 문제점을 보완하고자 2012년부터 웰빙 음식을 출시하기 시작하였고, 2012년엔 웰빙을 중시하는 사람들을 위한 핫볼을 출시하였다. 반응이 좋아 2013년엔 핫밀도 출시. 따라서 2012년부터 다시 가맹점 수가 증가하는 추세이다.

2. 크리스피는 도넛 굽는 과정이 보여서 어떻게 조리하는지 볼 수 있으나 던킨은 주방이 보이지 않는데 조리는 어떻게 하는 건지?

본사에서 만들어져서 가맹점에 배달되고 가맹점은 그 받은 제품을 그대로 오븐에 넣고 굽는다.

3. 불친절한 매장이 있다면, 이런 매장은 향후 어떻게 관리할 건지?

컴플레인 매장에 관해서는 적절한 경고와 함께 더욱더 체계적으로 친절, 인품을 우선시해 직원채용, 그리고 현 직원을 상대로 상벌제를 도입하여 인센티브, 포상 휴가 등의 혜택을 부여함으로써 자연스럽게 직원들의 능률향상 및 열정상승효과를 얻을 것을 기대하며 이로 인해 고객들이 느낄 친절 서비스 감동으로 기업이미지 쇄신과 더불어 매출증대 같은 연쇄적 파급효과가 클 것으로 기대해 본다.

3. 경쟁사분석에서 그래프 중 제2의 경쟁상대가 크리스피 도넛인데 매장 수 대비선호도를 비교하면 크리스피 도넛이 더 효율적이고 이상적인데 이에 대한 해결책은?

약 80퍼센트의 점포를 보유하고도 고객 만족도는 절반이라는 것은 크리스피와 비교할 때 이상적이지는 않다. 던킨을 선택한 고객선호 이유를 보면 맛은 절반이고 나머지 절반은 브랜드 및 기타이다. 한마디로 던킨도너츠는 맛은 검증이 됐다 평가하여 나머지 기타에 더욱 신경 써서 경쟁사와 다른 창의적인 이벤트, 친절대응, 고객감동실현 등의 다른 분야에 대해 신경 써서 맛이 아닌 다른 것에 중점을 두는 소비자를 끌어들이는 마케팅사업에 더욱 투자해야 할 것이다.

*참|고|자|료

- http://blog.naver.com/jhsuniyg?Redirect=Log&logNo=100128641114
- http://news.naver.com/main/read.nhn?mode=LSD&mid=sec&sid1=104&oid=001&aid=0005422967
- http://www.hankyung.com/news/app/newsview.php?aid=2006100903731
- http://blog.naver.com/shik2644?Redirect=Log&logNo=100130161501
- http://kmomnews.hankyung.com/news/apps/news.sub_view?popup=0&nid=02&c1=02&c2=02&c3=00&nkey=201206051612011
- http://blog.naver.com/lgblog?Redirect=Log&logNo=110121114784
- http://cafe.naver.com/jobtong/772294
- http://cafe.naver.com/lifengine/9
- http://www.cu114.com/gn/bbs/board.php?bo_table=knowledge&wr_id=14382
- 브랜드 마케팅 - 한국마케팅연구원 편집부, 한국마케팅연구원, 2002
- http://blog.naver.com/c5704?Redirect=Log&logNo=12836802
- http://cafe.naver.com/01064107277/96
- http://www.ajunews.com/kor/view.jsp?newsId=20130421000084
- http://www.fnnews.com/view?ra=Sent1001m_View&corp=fnnews&arcid=201301290100267100015102&cDateYear=2013&cDateMonth=01&cDateDay=29
- 던킨 도너츠의 4P 전략과 1위 비결 - 라이터스 편집부, 2006
- CF : 던킨 & 도넛
- http://www.dunkindonuts.co.kr/company/tv_cf.htm?nSeq=9
- http://theseareallforyou.blogspot.kr/2013/05/dunkin-donuts-stp-4p.html
- http://www.palacedonut.co.kr/
- http://news.chosun.com/site/data/html_dir/2013/09/01/2013090101053.html
- http://www.eto.co.kr/news/outview.asp?Code=20130616161924983&ts=172055
- http://blog.naver.com/dunkinkorea/110169524253
- http://www.newspim.com/view.jsp?newsId=20130718000338
- http://www.joseilbo.com/news/htmls/2013/09/20130911194385.html
- http://www.fnn.co.kr/content.asp?aid=45ff1da9701543c7a6fc62fe829bc8a4
- http://news.hankooki.com/ArticleView/ArticleViewSH.php?url=life/201110/sp20111016142123109540.htm&cd=2401&ver=v002

- http://joynews.inews24.com/php/news_view.php?g_menu=702100&g_serial=716510&rrf=nv
- http://sports.mk.co.kr/view.php?no=510608&year=2013
- http://www.facebook.com/DunkinDonutsKorea
- http://twitter.com/smartdunkin
- http://www.edaily.co.kr/news/NewsRead.edy?SCD=JC21&newsid=01577686599559096&DCD=A00302&OutLnkChk=Y
- http://view.asiae.co.kr/news/view.htm?idxno=2013100815445567778
- http://www.newspim.com/view.jsp?newsId=20130617000442
- http://yeosu.bujadongne.com/?document_srl=5182&mid=it
- http://news.donga.com/3/all/20091112/24048256/1
- http://sports.chosun.com/news/ntype.htm?id=201208180100147660012505&servicedate=20120817
- http://franchise.ftc.go.kr/index.do
- http://blog.daum.net/hbsecondlife/16
- http://www.etoday.co.kr/news/section/newsview.php?TM=news&SM=0702&idxno=356431
- http://sports.khan.co.kr/news/sk_index.html?cat=view&art_id=200910262038473&sec_id=560101&pt=nv
- http://www.hankyung.com/news/app/newsview.php?aid=201009080029i
- http://www.eto.co.kr/news/outview.asp?Code=20130129172859300&ts=170612
- http://www.ilyosisa.co.kr/news/article.html?no=45084
- http://www.etoday.co.kr/news/section/newsview.php?TM=news&SM=0702&idxno=356431
- http://sports.chosun.com/news/ntype.htm?id=201305140100105500008744&servicedate=20130514

02

크리스피크림

크리스피크림

1 크리스피크림 소개

과거 던킨도너츠의 독주체제였던 도넛시장에 롯데 쇼핑과 협력하여 한국에 정착한 krispy kreme은 직접 광고 대신 입소문 마케팅 전략을 사용하여 홍보를 시작했다. 또한 오리지널 글레이즈드라는 대표 제품의 맛과 신선도를 내세워 소비자들의 이목을 집중시키고자 하였다.

현재 시장점유율은 아직 던킨도너츠를 따라 잡지 못하고 있으나 매장별 매출 규모에서의 우세와 고객들에게 고급 브랜드로서의 이미지를 각인시킴으로써 꾸준한 성장세와 7년래 최대 순익이라는 기록을 내고 있다.

또, 서구 음식 문화에 대한 거부감의 감소와 간편한 식사대용 기능의 조화로 지속적 성장세를 보이고 있으며, 주요 타깃은 20~30대의 여성인 것으로 나타났다. 또한 각종 이색적인 마케팅 전략을 통해 브랜드 이미지를 충분히 고급화해 온 것으로 드러났다.

1) 기업소개 및 사명

(1) 기업소개

krispy kreme의 창시자, Vernon Rudolph는 New Orleans에 사는 프랑스 요리사로부터 yeast-raised 도넛 비법을 사서 1937년 7월 13일, North Carolina주 Winston Salem에서 첫 점포를 열었다. 초창기 Krispy Kreme은 지역 슈퍼마켓에 도넛을 납품하는 수준이었다. 그러나 뜨거운 도넛을 먹을 수 없겠냐는 고객들의 문의가 빗발치자 처음으로 벽에 구멍을 내어 갓 튀겨낸 도넛을 팔기 시작하였다.

krispy kreme은 주로 가족 소유의 소규모 체인 점포였다. Original Glazed는 제조 비법에 따라 동일하게 제조하여 판매하였으나 각기 점포마다 다른 도넛 메뉴들을 끼워 팔고 있었다. 제품의 통일성을 갖추기 위해 krispy kreme은 재료 혼합 공정과 유통 시스템을 구축, 수직 통합하여 대량으로 생산된 도넛 믹스 분말을 각각의 krispy kreme 점포에 보내어 동일한 제품을 생산케 하였다.

미국 남동부에서 시작된 krispy kreme은 1960년부터 확장을 시도하였으나 창시자의 죽음 이후로 1976년 Beatrice Foods라는 식품회사에 인수되었고, 1982년 초기 프랜차이즈 점포들이 힘을 모아 krispy kreme을 Beatrice Foods로부터 독립시켰다. 1996년 뉴욕으로 진출을 시도한 이후 1999년부터 전국적인 사업 확장이 이루어졌고, 2000년 4월 주식상장에 다다랐다. 2001년, 캐나다에 첫 해외 점포를 내기 시작하여 2011년 현재, 미국 45개 주를 비롯하여 캐나다, 멕시코, 호주, 영국 그리고 사우디아라비아 등 17개국에서 총 600개 이상의 점포를 프랜차이즈 형식으로 운영하고 있다.

(2) krispy kreme기업의 사명(3F) : 제품, 그 이상의 것을 팔아라

① Fun

매장마다 설치된 도넛극장을 통해 도넛의 생산현장을 보며 신기함과 즐거움을 느낄 수 있다.

② Freshness

갓 생산한 도넛과 즉석에서 자연 친화적으로 재배한 커피를 즉석에서 분쇄하여 만드는 유기농커피는 신선함과 안전을 고객에게 최우선으로 제공한다.

③ Friendship

사회 소외층에 대한 푸드 뱅크, 문화행사, 불우이웃돕기 등 사회공헌활동, 더즌의 가격 또한 신뢰할 만한 가격으로 제공한다.

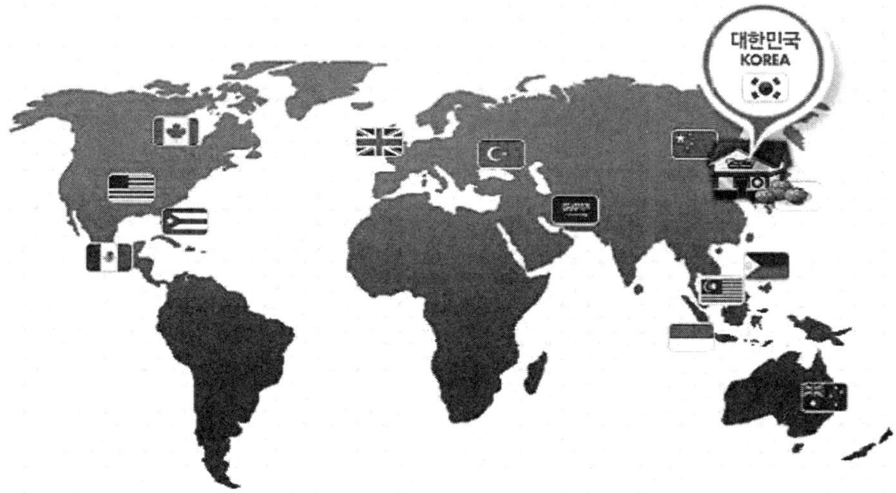

관련 기사 '도넛' 먹고, '공채전략' 도 얻고

취업 인사포털 인크루트(www.incruit.com)는 5월 10일 서울대, 고려대, 연세대를 비롯해 서울 시내 주요 대학가 26곳에서 공채 시즌을 맞아 공채소식과 취업전략을 담은 '인크루트 공채특집 6호' 10만부를 대학생들에게 전달했다.

인크루트는 이날 '공채특집 6호' 를 배포하면서 도넛 체인업체인 크리스피크림과의 제휴를 통해 대학생들이 많이 모이는 신촌 일대에서 크리스피크림 도넛도 무료로 나눠줘 큰 호응을 얻었다.

이번 행사는 취업을 준비하는 대학생들에게 꼭 필요한 알짜 공채정보를 담은 '인크루트 공채특집' 을 제공함과 동시에, 등교로 바쁠 오전과 배고픈 점심시간, 크리스피크림 도넛으로 입맛도 돋울 수 있도록 하기 위해 준비했다.

자료 : 서울경제 2010년 5월 11일

2) 역사

① 1937년 7월 13일 첫 매장 오픈(버논 루돌프)North Carolina주의 winston-salem에 위치한 건물을 빌려서 오리지날 글레이즈드 판매 시작

② 1940~50년대 : 각 매장이 같은 조리법을 사용했으나 맛의 일관성이 부족 → 도넛반죽을 배달, 동일한 맛 재현 가능

③ 1960년대 : 크리스피크림의 녹색타일 지붕, 도로 사인간판 사용 등 일관성 있는 디자인 확립 시기

④ 1973년 : 창립자 버논 루돌프 사망, 침체기

⑤ 1976년 : 베아트레체 푸드에 매각

⑥ 1982년 : 베아트레체 푸드에서 다시 인수, 따뜻한 도넛체험 슬로건 시작

⑦ 1996년 : 남동부 지역 외 최초로 뉴욕에 매장오픈

⑧ 1999년 : 캘리포니아에 매장 오픈

⑨ 2001년 12월 : 캐나다 토론토를 시작으로 멕시코, 영국, 호주 등 해외 진출

⑩ 2004년 4월 : 롯데의 신동빈 부회장의 제안에 따라 프랜차이즈 계약 성공

⑪ 2004년 12월 16일 : 아시아 최초로 우리나라 신촌 1호점을 개점

⑫ 2011년 현재 : 21개국 669개 매장(한국 50개 매장) 운영 중

3) krispy krem의 뜻과 성공비결 6가지

(1) krispy kreme의 뜻

도넛의 바삭한 겉 부분과 말랑한 속을 뜻하는 이름으로 크리스피크림(crispy cream)이라고 지었다.

루돌프는 크리스피와 크림의 스펠링을 일부러 틀리게(crispy cream → Krispy kreme) 표기함으로써 사람들의 이목을 끌고 기억에 남게끔 했다.

(2) krispy kreme 성공비결 6가지

① 고객 플러스-델타(Customer Plus-Delta)

크리스피크림은 지속적으로 고객 피드백을 수집하고, 고객의 목소리에 항상 귀를 기울였다. 크리스피크림을 상징하는 'Hot Doughnuts Now' 네온사인이나 매장 내 도넛 제조 자동화 시설을 '도넛 극장(doughnut theater)' 콘셉트로 발전시킨 아이디어도 모두 고객들로부터 나왔다.

② 지식을 공유하라(Napsterize your knowledge)

고객들이 매장에서 도넛제작과정을 직접 볼 수 있게 함으로써 도넛에 대한 생생한 경험을 할 수 있게 했다.

③ 입소문을 유도하라(Build the buzz)

탁월한 제품 덕분에 도넛 마니아들 사이에 자연스럽게 입소문이 퍼졌다. 그리고 새 매장을 열 때마다 광고 대신 PR 활동에 집중했으며, 회사 경영진이 매장 개장 시 적극적으로 모습을 드러냄으로써 언론의 관심을 유도했다. 또한 2002년 처음 도입된 이동식 도넛 기계를 활용해 주박람회(state fair) 같은 행사장이나 크리스피크림 매장이 아직 들어서지 않은 동네에서도 크리스피크림 도넛을 체험할 수 있도록 했다.

④ 커뮤니티를 구축하라(Create community)

자선 단체들에게 크리스피크림 도넛을 소매가의 절반 가격에 공급함으로써 이들이 크리스피크림 도넛을 자금 모습수단으로 활용할 수 있도록 지원했다. 그 결과 자선단체를 통하지 않았더라면 결코 도달할 수 없었던 수많은 사람들에게 크리스피크림 도넛을 판매하는 효과를 낳았다.

⑤ 체험 샘플을 제공하라(Make bite-size chunks)

어떤 동네에 새 매장을 열면, 수천 개의 도넛을 공짜로 나눠줬다. 크리스피크림은 매장에서 기다리는 고객들에게 덤으로 도넛을 주는 것으로 유명한데, 이러한 무료 샘플 전략은 자연스럽게 입소문이 퍼지는데 결정적인 역할을 했다.

⑥ 제품 그 이상의 것을 팔아라(Create a cause)

제품 그 자체가 아니라 고객들이 크리스피크림 도넛과 매장에서 느끼는 감성적인 친밀감에 마케팅 초점을 맞추었다.

2 경장시장 및 경쟁사 분석

1) 경쟁시장 분석

2009년 도넛시장은 4,000억 돌파한 것으로 추산되며, 매년 평균 40%대의 높은 성장률을 보여 왔다. 이는 쌀 소비량은 줄고 간편한 빵을 즐기는 식생활 패턴의 변화와 젊은 층을 중심으로 해외 외식 브랜드의 거부감 감소를 이유로 들 수 있다.

■ 국내 도넛시장 시장점유율(2009년)

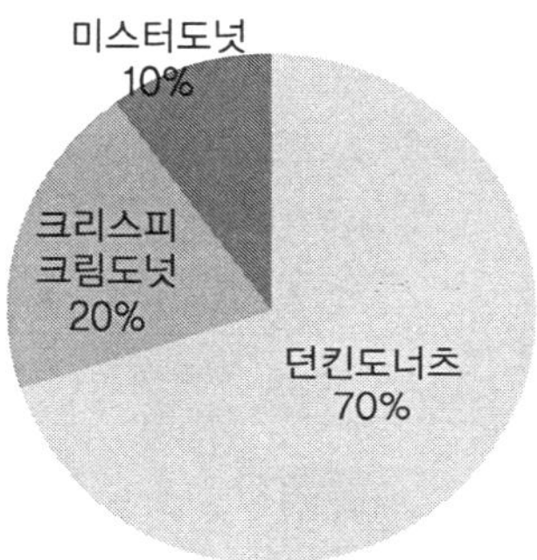

국내 도넛시장의 시장점유율을 보면 던킨도너츠가 70%로 압도적인 1위를 차지하고 있으며, 크리스피크림 도넛이 20%로 이 둘은 도넛시장의 90% 선점하고 있는 것으로 조사되었다.

2) 경쟁사 분석

	크리스피크림	던킨도너츠	미스터도넛
가격	1,200원~	900~	1,300~
홍보방법	입소문(언론홍보 위주)	TV 광고	입소문(언론홍보 위주)
매장 수	전국 50개	전국 853개	전국 81개
매장 운영방식	카페(평균 50석) 형식 도넛과 커피, 음료 극장형 매장	매장마다 규모 다양 카페, 테이크아웃 음료 부분 사업 강화	도넛과 커피, 음료

	크리스피크림	던킨도너츠	미스터도넛
차별화	체험형 매장 달콤한 도넛의 맛 덤마케팅	판촉이벤트, 다점포 가격경쟁력유리 문화공간 이미지	수제 도넛, 웰빙 도넛
시장점유율	20%	70%	10%

시장점유율 관련 기사 "4000억 도넛시장 잡아라."

불황 여파가 가시지 않은 외식업체들이 성장세를 지속하고 있는 도넛 시장을 더 많이 차지하기 위한 경쟁이 갈수록 뜨겁다. 13일 업계에 따르면 지난 2005년 1,500억 원대였던 국내 도넛 시장은 2007년 2,800억 원, 다음해 3,800억 원을 거쳐 지난해 4,000억 원을 돌파한 것으로 추산된다. 매년 평균 40%대의 높은 성장률을 보여 온 이 시장을 잡기 위해 업체들은 도넛의 신선도를 높이고 매장 확대에 주력하는 등 시장 장악을 위해 분주히 뛰고 있다.

현재 국내 도넛 시장점유율 80%를 차지하는 비알코리아의 던킨도너츠는 PFD(Premium Fresh Donuts) 마케팅에 주력하고 있다. PFD는 공장이 아닌 실제 매장에서 직접 구워 신선도가 뛰어난 도넛 제품으로 현재 던킨도너츠가 취급하는 70여 개 도넛 중 14개를 차지한다. 던킨도너츠는 현재 790여 매장 중 오븐 설치가 힘든 10개 점포를 뺀 전 점을 PFD 제조가 가능한 매장으로 리뉴얼할 예정이다. 또 향후 만들어지는 신규점도 이 시스템을 적용해 오픈한다는 계획이다.

회사 관계자는 "1등 브랜드로서 점포 확대뿐 아니라 가장 신선한 제품을 제공하는 것이 중요하다고 판단해 매장 시스템을 업그레이드하는 것"이라고 설명했다.

2004년 아시아 최초로 국내에 진출해 현재 15%의 점유율을 차지하고 있는 크리스피크림 도넛은 올해를 사업부 분립 원년으로 삼고 공격적인 경영에 나서고 있다.

이 회사는 진출 후 30여 직영매장에서 지난해 600억 원의 매출을 거두는 등 빠른 성장세를 이뤄낸 사업 능력을 평가받아 지난 1월 롯데쇼핑에서 분리, 롯데KKD㈜로 공식 출범했다.

특히 올해는 도넛 생산이 가능한 팩토리숍뿐 아니라 생산된 도넛을 빠르게 유통할 수 있는 소형 매장인 '프레시숍' 도 순차적으로 개설해 연내 각각 5개씩 오픈할 예정이다. 가장 가까운 거리의 팩토리숍에서 만들어진 도넛을 프레시숍에 하루 3회 배송, 이 브랜드 도넛의 강점인 신선도를 유지한 가운데 그 유통범위를 넓히겠다는 것이다. 또 이를 통해 그간 적은 매장 수로 인해 힘들었던 시장점유율 확대를 이루겠다는 복안이다.

GS리테일의 미스터도넛은 커피 품질 보강에 나섰다. 제품 경쟁력 확보를 위해 지난 2월 유명 글로벌 커피 전문회사인 UCC사와 제휴를 맺고 기존 커피 제품을 전면적으로 리뉴얼한 것이다. 올해 새롭게 선보인 '미스도 커피' 는 총 10종으로 1,000명의 소비자를 대상으로 맛 테스트를 거친 만큼 매장에서 도넛 못지않은 인기를 누리고 있다.

여기에 올해 점포 확장에도 주력해 50개 이상의 가맹점을 열고 현재 49곳인 매장수를 100개 이상으로 늘릴 계획이다. 업계 관계자는 "현대인의 식습관 서구화와 빠르게 먹을 수 있다는 이점 때문에 도넛 시장의 성장세는 계속될 것"이라고 말했다.

자료 : 서울경제 2010년 4월 13일

3 SWOT 분석

Strength	Weakness
• 제조공정의 투명성(극장식 매장) • 대량으로 구매 시 할인제도(더즌) • 롯데쇼핑 대규모 유통망 활용 • 빨간색 네온사인(Hot Doughnuts Now)	• 광고 부족 • 지나치게 단맛 • 높은 초기 오픈비용
OpportunityThreat	**Threat**
• 생활 패턴의 서구화 • 원두커피 시장의 발전 • Take-out 문화 성장추세	• 던킨도너츠의 독점 • 잠재적 경쟁업체 증가 • fast food의 문제성 대두

1) 강점(Strength)

(1) 제조공정의 투명성(극장식 매장)

매장에서 도넛이 만들어지는 과정을 고객들에게 직접 보여줌으로 고객에게 '경험'을 제공하고, 제조공정의 투명성을 어필한다.

(2) 대량 구매 시 할인제도(더즌)

크리스피크림은 '더즌' 이라는 판매단위를 도입해 판매하고 있는데 고객은 낱개구매가 아닌 더즌을 통해 저렴한 가격에 많은 크리스피크림을 맛볼 수 있다.

(3) 롯데쇼핑 대규모 유통망 활용

풍부한 유통, 외식사업 경험을 가진 롯데쇼핑이 파트너가 되어서 안정적인 성장을 하고 있다. 롯데의 오랜 경험과 노하우를 바탕으로 외식시장의 새로운 강자가 될 것을 기대한다.

(4) 빨간색 네온사인(Hot Doughnuts Now)

크리스피크림은 새로운 도넛이 나올 때마다 네온사인에 빨갛게 불이 들어온다. 이러한 시각 효과는 고객들에게 특별한 도넛이라는 느낌을 주면서 그들이 그냥 지나칠 수 없게 만든다.

2) 약점(Weakness)

(1) 광고 부족

크리스피크림은 광고를 하는 대신 시식마케팅을 통해 입소문으로 광고를 하고 있기 때문에 홍보에 한계점이 있다.

(2) 지나치게 단맛

단맛이 매우 강하여 한계효용 체감 속도가 빠를 수 있다는 위험이 있다. 또한 우리나라 사람의 입맛에는 너무 단맛이 강하여 소수의 충성도 강한 고객에게만 어필하는 위험이 있다.

(3) 높은 초기 오픈비용

크리스피크림은 점포 오픈 시에 초기비용이 많이 든다. 도넛극장 내 기계 가격만 7~8억 하는 등 총 기초설비만 10억 이상이 들기 때문에 이런 고비용이 드는 점포를 개설하기가 어려운 약점이 있다.

3) 기회(Opportunity)

(1) 생활패턴의 서구화

사회, 경제적 분위기 자체가 개방적이고 서양의 문화에 대한 수용에 있어서 호기심과 긍정적 인식이 많이 자리 잡고 있다. 음식방면에 있어서도 서양의 냄새를 흠씬 풍기는 패밀리레스토랑 등이 최근 몇 년 사이 엄청난 강세를 보이며 성장하고 있고 고객 또한 브랜드의 국적보다는 '맛' 과 '만족감' 을 먼저 고려하는 경향을 보이고 있다.

(2) 원두커피 시장의 발전

커피전문점의 경우 경쟁자가 많은 반면 잠재적 시장의 가능성 또한 많아서 이점을 가지고 있다.

(3) Take-out 문화 성장 추세

바쁜 시간대에 간편하게 주문해서 먹을 수 있는 테이크아웃 식문화가 갈수록 증가함에 따라서 패스트푸드지만 식대용으로 가능한 도넛 시장이 높은 잠재력을 지녔다고 생각할 수 있다. 또한 상대적으로 다른 패스트푸드에 비해 열린 제조공정으로 신뢰감을 줄 수 있어서 다소 장기적으로 재구매의 가능성이 높다.

4) 위기(Threat)

(1) 던킨도너츠의 독점

도넛 시장의 70% 이상을 던킨도너츠가 독점하고 있어, 도넛하면 던킨을 먼저 떠올리는 현상을 보인다.

(2) 잠재적 경쟁업체 증가

베이커리 업계, 카페 등의 다양한 식품개발로 인해 메리트가 줄어들고 있다.

(3) fast food의 문제성 대두

Well-being은 '건강을 생각하는' 문화코드로까지 자리 잡고 있다. 이로 인해 국내의 많은 패스트푸드점이 문을 닫고 있으며 도넛에 대한 인식도 이 위협에서 크게 벗어나 있지 않다. 특히 기름에 튀겨내고 연유시럽을 듬뿍 묻히는 도넛 제조 공정으로 당분과 열량이 높아 웰빙을 추구하는 소비자에게는 어필하기 힘들다. 따라서 이런 문화의 흐름 속에서 도넛 나름의 가치를 높이는 노력이 필요하다.

4 STP 전략

1) 시장세분화(Segmentation)

(1) 연령별 세분화

연령	특 성
10대	가격과 유행에 민감하고, 브랜드에 대한 선호도가 높으며, 지역의 접근성을 중시한다.
20대	특정브랜드에 대한 선호도가 높고, 웰빙과 다이어트에 관심이 많으며, 가격에 대한 민감도가 낮아 과시성 소비경향이 있다.
30~40대 주부층	건강을 많이 생각하고 너무 단맛은 피하는 경향이 있다. 실구매자이지만 자녀들의 주문에 의한 구매가 많은 편이며, 특정 브랜드에 대한 선호보다는 지역의 접근성을 중요시한다.
50대 이상	조용한 분위기를 선호하고, 가격에 민감하지는 않으나 자주 도넛을 즐기지 않으며, 도넛 시장에서 차지하는 비율이 극히 낮다.

(2) 성별 세분화

성별	특 성
남성	여성에 비해 유행이 덜 민감하며 혼자서 카페나 제과점을 찾는 횟수가 적다. 군것질 식품의 소비에 있어서도 덜 적극적이다. 입맛은 대체로 변화에 비유동적이며 칼로리나 다이어트에 신경을 쓰는 소비자의 수가 여성에 비해 현격하게 적다.
여성	유행에 민감하며 새로운 것에 대한 입소문이 빠른 편이다. 카페나 제과점을 방문해 지인들과 시간을 보내거나 혹은 혼자인 경우에도 자주 방문하는 경향이 있다. 군것질 소비에 있어 남성보다 적극적이며 입맛도 자주 변하는 경향을 보인다. 칼로리나 다이어트에 민감하다.

2) 목표대상(Targeting)

	특 성
연령별	주 타깃은 20~30대이다. 지점이 분포하고 있는 지역을 보면 20~30대가 주로 많이 찾는 곳이며 친구들과 함께 대화를 나눌 수 있는 공간에 대한 수요가 많은 곳이다.
성별	남여 특별한 구분을 두지 않지만, 유행에 민감하고 대화의 공간을 많이 필요로 하는 여성을 주 타깃으로 설정했다.
지역별	대도시를 타깃으로 한다. 그 가장 큰 이유는 유동인구가 많기 때문이고, 그매력이 높은 소비자가 몰려있기 때문이며, '크리스피크림 도넛' 이라는 새로운 제품을 무리 없이 받아들이기 쉬운 소비자가 집중되어 있기 때문이다.
추구하는 편익	간식을 통해 '맛을 통한 기분전환' 을 추구하는 소비자가 주 타깃이다. 크리스피크림은 타 경쟁사에 비해 맛있는 도넛을 제공한다는 것이 최대의 장점이므로 크리스피크림의 맛에 만족하는 소비자들을 타깃으로 해야 한다.

3) 포지셔닝(Positioning)

(1) 새롭고 신선한 이미지 마케팅

자국브랜드가 아님을 노골적으로 드러내어 이국적이고 새로운 것에 대한 호기심을 갖게 한다. 소비자들의 입장에서 단순히 제품 개념으로 도넛만을 소비하는 것이 아니라 스타벅스와 같이 브랜드를 소비하는 형태의 전략을 추구하는 전략이다.

(2) 고객과의 상호작용

Customer Relationship Specialist의 약자인 CRS는 고객관리 전문가로 모든 매장에 있다. 고객은 매장에서의 불편한 일 등을 CRS에게 말할 수 있기 때문에 고객들의 가장 가까운 곳에서 고객의 의견을 들을 수 있다. 영수증에 설문 조사지를 첨부하여서 고객의 의견을 듣는 등 고객과의 상호작용을 많이 하려고 노력한다.

관련 인터뷰 자료

Q CRS란 어휘가 생소한데, CRS가 뜻하는 말은 무엇이고 어떤 일을 주로 하는 건가요?

CRS란 매장에서 고객에게 즉각적으로 고객의 needs를 파악해서 서비스를 제공하는 서비스입니다. 예를 들자면, 생일파티의 노래를 불러주는 등 이벤트도 열어드리고 있으며 짐이 많거나 몸이 불편한 고객을 도와 매장 입장과 착석까지 도와드리는 헬퍼 역할 및 많은 손님으로 인해 매장에 일손이 부족할 때 판매에서 테이블 정리까지 도맡는 등 상황에 따라 유연하게 대처하며 크리스피크림 도넛을 찾은 고객에게 쾌적한 환경과 친절한 서비스를 제공합니다.

Q CRS 제도는 언제부터 시행되었고, 특별히 그 시행계기가 있나요?

2008년 10월에 매장 직원 중 6명을 선발하여 CRS 요원으로 임명했는데, 각 매장 직원들에게 분기별 서비스교육을 시행하여 맞춤형 서비스를 할 수 있도록 교육하고 있습니다. CRS제도는 카운터 안쪽에서만 제공하던 고객서비스를 바깥으로 나와서 고객들의 반응을 바로 파악하고 불편사항을 보완하고 바로 제공하여 좀 더 양질의 서비스를 제공하고자 하는데 그 취지가 있습니다.

Q 크리스피크림 도넛 매장이 적지 않은 편인데 모든 매장을 직접 다 관리하는 건가요?

크리스피크림 도넛 매장은 신촌점과 같이 생산레일이 설치된 도넛 생산 매장과 비생산 매장으로 구분하는데 생산매장은 전일제로, 비생산 매장은 1일/2점포 순환제로 1주일에 5일, 1회 매장을 직접 방문하여 관리합니다.

(3) 시식기회 제공 : 퍼주기 마케팅

도넛구매를 기다리는 동안 바로 나온 따뜻한 도넛을 무료로 제공하고, 핵심 타깃 시장에 무료 시식 기회를 대폭 제공하는 등 홍보 차원에서 상당한 양의 도넛을 시식하게 한다.

4) Positioning Map

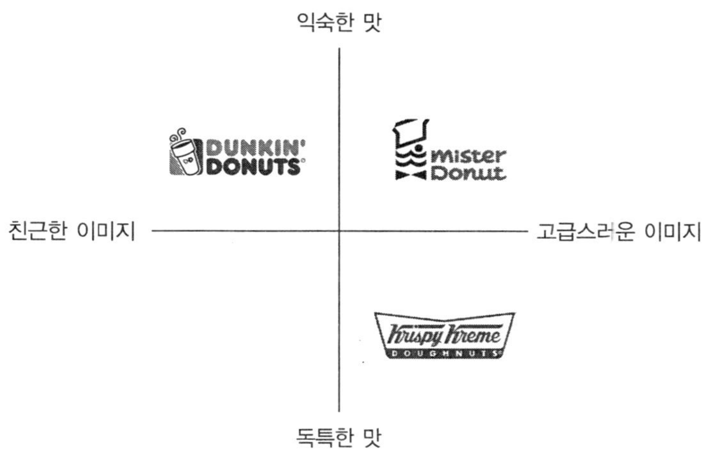

5 4P 분석

1) Product

(1) 트랜스 지방 0G의 도넛

단일 불포화 지방산이 80%이고, 포화지방산은 단 10% 밖에 되지 않는 고급, 고가격의 프리미엄 유지인 하이올레익 해바라기유를 2008년 초부터 업계 세계 최초로 전 매장에서 사용함으로써 트랜스지방 0G로, 한 때 불거져 나왔던 트랜스 지방에 대한 염려를 떨칠 수 있게 했다.

(2) 부드럽고 촉촉한 도넛의 반죽

크리스피크림 도넛이 만들어지기 위해서는 '반죽&분출(Extruding) → 숙성 → 조리(Cooking) → 글레이징(Glazing) → 도넛 완성(Doughnuts are ready)' 의 과정을 거친다. 이스트 부풀림이 있는 크리스피크림의 반죽은 슬로우 푸드라고 알려질 정도로 6시간의 오랜 시간에 걸친 숙성의 노하우가 담겨 있다. 따라서 경쟁사의 어느 빵류나 도넛보다도 부드럽고, 입안에 들어갔을 때의 촉촉함은 으뜸으로 꼽을 수 있다.

(3) 자체생산으로 제공되는 우수한 품질의 도넛

크리스피크림 도넛은 까다로운 품질관리를 하고 있는데, 다른 경쟁사나 일반 빵집과는 달리 오리지널 글레이즈를 매장자체에서 생산하고, 12시간 내에 생산된 제품만 판매하므로 제품에 있어서 그 신선도가 매우 높다. 대형공장에서 배달되는 도넛을 단순히 선반에 진열하는 경쟁업체들과는 차별화되는 점이다. 글레이징되어 나오는 크리스피크림 도넛의 온도는 맛과 향이 가장 잘 어우러진 최대 섭씨 88도이다. 이러한 도넛의 특성은 고객들에게 크리스피크림의 중요한 콘셉트로 자리 잡고 있어 소비자들로 하여 크리스피크림 도넛의 품질에 신뢰성을 가지게 하는 데에 큰 영향을 미친다.

2) Price

(1) 더즌 구매와 할인 정책

크리스피크림 도넛은 더즌 구매 시 할인 혜택을 통해 이미지는 고급화하면서도 경제적 부담을 줄여 매출을 증대시키는 효과를 누리고 있다.

소비자들은 크리스피크림 도넛에서 할인된 가격

에 도넛을 구매할 경우 실제로는 다른 경쟁사들의 가격보다 저가가 되므로 고급스러운 도넛을 할인하여 구매하였다는 점에 추가적인 만족감을 얻고 있다.

3) Place

(1) 적은 매장 수

적은 매장이 고객의 소비 욕구를 불러일으키는데 일조하고 있다. 쉽게 얻을 수 있는 것은 그 희귀성과 가치가 떨어지는 반면, 어렵게 얻은 것은 희귀성과 가치가 높아진다. 이렇게 많지 않은 매장은 고객들에게 명소나 맛집을 찾는 기분을 갖게 한다. 결국 희소성, 특별함에 대한 심리로 고객들은 크리스피크림 매장을 더욱 자주 찾게 되는 것이다.

(2) 롯데쇼핑에서의 직영 운영

크리스피크림 도넛은 (주)롯데쇼핑에서 직영 체인으로 매장을 운영하고 있으며 개인 창업자의 프랜차이즈는 허가하지 않는다. 그 이유로는 도넛 생산 설비 등 크리스피 매장의 초기 비용이 많이 들어가기 때문에 프랜차이즈화하기에는 부담이 있고 좀 더 고객관리를 확실히 하기 위함이다. 따라서 현재 매장 수는 아직 직영으로 운영되는 50개의 매장에 불과하지만 그 규모는 대체적으로 큰 편이다.

4) Promotion

(1) 체험마케팅

고객들이 매장에서 도넛 제작 과정을 직접 볼 수 있게 함으로써 도넛에 대한 생생한 경험을 할 수 있게 했다. 이른바 '도넛극장' 체험을 통해 매장을 방문한 고객들은 크리스피크림 도넛에 대해 좀 더 많이 알게 된다.

(2) 감성마케팅

특별한 광고나 홍보보다는 시식을 통해 고객

들에게 품질을 증명하는 것이다. 도넛을 주문하려고 기다리는 동안 새로 나온 도넛을 무료로 제공하기도 하고, 홍보가 필요한 장소에서 한 더즌씩 나눠주며 시식행사를 갖는다. 음식은 먹어봐야 안다는 전형적이고 확실한 방법으로 고객층을 확보하고 있다. 크리스피크림 도넛은 제품 그 자체가 아니라 고객들이 크리스피크림 도넛과 매장에서 느끼는 감성적인 친밀감에 마케팅의 초점을 맞추었다.

6 문제점 및 개선 방안

1) 브랜드 이미지에 대한 위협 → 다양한 광고

크리스피크림은 대중매체를 통한 TV 광고 등을 전혀 하지 않아, 던킨도너츠에 비해 낮은 시장 인지도를 가지고 있다. 또 다른 경쟁업체인 미스터도넛이 수제도넛이라는 고급스러운 브랜드 이미지를 내세우고 있기에 크리스피크림에 위협요소로 작용하고 있다. 이에 크리스피크림은 구전마케팅 효과를 증대하기 위한 다양한 온라인 커뮤니티를 적극적으로 이용하고 간접적인 마케팅 활동과 더불어 TV광고와 같은 직접적인 마케팅 활동이 필요하다.

2) 오리지널 글레이즈에 편중된 수익구조 → 현지에 맞는 맛 개발

오리지널 글레이즈에 편중된 수익구조는 시장 환경 변화로 인해서 오리지널 글레이즈가 급작스럽게 고객에게 외면받게 될 경우, 크리스피도넛 기업자체가 흔들릴 수 있는 위험요소가 있다. 또 크리스피크림의 도넛은 '너무 달다'는 평가를 받는 경향이 있기에 현지 사람들의 식문화와 까다로운 입맛을 파악하고 그에 맞는 새로운 제품의 개발 등이 요구되는 것이다. 우리나라에서도 같은 음식이라도 지방마다 맛의 차이가 존재하듯이 지역적 특색이 장기적으로는 문제가 될 수 있다. 그렇기 때문에 한국 사람들의 표준 입맛을 고려해 그에 맞는 새로운 도넛, 음료의 개발 등이 지속적으로 추진되어야 할 것이다.

사례 2

제일시장 도넛, 호텔 파티시에가 만들었죠

손님 끌어들이는 전통시장 맛집
특급 호텔 출신 김정광씨 노점
입소문에 서울 · 인천서도 몰려와
이웃 점포 매출도 덩달아 올라
'구운 찐빵' 은 능곡시장 효자 노릇

지난 25일 오후 1시 경기 북부 최대 규모의 전통시장인 의정부시 제일시장. '즉석 도너츠 명가' 라는 간판을 내건 노점 앞에 손님 10여 명이 줄지어 서 있다. 도넛은 튀겨내기 무섭게 곧바로 팔려나갔다. 한 손님이 찰깨 도넛을 찾자 주인은 "죄송합니다만 잠시 시장을 한 바퀴 돌고 오세요"라고 양해를 구했다. 서울 상계동에서 온 이동순(47 · 주부)씨는 "이곳 도넛을 먹어본 뒤 맛에 반해 전철을 타고 틈틈이 찾는다"며 "워낙 대기손님이 많다 보니 주문해놓고 과일과 생선 등 장을 보고 오면 시간이 딱 맞는다"고 말했다.

특급 호텔 제빵 조리사 출신인 김정광씨(오른쪽)가 26일 의정부시 제일시장에서 즉석에서 튀겨낸 도넛을 봉투에 담아 주부 고객에게 건네고 있다.

지난 24일 경기도 고양시 능곡전통시장의 '밀알 왕찐빵' 에도 손님이 끊이질 않았다. 이곳의 전매특허는 '구운 찐빵' . 일반 찐빵을 팔기에도 손이 모자라 2와 7로 끝나는 날에 별도로 서는 전통5일장과 주말에만 선보이지만 인기는 그 어느 먹거리보다 높다. 이용균(58 · 서울 상암동)씨는 "주말마다 가족들과 구운 찐빵을 사러 왔다가 장도 보고 간다"고 말했다.

김남순씨(왼쪽)가 고양시 능곡전통시장에서 남편 김기준씨와 함께 구운 찐빵을 만들고 있다.

수도권 지역 전통시장에 자리 잡은 맛집들이 전통시장을 살리는 효자 노릇을 톡톡히 하고 있다. 특히 '스토리가 있는 맛집' 이 입소문을 타고 50대 이상 중년층은 물론 20~30대 젊은층의 발길을 끌어모으면서 전통시장에 활기를 불어넣고 있다. 가격도 저렴해 지역주민은 물론 서울과 일산 · 인천 등에서 찾아오는 단골 손님도 늘고 있다.

제일시장의 인기상품으로 자리 잡은 도넛은 김정광(40)씨가 2012년 12월 어머니(63)가 운영하는 채소 노점 한켠에서 팔기 시작했다. 김씨는 조선호텔과 신세계그룹에서 13년간 조리사 경력을 쌓은 제빵 전문가. 김씨는 "따로 제과점을 낼 생각도 했지만 즉석 도넛을 만들어 박리다매로 승부하는 것도 경쟁력이 있겠다 싶었다"고 말했다.

그는 인기 비결로 질 좋은 재료를 쓴다는 점을 꼽았다. 일반 밀가루에 비해 2배 이상 비싼 전용 밀가루를 사용한다. 가게 인테리어 비용을 재료비에 쏟아붓겠다는 전략이 통한 셈이다. 밀가루도 40분 이상 두 차례 숙성시킨 뒤 즉석에서 따끈하게 튀겨낸다. 식용유도 고급만 쓴다는 원칙을 고수한다. 이틀에 한 번씩 18L를 새 식용유로 교환한다.

가격도 시중가의 절반 정도인 500~800원만 받지만 입소문이 나면서 하루 평균 50만 원의 매출을 올리고 있다. 이상백(45) 제일시장 번영회장은 "도넛 가게 같은 명물 먹거리 하나가 시장 내 주변 점포 매출을 10% 이상 끌어올리고 있다"고 반겼다.

구운 찐빵은 김남순(46 · 여)씨가 전혀 뜻하지 않게 개발해낸 작품이다. 2013년 가족들과 여름휴가를 떠나면서 찐빵을 가져갔는데 마땅히 데워먹을 방법이 없었다. 할 수 없이 프라이팬에 기름을 살짝 뿌린 뒤 구웠는데, 아이들이 "생각보다 훨씬 맛있다"며 더 만들어 달라고 졸랐다. 여기서 아이디어를 얻은 김씨는 지난해 구운 찐빵을 본격 선보였다.

일반인들의 반응도 아이들과 다르지 않았다. 김씨는 "도대체 어떻게 찐빵을 구워낼 생각을 했느냐고 묻는 손님이 적잖다"며 "그때마다 가족휴가 때 에피소드를 얘기해주면 '먹는 맛에 듣는 맛도 좋다' 며 모두들 즐거워한다"고 전했다.

전통시장의 맛집들이 인기를 모으면서 경기도 또한 팔을 걷어붙이고 나섰다. 이들 가게들을 전통시장의 대표상품으로 키운다는 계획이다. 박근균 경기도 전통시장지원센터장은 "과거엔 전통시장 활성화를 위해 돈을 지원하는 게 거의 전부였지만 그것만으론 한계가 있었다"며 "다양한 이야기를 담은 먹거리를 적극 개발해 젊은 층도 즐겨 찾는 전통시장을 만들도록 하겠다"고 말했다.

자료 : 중앙일보, 2015년 1월 27일

Q&A

1. 크리스피크림은 홍보적으로 약점을 가지고 있는데, 성공적인 외식산업이라 생각했는가?

처음 크리스피크림이 국내시장에 진출했을 때 던킨도너츠가 차지하는 비율이 90% 이상이었는데 지금 크리스피크림이 20%라는 시장점유율을 가지고 있고, 점차 발전되어 가고 있기 때문에 작지만 성공이라 생각한다.

2. 본사에서 구체적으로 어떤 일을 하고 있는가?

크리스피크림의 기획 디자인, 새로운 제품개발 등과 같은 일을 하고 있다.

3. 타깃이 20~30대인데 다른 타깃층을 위한 프로모션이나 제품을 개발하고 있는가?

현재 크리스피크림은 초콜릿 카니발이라는 행사제품을 선보이고 있다. 이 제품은 20~30대가 아닌 단맛을 즐기는 10대를 위한 제품이라고 생각한다. 현재 많은 제품들이 선보여지고 있지만 크리스피크림만의 한정된 홍보 전략에 의해 홍보가 많이 되지 않은 상태이다.

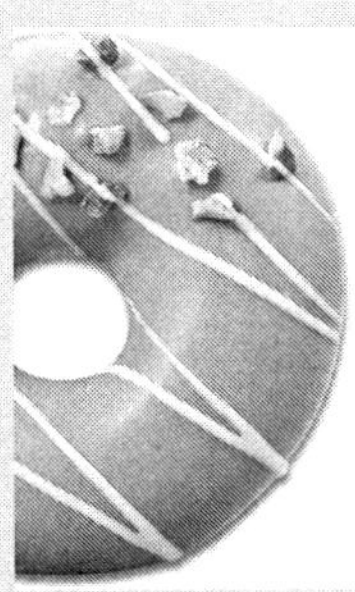

4. 앞의 질문은 크리스피크림의 약점인 지나치게 단맛에 더 단맛을 추가한 제품이 되는데 그럼 충성고객만을 위한 제품이 되는 것이 아닌가?

크리스피크림은 약점 보완을 위해 녹차도넛과 같은 제품도 판매하고 있다. 던킨도너츠는 다양한 도넛이 판매되는 도넛 매장이라는 인식이 있지만 크리스피는 오리지널 글레이즈에 편중되어 있기 때

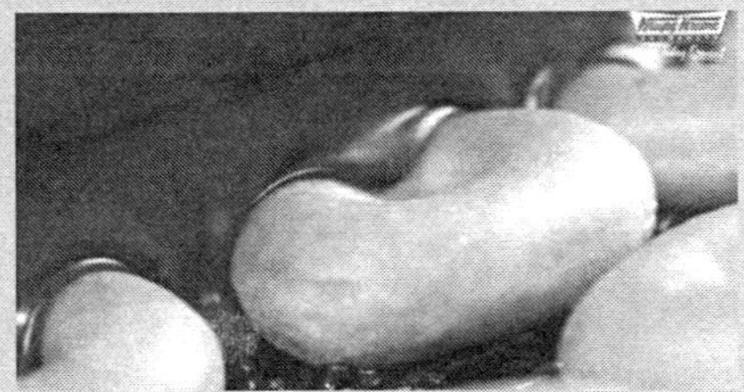

문에 다른 도넛에 대한 인지도가 부족하여 녹차도넛과 같은 도넛의 공격적인 홍보가 필요하다.

5. 크리스피크림은 지금 홍보를 위하여 TV광고가 필수적인데 던킨도너츠 같이 TV광고를 하지 않는 이유는 차별화 전략인가?

크리스피크림은 차별화 전략으로 TV광고가 아닌 구전마케팅을 하고 있다. 구전마케팅이 잘 안 되고 있는 것은 사실이기 때문에 온라인 커뮤니티를 이용한 공격적인 마케팅이 필요하다고 생각한다.

6. 크리스피크림과 던킨도너츠 그리고 미스터도넛의 시장점유율은 매출액에 따른 분류인가?

매출액에 따른 시장점유율이다.

✻참|고|자|료

- 크리스피크림 : http://www.krispykreme.co.kr/
  http://www.krispykreme.com/
- 미스터도넛 : http://www.misterdonut.co.kr/
- 던킨도너츠 : http://www.dunkindonuts.co.kr/
- 아시아경제, 크리스피크림, 7년래 최대 순익, 2011.05.24, 이현정 기자
- http://www.asiae.co.kr/news/view.htm?idxno=2011052408031755127
- 콜레오 마케팅그룹-입소문 마케팅 에이전시
- http://www.coleomarketing.com/casestudies/krispykreme.html
- 네이버 블로그
- http://blog.naver.com/amelie904?Redirect=Log&logNo=40140178789
- 서울경제, 2010.05.11.
- http://www.bizplace.co.kr/biz/content/n_view.php?seq_no=31396
- http://blog.naver.com/ruduse?Redirect=Log&logNo=98932407
- 서울경제, 2008.10.08., 정민정 기자
- http://efn.edaily.co.kr/Brandnews/NewsTotalRead.asp?sub_cd=DJ&newsid=01105366596250560

03

스쿨푸드

SCHOOL FOOD
BLOOMING MARI

스쿨푸드

세계화에 발맞추어 음식의 세계화가 급속하게 진행되고 있는 가운데 한식의 세계화에 앞장 서는 메뉴를 선정한다면 분식은 빠질 수 없는 아이템이라고 생각한다. 최근 분식을 주메뉴로 하는 프랜차이즈 점포수가 1년 사이에 두 배 넘게 증가하는 등 분식업계가 다양한 형태로 빠르게 성장하고 있다.

과거 가난한 나라사정에 의해 배고픔을 달래고자 만들어진 분식은 간단한 식사대용의 음식으로 생각했다. 그러나 기존 분식의 개념을 지양하고 분식을 요리의 개념으르 승화시키면서 프리미엄을 지향하는 프리미엄 분식사업이 뜨거운 감자로 떠오르고 있다.

School Food는 불과 1년 전만 해도 서울 맛집으로 통하는 음식점이었다. 그러나 최근 2011년 8월 청주 메가폴리스점을 오픈하며 청주뿐만 아니라 전국구로 엄청난 성장을 하고 있다.

2011년 9월 목동 파라곤점을 오픈하며 2년 만에 30개의 점포를 확장하였고 총 45개의 점포를 운영 중이다. 이 중에는 일본 도쿄와 미국 LA에 자리 잡은 해외 대장도 있다.

서울 전역에서만 성행했던 School Food가 어떤 방법으로 전국을 넘어 세계로 나아가는 프랜차이즈 기업이 되었는지, 이처럼 성공할 수 있게 된 원동력이 무엇인지 알기 위해 School Food를 선정하여 조사한다.

1 School Food 소개

1) 브랜드 스토리

스쿨푸드의 시작은 2002년 3월 논현동에서이다. 창업자인 이상윤 사장은 압구정을 지나던 중 예쁜 카페를 보고 영감을 얻어 '분식집' 을 '카페' 처럼 디자인한 매장을 오픈하기에 이르렀고 이러한 분식집에 어울리는 '럭셔리' 한 메뉴를 개발하기 시작하면서 지금의 스쿨푸드의 모습이 갖추어지게 되었다.

분식이란 단어의 사전적 의미는 '밀가루 등 가루로 만든 음식' 이다. 분식이라는 단어가 주는 느낌은 그야말로 '식사대용의 간단한 음식' 정도이다. 하지만 스쿨푸드는 고객들이 '프리미엄 분식' 이라고 정의할 정도로 분식이 아닌 '요리' 를 추구하며 시장에서 자리를 잡아 나갔다. 즉 '6000원짜리 분식' 은 비싸게 느껴지지만 'Chef가 만든 6000원짜리 요리' 는 얼마든지 수용할 수 있다는 것을 알아차림 셈이다. 이를 통해서 스쿨푸드는 분식에 대한 인식을 바꿈으로서 기존의 분식들과 차별화된 모습을 분명히 보여주었다.

스쿨푸드의 모든 음식은 양보다 질을 우선시하며 고객의 건강을 최우선으로 생각한다. 맛, 영양 그리고 즐거움의 조합을 통해 만들어진 스쿨푸드의 음식을 통하여 세계의 스쿨푸드가 되고자 발전의 발전을 거듭하고 있다.

2) 메뉴

스쿨푸드의 대표적인 메뉴로는 '마리' 와 '떡볶이' 가 있다. 이외에도 잘 익은 김치와 스쿨푸드만의 독특한 장아찌로 맛을 낸 국수와 든든한 끼니를 위한 식사메뉴, 여성들이 좋아할 튀김과 샐러드까지 다양한 메뉴를 갖추고 있다.

이곳 메뉴의 특징은 기존의 분식 메뉴를 창의적으로 재구성했다는 점이다. '마리' 는 김밥을 캘리포니아롤에서 영감을 받아 새롭게 구성하였으며 대표적인 메뉴로 스팸마리, 고추멸치마리 등이 있고 여러 가지 마리를 한꺼번에 맛볼 수 있는 스페셜마리와 모듬마리 형태로도 판매하고 있다. 떡볶이도 일반 떡볶이 떡의 절반 크기로 제작하여 한입에 먹을 수 있도록 개선하였으며, 까르보나라 떡볶이와 매운 까르보나라 덕볶이처럼 스쿨푸드에서만 맛볼 수 있는 새로운 형태의 떡볶이들도 접할 수 있다.

3) 역사

School Food는 2002년 논현동에서 배달전문점으로 시작하여 2009년까지 7년 동안 20여 개의 점포만 오픈하였다. 그러나 School Food를 표방하는 프리미엄 분식점이 생겨나면서 위협을 느낀 School Food는 비약적 도약을 통해 프리미엄 분식점의 선구자로 2년 만에 25개의 점포를 오픈하면서 현재 45개의 점포를 운영 중이다.

4) 경영철학

모든 음식은 빠르게, 바로 조리된 상태가 가장 맛있다. 스쿨푸드는 이처럼 가장 맛있는 상태의 음식을 제공하기 위해서 고객의 주문이 들어오면 바로 조리하는 Made to Order의 원칙을 지키고 있다. 이러한 원칙을 지킴으로써 유명한 요리사들과 레스토랑이 즐비한 신사동 가로수길과 청담동에서도 성공한 레스토랑 중 하나로 손꼽히고 있으며 이를 통해 분식의 '싸구려 길거리 음식'이라는 편견을 깨고 '프리미엄 분식'이라는 영역을 개척해 나가고 있다.

스쿨푸드가 고객들에게 '프리미엄'이라 인정받는 이유는 바로 이런 원칙을 지키는 모습에서부터 시작된다고 할 수 있다. 10주년을 맞이하는 시점에서 이상윤 사장은 '150'이라는 꿈의 수치를 말하였는바, 이 수치는 그가 생각하는 스쿨푸드의 매장 수이다. 그 이유는 고객들이 붙여준 '명품, 프리미엄'이라는 단어에 걸맞게 행동하기 위함인데 다른 외식 프랜차이즈 업체들처럼 가맹점의 수를 폭발적으로 늘리겠다는 거창한 목표가 없음을 의미한다. 가맹점 수를 늘리기보다는 '프리미엄 분식'의 품질을 유지할 수 있는 한도 내에서 스쿨푸드다운 모습을 보여주기를 바라는 뜻에서 정한 것이다.

2 Marketing 분석

1) 환경 분석

(1) 외부환경 분석

① 경제적 외부환경

식자재 비용이 시간이 지남에 따라 늘어나고, Cost가 상승하다보니 외식업에서도 많은 메뉴들의 가격이 상승하고 있는 추세이다.

② 사회문화적 외부환경

식품 산업과 관련하여 웰빙 열풍이 불고 있다. 하지만 분식이라는 제품군 자체가 웰빙의 이미지와 거리가 멀기 때문에 불리한 것이 사실이다. 이에 따라 소비자 입맛에 맞으면서 웰빙과 관련된 제품들을 개발, 출시한다면 충분한 수요를 차지할 수 있을 것으로 예상한다. 또한 여성들의 소득 증가로 인해 여성을 대상으로 하는 시장이 확대 중에 있다.

③ 기술적 외부환경

이미 분식의 제조 기술은 상향평준화되어 있다. 때문에 아무리 분식이라 할지라도 만드는 기술에 차별화를 두어 소비자들이 접했을 때, 기존 분식과는 다르다는 느낌을 전달할 필요가 있다.

④ 인구통계적 외부환경

분식을 선호하는 수요는 쉽게 접할 수 있는 음식이기 때문에 어린이부터 노년층까지 다양하다. 비록 출산율이 감소하고 있지만 분식에 대한 수요는 줄어들지 않을 것으로 예상한다.

(2) P.L.C 분석

School Food가 오픈한지는 어느 정도의 시간이 지났지만 현재는 도입기를 지나 성장기에 접어드는 추세로 판단한다. 그 이유는 분식이라는 메뉴가 이미 오래전부터 알려지고 쉽게 접할 수 있으나 School Food는 기존의 분식과 차별화를 두었고 인테리어 측면이나 경영전략을 보면 새로운 시장이기 때문에 성장기에 접어들고 있다고 판단한다. 이 시기가 마케팅적 견해에서 보았을 때 가장 중요한 시기이기 때문에 앞으로의 마케팅 전략이 더욱 중요할 것이다.

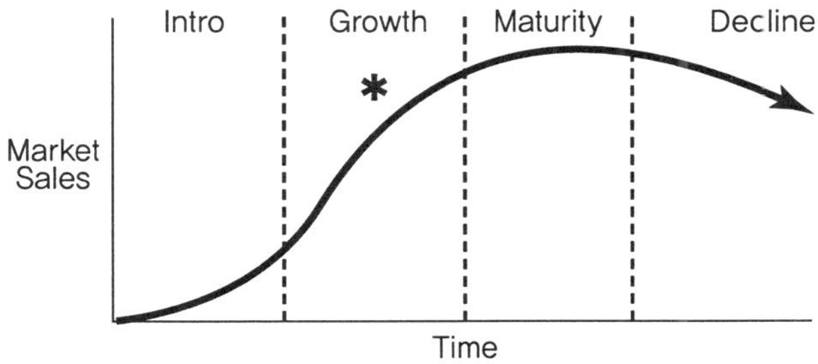

(3) 산업구조분석모형 분석

	내 용
기존 기업 간의 경쟁 정도	아딸, 요런떡볶이, 국대떡볶이, 올리브떡볶이, 해피궁, 빠사시, 김가네, 김밥나라 등이 현재 기존 분식을 가지고 음식의 질을 높여 판매하고 예전과는 다른 인테리어를 추구하여 경영하고 있으나 School Food와는 경쟁 상대가 될 수 없다고 생각한다. School Food는 분식시장과 경쟁하는 것이 아니라, 거시적 차원의 외식시장과 경쟁하고 있다고 판단된다.
신규 기업의 진입 위협	School Food는 School Food만의 철학을 가지고 사업을 하고 있어, 외향적인 벤치마킹을 다른 기업이 할 수 있다고는 판단되나 내부적인 시스템까지는 모방이 불가능할 것이다.
대체품의 위협	패밀리 레스토랑을 포함한 많은 외식업체들이 대량 생산을 통한 원가절감을 하여 현재의 가격 이하의 제품을 시장에 내놓을 경우 충분한 위협 요인이 될 것이다.
구매자의 협상력	소비자들은 많은 외식시장에 노출되어 있고, 최근의 소비자들은 구매 결정에 있어 매우 탁월한 판단력을 가졌기 때문에 협상력은 낮다고 판단된다.
공급자의 협상력	School Food의 경우 브랜드 파워를 구축하고 있는 기업이고 가맹점 확보를 하고 있기 때문에 공급자 간의 협상력은 우수하다고 판단할 수 있다.

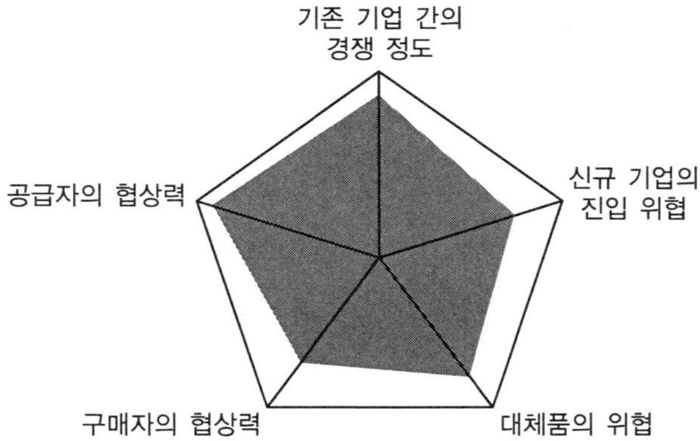

2) SWOT 분석

(1) 강점(Strength)

① 차별화된 분식이라는 제품

② 카페를 연상시키는 실내 인테리어

③ 여성중심의 마케팅으로 인한 여성층의 두터운 인지도

④ 끊임없는 신제품 개발

⑤ 고급 레스토랑과의 경쟁 가능성

(2) 약점(Weakness)

① 분식이라기엔 높은 가격대② 고품질 식재료로 인한 높은 원가

③ 소규모의 프랜차이즈로 이미지 제고에 있어 속도가 느림

④ 중소기업으로서 광고활동에 대한 부담감

⑤ 주요상권 진입으로 인한 높은 창업비용

(3) 기회(Opportunity)

① 웰빙 열풍의 영향

② 소득 수준 향상으로 인한 외식에 대한 민감도 감소

③ 간편한 식사 선호도 증가

④ 여성의 구매 파워력 증가

⑤ 분식 시장의 재조명

(4) 위기(Threat)

① 경쟁사 증가 : 아류 브랜드의 등장

② 외식 업종 수 증가(패밀리 레스토랑 등)

③ 대기업의 분식 시장 진출 우려

④ 분식에 대한 기존 인식

3) STP 전략

(1) 시장세분화(Segmentation)

<table>
<tr><th>연령 / 성별</th><th>10대</th><th>20대</th><th>30~50대</th><th>50대 후반</th></tr>
<tr><td>여</td><td rowspan="2">segmentation market 1</td><td>segmentation market 2</td><td>segmentation market 4</td><td rowspan="2">segmentation market 6</td></tr>
<tr><td>남</td><td>segmentation market 3</td><td>segmentation market 5</td></tr>
</table>

분식시장의 segmentation market을 나누는데 있어서 가장 중요한 기준을 연령과 성별로 보았다. 첫 번째 기준으로, 성별에 따라, '소비 스타일'이 다르다는 점이 중요하다고 생각했다. 여성은 외식산업에 있어서 음식뿐만 아니라 그곳의 인테리어 등과 같은 감성적인 요소에 젖어 안 해도 되는 지출을 더하는 경향이 있으며, 분식시장의 경우에는 소비결정력도 강하며, 메뉴 선정 시에 유행이 지난 메뉴보다는 트렌디한 메뉴를 택하고, 동반소비력 또한 강하다. 반면에 보통의 남성들은 분위기보다는 맛이고, 맛보다는 양이며, 현명한 소비를 하는 편이다. 또한, 분식 이용 시에도 트렌디한 메뉴에 대한 관심보다는 좀 더 저렴한 가격의 음식을 선택하는 경향이 짙기 때문이다.

두 번째로 연령에 대한 기준을 말할 수 있겠는데, 10대는 분식을 매우 좋아하지만 학생이라는 신분으로 인하여 경제력이 적어 구매력이 약하다. 20대의 경우에는 경제력을 갖고 있고, 자신이 선호하는 음식을 먹고 싶어 하는 욕구가 강하다. 30~50대는 경제력이 가장 높기는 하나 분식에 대한 관심이 20대보다는 적다. 그리고 이들은 분식을 식사라는 개념보다는 간식거리라는 개념으로 생각하는 경향이 강하다. 50대 이상의 경우에는 분식과는 거리가 먼 층이다.

(2) 목표대상(Targeting)

① 20대 여성

현재 스쿨푸드의 메인 타깃으로서 이미지를 확고히 형성하고, 안정적인 매출확보의 토대인 충성고객층을 형성해 나가고 있다. 현재 스쿨푸드의 20대 여성고객을 통한 매출은 높은 편이어서 성장률은 크게 높지 않을 것으로 예상되지만, 20대 여성은 상대적으로 분식소비의 기회가 많고, 분식을 일상적 소비식품으로서 인식하는 경향이 확대되며 좋은 수익성을 보일 것이다.

② 젊은 주부

최근 쇼핑몰에서 아이를 데리고 쇼핑하는 젊은 주부들을 많이 볼 수 있다. 이들은 자신에 대한 투자와 동시에 자녀들에게 투자하는 욕구가 상당히 강한 모습을 보여준다. 쇼핑몰 내에 입점하는 매장들은 젊은 주부층을 타깃으로 하여 20대 여성에만 편중된 고객층을 넓힐 수 있다.

(3) 포지셔닝(Positioning)

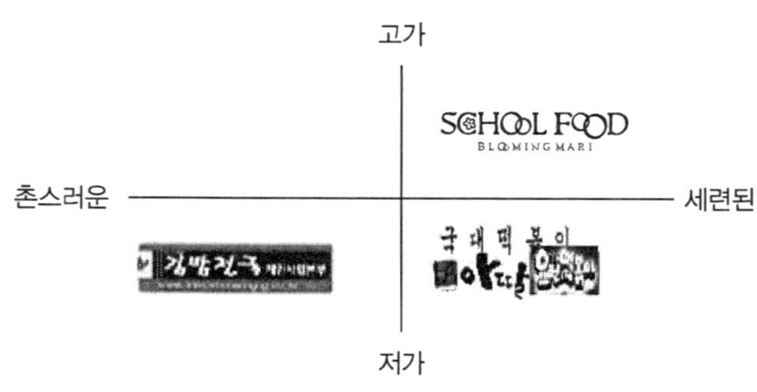

School Food는 브랜드 자산인 프리미엄 분식이라는 강점을 살리는 동시에 현재 프리미엄 분식이 동일 업종에 대한 경쟁자가 없으므로 앞으로 나타날 프리미엄 분식점과 거시적 차원의 외식시장과 경쟁해야 하며 포지셔닝 전략을 제품 중심의 시각에서 고객 중심의 시각으로 변화시켜 메인 타깃인 여성 고객들에 집중하는 마케팅을 펼쳐야 한다.

4) 4P 전략

(1) 제품(Product)

① 차별화된 아이템

School Food는 일반 플라스틱 그릇이 아닌 도기에 음식을 담아내고, 인테리어도 레스토랑 같은 분위기로 연출했다. 메뉴 역시 이름과 모양새 그리고 맛에서 차별점이 느껴진다. 대표적인 메뉴는 '마리' 류(약 15종)와 그들의 핵심 아이템 장아찌가 들어간 김치말이 국수와 냉면, 기존의 떡볶이 떡 길이의 반밖에 안 되는 떡들이 자작한 국물에 잠겨 나오는 '국물 떡볶이', 일반 어묵을 넣고 5시간 이상 끓인 국물에 고급 어묵을 넣고 다시 끓여 낸 어묵탕 등이다. 그밖에도 매까떡(매운 까르보나라 떡볶이), 오징어 먹물 마리 꿀떡 맛탕 등이 대표 메뉴이다.

② 차별화된 인테리어

두 번째로 관심을 가져야 할 것은 여성을 타깃으로 하여 사업을 전개하는 만큼 제품을 포함한 분위기도 여성을 위하여 만든다는 것이다. 최초 School Food를 론칭하기 전 시장조사에 앞서 인테리어 콘셉트를 설정하기 위해 수많은 hot place를 다녔고, 그 중 압구정동의 분위기 좋은 카페를 발견하게 되었는데 이 카페를 모티브 삼아 School Food의 콘셉트를 설정하게 되었다.

스쿨푸드는 여자를 위한 매장을 만들기 위하여 카페와 같은 콘셉트를 가지고 연출하고자 하였다. 구체적으로 설명하자면 원목과 벽돌을 주로 사용하였으며, 높은 천장과 조명을 이용하여 한층 더 분위기를 업그레이드하였다.

이외에도 밝은 톤의 유니폼, 식기, 대형 매장을 중심으로 여성전용 파우더룸 및 여성

화장실에 비데 설치 등을 하여 여성들이 편하게 식사할 수 있는 공간을 연출하였다고 할 수 있다.

(2) 가격(Price)

프리미엄 제품에 걸맞은 프리미엄 가격정책으로 과거 '절약'을 강조하던 소비패턴은 가치를 추구하는 '만족'으로 바뀌고 있다. 삶의 질을 높이는 가치 있는 제품에 대해서는 자신의 만족을 위해 비싼 가격을 지불하는 것이 현재의 추세다.

이에 따라 스쿨푸드는 프리미엄 가격 정책을 쓰고 있는데 분식치고는 높은 가격인 6,000원에서 13,000원대까지 이르고 있다. 높은 가격대만큼 원가비중도 높은 프리미엄 메뉴가 객단가 상승에 이바지하면서 효과적인 브랜드 관리에 도움이 되고 있다고 한다. 스쿨푸드에서 2002년부터 현재까지 출시된 메뉴 대부분은 프리미엄급이라 할 수 있다.

(3) 유통(place)

① 공격적인 점포 확장 못지않게 중심상권이 중요

점포의 합리적인 입지는 가장 중요한 요건이 된다. 점포의 입지가 매출에 미치는 영향은 지대하다. 이처럼 외식산업에서 입지선정이 차지하는 비중은 매우 크다고 할 수 있는데, 스쿨푸드의 경우 다이닝 매장 위주의 전략으로 시내 중심가나 교통요지, 대학가, 현재는 쇼핑몰에 입점을 통해 고객유인의 중요 수단으로 작용하고 있다. 또한 한식의 세계화에 앞장서며 미국(LA)과 일본(아카사카)에 점포를 론칭하였다. 분식은 가격이 다른 외식 메뉴에 비해 가격이 저가임에도 이런 hot place에 입지한 것을 보면 프리미엄 정책이 입지에도 민감하게 작용했음을 알 수 있다.

② 물류 시스템 구축

스쿨푸드는 2007년에 전국적인 물류 유통 시스템을 구축하였다. 물류 시스템의 구축은 다른 업체와 비교하였을 때 경쟁력 있는 업체로 성장하기 위한 수단으로 매장 수가 4개밖에 없던 시점에서 물류 시스템을 구축함으로 인해 지금과 같이 꾸준한 성장을 이루었다고 할 수 있다.

(4) 촉진(Promotion)

① 문화마케팅

외식업계가 영화, 연극, 뮤지컬 등 다채로운 문화 혜택을 제공하며 여심잡기에 열을 올리고 있다. '웰빙 먹거리'를 넘어 고객의 건강한 생활을 위한 '문화 웰빙'으로 확대되면서 외식기업들의 문화마케팅 활동이 다양해지고 있다. 특히, 여성들의 구매력이 계속적으로 신장되고 있어 이들을 잡기 위한 외식업계의 문화마케팅은 더욱 강화되는 추세이다.

스쿨푸드의 경우에도 게릴라성 이벤트, 문화를 향유할 수 있는 티켓 이벤트, 파티를 겨냥한 파티 초대권 등을 이용하여 이벤트를 실시하고 있다.

이러한 문화마케팅이 당장 눈에 보이는 이익은 없을지라도 전체적인 기업이미지 향상과 고객감동으로 이어져 장기적인 매출증진에 영향을 미칠 것으로 기대한다.

② 사회공헌 활동

스쿨푸드는 2011년 4월 11일 엘르와 컴페션이 함께하여 도네이션 캠페인을 위하여 '나눔 하모니 sharing'이라는 사회 공헌 이벤트를 실시한 바 있다.

③ Celebrity

스쿨푸드는 이대점 사장이 DJ DOC의 김창렬이라는 것이 알려지면서 유명해진 것도 한 몫 한다. 김창렬이 이대점을 오픈하면서 적극적인 홍보가 되었고 연예계 뉴스에서는 기사가 되었다. 입소문으로 퍼져나간 스쿨푸드는 바쁜 연예인을 위한 음식이 되기도 하였다. 바쁘기 때문에 나가서 먹을 시간이 많이 없는 연예인들이 스쿨푸드에서 음식을 포장해가기도 하기 때문이다. 때문에 조용히 스쿨푸드를 찾는 연예인들도 늘기 시작했다. 또한 입소문으로 퍼져나간 스쿨푸드는 방송 광고를 하지 않았지만 TV전파를 많이 탔다.

2006년 1월 MBC 찾아라! 맛있는 TV를 시작으로 MBC 화제집중, SBS 생방송 투데이(2006년 4월 5일 방송), KBS 세상의 아침(2006년 6월 29일 방송), KBS 무한지대 큐(2007년 3월 28일 방송) 등 여러 방송에서 그 인기를 실감할 수 있었다.

5) Marketing 사례

(1) 여성마케팅

여성들의 사회참여가 활발해지면서 당연히 여성들의 소비지출에 대한 의사결정권도 강화됐다. 여성 소비자는 많은 기업체들의 주요 소비자가 되었으며 이들에게 호소하는 마케팅활동 역시 확고하게 자리 잡아 그야말로 여성시대이다.

실제로 스쿨푸드의 주 고객층은 20~30대 여성층(직장인, 대학생 등)이며, 이들이 매출구성의 70% 이상을 차지하고 있다. 앞서 말한 것처럼 스쿨푸드 역시 이 점을 감안하여 마케팅 활동을 펼치고 있는 것이 사실이다.

- 여성고객을 타깃으로 설정하면서 여성들이 좋아하는 음식트렌드를 읽고, 여성들을 위해 입맛에 맞는 퓨전 음식개발과 음식의 크기 또한 여성에게 맞추어 공급함으로써 여성들에게 기존의 분식과는 다른 새로운 분식이라는 이미지를 각인시켰다.
  ∴ School Food = 여성의 분식
- 남성 고객을 과감하게 포기하고 대신 여성 시장을 공략하였다(여성을 잡으면 남성 고객은 자연스럽게 끌 수 있다).
- 여성 고객은 남성에 비해 경기 침체기에도 크게 영향을 받지 않고, 가치가 있다고 여겨지는 것에는 돈을 아끼지 않는 성향이 강하다.
- 여성은 동반 소비를 유발하며, '입소문' 즉 커뮤니케이션을 형성한다(커뮤니케이션은 매체 광고나 마케팅보다 효과가 높음).

(2) 프리미엄 마케팅

스쿨푸드가 프랜차이즈로 론칭한 2003년에는 세계 전체에 '프리미엄'의 트렌드가 일고 있었다. 앞서 말한 것처럼 이러한 추세에 맞추어 스쿨푸드에서 2002년부터 현재까지 출시된 메뉴 대부분은 프리미엄급이라 할 수 있다. 이에 따라 스쿨푸드는 프리미엄 가격정책을 쓰고 있는데 분식치고는 높은 가격인 6,000원에서 13,000원대까지 이르고 있다. 높은 가격대만큼 원가비중도 높은 프리미엄 메뉴가 객단가 상승에 이바지하면서 효과적인 브랜드 관리에 도움이 되고 있다고 한다.

(3) SNS 마케팅

소비자를 이해하고 전략적으로 분석하기 위해 엄청난 시간과 비용 등의 투자를 하였던 기존 마케팅과 달리 SNS마케팅은 정확한 타깃층 분석과 빠른 피드백으로 소비자의 신뢰감과 충성도, 더 나아가 판매촉진까지 내다 볼 수 있다. 이에 따라 스쿨푸드도 SNS 마케팅을 통하여 고객의 소리를 실시간으로 전해 듣고 바로 응답하여 소비자들과 더 친밀한 관계로 다가가고, 이를 통하여 브랜드 이미지 상승과 친밀감 상승효과를 내고 있다.

(4) 나눔 캠페인

스쿨푸드는 나눔 캠페인의 일환으로 UN지정 국제 구호 개발 NGO 굿네이버스와 손을 잡고 각국에 있는 도움이 필요한 아이들에게 매달 일정 금액을 지원하고 있으며, 신규 매장이 오픈하거나 각종 행사가 있을 때마다 인근 보호시설의 어린이 및 청소년들을 초대하여 무료 식사를 대접하는 등 스쿨푸드만의 지속적인 이벤트로 자리매김하였다.

또한 얼마 전 엘르(ELLE)에서 진행한 나눔 소셜커머스 셰어핑에 참여하여 국제 어린이 양육기구 단체 컴패션(Compassion)의 아동을 후원하는 등 기회가 닿을 때마다 작지만 뜻 깊은 온정을 베풀고 있다.

(5) 내부마케팅

School Food는 내부마케팅을 통해 '파트너' 라는 인사관리제도를 도입함으로써 외부고객뿐만 아니라 기업의 최고경영자, 중간관리자, 일선종업원 등을 포함한 내부고객에게 동기부여를 시킴으로써 주인의식을 고취시켰다.

(6) 문화 마케팅

스쿨푸드는 SNS 팔로우를 통해 티켓을 제공하는 이벤트를 제공함으로써 문화전파에도 힘쓰고 있다. 뿐만 아니라 이상윤 대표가 댄스가수 출신이기 때문에 다양한 문화 활동 프로모션이 활발하게 이루어지고 있다. 이 모든 마케팅들은 주요 고객인 여성에게 초점을 둔 전략적인 마케팅이다.

3 성공 이유 및 향후 방향

1) 성공 이유

지금까지 School Food의 마케팅 사례를 통해서 본 성공의 이유를 다음과 같이 정리할 수 있다.

첫째, School Food는 분식이라는 메뉴를 가지고 기존의 시장과는 다른 모습을 보이며 최초의 분식 시장 또는 분식의 패러다임이라 판단된다.

둘째, School Food는 프리미엄 정책을 적절하게 사용하고 있다고 할 수 있다. School Food의 메뉴만 놓고 보았을 때 분식에 비해서는 가격이 높지만 요리를 놓고 보면 적절한 가격이다. 때문에 School Food는 요리로 소비자들에게 인식되기 위해 서비스뿐 아니라 인테리어, 메뉴까지 고급화를 시도했고 적절히 포지셔닝했기 때문이다.

셋째, School Food는 시장의 흐름을 잘 파악했다. 여성은 위에서도 말한 것처럼 외식시장의 중요한 존재이다. 여성은 구매결정에 있어 가장 우선순위에 있으며 동반효과, 재구매 효과의 주축이 되는 층이다. 결과적으로 School Food는 이런 여성을 Target으로 하였기 때문에 위와 같이 설명한 것이다.

넷째, School Food는 다른 분식업체들과는 차별화된 입지 전략을 통해 프리미엄 입지 전략을 펼침으로써 고객들이 찾아오는 음식점으로 만들었다.

다섯 번째, School Food는 동일 분식업체와 차별을 두고 있다. 이러한 현상은 인사관리 측면에서도 두드러지는데 저가 분식점과는 달리 다른 패밀리레스토랑의 인사관리

제도를 벤치마킹하여 업무에 따른 성과 지향적 인사고가를 통해 경영성과에 따른 인센티브제도를 도입하여 동일업종과는 경쟁력 있는 급여수준을 제공한다.

여섯 번째, School Food는 내부마케팅을 통해 '파트너' 라는 인사관리제도를 도입함으로써 외부고객뿐만 아니라 기업의 최고경영자, 중간관리자, 일선종업원 등을 포함한 내부고객에게 동기부여를 시킴으로써 주인의식을 고취시키고 있다.

2) 향후 방향

마케팅적 측면에서 살펴본 SWOT 분석결과 School Food는 20대 여성을 명확한 타깃으로 운영하고 있다. 이러한 고객층을 타깃으로 운영함으로써 기존고객을 유지할 수는 있지만 그 외의 타깃을 끌어들일 수 있는 매력이 부족하다고 판단한다.

이러한 판단으로 타깃층을 아이를 데리고 쇼핑하는 젊은 층의 30대 주부로 확장하고, 현재 푸드코트의 형식으로 진행되고 있는 입점형태를 활성화하여 더 넓은 고객층을 확보할 수 있는 방향이 필요하다고 판단된다. 또한 소규모의 프랜차이즈 기업이므로 제휴 할인에 대한 기회가 부족함이 없지 않아 있다. 이러한 약점을 회원제를 도입하여 마일리지 시스템을 활성화하여 기존고객을 충성고객으로 업그레이드시키는 방향이 필요하다. School Food의 주요 타깃층은 20대 연인이므로 발렌타인데이, 화이트데이 등 기념일에 특화된 이벤트를 제시하여 고객들의 기쁨을 함께 나눌 수 있는 이벤트를 실시하여 기억에 남는 고객만족경영이 필요하다. 또한 가격이 높아 수요를 하지 못하는 잠재고객들을 위해 소셜커머스를 이용하여 데드타임 이용권을 제공하여 잠재고객 유치가 필요하다고 생각한다.

인적자원관리 측면에서 살펴본 결과 School Food의 인사관리제도는 갑과 을이 아닌 win-win하는 외식업체이다. 이러한 제도를 손상시키지 않고 향후방향을 제시하면, 매년 우수가맹점을 선정하여 '프리미엄 School Food' 지점으로 인정하여, 인센티브를 제공하고 School Food의 초기창업을 원하는 가맹점주들에게 창업교육을 제공시킬 수 있는 권한을 위임과 동시에 그에 상응하는 교육비를 본사에서 제공하는 방법을 제시해 본다.

School Food가 지향하는 타깃층과 기업이념을 통해 기존고객뿐만 아니라 내부고객과 잠재고객을 만족시키는 여러 가지 방법을 지속적으로 펼쳐나가야 한다.

School Food는 이러한 인적자원관리와 마케팅을 통해 분식시장에서 가장 뜨거운 감자로 떠올랐다. School Food를 연구한 결과 분식시장에서 프리미엄을 도입하여 여성을 공략했다는 점과 패밀리 레스토랑을 표방하여 차별적인 내부마케팅을 통한 인사관리제도가 지금의 School Food를 만들었다고 생각한다.

사례 3

음식점의 핵심 경쟁력 '스토리'

앞으로의 창업에서 스토리는 매우 중요한 과제로 떠오를 전망이다. 내가 언제, 어떻게 창업했는가는 전혀 중요하지 않다. 개인사 이야기를 돈을 주고 들어줄 식당 손님은 없을 테니까 말이다. 손님과 얼마나 잦은 눈을 맞추고, 대화를 나누는가는 잘되는 음식점의 척도라 할 수 있다. 이것은 본질적으로 음식점 운영자 개인의 능력이 수반되어야 하는데, 이 부분이 약하다고 생각한다면 창업을 미루거나 가급적 하지 말라는 생각을 전달하고 싶다.

간단한 일일 것 같아 보이지만, 분명 어려운 일이다. 가게 규모를 떠나 장보기, 음식 만들기, 각종 거래처 응대, 돈 관리 등 해야 할 일이 태산인데 어떻게 손님 개개인과 그런 접객을 할 수 있을까 고민스러울 것이다. 그래서 스토리를 만들면 남보다 강해진다는 명제가 성립되는 것이다. 이것은 자신 스스로가 만들어가야 하는 부분이다. 한 가게를 떠올리면서 뭐가 이렇고 저렇고 떠들 수 있는 소재를 제공하기 위한 노력은 처음에만 어렵지 시간이 지날수록 스스로 생산됨을 여러 사례들을 통해 알고 있다. 이야기가 있는 콘텐츠가 손님들에게 회자된다면 가게는 절대 망하지 않는다는 사실 말이다. 그 비밀을 푸는 것이 창업자의 숙제인 셈이다.

그렇다면 스토리는 어떻게 만들어야 할까? 여기서 말하고 싶은 스토리란 작위적인 또는 근거적인 이야기만을 지칭하지는 않는다. 손님들이 자발적으로 저 집에 가면 무엇이 있고 어떤 점이 괜찮아 하는 구전을 뜻하는 것에 오히려 가깝다고 할 수 있다. 스토리가 있는 식당, 그것도 그럴듯한 스토리를 가진 식당을 살펴보면 바람직한 스토리 형성과정이 보인다.

손님은 일반적으로 구매자의 입장에서만 가게를 바라본다. 수많은 가게 중에 하나를 일부러 인정하는 여유는 베풀지 않는다. 어떤 식으로든 흠을 잡아내고 싶어 하는 심리도 갖고 있다. 때로는 소비자로 누려야 할 혜택에 촌각을 곤두세우기도 한다. 그런 기본적인 손님들의 패턴에서 자발적인 구전(긍정에 가까운)을 기대하는 것은 그래서 어려운 일일 것이다. 그러나 어렵기 때문에 스토리를 연상하는 소스를 만들어 내고, 그것에 성공해야 손님들로 북적거리는 식당을 만들어낼 수 있는 것이다.

스토리를 제공하는 기초적 단초는 상호다. 자신들이 생각해도 기발하거나 산뜻한, 생소하지만 세련된 상호는 긍정의 기대심과 더불어 좋은 이야기의 소재로 다가가게 된다. 어느 날 지나면서 본 세련된 캘리그라피 형태의 글자체에서 '첨벙' 이라는 상호를 보게 되었다. 첨벙은 물과 관련한 의성어이고 해산물 전문점이겠거니 하면서 내부를 살펴보니 역시 아구 전문점이라는 것을 알게 되었다. 좋은 이름이다. 기교가 전혀 가미되지 않은 일반적 단어일 뿐이지만 메뉴를 설명하는데 임팩트가 강한 힘을 가지고 있다.

스토리를 제공하는 두 번째 단초는 메뉴판이다. 메뉴판은 음식점을 상징하는 가장 중요한 도구로 손님에게 집중하지 말라고 해도 집중할 수밖에 없는 식당의 의사통로다. 그렇게 중요한 메뉴판을 지극히 형식적으로 혹은 사무적으로 나열한 것은 식당의 직무유기와도 가깝다는 사실을 인지해야 한다. 물론 메뉴가 많은 분식집이나 규모가 작은 소형 식당은 나름대로의 이유로 현재의 규격화된 메뉴판을 쓸 수밖에 없지만, 자신이 가지고 있는 음식의 차별성을 자연스러운 구전 스토리로 이끌어가기 위해서는 보다 세심한 신경을 써야 할 것이다.

음식 사진과 메뉴명 그리고 가격으로 3등분된 건조한 내용보다는 다른 집에서도 흔히 볼 수 있지만 조리 방법이 다르다든가, 핵심 재료가 틀리다든가, 이런 점에서 몸에 좋다든가 하는 내용을 거창하지 않도록 조곤조곤 설명하는 것은 백 마디 말보다 큰 힘을 지니게 된다. 왜냐면 음식을 고르거나 기다리면서 집중하는 가장 핵심 대상이 바로 메뉴판이기 때문이다. 또한 적은 메뉴를 보유할지라도 책자 형태로 구성하여 페이지마다 단일 메뉴를 준비하게 된 사연을 삽입하여 단편 동화처럼 써내려가는 것도 그 음식점만의 특색 있는 히스토리가 될 수 있다. 한마디로 메뉴판은 일일이 설명하지 않아도 손님 스스로가 판단하게 하는 스토리의 핵심 요소임을 인지하자.

고기집을 하는 한 사장이 자신 가게의 화장실이 너무 구석에 숨겨져 있어 여성고객들이 불편해하자 메뉴판 첫 페이지에 화장실을 가는 요령(?)을 자세하게 적겠다는 이야기를 듣고 감탄을 한 적이 있다. 화장실을 가장 먼저 알려주는 메뉴판. 세상 천지에 그런 메뉴판은 그곳이 처음일 것이다. 당연히 구전의 흥미진진한 소재가 될 것이다.

스토리를 제공하는 세 번째 단초는 바로 직접적인 멘트다. '어서오세요.', '뭘 주문하시겠어요.', '맛있게 드세요.', '안녕히 가세요' 라는 네 단어로 일관된 식당보다는 '몇 번 지나치시는 걸 본 적이 있는데 드디어 오셨군요.', '오늘은 이런 채소가 좋아서 마음먹고 준비했으니까 싫어하는 음식이 아니라면 드셔 보시겠습니까?', '에구 이 반찬은 맛이 없으신가 보다. 계란말이라도 하나 만들어드릴까요?', '다음에 또 뵐 기회 주시는 거죠?' 라는 식의 다양한 멘트는 일하는 입장에서도 새롭고, 받는 손님 입장에서도 남다른 일일 것이다. 고객 마케팅을 요란하게 펼치지 않아도 특색 있는 인사나 화술만으로도 얼마든지 특색 있는 음식점으로 입소문 날 수 있다.

스토리란 별게 아니다. 수많은 식당 중에서 어렵지 않게 떠올려지는 근간을 마련해주는 일이다. 그것은 인지를 돕고 재방문의 기회를 제공한다. 자발적인 위치 홍보는 덤이다. 성공이란 길에 더 빨리 닿을 수 있는 유리한 고지를 섭렵한 것임에 틀림없다.

김철호, 호원대학교 식품외식조리학부 겸임교수

자료 : 매일경제, 2012년 7월 25일

사례 4

외식업계, 4050 여성 잡아야 살아남는다.

FC창업코리아, 내년 시장 전망
점포 가동률 높이는 '점포 내 점포', 메뉴 조합하는 업종 간 융합도 필요

중소기업연구원이 11월 발표한 자료에 따르면 자영업 창업자 10명 중 6명은 3년 안에 폐업한다. 하지만 베이비붐 세대의 은퇴로 50대 생계형 자영업자 비율은 2009년 27%에서 지난해 31%로 늘었다. 구직에 실패한 청년들도 창업을 노리고 있다. 생존하기 위해 시장의 흐름을 잘 읽어야 하는 이유다.

창업컨설팅업체 FC창업코리아에 따르면 내년 창업시장은 '4050(40~50대) 여성 고객

잡기'가 화두가 될 것으로 보인다. 점포의 가동률을 높이기 위한 '점포 내 점포(샵인샵)' 나 '점포셰어링' 형태는 물론이고, 색다른 메뉴를 조합하는 업종 간 융합도 불황 타개책으로 제시됐다.

'뽀글파마'에 후줄근한 바지를 입고 시장을 누비던 아줌마 대신 경제력을 기반으로 건강과 외모를 관리하는 '골드퀸'이 큰손으로 부상한 4050 여성. 이들을 노린 대표 업종이 한식뷔페다. 조미료를 적게 넣어 여성 입맛에 맞고 식사와 음료, 후식을 한꺼번에 즐길 수 있어 편리하다. CJ푸드빌의 계절밥상, 신세계푸드의 올반, 이랜드의 자연별곡 같은 대기업 식당은 물론 프랜차이즈도 성업 중이다. 지난해 1월에 창업한 한식뷔페 풀잎채는 2년 만에 백화점과 대형 쇼핑몰 내 330㎡(100평)이 넘는 대형 점포만 18개를 열었다. 중산층 창업희망자들이 공동 투자해 매장을 설립하면서 그 수가 빠르게 늘었다.

샤브샤브와 샐러드바를 결합한 업체들도 주부들에게 인기다. 샤브샤브에 에피타이저와 각종 채소, 디저트까지 갖춰 한 자리에서 식사할 수 있는 원할머니보쌈 · 족발의 자매 브랜드인 '모리샤브', '바르미샤브샤브n칼국수' 등이다. 2006년 샤브샤브와 샐러드 바를 연 '마루샤브'는 2~3년 전부터 인기를 얻기 시작해 올해까지 신규 매장을 매년 10여 개씩 열고 있다.

강병오 FC창업코리아 대표는 "불황 중에도 꾸준히 지갑을 여는 게 4050 여성들의 친목 모임"이라며 "가족 · 친구들과 함께 모이기 쉽고, 조미료가 적게 들어가는 '힐링식단'을 갖춘 업종이 주목받고 있다"고 말했다.

업종 간 융합을 통해 불황을 극복하려는 움직임도 있다. 리즈(Lee's)스테이크 갤러리는 2030 여성층을 겨냥한 찹스테이크 · 감자튀김과 쌀국수를 함께 파는 스테이크 쌀국수집이다. 전국 300여 개 가맹점을 운영하고 있는 프랜차이즈 업체 오니기리와이규동이 개발했다. 가격도 스테이크가 7900원~9900원, 쌀국수가 6500원으로 저렴한 편이다.

메뉴 다양화와 점포셰어링은 불황 극복의 기본 공식이다. 중견 프랜차이즈 기업인 훌랄라의 '천하제일왕족발'은 족발과 칼국수를 접목했다. 점심에는 칼국수 위주의 식사 손님, 저녁에는 족발을 찾는 술손님을 받은 후 평균 점포 매출이 30% 늘었다. 한솥도시락은 여성 고객용 샐러드 도시락, 애니메이션 '로보카폴리' 모양의 용기에 담은 어린이용 폴리도시락, 중장년용 돈치불고기도시락, 제육강된장비빔밥 등 세대별 제품을 내놨다. 덮밥 전문점 오니기리와이규동은 어린이에게 인기를 얻은 컵밥과 밥버거를 함께 판매한다.

자료 : 중앙일보, 2014년 12월 29일

사례 5

외식업계, '비주얼' 입은 메뉴 각광

맛으로만 승부하는 시대는 지났다. 최근 메뉴에 시각적인 멋을 가미하는 것이 외식업계 트렌드가 되면서 먹기 아까울 정도로 예술적인 비주얼의 메뉴들이 속속 등장하고 있다.

외식 메뉴에서 맛은 기본, 메뉴 자체에 예술적인 요소가 강한 음식이나 당장 갤러리에 전시해도 될 정도의 아름다운 식기 등 시각과 미각을 동시에 충족시켜주는 메뉴가 여성들을 중심으로 사랑받고 있다.

여성들은 음식점 선택 시 맛뿐 아니라 분위기 등 시각적인 부분에 많은 비중을 두기 때문에 젊은 여성들을 주 타깃으로 하는 외식업체들은 인테리어는 물론 음식의 모양까지 신경 쓴다.

스쿨푸드는 미각과 시각을 사로잡는 메뉴로 젊은 고객들에게 일찌감치 호평을 받고 있다. 젊은 층이 선호하는 인테리어와 메뉴 모양까지 최신 트렌드에 맞춘 고급스러운 디자인으로 꾸몄다.

대표 메뉴 마리는 한 입에 먹기 쉬운 크기에 다양한 내용물을 넣어 하나의 작품을 보는 듯한 시각적인 만족감을 준다. 여름을 맞아 인기가 많은 신비국수는 신김치와 열무김치, 소스 등으로 매콤달콤한 맛을 내는 비빔국수로 얼음을 갈아서 그릇에 함께 담아 미각을 자극하고 시원한 느낌을 준다. 음식의 색감이나 모양과 함께 식기류를 선택하는데도 심혈을 기울여 음식이 더욱 맛있어 보일 수 있도록 했다.

스쿨푸드 관계자는 "음식을 입으로 먹는 것만이 아니라 눈으로도 즐기는 문화가 형성되면서 이러한 소비자의 니즈에 맞추기 위해 노력하고 있다"며 "스쿨푸드의 메뉴는 음식을 담는 모양과 식기와의 조화, 색감 등이 어우러질 수 있도록 디자인하고 특히 신선하고 양질의 식재료를 사용하기 때문에 더욱 맛있어 보인다."고 말했다.

이탈리안 그린 비스트로 에이프릴마켓은 신선한 채소의 식감을 살린 메뉴로 싱그러운 봄날의 느낌을 담았다. 에이프릴마켓의 대표 메뉴인 시금치 피자는 기름기가 쏙 빠지도록 구워낸 도우에 시금치를 토핑으로 듬뿍 얹어 녹색의 신선한 느낌을 살렸다. 특히 가공 및 조리과정을 최소화시킨 에이프릴마켓의 조리법은 메뉴의 담백한 자연 그대로의 맛과 시각까지 살린다.

시금치피자, 모짜렐라 샐러드피자 등 피자 종류의 메뉴들은 도마형의 나무 그릇을 사용해 자연의 느낌을 살렸고, 단순하지만 독특한 모양의 그릇들은 음식을 한껏 돋보이게 한다. 또한 녹색의 채소와 붉은색의 토마토가 함께 어우러지는 등 색감을 살린 메뉴들은 먹음직스러워 보일 수 있도록 했다.

에이프릴마켓에서 가장 인기 있는 시금치피자나 샐러드피자의 경우 도우 위에 시금치와 샐러드를 풍성한 형태로 담아 채소 특유의 아삭하고 싱그러운 식감을 그대로 느낄 수 있도록 했다.

투썸플레이스는 식감을 살린 비주얼로 접시에 담아주는 플레이팅 디저트 2종을 출시했다. 투썸이 출시하는 플레이팅 디저트는 고객이 주문하면 쇼케이스 내부 사기 그릇에 진열된 디저트를 스쿱으로 자연스럽게 떠 고객용 접시에 담는 동시에 먹음직스럽고 예쁘게 데코레이션을 추가해 제공하는 것이 특징이다. 종류는 티라미수와 브라우니다. 브라우니의 경우 기호에 따라 바닐라 아이스크림을 더할 수 있다.

투썸 관계자는 "기존 디저트 제품은 쇼케이스에 미리 완성해 진열해 둔 제품을 제공하는 방식이었으나 고객들에게 더욱 정성스럽고 특별한 손길이 더해진 메뉴를 선보이기 위해 플레이팅 디저트를 출시하게 됐다"고 말했다.

미야비는 일본식 도시락 전문점으로 일본 요리 특유의 화려함이 돋보이는 담음새로 젊은 고객들에게 좋은 반응을 얻고 있다. 나무로 된 일본 전통 욕탕인

히노키탕을 축소한 것 같은 원통 나무 도시락 용기 안에 메인을 달리한 7~8가지의 다양한 요리를 한 번에 담아 제공한다. 이러한 이곳만의 독특한 서비스 방식과 비주얼적인 요소를 통해 일반 도시락 전문점과의 차별화를 꾀하고 있다. 또한 보이는 것에 민감한 여성 고객을 타깃으로 인테리어, 용기, 담음새 등 고급스러움에 비중을 높였다.

자료 : 매일경제, 2012년 7월 26일

Q&A

1. 포지셔닝이 '세련되고 저가' 인데 고객들이 선호하는 이유는?

'세련된' 의 의미가 다르다. 예를 들어 아딸과 요런떡볶이 같은 경우는 기본분식점에 비해 아기자기한 인테리어의 세련된 느낌이라면 스쿨푸드는 카페형식의 세련된 느낌으로써 다이닝매장의 성격을 갖고 있기 때문에 고객들이 선호하고 있다.

2. 왜 기존의 분식시장과 포지셔닝을 했는가?

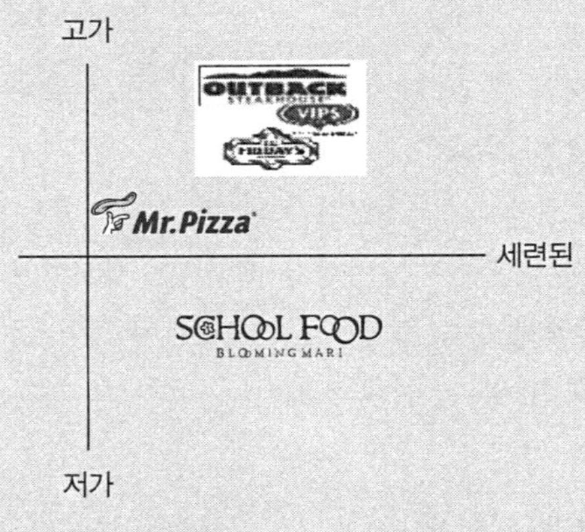

협의적인 경쟁사, 즉 동일업종과의 포지셔닝을 통해 스쿨푸드가 독보적인 시장을 갖고 있다는 것을 보여주고 있다. 광의적인 경쟁사 포지셔닝을 해본다면 x축과 y축은 그대로 선정하지만 포지션이 바뀐다. 스쿨푸드가 세련되지만 저가의 음식점에 해당되며 패밀리레스토랑은 세련되지만 고가의 음식점으로 포지션된다. 이러한 상황에서 스쿨푸드는 세련되지만 고가인 패밀리레스토랑에 금전적 부담이 많은 고객들이 저렴한 가격으로 세련된 분위기를 즐길 수 있도록 유도 가능한 시장이다.

3. 테이크아웃이 가능한가?

전 매장 테이크아웃이 가능하다. 일부매장(홍대, 마포, 보라매, 분당, 용인, 부천, 천안)은 배달도 가능하다.

4. 브랜드 슬로건은 무엇인가?

'당신의 입안에 꿈을 담아드립니다' 이다.

*참|고|자|료

- School Food 공식 홈페이지 http://www.schoolfood.co.kr
- 싸구려 분식에 맛과 멋을 입혀라, 마이더스, 2011.10.
- 스쿨푸드, 점심 나눔행사 진행, 굿네이버스, 2011.09.07.
- 외식업계, 레드오션 속 차별화 위한 프리미엄 바람, 월간식당, 2011.09.
- 차별화된 프리미엄 분식을 추구하는 스쿨푸드, 이코노미 매거진, 2011.07.
- 신규 매장 오픈 행사로 훈훈한 나눔 행사, 머니투데이, 2011.06.08.
- 쇼핑과 함께 '맛있는' 백화점 식당가, 아시아투데이, 2011.03.11.
- 고품격 떡볶이 레스토랑이 온다, 비즈플레이스, 2010.09.01.
- 부천에 맛 집이 떴다? 프리미엄분식 스쿨푸드 화제, 브레이크뉴스, 2010.08.26.
- 외식마케팅, 김영갑 외 4 공저, 교문사, 2009.
- 호텔관광마케팅의 이해, 박호표, 북넷, 2008.
- 호텔 외식산업 인적자원관리, 김윤태, 대왕사, 2008.
- 외식경영론, 정용주, 백산출판사, 2011.

04

본죽

본죽

1 본죽 소개

2002년 8월 대학로에 1호점 개설을 한 본죽은 우리나라 전통음식인 '죽'을 다년간의 연구를 통해 대표적인 웰빙 건강식품으로 상품화하였으며, 다양한 음식관련 창업 컨설팅과 독자적인 경영노하우를 바탕으로 건강을 중요시하는 현대인의 입맛에 맞게 죽 메뉴의 다양화에 성공한 〈죽 전문 프랜차이즈 기업〉이다.

창업 이래 본죽은 대한민국 죽 전문점의 대표 브랜드로 확고하게 자리매김하며 기존 프랜차이즈 시장과 외식관련 시장에 웰빙 건강식의 새로운 바람을 일으켜 창업 3년 만에 전국에 450여 개의 가맹점을 운영하는 프랜차이즈 업계의 새로운 성공신화를 이루었다.

본죽은 우리 고유 건강식의 글로벌 브랜드사업의 일환으로 2004년 11월 이미 일본, 미국, 중국에 상표출원 등록을 마쳤으며, 2005년 5월 일본 내에 법인을 설립, 같은 해

7월 국내 죽 전문 프랜차이즈 기업으로서는 처음으로 일본 동경에 본점 1호점을 오픈, 국내시장을 넘어 글로벌 브랜드로서의 본격적인 해외사업에 첫 삽을 들어올렸다.

본죽은 기존 가맹점의 상권보호를 강화해나가면서 월 20개 내외의 가맹점을 현재 꾸준히 늘려가고 있으며 창업 3주년인 2005년 9월을 기점으로 하여 해외 진출 사업 및 국내 홍보 마케팅을 강화해 웰빙 슬로우푸드의 대표적인 전문기업의 이미지를 확고히 다져나가고 있다.

이처럼 본죽은 2009년 5월 기준 전국 매장 수 1000여 개를 돌파하고, 본사 매출 640억 원이 넘는 국내 초대형 프랜차이즈로 성장하고 있으며, 우리나라 전통음식인 죽을 다년간의 연구를 통해 대표적인 웰빙 건강식품으로 상품화의 시도와 함께, '죽'을 패스트푸드에 대항하는 대표적인 '슬로우 푸드(Slow Food)'로 격상시키는 업적을 이뤄가고 있다.

1) 경영이념

본죽의 기업이념은 '정성', '사랑', '건강'이며 본죽의 슬로건은 '본죽은 당신을 위하여(BONJUK FOR YOU)'이다. 여기에서 당신은 바로 본죽의 모든 고객이며 나아가서 제대로 된 음식을 먹을 권리를 가진 모든 사람들이라고 한다.

본죽의 경영철학은 첫째, 일등경영이다. 본죽은 국내에서 처음으로 죽 전문점을 시작하여 건강식인 '죽' 시장의 확대를 가능케 한 가장 대표적인 고급 죽 전문점이다. 본죽은 우리 고유의 '맞춤 건강 죽'을 세계적인 명품 브랜드로 키워나가기 위해서 노력하고 있으며 분명한 목적의식과 철학을 가지고 임직원들에게 일등 대우를 제공하는 기업, 일등경영을 하는 기업이 되도록 노력하고 있다.

둘째, 정도경영이다. 본죽은 수익을 위해 어떠한 변칙운영을 허용하지 않으며 '신뢰', '윤리', '정당한 방법'으로 바른 길을 가겠다는 각오로 일하며 그러한 방법으로 일한 열매를 통하여 이웃과 사회에 도움이 되는 것이 본죽의 목표라고 한다.

셋째, 무차입경영이다. 본죽은 어떤 경우라도 사적인 욕심을 챙기기 위하여, 외형적으로 그럴듯한 규모로 보이기 위하여 무리한 사업 확장은 하지 않는다고 한다.

2) 메뉴소개

본죽의 메뉴는 전통 건강 죽과 영양 맛 죽으로 나눈다. 전통 건강 죽에는 전복죽, 흑임자죽, 잣죽, 녹두죽, 동지팥죽, 단호박죽, 서리태콩죽이 있다. 영양 맛 죽에는 해물죽, 버섯굴죽, 새우죽, 소고기버섯죽, 바지락죽, 삼계죽, 순두부브로콜리죽, 매운황태죽, 게살죽, 참치야채죽, 야채죽, 낙지김치죽이 있다.

3) 창업과정

김철호 사장은 원래 고급 목욕용품 기업인 (주)우신을 경영하고 있었지만, IMF로 사업이 부도처리 되는 아픔을 겪게 되고 이후 재기의 발판으로 외식사업을 하기로 마음먹게 된다. 재기의 발판을 마련하기 위해 오전에는 숙대 인근 요리학원에서 총무로 일하고 오후에는 호떡장사를 했다. 1평도 되지 않는 포장마차였지만 '꿀떡개비' 라는 상호명과 서울 종로5가에서 잘나가는 호떡장사 아저씨를 붙잡고 배운 비법에 자신만의 비법을 첨가했다. 호떡장사 그리고 요리학원 수강으로 10개월 정도의 시간을 보냈다.

그 후에, 1999년 5월 친구와 동업으로 서울 종로의 향군회관에 요리학원을 차리게 된다. 이때의 요리학원은 기존의 학원과는 콘셉트가 전혀 달랐는데, 실전창업 · 외식업 창업을 하려는 사람을 대상으로, 실전에서 손님에게 음식을 가르치는 요리학원이었다. 여기에 음식점 창업컨설팅과 기존 음식점에 대한 컨설팅도 병행하였는데 이것이 '맛깔 컨설팅' 의 시초이다.

이 시기가 IMF 직후라 창업수요가 많아서 맛깔컨설팅 역시 순조롭게 자리를 잡아갔다. 그러나 2002년 3월 사업에 대한 친구와의 견해 차이와 더불어 자신이 초기비용을 대지 못했기 때문에 친구와의 동업을 끝내고 다시 원점으로 돌아오게 되었다. 외식업체 창업을 생각하다가 죽 전문점을 직접 창업하기로 마음먹게 되었다. 그 이후, 처음에는 아내와 가족들, 주변 사람들의 반대가 심했었다. 또한 죽에 대한 노하우가 없었으므로 처음부터 시작하는 것이나 마찬가지였고, 동종업을 해서 성공한 사례가 없었다는 것도 위축시키는 요인이 되었지만 밀어 붙였다.

시장 답사를 하기 전에 미리 앞으로 만들 죽에 대한 콘셉트를 정해두었는데, 그것은 바로 '한 끼 식사로 맛있고, 충분하면서도 영양도 담보할 수 있는 죽' 이었다. 시장 답사를 한 지역은 당시 서울 시내에 죽 전문점으로 알려져 있었던 충무로와 여의도의 죽집이었다. 큰 병원 주변과 사무실 등이 밀집한 여의도 등에 더러 죽을 파는 식당이 있었지만, 본격적인 죽 전문점은 아니었다. 다른 음식을 팔면서 가끔 주문이 들어오면 죽을 팔거나 병원 환자들을 상대로 파는 것이 전부였다. 하지만 시장답사를 하면서 '누가 먹을까' 라는 우려와 달리 제법 많은 손님을 발견했고 죽에 대한 수요가 분명히 존재한다는 것을 확인하게 된다. 무엇보다 죽의 양이 적고 한 그릇을 다 먹고 난 뒤에도 허기진 느낌을 주어서 한 끼 식사로는 맞지 않는 것이 가장 큰 약점이라고 생각하였다. 그리고 조금만 시간이 지나면 퍽퍽해져서 먹기 힘들어지는 단점을 발견하고 이를 개선할 것을 생각한다.

본격적인 죽 전문점 창업을 위해 죽의 메뉴 개발에 들어가게 된다. 본죽은 일일이 메뉴마다 조리법을 정리하여 레시피를 만들었다. 계량화가 이뤄지지 않으면 다른 지점과 똑같은 맛을 낼 수 없기 때문이다. 언제 누구의 손을 거치더라도 항상 똑같은 맛이 보장되게 하는 레시피야말로 가장 중요한 핵심이라고 생각했다.

2002년 봄부터 여름까지 6개월 동안 죽만 먹으면서 메뉴를 정했다. 아내가 메뉴개발과 레시피를 맡았고, 김철호 사장이 평가를 했다.

메뉴개발은 두 가지 원칙 하에서 이루어졌다. 먼저 '전통' 이다. 오래전부터 전해내려 온 우리들에게 익숙한 죽을 유지하는 것이 중요하다 생각했다.

두 번째는 '젊은이들이 즐길 수 있는 맛' 이었다. 레시피는 재료의 양을 정확하게 계산하여 계량화하였다. 죽 종류마다 들어가는 재료의 양이 다 다르기 때문에 그것을 일정하게 맞추는 것은 쉽지 않지만, 같은 일행에서 서로 다른 죽을 주문해도 음식이 나가는 시간은 거의 동일하게 맞춰야 했기 때문에 계량화 작업은 꼭 필요했다. 이렇게 해서 개발된 초기메뉴는 총 13가지이다. 어린이, 환자, 노인을 대상으로 기능성을 강조한 영양맛죽 7가지와 전통건강죽 6가지가 탄생하게 되었다.

레시피를 계량화한 후에도 문제는 있었다. 죽을 미리 쑤어 놓고 팔면 비위생적이기도 하지만 불어버리는 문제점이 있었다. 불어버린 죽을 먹는 사람은 아무도 없다. 또한 죽은 조리시간이 길고 조리방법이 까다롭고, 간과 농도에 따라 맛이 달라진다. 죽 본래의 맛이 나려면 걸쭉해야 하는데 그렇게 되기 위해서는 오랜 시간을 끓여야 한다. 하지만 주문을 받고 나서 빠른 시간 안에 죽을 내놓아야 하는 입장에서는 딜레마 상황에 봉착한다.

김철호 사장은 죽 본래의 걸쭉한 맛을 내면서도 주문한지 10분에서 15분 안에 죽을 내놓기 위한 방법을 찾는 데만 2개월 이상이 걸렸다. 그리고 처음부터 한 그릇씩 만드는 맞춤 죽을 지향했다. 이러한 문제 이외에 죽을 만들 때 쓸 재료를 보관하는 문제도 있었다. 특히 해물이 문제였는데 굴은 씻어서 냉장보관하고, 해물은 공장에서 직접 받는 방법으로 해결했다.

그 이후에 점포를 선정했다. 그러나 당시 김철호 사장은 점포를 구하는 게 아니라 돈에 맞춰 점포를 찾았다. 본죽의 본점은 위치가 좋지 못했고, 그전까지 4차례나 점포가 망한 전례가 있어서 권리금과 보증금이 상당히 쌌다. 현재 대학로 구석의 2층에 있어서 음식점을 하기에는 어려웠지만 근처에 서울대병원이 있는 등의 강점도 있었다.

이후에 진행된 과정이 본죽의 브랜드 디자인이다. 본죽의 브랜드 디자인과 메뉴판, 그리고 점포명 선정은 처음부터 프랜차이즈 사업과 해외시장을 염두하고 이루어졌다. 본죽이라는 이름을 생각해낸 사람은 김철호 사장의 아내였는데, 본(本)은 기본이 되면서도 중요한 것이라는 뜻을 나타낸다. 또한 본죽의 기본정신은 정신 · 사랑 · 건강으로 정하고 브랜드디자인 CI도 진행했다.

본죽의 브랜드 표기는 물론, 메뉴판에도 영어와 일본어를 병행해서 표기했다. 그 후에 인테리어 콘셉트를 선정했다. 젊은 층, 특히 여성들이 좋아할만한 카페 같은 분위기를 지닌 깨끗하고 고급스러운 죽 전문점을 지향했다. 벽면은 차가운 느낌이 드는 페인트를 칠하는 대신 청결해 보이는 흰색 계통의 실크 벽지로 처리하여 안정되고 따뜻한 느낌이 묻어나도록 했다. 2층으로 올라가는 계단은 비용 부담을 감수하고 2층이라는 약점을 극복하면서 자연스러운 느낌을 더할 수 있도록 원목을 사용했고, 주방과 매장 사이에는 보조주방을 설치하여 수납공간을 확보했다. 매장에서 봤을 때 복잡한 집기나 식기가 보이지 않도록 하기 위함이다. 보조주방을 설치하면 홀이 작아지고 테이블 수가 적게 나오는 약점이 있지만, 매장과 주방이 분리되어 편안하고 정돈된 느낌을 줄 수 있다는 강점이 있었다. 그리고 2002년 9월 9일 서울 혜화역 인근에 본죽 1호점을 개업하게 된다.

처음 성적은 형편없었다. 첫날 매출이 12만 5천 원, 그 다음날은 10만 원 이하였다. 죽에 대한 고정관념을 깨기 어렵다는 걸 느끼게 되었다. 하지만, 개업 일주일 후 분석해보니 매출은 줄어들었지만 재방문 횟수가 증가했다는 것을 볼 수 있었다. 그리고 김철호 사장은 홍보의 필요성을 깨달았다. 그 이후로 3개월 동안 새벽 6시 재료준비를 마치고 혜화역에 나가 전단지를 돌리며 홍보를 했다. 홍보를 하는 데도 원칙이 있었다. 가장 좋은 옷을 입고, 전단지를 받는 사람 한명 한명과 눈을 맞추면서 나눠주었다. 이것은 전단을 배포하는 순간 동안 자신의 좋은 이미지를 심어주고 더불어 점포의 이미지도 좋게 만들기 위한 전략이었다. 또한 매일 타깃을 정해서 홍보했다. 예를 들어, 오늘은 20대 젊은 여성 등의 타깃을 정하고 전단지를 뿌렸다. 또한 오후 짬나는 시간을 틈타서 서울대병원 병실을 돌며 전단지를 붙이는 작업도 함께 병행했다. 그 결과 3개월만에 하루 100그릇이라는 1차 목표를 돌파했고, 그 후에 가맹점까지 체결하게 되면서 오늘날의 본죽으로 성장하게 되었다.

2 환경 분석

1) 사회적 요인

- 여성의 사회진출의 증가, 맞벌이의 증가
- 대량생산 대량판매에서 대중소비사회로의 전환
- 신세대의 출현과 레저 패턴의 다양화
- 가정개념의 변화(계약결혼, 독신자 증가)
- 건강식에 대한 욕구의 증대

2) 경제적 요인

- 국민소득의 증가 : 소득과 생활수준의 향상이 외식의 기회 증대
- 노동시간의 감소 : 주 5일(주 40시간)제 근무의 실시
- 국제화, 세계화의 경제조류
- 대기업의 외식산업에의 진출과 Fast Food 업계의 성장
- 시장 환경의 세분화와 고객 욕구 다양화

3) 문화적 요인

- 식생활의 패턴 변화
- 전통음식의 상품화 경향
- 사회구성원들의 가치관의 변화
- 새로운 사고와 가치관을 가진 세대들의 등장과 이들의 가치 증대
- 외식산업 종사자의 직업의식의 개선

4) 기술적 요인

- 주방기기의 현대화와 과학화
- 식당용 컴퓨터 기기 보급의 확산
- 해외 유명 브랜드의 도입 및 기술제휴
- 포장기술의 발달과 주변 환경의 현대화

3 SWOT 분석

1) 강점(Strength)

(1) 조리법의 표준화

죽을 만드는 과정은 시간이 오래 걸린다는 단점이 있다. 외식사업의 경우 시간이 차

지하는 영향력은 대단한데 이런 단점을 극복하여서 강점으로 만들게 되었다. 지역의 어느 본죽을 찾아 가더라도 똑같은 맛을 유지할 수 있는 레시피를 개발하여 손님에게 최상의 맛을 줄 수 있게끔 유지할 수 있게 하였다.

(2) 메뉴와 맛의 차별화

기존 시장에서의 죽의 종류는 집에서 쉽게 만들 수 있는 것에 불과하였다. 하지만 일상적인 제품을 시장에서 선보이기 위해서는 기존 시장이 가지고 있지 못하는 무언가를 보여줘야 했기에 다양한 메뉴들을 선보이게 되었다. 그래서 요즘 고객들의 다양한 입맛을 충족시키고 호기심을 불러일으킬 수 있도록 낯선 재료들로 죽을 만들게 됨에 따라 사람들의 흥미뿐 아니라 죽의 계량화에도 도움을 주게 되었다.

(3) 운영의 간편함

본죽의 경우 프랜차이즈를 내었을 경우 운영의 간편함이 든다. 음식의 맛을 위해 배달을 하지 않고 불필요한 일에 대해서는 과감한 생략을 통해 마진을 높이는 효과를 주고 있다.

2) 약점(Weakness)

(1) 죽의 특징

죽은 미리 쑤어놓고 팔 수 없는 음식이다. 비위생적이기도 하지만 금방 불어버리기 때문이다. 하지만 죽은 즉석에서 끓일 수 없는 음식이기도 하다. 죽에 밥을 넣으면 마치 물 말아 놓은 밥 같아지기 때문에 밥을 넣을 수 없다. 죽 본래의 맛이 나려면 걸쭉해져야 하는데 그렇게 되기 위해서는 오랜 시간을 끓여야만 한다. 또 죽은 간과 농도에 따라서도 맛이 달라지기 때문에 만드는 사람과 조리시간, 재료에 따라서 맛이 천차만별로 다르게 되며 조리를 하는 내내 곁에서 지켜보고 있어야 하는 등 조리방법이 까다로운 문제점이 있다. 또 죽을 만드는 기존의 노하우가 정립되어 있지 않았기 때문에 제품을 개발하는데 많은 어려움이 있었다.

(2) 죽에 대한 부정적인 생각

우리가 죽에 대해서 가지고 있는 일반적인 생각은 소화가 떨어지는 나이 드신 분들이나 이유식의 역할로 생각하는 경우가 많다. 이러한 고정관념 때문에 젊은 세대에게 쉽게 다가서지 못하는 역할을 하게 되고 외식으로서의 부정적인 이미지를 가지게 된다. 보릿고개를 겪은 40대 이후의 사람들은 죽을 없을 때 먹는 것이라는 이미지 때문에 찾아 먹는 음식으로의 시각을 가지는데 힘들게 한다.

3) 기회(Opportunity)

(1) 틈새시장

기존 외식업 시장은 규모가 크기는 하지만 치킨, 삼겹살, 우동, 호프 등 투자금액에 대비하여 수익성이 우수하고 고객의 관심이 짧지 않은 호환형 업종이 대다수를 차지하고 있었고 특색 없고 잡다한 메뉴가 나열된 식당이 많았다. 차별화된 메뉴를 중심으로 한 전문점, 특히 전통 음식을 다루는 곳은 몇 군데 되지 않는 상황이었다.

또한 전통 음식 중에서도 죽을 파는 음식점은 몇몇 영세한 규모의 음식점만 있을 뿐 체인점 형태의 음식점과 브랜드는 존재하지 않았다. 기존의 죽 음식점은 주로 큰 병원 주변과 사무실 등이 밀집한 지역에 집중되어 있었는데 이들은 본격적인 죽 전문점이 아니었고 다른 음식을 팔면서 가끔 주문이 들어오면 죽을 팔거나 병원 환자들을 상대로 파는 것이 전부였다. 게다가 몇몇의 유명하다는 죽 전문점 또한 상품성이 떨어지는 죽을 판매하고 있었기 때문에 그때까지 성공한 죽 전문점이 출현하지 않았다. 이러한 상황을 통해 아직 죽 시장은 도입기에 있는 시장, 즉 새로운 것이 시도된 적이 없는 광범위하고 깊은 잠재력을 가지고 있으며 높은 수익과 무한한 성장을 가능케 하는 엄청난 기회가 존재하는 시장으로 파악하였다. 특히 죽 시장은 금방 불고 조리시간이 길다는 특성 때문에 규격화하기 어려워서 대규모 생산이 불가능하다는 점에서 대기업이 선불리 진입하지 못하고 있었기 때문에 대기업과의 경쟁도 피할 수 있는 시장이었다.

(2) 소비자 트렌드 변화

① 웰빙붐

현대 산업사회의 병폐를 인식하고, 육체적 · 정신적 건강의 조화를 통해 행복하고 아름다운 삶을 영위하려는 사람들이 늘어나면서 나타난 새로운 삶의 문화 또는 양식이 2000년 이후 '웰빙' 이라는 용어로 나타나기 시작했다.

이렇게 건강에 대한 관심이 높아지면서 식을 줄 모르던 패스트푸드의 인기가 시들해지고, 미국, 유럽, 일본 등 선진국을 중심으로 건강을 지키는 슬로우 푸드가 대세를 이루고 있었다. 2003년 이후 한국에도 '웰빙' 이 확산되어 저칼로리, 저지방, 유기농 다이어트로 메뉴가 변화하였으며 건강과 미용을 주제로 한 헬스, 뷰티아이템, 건강즙 전문점, 요가학원 등이 유행하였다.

한국 사람은 '웰빙' 은 부유층의 생활방식이라고 여기는 사람이 많을 정도로 가치를 높게 평가하고 있었으며 중 · 저소득 계층이라 할지라도 음식은 철저하게 웰빙을 선호하는 경향이 있었다. 이러한 '웰빙' 의 가치와 소비의 트렌드가 죽의 특징과 일치하고 있었다.

② 한류

한류 열풍으로 한국의 음식문화에 대해서 세계인이 관심을 가지게 되었다. 특히 드라마 '대장금' 의 영향으로 전통음식에 대한 관심이 높아지고 있는데 이를 통해 한국의 맛을 알릴 수 있는 죽을 통해 한국의 맛을 대표할 수 있는 기회가 된다.

4) 위기(Threat)

(1) 소비감소로 외식시장 침체 지속

우리나라 경제 성장률이 떨어지고 그 성장 둔화가 내수시장의 위축에서 기인한다는 최근의 경제 상황으로 볼 때, 소비력의 감소세가 두드러진 외식 시장의 침체는 심화될 것으로 보인다.

(2) 기존 외식업 시장의 전문화 · 대형화

현대 사회가 가족구성원의 변화, 소득수준의 향상, 교육수준의 향상, 여성의 사회활동 등으로 인하여 식생활 패턴이 급격히 변해 가면서 외식업시장이 점차 커지게 되었다. 더불어 90년대 들어서서 외국의 발달된 대형 외식체인 음식점이 한국시장에 대거 등장하고 대기업들도 외식 사업에 진출하였다.

이에 맞서 우리나라 음식 레스토랑 또한 커지고 있었는데 원할더니 보쌈, 신선 설렁탕, 놀부보쌈 등 전통 음식점들이 패스트푸드화하거나 체인점 형태로 운영하는 모습을 보이는 등 외식 업종의 전문화, 대형화 추세를 보이고 있었다.

더군다나 1997년 외환위기 이후 자영업 창업 붐이 일기 시작하면서 대부분의 사람들이 특별한 전문기술이 필요하지 않고 비교적 적은 자본으로 큰 이윤을 남길 수 있다고 생각되는 음식점에 집중하였고 이로 인해 음식점 수가 급격하게 늘어나 외식시장의 생존 경쟁이 더욱 치열해질 수밖에 없는 상황이었다.

4 STP 분석

본죽은 전체 외식업 시장 안에서 다른 일반 음식점과 차별화하여 특별한 고객층에 마케팅 전략을 집중하여 성공적인 마케팅 사례 중 하나로 손꼽히고 있다. 본죽은 외식업에 뛰어들기에 앞서 다양한 변수로 기존 외식시장을 세분화하였는데 그 중에서도 시장세분화의 핵심적인 기준은 행태적 변수에서 추구하는 편익 즉, 식사로 인해 얻는 편익에 따른 분류이다.

1) 시장세분화(Segmentation)

(1) 기본적인 욕구 해소와 시간적 편의를 중시하는 소비자

음식의 맛, 영양, 음식점의 서비스, 분위기를 전혀 고려하지 않고 허기를 채우는 기본적인 욕구를 충족시키려는 소비자 또는 빠른 시간 내에 간단하게 허기를 채우려는 소비자들이 해당된다. 이 소비자에게는 가격이 가장 큰 요소이다. 저소득층, 학생, 노동자 등이 해당되며 이들이 밀집해 있는 지역은 공장지역, 주택 밀집지역, 하숙 밀집지역 등이다.

(2) 기능을 중시하는 소비자

맛이 없는 것을 감수해서라도 건강을 추구하는 소비자, 몸보신 · 다이어트 등의 기능을 추구하는 소비자로 서비스, 분위기 등은 상대적으로 덜 고려하고 건강과 미용에 큰 가치를 가지고 있기 때문에 외식에 비용을 아끼지 않을 가능성이 있는 소비자이다. 비교적 40~50대 이상의 장년층과 20~30대의 젊은 층에 많이 분포되어 있으며 중상층 이상의 아파트 지역에 주로 분포하고 있지만 접근성은 크게 따지지 않는다.

(3) 가족을 중시하는 소비자

반드시 비싼 외식을 하지 않더라도 가족이 함께 식사할 수 있는 단란한 분위기를 가장 중요하게 생각하는 소비자이다. 경제적으로 여유 있지는 않지만 단란함을 추구하는 근로자 가족과 대학교육 이상의 높은 교육 수준의 중상층에 많다. 특히, 중상층의 경우 가격과 상관없이 가족모임을 위해 서비스와 분위기가 좋은 곳을 선택할 가능성이 높다.

(4) 문화소비를 추구하는 소비자

음식의 가격과 맛보다는 서비스, 분위기를 중요하게 고려하는 소비자로 함께 편안하게 즐길 수 있는 공간, 조용한 분위기에서 안락하게 휴식할 수 있는 공간을 원한다. 가격에 민감하지 않으며 문화소비에 큰 가치를 두기 때문에 오히려 가격이 비쌀수록 서비스에 더 만족할 가능성이 있다. 주로 20~30대의 젊은 층이 많다.

2) 목표대상(Targeting)

(1) 젊은 층, 특히 그 중에서도 여성층

본죽은 죽에 대한 소비자들의 고정관념을 파악하고 환자, 아이, 노인 등 죽을 먹어야만 하는 고정 고객들 이외에 죽에 대해 긍정적 이미지를 가지고 있는 젊은 층, 특히 그 중에서도 건강과 미용에 관심이 있는 여성을 새로운 고객층으로 설정하였다. 젊은 여성들의 경우 다이어트 열풍으로 인해 미용에 관심이 많았고 특히 '웰빙' 이 새로운 트렌드로 떠오르면서 건강에 대한 관심도 증가하기 시작했다.

죽은 다른 음식에 비해 칼로리가 낮고 소화가 빠르며 건강도 생각할 수 있는 다이어트 음식이기 때문에 여성들의 욕구를 충족시킬 수 있는 제품이다. 王 젊은 여성들은 카페와 같은 편안한 공간에서 함께 즐길 수 있는 공간, 휴식을 취할 수 있는 공간을 선호하는데 서비스와 분위기, 미용을 위해서라면 가격에는 민감하지 않다는 측면에서 확실한 수요를 보장할 만한 소비자이다.

(2) 수험생 · 환자

환자는 예전부터 죽을 먹어왔던 고정 고객이었다. 죽은 먹기 수월할 뿐 아니라 소화가 쉽고 영양도 많기 때문에 기력을 회복하는데 좋은 음식으로 알려져 왔다. 수험생은 오랜 시간 앉아서 공부하고 입시에 대한 스트레스에 시달려 속이 불편하거나 소화불량, 기능성 소화 장애와 과민성대장 증후군 등에 시달리기 쉬운데 이런 경우 전문가들도 식사보다 죽을 권장하고 있다.

이처럼 몸에 부담이 가지 않으며 영양도 보장받는 음식인 죽은, 음식에 예민할 수밖에 없는 수험생들과 환자에게 적격인 음식이며, 수험생의 경우 입시마케팅을 통해서도 높은 수익을 확보할 수 있는 소비자이다.

(3) 건강에 관심이 있는 소비자

2003년 후반부터 한국에 불어온 '웰빙' 바람으로 인해 건강에 관심이 많아진 소비자들이 급격하게 증가하기 시작했다. 본죽은 다양한 곡류와 야채, 해산물 등 천연재료를 사용하여 풍부한 영양을 보장하고 화학적 첨가물을 넣지 않기 대문에 건강에 관심이 있는 소비자의 욕구에 적합한 제품이다. 특히 건강을 위해서라면 가격을 아끼지 않아 지속적이고 높은 수익을 창출하는 소비자가 될 가능성이 있다.

3) 포지셔닝(Positioning)

(1) 고품질 · 고가격 · 전문화

본죽의 위상정립을 한마디로 요약하자면 고품질 · 고가격 · 전문화를 통해 차별화하는 '죽의 고급화 · 명품화' 라고 할 수 있다. 죽은 앞서 언급했던 것과 같이 소비자들에게 부정적인 이미지를 가지고 있지만 한편으로는 죽은 만드는데 많은 정성이 들어가고 또 좋은 재료를 사용하면 상당히 고급 음식이라는 긍정적인 이미지도 함께 존재하고 있었다.

본죽은 이렇게 죽을 바라보는 사람들의 상반된 시각 속에서 긍정적인 면에 초점을 맞추고 '고급 재료를 사용하여 정성스럽게 만든 맛있는 죽' 이라는 제품 콘셉트 아래 죽의 고급 전문시장으로의 포지셔닝을 꾀하였다. 특히 소비자들은 죽을 웰빙 제품으로 생각하고 있었는데 '웰빙' 이 부유층의 생활방식이라는 이미지를 본죽의 이미지와 일치시켜 죽을 고급화, 명품화시킨 것이다.

(2) 죽 전문점의 카페화

소비자들은 죽 전문점을 대부분 보온병을 늘어놓은 백화점의 죽 코너를 떠올리거나 인사동 분위기와 같은 전통적인 인테리어를 생각하는 사람이 많았고 실제 죽 전문점 또한 죽이 가진 기존의 전통적인 이미지를 그대로 살린 인테리어로 꾸며져 있었다. 이에 본죽은 죽이 가지고 있던 기존의 이미지를 없애고 주요 표적고객인 젊은 층 소비자의 욕구를 충족하기 위해 고객층의 취향대로 현대적이면서도 세련된 인테리어, 젊은 여성들이 좋아할만한 '카페 같은 죽집' 을 지향하였다.

이에 전 가맹점의 인테리어를 카페의 분위기를 지닌 깨끗하고 고급스러운 인테리어로 통일시켰다. 점포의 전체 색감을 본죽 로고 색깔을 기본으로 하되, 무늬목을 사용하여 자연의 느낌을 더할 수 있도록 만들고, 벽면은 차가운 느낌이 드는 페인트를 칠하는 대신, 청결해 보이는 장점이 있는 흰색 계통의 실크 벽지로 처리하여 안정되고 따뜻한 느낌이 묻어나도록 하였다.

주방과 매장 사이에는 보조주방을 만들어 매장과 주방이 분리되어 편안하고 정돈된 느낌을 줄 수 있도록 하였다. 또 나무 의자 대신 카페 분위기가 나도록 소파형태의 의자를 사용하여 분위기를 살림으로써 기존의 죽이 가진 이미지를 탈피하고자 했다.

5 4P 분석

1) Product

본죽의 제품전략으로는 세 가지로 나눠 볼 수 있다. 첫째, 요즘 성공하는 음식점은 규모면에서 아주 대형화되거나, 본죽처럼 어떤 차별화된 메뉴를 증심으로 중소형 전문화하는 경향이 뚜렷하다.

둘째, 소비자들은 예전처럼 특색이 없고 잡다한 메뉴가 나열된 식당보다는 본죽처럼 특정한 메뉴를 전문적으로 취급하고 맛을 내는 전문음식점을 선호한다.

셋째, 단순하게 한 끼 식사로 때우는 메뉴를 벗어나서 본죽처럼 새로운 맛을 기본으로 건강과 미용을 생각하는 건강 지향적이고 기능적인 음식메뉴를 찾는 소비자들이 늘고 있다.

2) Price

본죽은 전국적으로 모든 가맹점에서 같은 가격으로 사업을 하고 있다. 지방과 장소를 가리지 않고 똑같은 가격을 매긴 것이 좋은 효과를 내었다. 5천 원~만 원 선이고 특전복죽이 2만 원이다. 그리고 죽 전문점의 최초였던 본죽에서 대겨진 죽의 가격은 그 후에 생겨난 다른 죽 전문점들의 가격에도 영향을 미쳐 본죽의 가격과 거의 비슷한 가격으로 판매되고 있다.

그런데 다른 메뉴들과는 달리 전복죽은 현죽에서는 1만 5천 원이지만 본죽에서는 '특전복죽'이라는 이름과 함께 2만 원이다. 이는 이름에서부터 다른 죽 전문점과는 차별화를 둔 것으로 가격이 높을수록 품질이 높을 것이라고 믿는 소비자들을 생각한 것이다.

3) Place

본죽은 죽 업계에 최초의 프랜차이즈 회사이다. 프랜차이즈는 상품을 제조하고 판매하는 판매업자가 체인본부를 구성, 독립 소매점을 가맹점으로 지정하여 그들 가맹점에게 일정한 지역 내에서 독점적 영업권을 부여하는 것이다. 대학로점이 본부가 되어 가맹점을 늘리고, 판매하는 죽의 종류, 점포, 광고 및 기타 영업에 관련되는 것은 본사 직영점이 관리하여 가맹점에게 경영지도 및 판촉지원을 제공하고 있다.

전국 어디서나 똑같은 맛을 내기 위한 표준화된 매뉴얼과 배달을 하지 않으며 넉넉한 양에 대한 지침은 사업의 수칙으로 철저하게 관리되고 있지만 최근에는 가까운 곳은 배달을 해 주기도 한다.

본죽은 비제이식품(주) 성남공장을 기반으로 각 가맹점에 재료들이 공급되고 단일한 도매상에서 신선한 재료를 한 번에 공급받을 수 있어 다중의 중간 거래상으로 인한 수고를 덜 수 있으며, 비제이유통(주)을 통해 전국적인 프랜차이즈만의 수직적 유통망을 형성하고 있다. 본죽은 점포 선정과 상권분석에 있어서 전문 협력업체의 도움을 받고 있으며 가맹점의 입지는 병원, 아파트 단지 등 유동인구보다는 상주인구가 많은 지역에 선정하고 있다.

보통 요리의 기본적인 시작은 체인점 자체에서 이뤄진다는 말이 있다. 여기에 죽의 특성상, 소스 외에 특별히 본사에서 납품해주는 재료가 없기 때문에 유통마진은 적지만, 대신 '맛있는 죽집' 이라는 이름을 얻은 덕에 가맹점 개설 문의가 여전히 많다고 한다. 그러므로 본죽에 있어서 유통에 관련된 문제는 유통자체의 문제보다 체인점 수의 확장에 초점을 맞춰야 하는 것이 되었다.

현재 총 가맹점 수가 300여 개로 동종의 타 업체의 체인점이 60여 개인 것을 감안한다면 성황리에 발전하고 있다고 볼 수 있겠다. 이 밖에 소스 외에 특별히 유통해야 할 재료가 없는 것을 이용, 해외로의 영업 확장에도 적극적인데, 일본의 동경, 신주쿠, 스나미구와 미국의 LA에는 이미 해외매장이 설치되어 있다.

4) Promotion

국내 본죽의 프로모션에는 전단지 배포, 인터넷 매체를 통한 웹상의 커뮤니케이션, 뉴스매체와 TV 프로그램의 활용이 있다. 전단지 배포는 초기도입기에 시행했던 촉진 전략으로, 소점포로 시작한 초기의 본죽이 대규모 자본이 들어가는 TV나 방송매체를 통한 광고를 할 수 없었기 때문에 실행했던 것이다. 대신 다른 업체의 전단지 배포와는 차별화를 두어 창업자 두 부부가 직접 말끔하게 정장을 차려 입고 전단배포를 함으로써 소비자들에게 강한 인상을 남겨줄 수 있었다.

본죽이 성장기에 들어서면서 자연스럽게 여러 매체에서 본죽을 다룬 기사가 논설의 형태로 실림으로서 홍보효과를 거두었다. 또한 본죽을 챙겨준다는 것 – "당신을 좋아 합니다.", 본죽과 함께하는 것 – "당신과 친해지고 싶습니다.", 본죽만 고집한다는 것 – "나는 소중합니다."란 멘트로 죽과의 친근함과 건강이란 이미지를 연상시키는 전략을 이용하였다.

또한 본죽은 전국적인 네트워크 활성화를 위해 홈페이지를 제작하여 소비자와 인터넷 상에서 직접 의사소통을 하면서 적극적으로 고객의 의견을 수렴하였고 웹상에서의 새로운 홍보수단도 마련하였다.

본죽에 있어서 TV매체를 통한 광고는 없다고 한다. 오로지 사람들의 입소문에 따라 이런 성공을 이루게 된 것 같다는 매장 사장의 말이 있었다. 그리고 그 외에는 이벤트를 열어 신 메뉴가 출시되는 경우, 그 신 메뉴를 구입한 고객에게는 퀴즈를 내서 맞히게 되면 PDP, 냉장고, 노트북, PMP등 다양한 사은품을 제공하는 이벤트를 펼치고 있으며 보도 자료로는 사내보 이외에 사외보로서 본을 발간하고 있고, 수험생의 건강과 집중력 향상에 초점을 맞춘 브레인 푸드로서 홍보도 하고 있다.

또한 지속적인 신 메뉴 개발로 꾸준히 제품개발 연구를 통하여 다양해지는 소비자의 욕구를 충족시킬 수 있는 신상품을 개발하고 있다. 예를 들어 본죽의 본비빔밥 개발이 이에 해당한다. 마지막으로 본죽 카드가 있다. 이는 본죽만의 멤버십 카드를 만들어 본죽 가맹점을 이용하게 되면 구매금액의 일정비율을 포인트로 적립해 주고, 일정 포인트를 현금처럼 사용 가능하게 해주고 있다.

6 성공 요인

우선 본죽의 성공 요인으로는 최고경영자의 업종선택의 판단성이다. 외식업종도 일시적인 유행을 타고 전문점이 우후죽순처럼 생겨났다가 사라지는 업종이 있다. 이러한 유행 업종을 선택하여 창업을 할 경우 오랫동안 사업을 유지하지 못할 뿐더러 막대한 투자비용만 날리고 실패하는 경우가 많다. 업종 선정 시에는 여러 가지 조건을 고려하여 유행 업종이라고 판단될 경우에는 어떠한 경우에도 그 업종의 창업은 피해야 한다고 판단했다.

맛은 있는가? 포만감은 있는가? 음식이 보기 좋고 먹는 즐거움은 있는가? 남이 쉽게 따라 할 수 없는 조리노하우는 확보되어 있는가? 등을 고려하여 업종을 선정했다. 위의 조건들이 충분히 확보되지 않았을 경우에는 일시적인 유행 업종으로 끝날 가능성이 높은 업종이었기 때문이다.

음식점의 전문성, 향후 지속적인 발전가능성, 조리의 전문성과 간편성, 메뉴의 기능성을 충분히 고려하였다. 아무리 좋은 업종이라도 전문성과 차별성이 확보되지 않아 금방 경쟁이 치열해지는 업종은 피하였다.

본인의 자금규모나 입지조건, 또한 본인의 취향에 맞지 않으면 실패할 확률이 높다. 업종을 선정할 때 본인에게 적합하고 성공에 대한 확신을 주는 업종을 선택하였다.

1) 블루오션 전략

대한민국에 죽을 전문으로 파는 곳은 없었다. 유명할 정도로 죽을 먹으러 가는 곳은 서울 근교에 2군데 밖에 없었다. 하지만 맛과 양 그 밖의 모든 것들은 고객을 만족시키지 못했다. 수요는 존재했다는 중요한 사실 속에서 한 남자는 죽은 건강이 좋지 않은 환자들이나 먹는 음식이라는 고정관념을 깨고 '죽' 전문점을 차릴 생각을 했다. '본죽'은 이처럼 기존의 경쟁시장에서 시장점유율을 확보하기 위해 애쓰는 것이 아니라 자신만의 독특한 '죽'이라는 시장을 개척함으로써 싸우지 않고 이길 수 있는 시장을 만들어 내었다.

2) 웰빙 트렌드(well-being trend)+슬로우 푸드(slow food)

'본죽'은 환자식에만 국한되어 있던 죽의 수요가 웰빙식으로 확대된 환경적 요인을 통해 성공을 이룰 수 있었다. 웰빙이라는 생활문화가 죽의 소비를 촉진시켜 준 것이다. 또한 죽을 명품화시킨 '본죽'의 브랜드 아이덴티티는 돈보다는 건강을 추구하는 고객의 욕구와 딱 맞아 떨어졌다. 고객의 건강을 세심하게 고려해 만들어진 다양한 죽을 선보이면서 소비자들의 좋은 반응을 얻어 나갔다. 가격은 비싼 편에 속했지만 한 끼 식사로 넉넉할 양이 제공되었던 턱에 건강을 생각하는 이들의 발걸음을 재촉했다.

3) 공식품질 인증제도+암행어사제도

'본죽'은 가맹점 성공의 핵심으로 '맛의 표준화'를 꼽을 수 있다. 서울 직영점과 지방 가맹점의 죽 맛이 똑같아야 한다는 것이다. 이를 위해 처음 계약을 한 가맹점주에게는 3일간 대학로 직영점에서 직접 교육을 시킨다.

'본죽'은 전국 가맹점에 분말과 일부 재료만을 공급하고 손님이 주문할 경우 가맹점주가 직접 죽을 쒀서 내놓도록 한다. 다른 죽 전문점들이 본사에서 완제품이나 반제품 형태를 공급하고 가맹점이 그냥 끓여서 내놓는 것과는 대조적이다. 때문에 '본죽'은 일정 품질 이상 등을 규정, 가맹점주가 의무적으로 지키도록 하는 '공식품질 인증제도'를 도입하고 있다. 이를 지키지 않으면 최악의 경우 계약을 해지할 수도 있다.

이와 더불어 마니아층을 중심으로 맛을 모니터하고 문제점 등을 본사에 알려주는 일명 '암행어사제'를 운영하고 있으며, 정기적으로 본사 직원이 가맹점을 찾아 점검한다. 이처럼 철저한 관리로 '본죽'이 큰 성공을 거두면서 유사 죽 전문 프랜차이즈가 20여 개나 생겼다.

7 문제점과 개선 방안

1) 문제점

(1) 프랜차이즈상의 문제점

전체 가맹점이 통일로 운영되기 때문에 가맹점이 보다 좋은 방법을 개발하여 운영하려고 해도 불가능한 경우가 많다.

(2) 적응화와 표준화

외식산업의 특성상 맛과 메뉴의 표준화 그리고 프랜차이즈라는 면에서 조리법과 서비스가 표준화된 것은 장점이 될 수 있다. 하지만 여기서 '적응 아니면 표준화' 라는 극단적으로 분류되는 것이 아니라 상황에 따라 적응시킬 수도 있지 않을까 하는 생각을 해보았다.

(3) 파트타임 직원 체제

서빙을 담당하는 직원이 대부분 파트타임 직원이기 때문에 이로 인해 서비스의 질이 떨어진다는 고객들의 불만이 나타난 경우가 있었다.

(4) Promotion의 미약함

'본죽' 은 타 업체에 비해 할인, 다른 기업과의 제휴 서비스, 이벤트 등이 많이 이루어지지 않고 있었으며, CF광고, 라디오 광고 같이 미디어 매체를 이용한 방법이 최근 적용되었고, 멤버십 카드제도도 만들었으나 활성화되지 않았다.

2) 개선 방안

(1) 프랜차이즈의 문제점

가맹점과 체인 본사 간의 상품구입 · 판매방법 등 극히 일부분에 대해서는 지역별 특성을 감안한 사업경영에 가능하도록 계약체결 등의 개선이 필요하다.

(2) 적응화와 표준화

표준화를 위해 전 매장에 똑같은 메뉴, 가격, 프로모션, 서비스 등을 적용하면서 국가마다의 고객 요구가 점차 세분화됨에 따라 지역별로 차별화된 운영시스템을 적용시키는 것도 좋을 것이다.

① 미국

통조림 음식, 토마토케첩을 가미한 음식이 발달한 국가로 죽을 통조림화해 보거나 토마토를 이용한 독특한 음식을 개발해보는 것도 좋을 듯하다.

② 말레이시아

말레이시아 요리는 중국음식보다 더 맵고 향료를 많이 넣은 것이 특징이다. 그러므로 죽을 매콤하게 만드는 퓨전형식의 메뉴개발도 좋을 듯하다.

(3) 파트타임 직원 체계

파트 근무제일지라도 직무활동의 자발적인 자각심을 깨우칠 만한 교육과 관리가 필요하다. 그리고 본죽 직원이라는 인센티브를 제공하면 좋을 듯하다. 예를 들면 직원 할인판매가 가능하도록 시행하는 것도 가능한 방법일 것이다.

(4) Promotion의 미약함

광고의 다양화가 필요하다. 최근에서야 미디어 매체를 이용한 광고를 시작하였으나 인지도가 낮은 브랜드 네임을 가지고 있기 때문에 다양화가 필요하다. 인터넷, 신문이나 잡지 또는 다른 기업과의 제휴 등의 다양한 활성화 노력이 가능하다.

멤버십 카드를 이용한 CRM(customer relationship management) 활성화가 필요하다. 고객 데이터의 세분화를 실시하여 신규고객 획득, 우수고객 유지, 고객가치 증진, 잠재고객 활성화, 평생 고객화와 같은 사이클을 통하여 고객을 적극적으로 관리할 수 있다. 현재 카드시스템이 있기는 하지만 포인트 적립 이외에는 이점이 없는데 인터넷 홈페이지 이용 및 이벤트 활성화 참여로 인한 추가 포인트 지급제 또는 경품지급 등

규칙적인 수요가 있는 고객들을 관리하여 우수고객으로 다양한 혜택을 제공해 주는 것이 필요하다.

8 향후 전망

예전에는 못살거나 혹은 아픈 사람들이 죽의 최대 수요자였지만 요즘같이 건강을 많이 생각하는 웰빙시대에는 자신의 건강과 미용을 생각하는 사람들이 죽을 찾아서 먹고 있다. 게다가 죽은 맛도 있으며 입맛에도 맞는다. 때문에 소비자들은 가격이나 접근성을 불문하고 '본죽' 으로 몰려들고 있다.

외식사업으로 성공하려면 자신이 창업하는 업종이 전문성과 차별성 그리고 기능성과 향후 발전 가능성을 확보하는 것이 제일 중요한데 죽 전문점은 이러한 면에서 가장 적합한 업종이다. 일반 외식업종에 비해 대중적이지는 못하지만 공급이 절대적으로 부족한 형편이고 전문적인 노하우가 있어 일반인들이 쉽게 따라할 수 없다는 장점도 확보하고 있다. 이러한 점 때문에 '본죽' 에서 창업한 전문점들은 규모와 창업투자자금 면에서 일반 음식점과는 비교도 안 되는 높은 수익을 올리고 있다고 한다.

소비자의 폭도 점점 넓어지고 있다. 예전에는 주로 중장년층에서 죽을 먹었지만 이제는 바쁜 일정에 시달리는 직장인이나 젊은 층 여성들도 죽을 선호하는 경향을 전문점의 고객층을 보아도 쉽게 알 수 있다. 죽 전문점은 일반 음식점처럼 아주 대중화되어 경쟁이 치열해질 염려도 없을 뿐만이 아니라 적정한 입지조건과 여건을 갖추고 창업을 하면 앞으로 가장 발전가능성이 높고 수익성이 높은 업종으로 자리 잡을 것이다. 따라서 '본죽' 은 이러한 시장 외적인 기회를 인식하고 항상 발전적인 마인드로 사업을 해야 할 것이며 '본죽' 만의 강점을 최대한 살려서 죽 시장의 선두주자 위치를 확고히 해야 한다.

초심을 잃지 않는다면 '본죽' 은 죽 시장뿐 아니라 우리나라 외식업체에서 확고한 위치를 자리매김할 수 있을 것이며 해외에서 역시 성공하여 한국의 맛을 세계에 널리 알리는 모습을 보여줄 수 있을 것이라고 생각한다.

사례 6

본죽, 2015년 '본죽 지원 사업' 실시

본죽의 사회공헌활동 사단법인 '본사랑'은 2015년 본죽 지원 사업을 함께할 사회복지기관 및 시설의 신청을 받는다고 12일 밝혔다.

'본사랑'이 진행하는 본죽 지원 사업은 독거노인과 장애, 저소득 등으로 어려움을 겪고 있는 노인들을 돕기 위해 죽을 제공하는 사업이다. 심사를 통해 사회복지기관 및 시설을 선정, 총 48회에 걸쳐 지원한다. 매주 목요일마다 약 100그릇의 죽을 제공할 계획이며, 죽은 선정된 각 기관을 통해 어르신들께 전달된다.

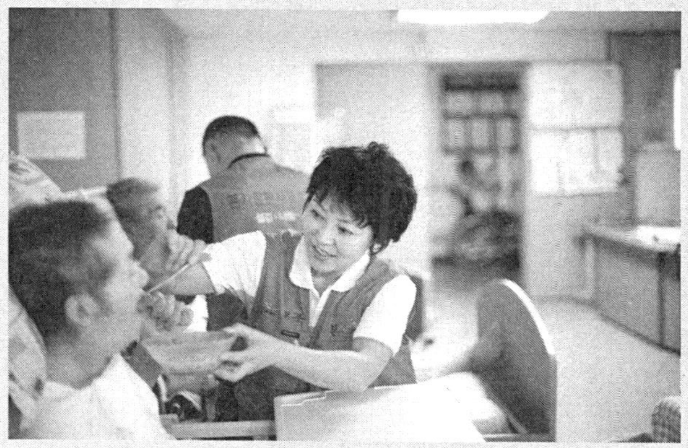

이번 사업에 참여하고 싶은 기관은 본아이에프 홈페이지에서 신청서를 다운로드 한 후 작성해 법인 · 시설 설립(설치) 허가증, 사업자등록증, 고유번호증 중 한 가지의 사본 1부와 함께 제출하면 된다. 신청은 오는 21일(수) 오후 5시까지 가능하고 선정 기관은 26일(월) 개별 통보한다. 자세한 내용은 홈페이지에서 확인할 수 있다.

본죽 경영지원실 이진영 실장은 "본죽은 지난 2009년부터 6년째 소외계층을 위한 사회공헌활동으로 '죽' 지원 사업을 진행하고 있다"며, "앞으로도 이와 같은 기부 협력 모델을 구축하며 공동운명체를 만들어 나가는데 앞장설 것"이라고 전했다.

본죽의 사회공헌활동 사단법인 '본사랑'은 2009년부터 지금까지 국내 사회복지기관과 해외에 분말 형태의 죽을 지원하는 영양급식사업과 장애아동과 소아암 어린이를 위한 아동청소년복지사업, 해외아동결연과 개발사업, 그 외 지역사회 지원사업을 꾸준히 이어가고 있다.

자료 : 일간스포츠, 2015년 01월 13일자

사례 7

나의 프랜차이즈 성공비결…CEO 30人에게 듣는다.

창업. 직장인이라면 한 번쯤은 생각해봤을 단어다. 은퇴 후 제2의 인생을 위해 창업을 생각하는 사람이 많기 때문이다. 하지만 창업을 준비하는 것은 결코 쉬운 일이 아니다. 자본도 부족하지만 나 자신이 사업체를 운영한 경우가 많지 않기 때문에 경험도 부족하다. 또 실패에 대한 두려움도 만만치 않다. 그렇다면 우수 프랜차이즈의 최고경영자(CEO)들은 창업에 나설 때 가장 필요한 게 무엇이라고 생각할까. 현재 프랜차이즈 창업 전선을 진두지휘하는 사람들이기 때문에 이들의 의견은 좋은 길잡이가 될 수 있다.

■롱런하는 프랜차이즈 선정하라

- **윤홍근 제너시스 BBQ 회장** – 내가 선택한 업체가 다른 브랜드와 차별화된 경쟁력이 있는지 꼭 확인해야 합니다. 메뉴 구성 · 콘셉트 등을 하나하나 꼼꼼히 봐야겠죠. 추가로 말씀드릴 게 있다면 본사 재무 구조가 탄탄한지도 점검해보라고 조언하고 싶습니다.
- **정운호 네이처리퍼블릭 대표** – 화장품 업계에 뛰어들려면 명확한 브랜드 콘셉트를 가진 업체를 선택하세요. 화장품은 패션 사업이기 때문에 급변하는 소비자 마음을 잡을 수 있어야 하거든요.
- **김순진 놀부 회장** – 오랜 기간 고객들의 사랑을 받고 있는 브랜드를 선택하는 것이 좋다고 생각합니다. 해당 브랜드가 롱런하는 데 도움을 줬던 다양한 비결을 전수받을 수 있거든요.
- **조영진 롯데리아 대표** – 무엇보다도 믿을 수 있는 파트너를 선택해야 합니다. 좋은 파트너를 선택하는 방법은 다점포를 운영하는 가맹점주가 많은지, 가맹점의 운영기간이 가맹계약기간 이상인지, 브랜드를 운영하는 가맹점주들이 추천할 수 있는지를 보는 것입니다.
- **이효복 와바 대표** – 중소기업청의 '프랜차이즈 수준평가', 공정거래위원회에 등록된 '정보공개서' 등을 꼼꼼하게 따져봐야 합니다. 까다로운 심사 과정을 거쳐 선정되는 만큼 객관적인 검증이 가능하다고 할 수 있습니다.
- **박천희 원할머니보쌈 대표** – 투자 대비 수익률을 꼭 본사에 확인하세요. 점포를 냈을

때 얼마만큼 수익을 낼 수 있는지를 본사가 정확하게 알려주는지를 점검하는 것이 중요합니다. 또 교육시스템을 잘 갖춘 업체를 선택해야 합니다.

- **김의열 CJ푸드빌 대표** – 베이커리 창업을 생각하시는 분들은 원가 경쟁력과 마케팅 능력을 갖춘 우수 프랜차이즈 브랜드를 선정해 투자하는 것이 안정적입니다.

- **정수연 할리스커피 대표** – 본사를 선택할 때 한 가맹점주가 여러 가맹점을 갖고 있는 경우가 많은지 알아보세요. 한 명의 가맹점주가 여러 가맹점을 갖고 있다는 것은 그만큼 본사 지원에 대해 만족한다는 의미입니다.

- **박규성 호아빈 대표** – 프랜차이즈 창업에 뛰어들 때는 좋은 본부를 선택하는 것이 중요합니다. 본사가 얼마나 수익 구조를 잘 갖추고 있는지, 가맹점주와의 파트너십은 어떻게 맺고 있는지 확인해야 합니다.

■창업 업종만 잘 골라도 절반 성공

- **성우진 떡보의 하루 대표** – 소비자의 트렌드 변화를 읽는 것이 필요합니다. 웰빙을 넘어 힐링으로 진화하는 소비자의 트렌드 변화를 읽고 정성을 다해야 성공할 수 있습니다. 업종을 선택할 때도 이런 점을 꼭 고려하세요.

- **김철호 본죽 대표** – 창업에 도전하려면 베스트셀러가 아닌 스테디셀러를 골라야 합니다. 따라서 사람들에게 꾸준히 사랑받는 아이템이 무엇인지 항상 고민하는 것이 프랜차이즈 창업 성공의 첫걸음이라고 생각합니다.

- **김성완 스무디킹 대표** – 현재 유행하는 아이템이라고 무조건 좇지 마세요. 제가 미국 건강음료 시장의 리딩 브랜드인 스무디킹을 한국 시장으로 가져온 이유도 당시 한국에서 불던 '웰빙' 열풍을 보고 가능성이 있다고 생각했기 때문입니다.

- **이명훈 오니기리와이규동 대표** – 틈새를 볼 줄 알아야 합니다. 오니기리와이규동이 성공한 이유도 패스트푸드가 아닌 밥을 이용한 아이템이었기 때문이죠. 가능하면 CEO를 만나 마인드를 파악해야 합니다.

- **허민호 올리브영 대표** – 빠르게 변화하는 시장 상황에 대처하고 다양한 창업 트렌드를 놓치지 않으려면 각 프랜차이즈 사업부에서 주최하는 창업설명회나 지자체, 창업컨설팅사 등에서 주최하는 강의 등을 접하며 창업 아이템에 대한 안목과 시각을 넓히는 것이 무엇보다 중요해요.

• **노근희 초록마을 대표** – 현재의 트렌드를 주의 깊게 살펴야 합니다. 초록마을이 성공할 수 있었던 이유도 최근의 웰빙 열풍을 잘 따라갔기 때문이에요. 소비자와 함께 '건강' 과 '행복' 을 공유한다는 브랜드 이미지 덕분에 신뢰감을 얻을 수 있었습니다.

• **오훈 크리니트 대표** – 틈새를 볼 줄 아는 안목, 발상의 전환, 그리고 본인이 믿는 바를 밀고 나가는 의지가 필요합니다. 남들이 꺼려했던 건물청소용역 이미지를 창조적이고(Creative) 믿을 수 있으며(Credible) 경쟁력 있는(Competitive) '3C' 로 변모시킨다는 발상의 전환이 중요합니다.

■ 서비스마인드는 필수

• **조상호 SPC그룹 총괄사장** – 많은 창업자가 정작 '제품' 을 놓치는 경우가 많습니다. 내가 이 제품을 얼마나 알고, 얼마나 관심을 가지느냐가 고객이 무엇을 원하는지 파악할 수 있는 기본적 요소가 되기 때문입니다.

• **권원강 교촌치킨 회장** – 남들이 다하는 똑같은 서비스, 똑같은 맛으로는 승부할 수 없습니다. 끊임없이 연구하고 늘 새로운 아이디어를 고민해야 치열한 창업시장에서 성공할 수 있습니다.

• **박정부 다이소 회장** – 이익을 너무 좇지 마세요. 자칫하면 고객을 놓칠 수 있기 때문입니다. 고객을 먼저 생각하고 좇으면 그들이 답을 줄 것입니다. 프랜차이즈는 서비스업이기 때문에 고객이 최우선입니다.

• **정우현 미스터피자 회장** – 본인의 원칙을 정하고, 그것을 꼭 준수하세요. 이것이야말로 창업 성공의 첫 번째 비결입니다. 어떤 상황에서도 수타, 수제, 석쇠 구이라는 300% 원칙을 철저히 준수했기 때문에 고객에게 신뢰와 사랑을 얻을 수 있었던 거예요.

• **박승철 박승철헤어스튜디오 대표** – 자신이 가장 잘할 수 있는, 가장 자신 있는 분야를 선택하세요. 제가 어려움을 극복하고 지금의 자리에 올 수 있었던 것도 세계 속에서 빛나는 아름다움을 창조하겠다는 꿈이 있었기 때문입니다.

• **박준 박준뷰티랩 회장** – 본사와 가맹점을 분리해 여기는 것이 아니라 한 가족, '공동체' 라는 정신을 갖는 것이 중요합니다. 함께 성장하고 함께 발전한다는 신조 하에 뭉쳐야 합니다.

• **소진세 세븐일레븐 대표** – 프랜차이즈 창업에 성공하기 위해선 무엇보다 본사와 유기

적인 교류를 해야 합니다. 치밀한 상권 분석과 수익 예측 프로그램 등 본사 운영 시스템을 적극적으로 이용하는 자세도 필요하고요.

- **이경수 아딸 대표** – 창업에 성공하려면 굳은 의지와 끈기가 있어야 합니다. 창업을 쉽게 결정하지 말고 차근차근 알아보고 신중하게 결정해야 해요. 또한 질 좋은 식자재와 위생관리, 고객관리와 서비스에 최선을 다해야 합니다.

- **이동재 알파 회장** – 고객을 최우선으로 생각해야 합니다. 고객 한 사람 한 사람의 숨겨진 욕구까지 파악해 내려는 자세가 필요합니다. 프랜차이즈는 기본적으로 서비스업이기 때문에 고객과의 접점을 가장 중요시해야 합니다.

- **권보기 윤선생영어교실 사장** – 단순히 수익만을 추구하면 실패합니다. 수익 이상의 그 너머를 볼 때 비로소 수익이 따라온다고 생각합니다. 특히 교육 프랜차이즈는 다른 분야에 비해 사명감이 매우 중요합니다.

- **신신자 장충동왕족발 대표** – 기본에 충실해야 합니다. 10년 전엔 60~70개 가맹점이 있던 4개 족발 프랜차이즈 업체가 경쟁을 했습니다. 하지만 요즘은 그렇지 않아요. 이유는 정성의 문제입니다. 단기 이윤만 따라가고 기본을 놓친다면 성공할 수 없습니다.

- **김서기 쪼끼쪼끼 대표** – 아이템과 본사 시스템도 중요하지만 더욱 중요한 것은 창업가 정신입니다. 뻔한 이야기 같지만 이것을 실천해 내느냐 마느냐는 프랜차이즈 창업에 도전하는 창업주에게 아주 중요한 것입니다.

- **김선권 카페베네 대표** – 가맹점주 마인드가 성공과 실패를 좌우합니다. 프랜차이즈 가이드에 맞춰 본인의 강점을 개발하려는 관심과 노력이 있는 가맹점주만이 성공할 수 있습니다. 본사에 의존하려는 가맹점주보다는 준비된 가맹점주가 성공의 길에 더 앞서 있을 겁니다.

- **이범택 크린토피아 대표** – 많은 창업자가 하기 쉬운 실수가 한 가지만 집중하는 것입니다. 서비스 품질, 가격 등 너무 한쪽만 보는 거죠. 서비스 품질만 훌륭하다고 손님이 많이 찾아오는 것은 아닙니다. 합리적인 가격이 함께 제시됐을 때 서비스 만족도도 높아지는 거죠.

자료 : 매일경제, 2011년 11월 29일

*참|고|자|료

- www.bonjuk.co.kr
- www.bonfamily.co.kr
- www.foodbank.co.kr
- www.foodservice.co.kr
- www.delinews.co.kr
- www.hankyung.com
- www.economy.hankooki.com
- www.munhwa.com
- 정성 – 김철호, 비전코리아, 2010
- 절대적인 믿음으로 성공한 한국의 CEO들 – 지승룡, 도마의길, 2008
- 위기의 인생2막 1인 기업이 희망이다 – 권혁기, 더 북스, 2007
- 꿈꾸는 죽장수 – 김철호, 거름, 2005
- http://www.brandbiznews.com/news.php#1315387640
- http://cn.moneta.co.kr/Service/stock/ShellView.asp?ArticleID=2011030308041200618&LinkID=371
- 마케팅 불변의 법칙/알 리스(기업인) 저 이수정 역 /비즈니스맵/ 2008.12.01
- 일간스포츠, 2015년 01월 13일

05

매드포갈릭

메드포갈릭

1 메드포갈릭 소개

"마늘과 와인의 절묘한 조화" 국내 최초의 Wine & Garlic 레스토랑인 매드포갈릭은 마늘을 이용한 40여 가지의 이탈리아 음식과 100여 가지의 다양한 와인 및 음료를 편안하게 즐길 수 있는 새로운 개념의 Italian Wine Bistro(이탈리안 와인 비스트로)이다.

중세 유럽풍의 웅장함이 느껴지는 공간에 다양한 와인이 갖추어진 Full Bar, 요리사들이 요리하는 모습을 감상할 수 있는 오픈키친과 푸드바, 독특한 스타일의 서비스 등 다채로운 볼거리가 많은 곳이다.

2 성공 요인

Mad for Garlic이란 이름은 표현 그대로 '마늘에 미치다' 라는 뜻으로, 식재료인 마늘을 레스토랑 이름으로 사용한 것 자체가 큰 이슈를 불러일으켰다. 기존의 고급 이탈리안 레스토랑이나 와인바와는 달리 누구나 친근하게 접근할 수 있는 소위 이탈리아의 와인 선술집(Italian Wine Bistro)으로 2~3만 원대의 저렴한 와인부터 수십만 원대의 고급와인까지 선택의 폭을 넓혀 와인의 대중화를 표방하고 있다.

건강에 관심이 높아지고 마늘의 효능이 입증되면서 매드포갈릭만의 마늘요리 마니아층을 형성하고 있으며, 강렬한 냄새와 매운 맛을 잠재우는 5가지 이상의 공정과정을 통해 마늘의 효능을 살린 것이 인기의 비결이다.

마늘이 향신료나 양념수준을 넘어 메인 메뉴로 등장했고 마늘 요리를 하나의 트렌드로 자리 잡게 한 것이 바로 매드포갈릭의 차별화된 점이다.

특히 오픈키친과 푸드바를 통해 고객들이 눈앞에서 만들어진 음식을 먹으며 직원들과 자유로운 대화를 주고받을 수 있게 했으며 중세 유럽의 웅장함과 동시에 현대적인 분위기를 풍기는 인테리어 등 메뉴와 인테리어, 서비스의 모든 부분에 있어 매드포갈릭만의 차별화로 마니아층을 형성하고 있다. 밝기가 적당히 낮은 조명과 우드스타일의 편안한 의 · 탁자는 자연스레 와인 소비를 유도, 객단가 상승효과를 불러일으키고 있다.

또한, 매드포갈릭의 브랜드 개발자는 "메뉴를 직접 개발하는 만큼 재치 있는 이름을 만드는 데도 신경 쓰고 있다"며 "고객들이 메뉴이름을 어려워하지 않을까 걱정도 했지만 오히려 재밌는 이름 때문에 홍보 효과가 크다"고 했다.

매드포갈릭은 '이탈리안 와인 비스트로(음식과 wine을 제공하는 작은 카페를 의미)'를 표방한다. 그래서 레스토랑이지만 새벽 2시까지 영업한다. 또 10시 이후에 와인을 주문하면 할인된 가격에다 이탈리안 피자를 1만 원에 먹을 수 있다. 여의도, 광화문 등 직장인들이 주로 모여 있는 곳에 위치했기 때문에 회식 장소로도 애용되고 있다.

매드포갈릭은 외식전문기업 '썬앳푸드'가 개발한 토종 브랜드이다. 그렇지만 여느 토종 브랜드와 달리 대기업이 투자하지 않기 때문에 패밀리레스토랑식 '문어발 경영'을 피하고 있다. '어디서나 손쉽게' 먹을 수 없는 대신 '매드포갈릭에서만 느끼는 맛과 분위기'를 살리겠다는 것이다.

3 기업 정신

첫째, 기업의 대표 정신이며 사명인 SUN에 대해서는

S : smile(항상 미소 짓는 밝은 태양인)

speed(항상 빠르게 실천하는 행동인)

specialist(항상 최고를 추구하는 전문인)

U : unlimit(도전과 변화와 창조의 정신을 가진 무한인)

unique(유일함을 추구하는 독자인)

universal(전체를 꿰뚫는 만능인)

N : newness(항상 새롭게 생각하는 창조인)

nobleness(명예를 소중히 여기는 고급인)

netizen(디지털 시대를 앞서가는 네티즌)이라는 의미를 담고 있다.

둘째, 기업의 대표 정신 5C가 있다.

이것이 의미하는 바는 썬앳푸드는 Change(변화), Challenge(도전), Creativity(창조성), Core(핵심), Commitment(위임)의 정신을 가진 젊고 역동적인 문화를 지향하고 있다.

셋째, 보다 건강하고 행복한 삶의 실현을 위해 2H를 실천하고 있다. 2H는 Healthy와 Happy를 뜻한다.

Healthy program으로는 연 2회에 걸친 정기산행, 체육대회 개최, 마라톤, 볼링 축구 동호회 활성화, 마라톤 10km 완주 시 Hospo Dollar 포상 등이 있다.

Happy program으로는 봉사활동과 전 사원 급여 1%와 회사 기부금으로 Happy Fund 조성 및 운영을 들 수 있다.

4 메뉴

'매드포갈릭' 매장에 들어서면 구운 마늘 냄새가 물씬 풍긴다. 한 매장에서 하루 소비하는 마늘만 해도 50~60kg에 달하고, 뿐만 아니라 마늘은 매장 곳곳에 장식용으로도 쓰이고 있다. 그렇다고 마늘 냄새가 너무 맵다거나 거부감을 주지는 않는다. 건강에 관심이 높아지고 마늘의 효능이 입증되면서 마니아층을 형성하였는데, 특히 올리브오일에 절여 마늘의 강렬한 향을 부드럽게 하는 등 5가지 이상의 공정을 거쳐서 매운 맛과 향을 잠재워 요리하고 있다.

마늘은 세계적으로 최고의 암 예방식품으로 이미 그 효력이 입증된 바 있다. 마늘 특유의 알리신과 캡사이신 성분은 심혈관질환, 뇌혈관질환, 암과 당뇨병 억제작용과 노화억제기능을 하며 살균강장작용, 고혈압개선, 아토피성 피부염의 알레르기 억제작용, 해독작용 등을 갖고 있다. 그러나 코를 찌르는 그 강렬한 냄새 때문에 데이트할 때 피해야 할 음식 1호로 꼽혀왔던 천덕꾸러기 마늘이 매드포갈릭에서는 음식의 맛을 끌어올리는 훌륭한 주연으로 등장하고 있다.

이탈리아에서 흔히 쓰이는 식재료는 토마토, 올리브 오일, 마늘로 한국사람만큼이나 이탈리아인에게도 마늘은 매우 친숙한데, 이탈리아 요리 과정에서 마늘을 사용할 때 가장 큰 차이점이 있다면, 한국에서는 통마늘을 그대로 음식재료로 활용할 뿐 아니라 간 마늘, 튀긴 마늘, 구운 마늘 등등 마늘을 주요 재료로 해서 음식 맛을 내는 반면, 이탈리아에서는 마늘은 향신료의 역할만 하는 것이 대부분이다.

매드포갈릭은 마늘 음식을 표방하면서 마늘을 단순한 향신료의 수준을 넘어 요리의 주요 재료로 활용하고 있으며 요리를 완성하는 시점에서 포인트로 마늘을 얹어 내는 차별성을 가지고 있다.

'매드포갈릭' 이라는 이름만큼 메뉴 이름들도 독특하다. 예를 들면, 엔쵸비와 올리브 오일에 구워낸 마늘 요리 '드라큘라 킬러' 는 마늘을 싫어하는 드라큘라도 죽을 각오를 하고 먹는다는 뜻이다. '슈어사이드 라이스' (suicide rice)는 '죽을 정도로 맵다', '갈릭 허그 스테이크' 는 '마늘이 스테이크를 껴안다' 는 뜻이다.

5 SWOT 분석

1) 강점(Strength)

- 다양한 메뉴, 차별화된 맛을 지향하는 브랜드
- 맛과 영양이 높고 장년층과 외국인들에게 새로운 이미지로 다가감
- 안정적 자금 공급

2) 약점(Weakness)

- 높은 가격대
- 외식업소 직원들의 관리 어려움
- 동질화된 서비스 제공 어려움
- 고객증가에 따른 Responsiveness의 한계
- 대기시간이 길다.

3) 기회(Opportunity)

- 외식 소비 심리의 지속적 상승
- 점포 확장 가능성
- 장년층의 사회화
- 와인에 대한 관심
- 건강에 대한 관심 증가

4) 위협(Threat)

- 경쟁업체 간의 공격적인 프로모션(출혈 경쟁 가능성)
- 경기상황 악화에 따른 고객의 구매력 약화 가능성
- 국내 외식업체의 포화현상

6 STP 분석

1) 시장세분화(Segmentation)

매드포갈릭은 장년층들의 이용이 뜸한 패밀리 레스토랑임에도 여러 연령층의 이용이 많기 때문에 공중을 밝혀내는 시장세분화가 아주 중요하다고 볼 수 있다. 그래서 매드포갈릭을 다양한 기준으로 시장을 세분화해보았는데 특히 매드포갈릭의 시장세분화의 핵심적인 기준 중 하나는 식생활에서 중요하게 생각하는 가치, 즉 식사를 통해 얻는 benefit에 따라 시장을 분류한 것이다. 이 기준에 따라 4가지로 시장을 세분화해보면 다음과 같다.

(1) 기본적인 배고픔의 해소를 위한 소비자층

음식의 맛, 영양, 음식점의 서비스, 분위기를 전혀 고려하지 않고 허기를 채우는 기본적인 욕구를 충족시키려는 소비자이다. 이 소비자층에게는 가격이 가장 큰 요소이고, 저소득, 중 · 고 · 대학생 등으로 구성한다.

(2) 건강주의 소비자층

맛이 없는 것을 감수해서라도 건강을 추구하는 소비자층으로 외식에 가장 많은 돈을 들일 수 있지만 서비스, 분위기 등과는 상관없이 오직 건강만이 소비를 결정하는 요인이 되는 층으로 비교적 40~50대 이상의 장년층에 많이 분포되어 있다.

(3) 가족화합층

건전성을 추구하는 소비자층으로 반드시 비싼 외식을 하지 않더라도 가족이 함께 식사할 수 있는 단란한 분위기를 가장 중요하게 생각하는 소비자층이다. 경제적으로 여유있지는 않지만 단란함을 추구하는 근로자가족과 대학교육이상 높은 교육 수준의 중산층에 많다. 특히, 중산층의 경우 가격과 상관없이 가족모임을 위해 서비스와 분위기가 좋은 곳을 선택할 가능성이 높은 층이다.

(4) 식생활의 문화적 가치를 추구하는 소비자층

식사를 하는 것이 단순히 음식을 먹는 것이 아니라 문화적인 가치를 지닌다고 인식하는 소비자로 영양보다는 음식의 맛과 서비스에 중점을 둔다. 식사하는 것 외에 즐거움을 위한 이벤트, 여러 나라의 새롭고 다양한 음식을 먹음으로써 얻을 수 있는 문화적인 경험을 중요시하며 20~30대의 젊은 층에 많이 분포되어 있다.

2) 목표대상(Targeting)

(1) 연령

20~50대의 다양한 세대, 특히 여성, 장년층, 가족

(2) 지리적 위치

서울, 강남, 대학가, 젊은 유동인구가 많은 지역, 사무실 밀집 지역, 주상 복합 아파트 밀집지역

(3) 학력

대졸, 전문대졸 이상의 고학력

(4) 중요하게 생각하는 가치

- 맛, 친절한 서비스, 세련되고 깔끔한 분위기
- 일이 끝난 뒤 즐길 수 있는 와인
- 새로운 음식을 먹어보는 경험을 중요시 여김
- 서구 음식, 문화 선호
- 가족 중심적인 사고
- 외식선호

3) 포지셔닝(Positioning)

(1) 가치 부여

매드포갈릭은 국내 외식문화에서 처음으로 시도한 마늘과 이탈리아 음식의 조화, 그리고 와인까지 새로운 가치를 부여함으로써 차별화되었다.

가족중심, 일이 끝난 뒤 지인들과 즐길 수 있는 편안하고 색다른 인테리어, 높은 서비스, 기존에 없던 새로운 음식 등을 본격적으로 내새워 레스토랑을 알림으로 패밀리레스토랑에서 차별화되는 시장을 만들어 나가고 있다.

(2) 높은 질과 맛

실력 있는 요리사들에게 기회를 많이 주고 정기적으로 매장별 신메뉴 개발과 요리대회를 펼쳐 새로운 메뉴개발과 맛에 힘을 씀으로 맛으로 승부하게 되고 고품질의 재료를 사용함으로 느끼해서 싫어하는 이탈리아 음식을 장년층들도 마늘과 결합해 보다 담백하고 우리 입맛에 맞아서 여러 연령층이 두루 즐길 수 있다.

7 7P 분석

1) Product – 다양한 메뉴, 고품질의 이탈리아 음식

매드포갈릭은 여느 프랜차이즈 패밀리레스토랑과 비교해도 절대 손색이 없는 다양한 종류의 메뉴가 준비되어 있다. 상품 수가 많을 뿐만 아니라 마늘을 이용한 다양한 요리가 매드포갈릭만의 특징이고, 마늘의 강렬한 냄새와 매운맛을 잠재우고 그 효능과 특유의 달고 고소한 맛을 살려 마늘을 하나의 트렌드로 자리 잡게 한 것이 인기비결이다.

특히 매드포갈릭 피자는 두껍고 빽빽한 피자가 아니라 즉석으로 바로 만든 신선한 도우에 담백한 토핑과 치즈, 고소한 마늘의 향이 적절하게 어우러져 있어 와인과 멋지게 매칭, 고객들의 좋은 반응을 얻고 있다.

2) Price

매드포갈릭의 가격은 결코 만만치 않다. 일명 고가격전략을 채택한 것인데 실제로 매드포갈릭은 맛으로 승부한다고 마니아층에 알려져 있다. 가격은 조금 비싸지만 맛과 분위기를 생각한다면 합리적인 가격이라고 말할 수도 있을 정도로 맛과 분의기가 좋다.

패밀리레스토랑의 경우는 일반 가족들이 한식을 외식하는 경우에 비해 가격이 많이 비싸 특히 나이가 어릴수록 고가격의 부담은 클 수밖에 없다. 이런 상황에서 매드포갈릭은 사실 가격에 있어서 굉장히 불리하다고 할 수 있다.

하지만 사람들의 발길이 끊이질 않고 두터운 마니아층을 형성하고 있는 것으로 봐서는 비싼 가격만큼 보다 좋은 맛과 서비스가 있기 때문이다.

또한 매드포갈릭은 할인되는 제휴카드가 전혀 없으며 단지 'the Sth' 다는 카드가 있는데 이 카드는 썬앳푸드 통합 멤버십카드이다. 이 카드는 썬앳푸드에서 운영하는 토니로마스, 스파게띠아, 매드포갈릭 전 영업점에서 포인트 적립 및 사용이 가능하고 현금과 카드결제의 구분 없이 1000원당 1점이 누적되어 잔여금액은 반올림 적용된다.

포인트가 쌓이면 포인트별 이용 혜택이 있는데 이것은 토니로마스, 매드포갈릭, 스파게띠아 중 어느 곳에서 쓰이느냐에 따라 다르게 적용이 된다.

에피타이저는 5,000~15,000원 정도이고, 수프와 샐러드는 12,000~17,000원, 파스타는 13,000~18,000원이다. 피자는 15,000~16,000원 정도이고, rise 종류에는 14,000~17,000원이다. 스테이크나 그 밖의 특별 메뉴는 18,000~30,000원까지 그 가격대가 다양하고 거기에 맞게끔 다양한 메뉴가 준비되어 있다.

와인도 종류가 많은 만큼 1만 원부터 10만 원 이상까지 다양한 가격으로 준비되어 있다. cheese platter라는 메뉴는 와인과 곁들일 수 있는 치즈 메뉴로 27,000원 정도로 몇 가지의 치즈와 크래커가 함께 나온다. 4가지의 커피 종류가 있는데 4,000원 안팎으로 즐길 수 있으며, Beverage와 케이크와 아이스크림이 준비되어 있는데 6,000원 정도면 달콤한 디저트와 음료를 즐길 수 있다.

3) Place

매드포갈릭은 모두 서울의 중심지에 위치하고 있다. 강남, 압구정점, 광화문점과 같은 곳은 말할 것도 없고 마포점은 오피스 상권이었던 곳이 트라팰리스, 디오빌, 오벨리스크 등 주상복합 건물들이 들어선 고급 주거 상권과 결합되면서 외식문화가 업그레이드 되었다.

이곳 중 몇 곳은 골목 내에 위치하고 있어서 사람들이 찾기도 어려울 뿐만 아니라 가격도 저렴한 편이 아닌데도 불구하고 많은 사람들이 찾고 있다. 그 이유는 지리적 여건과 가격에서 마이너스가 됨에도 불구하고 사람들이 많이 찾는 이유는 "음식"의 영향이 커서 그렇다고 한다. 쉽게 눈에 띄지 않는 위치여서 매드포갈릭 마포점은 지하철역에서부터 가는 곳에 작은 표지판이 있어 길을 알려주고 있다.

4) Promotion

매드포갈릭은 다른 패밀리레스토랑처럼 TV광고가 없고 배너광고도 없다. 하지만 알만한 사람들은 다 안다라는 말처럼 이미 많은 마니아층을 확보하였고 입소문으로 인해 유명해지고 있다.

인터넷에는 다양한 매드포갈릭에 대한 질문에 대답해주는 매드포갈릭 이용자들이 많다. 이런 매드포갈릭 이용자들은 자신의 블로그나 미니홈피를 통해 매드포갈릭의 차별화된 맛과 인테리어를 자발적으로 알리고 있으며 이러한 것들은 아직 매드포갈릭을 이용해보지 못한 사람들에게 회사에서 직접 광고를 하는 것보다 더 큰 신뢰감과 기대감을 갖게 만들어주는 아주 큰 광고 효과라고 볼 수 있다.

5) People

매드포갈릭의 인재상은 첫째, 차별화된 서비스를 통해 고객을 감동시키는 "고객지향적인 사람"이다. 항상 고객의 입장에서 자신의 업무를 처리하는 사람으로 사내 · 외 고객인식이 뚜렷하여 고객의 부가가치를 높여주어 고객을 감동시키는 사람이다.

둘째, 조직 및 자신의 발전을 위해 끊임없이 노력하는 "창의, 도전적인 사람"이다.

조직의 목표달성을 위해 기존의 문제점을 정확히 파악하여 조직과 업무체계를 혁신적으로 개선, 변화시키는 사람이다. 조직이 필요로 하는 인재로 발전하기 위해 회사에 창의적이고 혁신적인 아이디어를 도출하여 새로운 변화에 도전하는 사람이다.

셋째, 맡은 분야에 최고의 인재가 되기 위해 끊임없이 "자기관리를 하는 사람"이다. 비전을 달성하기 위한 진정한 프로가 되기 위해 끊임없이 자기를 개발, 관리하는 사람이다.

매드포갈릭에서의 와인은 술의 개념보다는 음식과 함께 즐기는 메뉴의 하나로, 모든 직원이 와인에 대한 기본 교육을 이수, 각각의 음식에 어울리는 와인을 추천해준다.

특히 프로모션 행사 와인들은 각 지점장이나 캡틴들이 손수 와인을 선정하기 때문에 이들은 직접 와인 전문인 교육을 수료하기도 한다.

6) Physical evidence

큰 실내 공간 중 일부가 오픈 키친으로 사용되고 있어 이 오픈 키친으로 인해 지글지글 구워지는 스테이크와 여러 종류의 파스타와 라이스들이 만들어지는 과정을 보며 참을 수 없이 식욕을 당기게 하고 냄새들은 손님들을 더욱 즐겁게 한다.

중세풍의 어둡지만 고요한 느낌의 조명들이 천장에 매달려 있는 와인 잔에 반사되어 예쁜 빛을 발산해 내고 입구부터 진열되어 있는 다양한 와인들을 보면 와인을 평소 즐기지 않고 접하지 않았던 사람들도 친근감 있게 와인을 느낄 수 있고 먹고 싶은 욕구가 솟는다.

은은한 실내 분위기는 고객들로 하여금 따뜻하고 아늑한 느낌을 갖게 하여 친구나 가족들과 함께 오붓한 저녁시간을 보내기에는 안성맞춤이 된다.

따뜻한 분위기, 최고의 맛에 완벽한 서비스, 이것들이 바로 매드포갈릭이 추구하는 것이다.

7) Process

매드포갈릭은 하루에 50~60kg 정도의 마늘을 쓰는데, 요리에만 사용될 뿐만 아니라 인테리어의 역할을 하기 때문에 재고는 거의 남지 않는 편이다. 매드포갈릭은 마늘의 특유한 냄새를 없애기 위해 복잡한 조리 과정을 거친 마늘만을 요리에 사용한다. 특히 올리브오일에 절여 마늘의 강렬한 향을 부드럽게 하는 등 5가지 이상의 공정을 거쳐서 매운 맛과 향을 잠재웠으며 껍질을 벗긴 마늘은 소금과 엔쵸비, 통후추, 월계수잎 등을 넣고 절인 다음 올리브오일로 튀겨서 쓰고 매운맛과 향을 없앤다.

또한, 고객들이 눈앞에서 만들어진 음식을 먹으며 직원들과 자유로운 대화를 주고받을 수 있게 하기 위하여 오픈키친과 푸드 바를 내세워 이로 인해 고객들은 자신이 먹는 음식의 재료는 어떻게 손질하며, 어떠한 조리방식을 사용하는지, 어떻게 만드는지를 눈으로 볼 수 있어 요리를 만드는 과정에 대한 손님의 믿음을 더욱 증가시킬 수 있다.

8 경쟁사 분석

1) 카후나빌

(1) 열대 분위기 제공(look tropical)과 즐거움 제공(make fun)

카후나 부족이 열대의 어느 섬에 표류되어 자연을 벗 삼아 정착해서 살아간다는 전설을 현대화시킨 카후나빌은 자연 그대로의 열대 분위기를 재현해낸다.

화려한 색상의 열대 꽃과 잎들이 열대지방을 그대로 재현해 놓은 느낌을 주며, 식사를 하는 사람들이 실제로 열대 우림에 살고 있는 것 같은 착각을 가지도록 꾸며 놓아 특별한 식사를 제공하고자 하는 카후나빌의 기대는 고객들에게 즐거움을 줄 수 있는 다양한 요소들을 인테리어에 접목시킴으로써 훌륭하게 표현된다.

(2) 카후나빌만의 독특한 공간

전체적으로 고객들이 앉는 장소에 따라 느낌을 달리하여 외딴 무인도를 여행하는 긴 여정을 체험할 수 있도록 세심하게 공간을 구성함으로써, 일상생활에서 맛보기 힘든 재미를 제공한다.

(3) 이국적이고 독특한 서비스 제공(serve exotic)

가족단위 고객들을 위해 밀림과 부족, 그리고 섬을 느낄 수 있는 이색적인 기념품들을 판매하는 공간을 연출해 전체적으로 바쁜 일상생활에서 잠깐 동안 편안하고 색다른 경험을 하고 싶은 고객들을 위한 특별한 서비스를 제공함으로써 다른 곳에서 쉽게 얻을 수 없는 추억을 제공하고 있다.

2) 카후나빌의 특별한 아이디어

(1) 좌석을 고려한 공간연출

미국이 bar 위주의 생활패턴을 가지고 있다면, 대한민국은 다이닝 중심의 생활패턴에 익숙하기 때문에 다이닝 위주의 공간을 우선적으로 확보하고, 아일랜드식 좌석을 구성함으로써 주변 조경과 전체를 모두 볼 수 있도록 연출한다.

(2) 역동적인 느낌을 위한 도구 사용

미국인들은 식사를 할 때 자유롭고 동적인 것이 일반화되어 있으나 대한민국 사람들은 대체적으로 조용하게 먹는 것을 미덕으로 간주하기 때문에 너무 산만한 요소는 제외하면서도 동적인 요소를 가미하기 위해 특별한 아이디어가 활용된다.

먼저 수족관을 고객들의 동선에 맞게 배치함으로써, 동적인 느낌을 주면서도 전체 인테리어와 조화를 이루도록 했으며 숲속에 들어가면 볼 수 있는 바닥에 맺히는 나뭇잎의 단상들을 매장 곳곳에 심어 놓았고 그로 인해서 고객들은 의식하지 못한 사이에 자연에 동화되는 느낌을 가질 수 있도록 유도한다.

(3) 즐거움을 줄 수 있는 특수효과 사용

보통 패밀리레스토랑은 바닥이 무겁고 중후한 느낌을 주는데 무거운 느낌은 전체적으로 카우나빌과 어울리지 않기 때문에 그것을 극복하기 위해 일률적이지 않은 패턴을 사용하여 바닥을 구성함으로써 단조로움을 탈피하고 재미있는 요소를 가미하였으며 계단의 무미건조한 느낌을 제거하기 위해 조명을 이용하여 반딧불이 시골에서 반짝거리는 것 같은 특수효과를 활용한다.

3) 매드포갈릭과 카후나빌의 차이점

구분	매드포갈릭	카후나빌
분위기	차분하고 조용하며, 밝기가 낮은 조명을 사용	열대우림의 콘셉트인 이국적인 분위기와 다채로운 색감의 인테리어
고객의 연령층	20대~30대의 직장인, 남성보다는 여성이 많음. 주말에는 가족들도 다수	밝은 분위기의 놀이공원 콘셉트이므로 가족이 대부분
음식의 재료	마늘이 주재료	다른 패밀리 레스토랑과 비슷
음식의 분위기	깔끔해 보이는 것이 특징	열대의 콘셉트에 맞추어 음식에서도 밝고 화사한 느낌이 많이 비추어짐
음료	와인의 종류만 100가지 이상. 마늘에 가장 잘 어울리는 음료를 내세움	콘셉트에 맞추다 보니 와이키키풍의 cold 음료와 칵테일이 주를 이룸
세트메뉴	점포마다 이벤트 행사 시, 와인과 더불어 런치메뉴 등을 내세움	주 고객이 가족이니 만큼, 런치메뉴와 더불어 키즈메뉴에도 신경을 쓰고 있음
특이사항	오픈키친과 푸드 바. 카후나빌에 비해 손님을 위한 이벤트 같은 것이 부족	Bar와 아이들을 위한 midway, 손님을 위한 다이나믹 공연, 파티를 열 수 있는 공간, 돌잔치
경쟁사로 꼽은 이유	매드포갈릭과 카후나빌 모두 타 패밀리레스토랑과는 달리 색다른 콘셉트를 잡았다는 것이 가장 큰 이유이다. 분위기는 서로 정반대의 분위기지만 매드포갈릭도 서서히 가족중심의 외식업체로 발돋움하고 있는 이 시기에 가장 경쟁적인 상대로 가족들이 많이 찾는 역동적인 분위기의 카후나빌을 뽑았다.	

9 내가 만약 CEO라면

1) 미디어광고

매드포갈릭은 광고를 하지 않는다. 그래서 주요 고객층은 입소문을 통한 마니아층뿐이다. 아무리 마니아를 위한 레스토랑이지만 이런 색다른 레스토랑을 경험할 수 있는 권리는 누구에게나 주어져야 한다고 생각하기 때문에 TV나 신문, 인터넷, 라디오 등을 통해 미디어 광고를 해서 매드포갈릭에 대한 사람들의 인지도를 높일 것이다.

2) 제휴할인카드

매드포갈릭은 할인카드를 두지 않는다. 대신 'Sth Card' 라는 멤버십 카드가 있다.

음식을 먹으면 1,000원당 1점을 적립해 주며, 포인트가 쌓이면 현금 대신 해당 음식의 가격을 지불할 수 있다. 하지만 요즘같이 경쟁적인 시대에 매드포갈릭 역시 할인카드를 만들지 않는다면, 정말 마니아층만을 위한 레스토랑이 될 것이다.

고객은 할인되지 않는 곳보다 할인되는 레스토랑을 찾아 떠난다. 이러한 현상을 막기 위해서라도 할인카드를 만들어야 할 것이다.

3) 홈페이지 재구축

대부분의 레스토랑은 홈페이지에 레스토랑에 대한 정보를 자세히 올려놓는 반면에 매드포갈릭은 정말 간략한 정보만 올려놓은 채 홈페이지를 운영하고 있다.

만약, 손님이 매드포갈릭을 이용하기 전에 어떠한 곳인지 알아보기 위해 홈페이지를 들렀는데 많은 정보를 얻지 못해 결국은 다른 곳을 이용하게 됐다면, 이것 또한 문제가 될 수 있다. 그래서 손님들에게 보다 더 많은 정보를 주기 위해 홈페이지에 손님의 입장에서 원하는 정보를 올릴 수 있도록 홈페이지를 재구축해야 할 것이다.

사례 8

불황의 시대…매출 '홈런' 비결은

이벤트로 눈길 끌고 끊임없이 새 메뉴 개발

타임마케팅(손님 적은 시간대 매출 올리는 방법) 활용 · 핵심고객 정해 귀찮도록 알려라

서울 송파구에 있는 카페bbq 패밀리타운점은 최근 카페형으로 매장을 바꾼 후 하루 평균 매출이 800만 원에 이른다. 과거 10평 남짓한 배달 매장일 때 하루 매출(약 80만 원)과 비교하면 10배 가까이 뛴 셈이다. 일반적인 치킨호프점 매출이 야간에 일어나는 반면 아침부터 새벽까지 일정한 매출을 올리는 카페형 매장의 장점이 통했다는 분석이다. 김지홍 점장(31)은 "요즘같이 경쟁이 치열한 환경에선 끊임없는 변신 없인 살아남기 힘든 것 같다"고 말했다.

생맥주전문점 치어스 수원 영통점은 오픈 직후 하루 70만 원이던 매출을 최근 700만 원까지 끌어올렸다. 이 점포는 단골 만들기 전략을 공격적으로 펼쳐 성공을 거둘 수 있었다. 금요일 저녁 8~10시를 '해피아워'로 정하고, 직장인이나 매장 근처 삼성전자 계열사 직원이 오면 기본 안주와 생맥주 1잔(500cc)을 무료로 제공했다. 강효식 점장(37)은 "주변에 7~8개 경쟁점포가 있는 것을 보고 차별점을 두지 않으면 성공하기 어렵다고 봤다"며 "7년 넘게 쇼핑회사 마케팅부서에서 일한 경험이 큰 도움이 됐다"고 밝혔다.

요즘 창업시장은 생존하기가 매우 어려운 환경으로 바뀌고 있다. 베이비부머 퇴직자가 몰리면서 경쟁이 치열해진 데다 불황 탓에 소비까지 침체되고 있기 때문이다.

실제로 중소유통연구원에 따르면 최근 국내 자영업 종사자의 월평균 소득은 149만 원으로 200만 원 이하가 80% 이상을 차지하는 것으로 나타났다.

투자비 규모가 크다고 모두 성공하는 것도 아니다. 대형 점포들도 마케팅이나 경영기술 부족으로 고전하는 사례를 심심찮게 찾을 수 있기 때문이다.

이경희 한국창업전략연구소 소장은 "과거엔 점포를 열면 반짝 매출이 오르는 오픈효과를 기대할 수 있고, 손익분기점 도달 시기도 짧았지만 요즘은 그렇지 않다"며 "마케팅과 경영능력을 발휘해서 매출을 만드는 노력이 필요하다"고 설명했다.

매일경제신문은 이번 섹션에선 공격적인 마케팅과 남다른 노력으로 경쟁자들보다 적게는 20~40%, 많게는 100% 이상 매출을 늘린 점포 사례들을 소개한다. 베스트 프랙틱스(best practice)를 창업자들이 벤치마킹하도록 만들어 경영에 실제로 도움을 주기 위한 목적이다.

■ 매출이 잘 나오는 점포들의 비결

1. 끊임없는 변신과 혁신
2. 매출 간극을 메우는 타임 마케팅
3. 핵심 타깃 고객층 공략
4. 지속적이고 공격적인 홍보
5. 단골고객을 철저히 관리
6. 직원 교육과 팀워크 강화
7. 기본적인 상품력에 충실

다양한 사례들을 모은 결과 매출이 잘 나오는 점포의 비결은 크게 7가지 키워드로 정리할 수 있었다. '변신과 혁신', 타임 마케팅', '핵심타깃', '지속적인 홍보', '단골고객 확보', '교육과 팀워크 강화', '우월한 상품력'이 그것이다.

■끊임없는 변신과 혁신

지속적으로 매출을 올리기 위해서 끊임없는 변신과 새로운 시도, 개선은 필수사항이다. 새로운 메뉴 출시가 필요할 수도 있고, 인테리어 리뉴얼이 필요하기도 하다. 운영상 크고 작은 문제를 개선하는 것도 도움이 된다. 심지어 매출을 위해서는 기존 사업모델을 뛰어넘어 새로운 콘셉트를 도입하는 혁신도 필요하다.

bbq프리미엄 카페 내부

앞에 사례로 든 카페bbq 송파 패밀리타운점을 대표적인 케이스로 들 수 있겠다. 이 매장은 오픈 이후 모두 3번의 변신을 시도했다. 배달 매장에서 호프 매장, 다시 카페형으로 형태를 바꾼 것. 매출액 상승 과정도 이 흐름을 그대로 따라온다.

10평짜리 배달 매장에서 80평짜리 호프 매장으로 늘릴 때 매출액은 하루 평균 80만 원에서 200~300만 원까지 뛰었다. 지난 겨울 카페형 매장으로 바꾼 후엔 최대 1040만 원까지 일매출을 올린 적도 있었다.

김지홍 점장은 "얼마 전까지 주차장으로 사용하던 매장 전면을 테라스로 확장하고 테이블을 추가해 매출액을 더 끌어올릴 계획"이라고 말했다.

가맹본부로서도 새로운 경쟁자가 계속 나타나는 무한경쟁 시대에 살아남기 위해선 지속적인 변신과 혁신이 필요하다. 끊임없는 메뉴 도입을 시도하는 오니기리와이규동을 대표적 사례로 들 수 있겠다. 이 브랜드는 론칭 초기만 해도 삼각김밥과 소고기덮밥(규동)이 주력 메뉴였다. 하지만 이후엔 우동 세트 메뉴, 돈부리 메뉴에 이어 최근에는 도시락 메뉴와 쌀로 만든 버거 메뉴까지 출시했다.

또 테이크 아웃 매출을 높이기 위해 닭강정 메뉴까지 새로 개발했다. 회사 관계자는 "오니기리와이규동의 경쟁자는 분식을 넘어 햄버거, 샌드위치 전문점까지 포괄할 수 있다"며 "그들과의 경쟁을 위해선 매출을 배가하려는 노력을 끊임없이 할 수밖에 없다"고 설명했다.

■타임 마케팅을 펼쳐라

어떤 업종이든 손님이 몰리는 시간대와 그렇지 않은 시간이 있다. 계절적인 비수기와 성수기도 있다. '타임 마케팅'을 활용해 손님이 상대적으로 적은 시간대에 매출을 올린다면 전체 매출도 자연스럽게 상승할 수 있다는 뜻이다.

크린토피아가 멀티세탁전문점(드라이클리닝+물세탁)으로 선보인 서울 양재점은 타임 마케팅을 절묘하게 사용한 사례로 들 수 있다. 드라이클리닝 성수기는 일반적으로 봄과 가을이다. 반면 물세탁은 여름에 매출이 높다. 양재점은 이 시간적 성수기와 비수기의 매출 균형을 맞춰 월평균 순수익을 900만 원까지 높였다. 일반적인 세탁편의점 월수익이 200~450만 원이고, 500만 원만 넘겨도 '대박'이라는 점을 감안하면 엄청난 수치다.

일본 도시락 전문점 '오벤또' 매장

일본 도시락전문점 오벤또 상암점은 하루 평균 매출액이 200만 원에 달한다. 비결은 이른 아침 영업이다. 주변 상권에 직장인이 많고 이들이 아침을 거르는 경향이 높다는 사실에 착안해 아침 메뉴를 개발한 것이 큰 성공을 거뒀다. 박인천 점장(37)은 "도시락전문점은 아침과 저녁 매출이 점심에 비해 떨어진다"며 "이 단점을 극복하려 한 것이 큰 도움이 됐다"고 말했다. 점장은 "최근엔 퇴근하는 직장인을 노린 테이크아웃 메뉴도 내놓았는데 반응이 좋다"고 설명했다.

앞에서 거론했던 카페bbq 송파 패밀리타운점도 타임 마케팅을 잘 활용한 사례다. 이 매장에선 오전엔 브런치, 점심과 오후엔 피자와 파스타 등을 판매한다. 대신 저녁 이후에 야

치킨과 호프주점으로 변신한다. 특정 시간에만 고객이 몰리는 음식점이나 호프주점과 달리 영업시간 동안 꾸준히 고객을 충족시킬 상품을 갖추고 있는 셈이다.

■핵심 타깃 고객층을 잡아라

동일한 업종이라도 상권이나 입지 유형에 따라 고객층은 다르다. 즉 주력 고객층이 직장인, 대학생, 주부, 가족 단위인지 여부에 따라 어필하는 매력 요소도 다르다는 뜻이다. 때문에 해당 상권 고객을 분석하고 그룹별 핵심 타깃을 노리는 마케팅 전략을 수립하는 것 또한 매출의 비밀이다.

샤부샤부전문점 채선당 홍대점을 운영하는 지민규 점장(30)은 핵심 고객층을 공략하는 방법으로 매출을 끌어올렸다. 그가 점포를 열 당시 하루 매출은 100만 원. 초기 매출로 적은 편은 아니었지만 투자비가 3억7000만 원이라 손익분기점을 빨리 넘겨야 했던 지 점장은 돌파구를 모색하기 시작했다. 그의 해결책은 '20대 여성'이었다.

일반적으로 샤부샤부전문점 주요 고객층은 가족이다. 하지만 채선당 홍대점은 대학가 상권이라 고객층이 얇아 매출에 한계가 있었다. 지 점장은 역발상 전략을 썼다. 주변 고객층이 20、30대 여성이라는 점을 감안해 홍보와 서빙 방식을 모두 바꿨던 것이다. 일단 샤부샤부와 월남쌈이 다이어트에 효과가 있다는 내용을 적극적으로 알리고, 인테리어도 의자에 앉는 입식으로 바꿨다. 다른 샤부샤부전문점과 달리 서비스 직원 연령도 20대로 제한해 차별점을 뒀다. 이러한 노력 덕분에 최근 채선당 홍대점 일평균 매출은 250만 원까지 올라갔다.

채선당 메뉴

■지속적인 홍보

매출을 지속적으로 유지하고 높이려면 공격적인 홍보도 필수 요소다. 특히 국내 창업시장은 경쟁이 치열하고 유사한 업종이 많기 때문에 매장 강점이나 존재를 고객에게 적극적으로 알리는 자세가 필요하다.

최근 샤부샤부전문점 업계에서 돌풍을 일으키고 있는 '바르미 샤브샤브'는 매장 오픈 초기에 대대적인 홍보를 하는 것으로 유명하다. 약 700~800만 원을 홍보비로 책정하고 전단지 수십만 장을 주변 상권에 융단폭격하는 것이다. 이준혁 대표는 "매장 규모가 클수록 손익분기점 도달 기간을 당겨야 한다"며 "매장을 빨리 알리기 위해선 공격적인 홍보만큼 좋은 방법이 없다"고 강조했다. 이 대표는 "전단지 광고효과가 갈수록 떨어진다는 의견도 있지만 오픈 초기엔 웬만한 지역 주민에게 매장 존재를 인식시키는 것이 중요하다"고 덧붙였다.

지민규 채선당 홍대점 점장도 매장 오픈 초기부터 직접 홍대 거리에 나가 전단지를 배포했다. 지금까지 전단지 돌리는 일을 다른 사람에게 맡기지 않을 정도이다. 지 점장은 장사 준비를 하는 오전 10시 이전부터 전단지를 돌리는데, 하루에 돌리는 숫자만 100~300장에 이른다. 지 점장은 "전단지 외에 20·30대에게 인기가 높은 쿠폰북을 골라 광고도 진행한다."며 "쿠폰 회수율이 낮아 별 효과가 없다고 생각할 수 있지만 전혀 그렇지 않다"고 강조했다.

■단골 고객은 철저히 관리

고객은 크게 두 종류밖에 없다. 신규 고객과 재방문 고객이다. 하지만 신규 고객을 무한정 늘릴 수는 없다. 즉 한 번 방문한 고객이 매장을 자주 찾는 빈도가 높을수록 매출이 상승한다는 뜻이다. 강병오 FC창업코리아 대표는 "재방문 고객은 매장을 찾을 동기가 없으면 오지 않는다"며 "할인이나 쿠폰, 마일리지 적립 등 특별대우를 해야 다시 찾아오는 경향이 높다"고 설명했다.

앞에서 사례로 든 강효식 치어스 수원영통점 점장은 "단골 고객을 잘 관리하지 않으면 매장이 망하는 것은 시간문제"라고 말한다. 그는 '해피아워 할인' 외에도 고객 재방문을 유도하기 위해 현금 결제 시 3%, 카드 결제 시 5%를 적립하고 현금처럼 사용할 수 있도록 만들었다. 또 주말 저녁, 가족 단위 고객이나 젊은 부부 고객을 잡기 위해 매달 '패밀리데이'를 정해 가족 단위 고객에게 안주 할인 및 생맥주 500cc를 서비스로 제공하고 있다.

■직원들 팀워크 강화

고객들이 매장을 다시 방문하는 데는 종업원과의 유대도 큰 영향을 미친다. 매장에서 근무하는 직원과 고객이 친해지고 유대감을 쌓는다면 점포가 자리 잡는데 큰 힘이 된다. 점포 운영의 효율성 차원에서도 좋은 팀원과 직원의 장기근속은 중요한 요소다. 직원이 자주 바뀌면 업무에 서투르고 품질이나 서비스 실패로 연결될 가능성이 높기 때문이다.

이런 이유 때문에 교육을 통해 직원들 서비스 마인드를 높이고, 숙련도를 꾸준히 높여야 한다. 또 조직원 처우를 개선하고 동기를 유발하는 정책도 도입해야 한다. 한촌설렁탕은 점포 대부분의 한 달 매출이 4000~5000만 원을 넘는다. 회사에 따르면 직원 교육을 강화하면서 점포 매출도 함께 상승했다.

이 회사의 직원 교육은 아르바이트생과 정식 사원 모두를 대상으로 한다. 대신 아르바이트생들은 이직이 잦아 교육이 쉽지 않다는 점에 착안해 서비스 아카데미를 온라인으로 운영하고 있다.

직원들은 본사 사이트에서 동영상 교육 자료를 본 후 워크북을 통해 추가로 교육 과정을 진행한다. 교육 과정은 모두 6일치로 구성됐는데 매장에서 일어날 수 있는 다양한 상황에 대처하는 요령이 담겨 있다. 5일까지는 동영상 강좌를 통해 이론을 버우고, 6일째엔 점주의 실전평가가 이뤄진다. 여기서 탈락하면 프로그램을 다시 청취해야 한다. 정보연 한촌설렁탕 대표는 "경력이 짧은 사람이나 긴 사람 모두 동일한 수준으로 서비스를 제공할 수 있도록 BSP(basic service point)를 정하고, 이를 종업원에게 갖추도록 하는 것이 아카데미를 설립한 목적"이라고 밝혔다.

■상품력은 기본 중에서도 기본

다양한 마케팅 활동이 매출을 올리는 데 도움이 되는 것은 틀림없다. 하지만 품질이 뒷받침되지 않는 마케팅은 오히려 고객을 떠나게 만들 수도 있다. 때문에 전문가들은 제품 품질을 높이려는 노력을 게을리해서는 안 된다고 말한다. 지난해 4월 오픈한 족발보쌈전문점 토시래 가락시장점은 112m²(약 34평) 정도지만 매달 5000만 원 넘는 매출을 올리고 있다. 임성복 점장(35)은 "크지도 않은 매장에서 이 정도 매출을 올린 이유는 바로 맛에 집중했기 때문"이라고 말했다.

족발보쌈전문점 토시래

실제로 임씨는 매일 부드럽고 담백한 족발을 고객에게 제공하기 위해 직접 삶는다. 배달을 하지 않는 것도 비슷한 맥락에서 해석할 수 있다. 배달하는 과정에서 족발 품질이 떨어지면 고객들에게 맛없다는 인상을 남기게 될 수 있어 아예 하지 않는다는 것이다. 천편일률적인 족발 메뉴에서 벗어나 퓨전 메뉴를 만든 것도 또 다른 성공 요인으로 작용했다. 해파리 냉채에 겨자소스를 얹은 '냉채족발', 중국식 고추잡채에서 힌트를 얻은 '고추잡채족발' 등 다양한 재료를 첨가해 메뉴의 폭을 넓혔다.

자료 : 매일경제, 2012년 7월 27일

*참|고|자|료

- 매드포갈릭 홈페이지(http://www.madforgarlic.com)
- 웰빙 비즈니스, 심형석 · 송경진, 박영률 출판사, 2004년
- http://jsbogota.blog.me/50003051595
- http://book.naver.com/bookdb/text_view.nhn?bid=1516058
- http://www.hotelrestaurant.co.kr/restaurant/contents.asp?num=703
- http://blog.naver.com/koaia99?Redirect=Log&logNo=150048890422

06

블랙스미스

black'smith

블랙스미스

1 블랙스미스 소개

1) 인테리어 콘셉트

창고, 공장을 모티브로 active한 공간에 시간의 흐름을 느낄 수 있는 vintage를 더하여 Popularity, Nature를 표방하고 있다.

Industrial & Vintage

Factory + Warehouse

2) 브랜드 스토리

I'll do it, or my name is not smith

(나는 해낸다. 약속을 지키지 못한다면 나는 스미스가 아니다)

아주 오랜 옛날에 Smith란 대장장이가 있었다. Smith는 언제나 물건이 조금만 마음에 들지 않아도 녹여서 다시 또 다시 만들어내는 열정을 갖고 있었다. 언제나 완벽을 추구하는 뛰어난 장인 Smith는 대장장이라는 의미의 일반명사로 불리게 되었고, 영어권 속담에도 등장하게 된다.

화덕에서 말의 편지를 달궈 두들기던 대장장이 blacksmith가 21세기 파스타의 장인으로 다시 태어난다. 언제나 완벽을 추구하는 대장장이 Smith, 그의 노력과 신념이 담긴 행운의 파스타를 지금 blacksmith에서 맛볼 수 있다.

2 경영 이념

블랙스미스는 대한민국 대표 커피전문점 브랜드인 카페베네의 세컨드 브랜드로, 맛과 멋, 여유까지 즐길 수 있는 고품격 이탈리안 레스토랑이다.

모기업인 카페베네의 창업정신이자 최우선 가치인 '고객과의 책임소통' 을 바탕으로 하여, '언제나 사람들에게 행운을 선물하는 대장장이' 라는 슬로건에 걸맞게 '고객' 과 '고객과의 소통' 을 최우선으로 생각하며 이런 기업목표를 실천하기 위해 노력한다.

3 STP 분석

1) 시장세분화(Segmentation)

블랙스미스는 일반 레스토랑에서 찾아볼 수 있는 메뉴를 선보일 뿐 아니라 한식을 접목하여 퓨전 한식요리 또한 내놓아 좋은 반응을 얻고 있다. 누룽지 파스타와 미역국 파스타가 대표적인 퓨전 한식 메뉴다. 이로 인해 블랙스미스는 20, 30대 여성과 직장인을 비롯한 가족단위 시장까지 공략하고 있다.

가격 면에서 보면 블랙스미스에서 제공하는 메뉴의 가격대는 만 원대부터 시작하여 4만 원대 후반까지 다양하다. 평균 2~3만 원의 가격으로, 1회 외식비가 평균 2~3만 원에 해당하는 고객층은 블랙스미스에서 여러 가지 메뉴를 즐길 수 있을 것이다.0

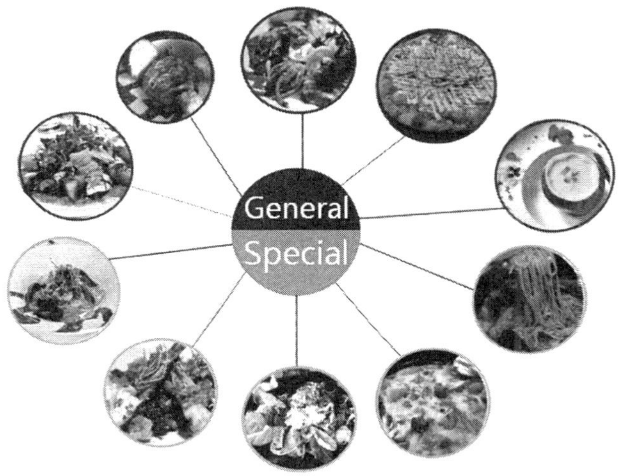

지리적 조건으로도 시장을 세분화할 수 있다. 블랙스미스는 수도권과 광역시에 집중되어 있는 다른 이탈리안 레스토랑과는 달리 수도권 지역은 물론이고 지방에까지 많은 매장을 오픈하여 운영하고 있다.

따라서, 남녀노소를 불문한 가족단위 소비자들과 1회 외식비용 평균 2~3만 원대인 소비자, 수도권을 비롯한 지방 거주자들, 이렇게 다양한 시장에 블랙스미스는 발을 뻗고 있다.

2) 목표대상(Targeting)

(1) Main Target

다양한 시장 중에서도 블랙스미스가 특히 겨냥하고 있는 주 타깃층은 20~30대 여성이다. 블랙스미스의 메뉴 중 '피자 프리마레라' 라는 메뉴는 특히 여성층을 공략한 일명 '꽃피자' 로서 신선한 채소와 꽃 장식을 피자 위에 올려 판매한다. 이 꽃피자는 여성들의 눈과 입을 만족시키는데 안성맞춤인 메뉴다.

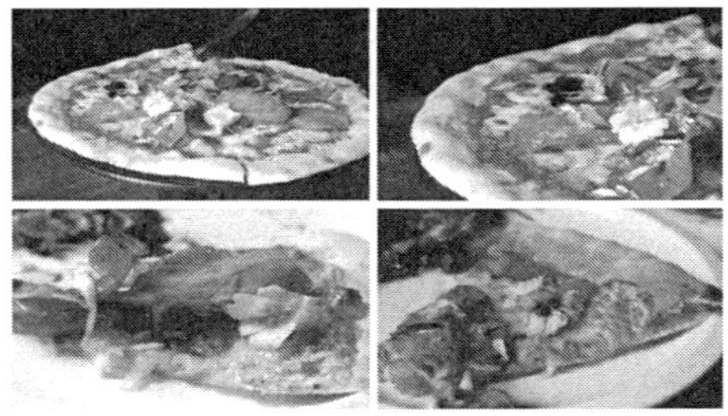

(2) Sub Target

다양한 드라마에 제작지원을 함으로써 다양한 연령층에게 자신의 브랜드를 알리고, 어린이가 좋아할만한 재미있는 메뉴인 떠먹는 피자와 중장년층부터 어르신까지 거부감 없이 즐길 수 있는 퓨전 한식 메뉴 등을 선보이며 30%의 서브 타깃층에게도 다가가고 있다. 즉, 블랙스미스는 차별화된 콘셉트를 선호하며 파스타를 즐겨먹는 2030세대 여성층을 주 타깃층으로 잡고, 다양한 퓨전 메뉴를 개발하여 가족단위 고객을 서브 타깃층으로 선택하였다.

Childhood

Elder

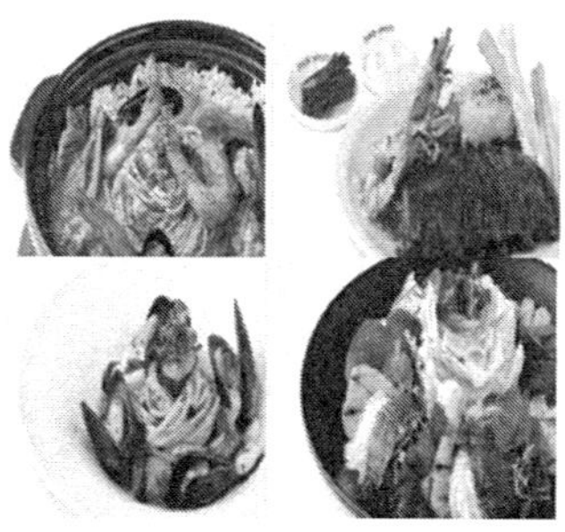

3) 포지셔닝(Positioning)

(1) 인지도

브랜드 가치를 바탕으로 패밀리 레스토랑의 인지도를 매겨본 결과, 빕스는 인지도 항목에서 83.5점으로 다른 브랜드보다 월등히 높은 점수를 받았고, 2012년 3월어 한국 산업 브랜드 파워 지수(K-BPI) 패밀리 레스토랑 부문에서도 품질과 고객 만족도에서 좋은 평가를 받으며 1위를 차지했다. 이어 T.G.I가 2위를 차지하고 3위는 아웃백스테이크하우스가 차지했다.

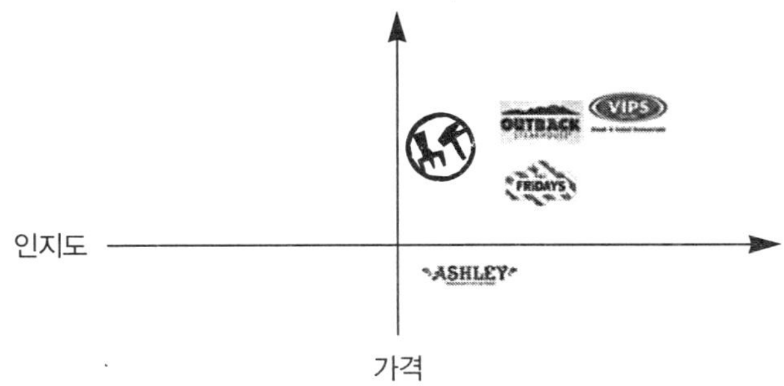

■ 패밀리 레스토랑 브랜드 가치 순위

순위	브랜드	브랜드 가치 평가지수(1000점)
1	VIPS	803.07
2	T.G.I.FRIDAY' S	771.03
3	아웃백스테이크하우스	763.78
4	블랙스미스	680.28
5	애슐리	656.18
6	베니건스	624.45
7	불고기브라더스	524.99

자료 : 브랜드스탁(2013년 7월 17일 기준)

(2) 가격

주요 외식업체들의 비교할 수 있는 공통된 메뉴인 안심스테이크를 바탕으로 가격을 비교해봤을 때, T.G.I는 34,700원, VIPS는 45,900원, 아웃백은 36,850원, 애슐리는 27,000원 그리고 블랙스미스는 42,900원으로 가격대는 아웃백과 VIPS와 비슷한 것으로 조사됐다.

4 SWOT 분석

1) 강점(Strength)

블랙스미스의 강점을 살펴보면 먼저, 카페베네의 세컨드 브랜드로서 강력한 브랜드 파워를 자랑한다.

다음은 기존 레스토랑과는 차별화된 스토리텔링 기법의 인테리어를 사용하고 있다는 점이다. '대장장이 공간'이라는 스토리텔링을 구사하여 인테리어 측면에서 색다른 감성을 자극하고 분위기를 특별하게 만드는 등의 특별한 외식문화를 창조한 것이다.

스타마케팅 또한 블랙스미스가 자랑하는 강점 중 하나다. 인기연예인 송승헌, 김태희, 박유천을 전속모델로 채용하여 다양한 버전의 CF를 찍는가 하면 지역별로 주기적인 팬사인회를 열어 블랙스미스를 알리게 되었다.

블랙스미스의 아카데미 운영도 굉장히 큰 강점으로 작용한다. 전국의 매장에서 소비자들에게 동일한 맛과 서비스를 제공하기 위해 아카데미에서 교육을 수료한 셰프와 매니저들을 파견하여 자사의 브랜드 콘셉트에 맞는 맞춤 인력 양성을 가능케 했다.

블랙스미스의 스타마케팅

다른 이탈리안 레스토랑에선 찾아볼 수 없는 퓨전 한식 메뉴 개발 또한 빼놓을 수 없는 블랙스미스의 강점이다. 블랙스미스는 누룽지 파스타를 비롯하여, 기존 이탈리아 음식에 한식을 접목시킨 특별한 메뉴를 출시함으로써 중장년층과 어르신들까지 즐길 수 있도록 하여 중장년층과 가족단위의 서브 타깃층을 형성하게 되었다.

2) 약점(Weakness)

블랙스미스의 약점은 아직까지도 다소 생소한 브랜드의 인지도와 타 외식업체에 비해 다소 높은 가격대와 카페베네의 세컨드 브랜드인식이 다소 강하다는 점과 높은 창업비용을 들 수 있다.

표준 레스토랑 창업비용은 보통 3~4억 정도인데 블랙스미스는 5억4천의 창업비용이 들어가서 비용이 많다는 것이 약점이다.

■ 높은 창업비용(주요 이탈리안 레스토랑 창업 가이드)

브랜드	특 징	창업비용	기준크기	전화번호(홈페이지)
솔레미오	피자, 스테이크 등 50여 가지 메뉴를 8000원 이하로 제공하는 중가형 브랜드	9100만원	82㎡	(02)2291-2500 www.solemio.or.kr
블랙스미스	고객 신뢰도 높이기 위한 오픈 키친 시스템 도입, 스타마케팅 강점	5억4500만원	264㎡	1688-9200 www.blacksmith.co.kr
보나베띠	'냉파스타' 등 이색 메뉴 구비. 와인 리더기 시스템 갖춰 인건비 절감	1억7900만원	148㎡	(02)516-6282 www.5wine.net
까르보네	중앙 공급식 물류 시스템으로 조리 부담 줄인 스파게티 메뉴 4000~6000원에 판매	5900만원	33㎡	1588-0581 www.carbone.co.kr

자료 : 한국창업전략연구소

3) 기회(Opportunity)

먼저 한류열풍으로 인해 한국 대중문화의 선호도가 꾸준히 높아지는 현대 사회에서 한류스타 송승헌과 김태희, 박유천을 전속모델로 채용한 것은 외국 팬들에게 블랙스미스를 알릴 수 있는 기회가 되었으며, 최근 이탈리안 레스토랑을 찾는 소비자들이 늘어나고 있는 추세이다. 그리고 EU, FTA 등의 협정을 통해 식재료의 보급도 활발해졌다.

또한 외식문화를 확산, 주 5일제 근무와 주 5일제 등교는 외식업체의 수요를 늘릴 수 있게 하는 기회로서 휴일이 많아질수록 외식업계에 미치는 파장은 매우 크기 때문에 외식업체는 이 기회를 잘 이용해야 할 것이다.

한류 열풍으로 인한 외국인 고객 유치

4) 위협(Threat)

이러한 기회 속에서도 블랙스미스를 위협하는 요소는 존재한다. 먼저 이탈리안 레스토랑 업계가 포화상태라는 것이 가장 큰 위협요소이다. 따라서 경쟁사의 약점을 찾아 블랙스미스가 강점으로 활용할 수 있는 부분을 집중적으로 소비자를 겨냥해야 할 것이다.

이외에도 곡물가를 비롯한 각종 식료품의 가격 인상으로 인한 메뉴값 인상과 해마다 5~10%씩 증가하는 인건비 또한 위협요소로 작용한다. 외식산업은 경기를 많이 탄다. 지속적인 경기침체는 외식수요의 감소를 불러오고 이 또한 무시 못할 위협요소로 작용할 수 있다.

5 7P 분석

1) Product & Price

블랙스미스는 샐러드, 스프, 리조또, 스테이크, 피자, 파스타 등 다른 이탈리안 레스토랑에서 볼 수 있는 메뉴를 갖추고 판매 중이며, 추가로 이탈리아 요리에 한식을 결합하여 만든 특별한 메뉴가 준비되어 있다.

먼저 해물파스타에 누룽지를 결합한 이색 파스타인 누룽지파스타는 1만 9천9백 원으로 토종입맛을 가진 남성을 겨냥한 메뉴로, 해물과 채소가 푸짐하게 들어가 있고 토마토소스가 새콤한 맛을 내기 때문에 시원한 국물 맛이 해장음식으로도 제격이다. 이외에도 미역국 파스타, 카르파치오 샐러드, 스피이시 폭립과 왕새우 등이 있다.

이처럼 이탈리아 요리에 한식 식재료를 결합하여 메뉴를 개발하는 것은 블랙스미스만의 색깔을 지닌 요리를 선보임과 동시에 이탈리아 요리를 즐기는 연령과 성별의 범위도 넓힐 수 있는 기회가 되었다.

가격 면에서 보면 블랙스미스는 다른 이탈리안 레스토랑에 비해 다소 높은 가격을 보이고 있지만 다양한 제휴카드를 통한 20% 할인혜택을 받을 수 있다.

2) Place

블랙스미스는 수도권뿐만 아니라 지방으로 매장을 확대하고 있다. 이로써 수도권에만 매장이 있는 레스토랑들을 자주 방문하지 못했던 지방 거주자들은 블랙스미스를 가까운 곳에서 원하는 시간에 즐길 수 있게 되었다.

3) Promotion

블랙스미스는 수많은 이탈리안 레스토랑에서 소비자가 블랙스미스를 선택하여 올 수 있게끔 고객의 발길을 유도하기 위해 여러 가지 마케팅을 실시하며 노력하고 있다.

스타마케팅을 비롯하여 드라마 제작지원과 SNS를 이용한 마케팅으로 고객에게 다가가고 있으며, 다양한 이벤트와 소비자의 참여를 유도하는 각종 공모전을 실시하기도 한다.

또한 블랙스미스가 실시하는 이벤트 중 블랙스미스의 지원을 받아 떠나는 유럽문화 탐험대는 파스타의 본 고장에서 유럽 문화를 경험할 수 있도록 해주는 전례 없던 마케팅 방법으로, 높은 경쟁률을 보이는 이벤트 마케팅이다. 이 밖에도 임직원들이 자발적으로 봉사활동을 실시하여 사회환원활동에도 힘쓰고 있다(CRS는 Corporate Social Responsibility의 약자로 기업의 사회적 책임을 의미한다).

스타 마케팅

SNS 마케팅

다양한 이벤트

지역 이벤트

유럽문화탐방대

사회환원활동

멤버십카드

쿠폰

4) Physical Evidence

Physical Evidence란 고객과 기업의 소통이 가능하게 하는 모든 유형적인 요소를 포함한다. 브랜드 심볼과 간판이나 가구, 인테리어와 유니폼 등이 이에 속한다.

먼저 블랙스미스를 상징하는 블랙스미스의 브랜드 심볼은 접시로 보이는 동그라미 위에 포크와 망치를 놓는 방식으로 디자인 되었다. 이는 즉 언제나 고객에게 맛과 행운을 선물한다는 의미이다.

이런 '장인' 의 콘셉트에 맞게 매장 종업원의 유니폼과 빌지와 나이프 케이스까지 기존 레스토랑에서는 접하지 못했던 세심하고 새로운 디자인이다.

빌지

유니폼

나이프 케이스

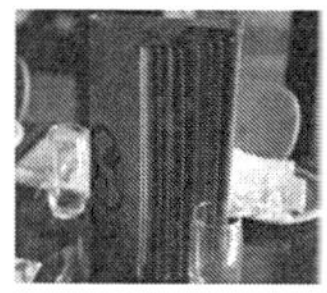
메뉴판

화덕

또한, 내부 인테리어는 창고, 공장을 모티브로 하여 블랙 & 화이트로 기존의 다른 레스토랑과 차별화를 두었다.

고객에게 음식 제조 과정의 재미와 신뢰성을 전하는 오픈키친 또한 기존 레스토랑과는 확연히 차별화된 블랙스미스만의 디자인 콘셉트로, 역동성과 즐거움을 전달한다.

이 밖에도 어둡게 디자인된 메뉴판과 화덕 등은 블랙스미스가 그들만의 콘셉트를 정비하고 이미지를 제고하는데 역할을 톡톡히 한 소품이다.

5) People

아무리 고품질의 상품을 제공하더라도 직원이 서비스 제공을 잘하지 못한다면 고객은 만족하지 못할 것이다.

그래서 블랙스미스는 교육실과 조리실이 구비되어진 아카데미를 운영하여 이론과 실기교육을 체계적으로 배울 수 있는 시스템이 마련되어 있고 전국 매장의 일관된 맛과 서비스를 제공하여 경쟁력을 높이고 있다.

종업원들은 맨인블랙 디자인의 유니폼을 차려입고 기본 세팅부터 식전빵, 음식, 음료 리필까지 전반적으로 구역을 나누어 관리하는 롤플레이를 통해 고객응대 서비스를 실시한다.

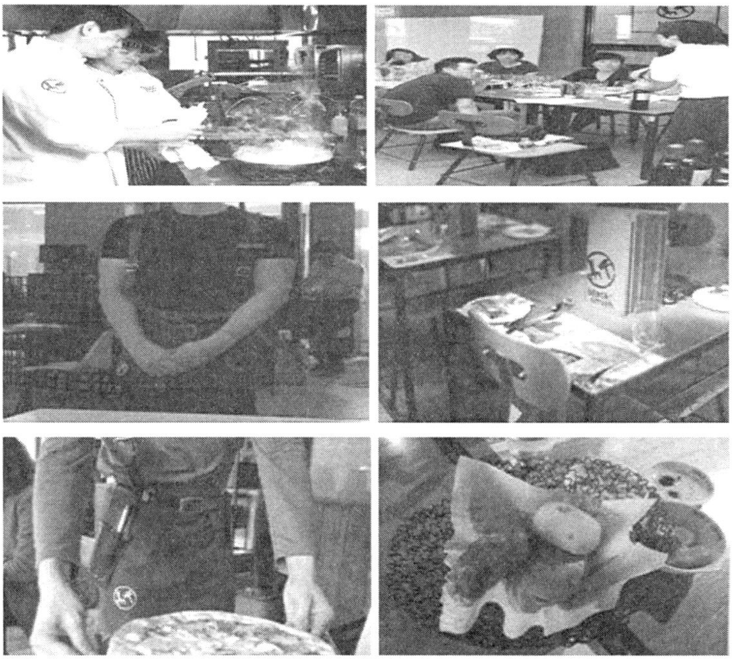

6) Process

블랙스미스의 모든 식자재의 공급, 구매 및 배송은 본사 위주의 완팩 시스템을 자동화하여 구축하고 있다.

모든 채소류는 신선한 냉장 시스템을 걸쳐 당일 전국적으로 일괄 배송되고, 손님이 매장을 입장해 자리를 안내받고, 메뉴를 선택하고 주문하면 식전 빵이 제공되고, 음료를 제공받으며 식사를 하고 계산을 하기까지의 과정을 거친다. 이 과정이 있기까지 본사에서는 물론 외부관리업체에 의뢰하여 위생 점검을 지속 실시하며, 오픈키친이라는 독특한 형태의 주방을 공개함으로써 고객들에게 만족감과 신뢰를 준다.

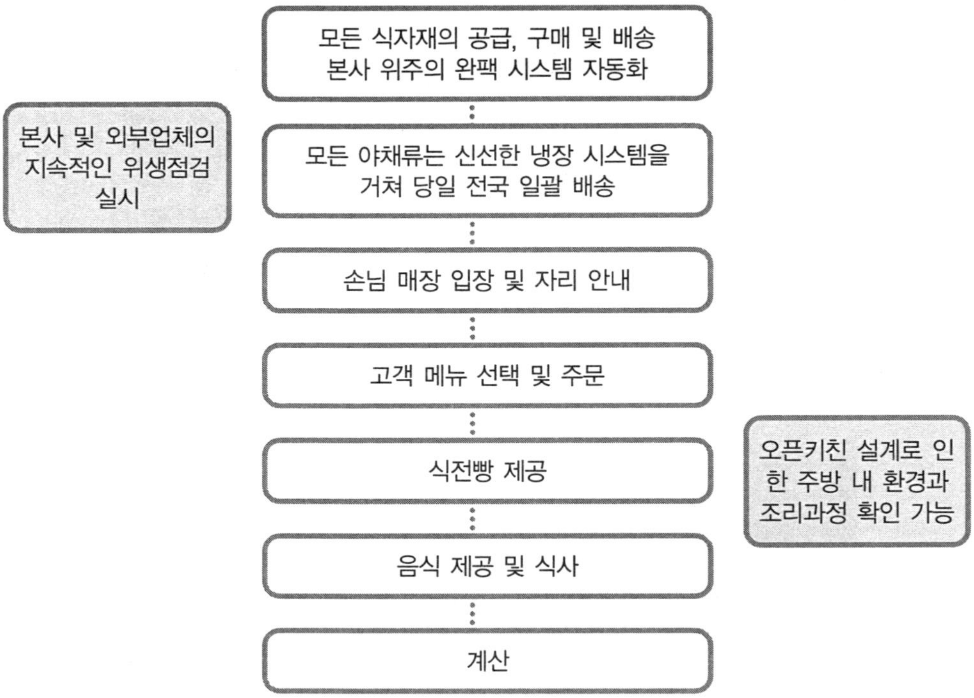

6 문제점 및 개선 방안

블랙스미스는 카페베네의 세컨드 브랜드로, 이탈리안 퓨전 레스토랑을 표방하고 있다. 카페베네 특유의 강력한 스타마케팅을 앞세워 론칭 3년만에 폭풍성장을 했다. 국내 주요 패밀리레스토랑 브랜드 매장 수를 살펴보면 어느새 빕스를 추월하고 애슐리, 아웃백스테이크하우스에 이어 빅3로 꼽혔다.

■ **주요 패밀리 레스토랑 브랜드 매장 수** (단위 : 개)

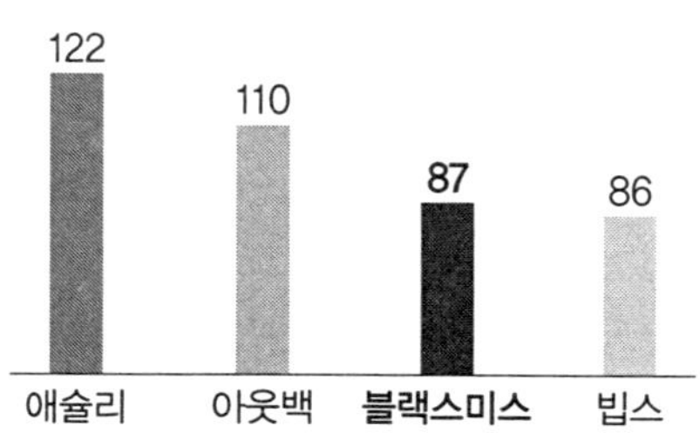

그러나 블랙스미스는 다른 패밀리레스토랑과는 달리 가맹사업 중심으로 운영이 된다. 커피전문점인 카페베네와 패밀리레스토랑인 블랙스미스는 업종은 다르지만 다케팅과 성장과정이 똑같다고 할 수 있다. 이에 블랙스미스는 지난 5년 동안 카페베네의 성장, 발전과정 속에서 나아갈 길을 모색해야 할 것이다. 카페베네는 한국 토종브랜드로 국내프랜차이즈 역사에 유래가 없는 최단, 최고의 폭발적 성장세토 기존의 커피시장의 강자들을 단숨에 제압했다. 하지만 이렇게 매장 수 늘리기에만 치중한 결과 가격에 비해 떨어지는 맛, 바퀴벌레 사건 등의 위생문제, 카페베네 본사의 사업다각화 등 여러 가지 문제로 소비자들의 신뢰를 잃고 성장도 주춤하고 있다.

이렇듯 블랙스미스는 카페베네를 거울로 삼아 매장 수 늘리기, 과도한 마케팅 전략보다 블랙스미스만의 차별화된 메뉴를 지속적으로 개발하고 가격대에 부합하는 맛을 통해 소비자들을 사로잡아야 할 것이다.

사례 9

1등 브랜드가 가지 친 브랜드, 역시 다르더라

카페베네의 '블랙스미스', 치어스 2탄 '빠담빠담', 세계맥주 와바는 '까르보네' 수익 다각화 전략 통했다

■ **신규 프랜차이즈 브랜드 개요**

브랜드	특 징
오벤또델리도시락	일본 도시락 전문점 제스트쿡과 기술제휴 맺고 50여 종의 도시락과 돈부리 등 일본 정식 판매
아이센트	브랜드에 맞는 향수 개발 및 공급하는 '향기 마케팅' 서비스 제공
블랙스미스	창고와 공장을 모티브 삼은 개성적인 매장에 파스타와 피자 등 정통 이탈리안 음식과 커피, 주류 제공
빠담빠담	파스타 소스와 치킨을 결합한 '파스타치킨'과 터키의 감자요리 '쿰피르'를 판매하는 카페식 치킨주점
까르보네	어린이 고객을 대상으로 21종의 다양한 스파게티를 4000~6000원의 저렴한 가격에 판매
본도시락	전 메뉴에 흑미밥을 사용한 '프리미엄 한식 도시락'을 내놓고 배달 서비스도 운영
크린토피아+Coin Wash	드라이클리닝과 대형 이불 등의 물세탁과 건조가 동시에 가능한 복합형 세탁전문점

지난해부터 계속되는 불황 여파에도 불구하고 프랜차이즈 시장에 대한 관심은 좀처럼 식지 않는 분위기다. 통통 튀는 아이디어와 탁월한 기획력으로 무장한 신생 프랜차이즈 브랜드들이 잇따라 탄생해 예비 점주들의 눈길을 끌고 있어서다.

이들 브랜드는 색다른 소비를 원하는 고객들의 취향을 한발 앞서 파악하고 여기에 맞는 인기 아이템을 선보여 시장에서 좋은 반응을 얻고 있다.

특히 기존에 잘 알려진 1등 브랜드를 보유한 프랜차이즈 본사들이 최근 경쟁력 제고와 수익성 다각화를 위해 제2브랜드 론칭에 주력하는 모습도 눈에 띈다.

시장을 뜨겁게 달구고 있는 신흥 프랜차이즈 브랜드 가운데 주목할만한 곳을 뽑아 그 특징과 가맹점 오픈 시 주의할 점 등에 대해 살펴봤다.

최근 본격적으로 가맹사업 확대에 나선 새로운 프랜차이즈 업체들은 드시락과 카페 등 기존 업종의 틀은 유지하면서도 자신만의 독특한 아이디어를 가미한 새로운 아이템을 내세워 주목받고 있다. 이를 통해 예전 메뉴에 익숙한 소비자와 독특한 취향의 고객을 동시에 만족시키며 프랜차이즈 시장에 새로운 트렌드를 선도하고 있다는 평이다.

일본의 유명 델리도시락 전문브랜드인 '제스트 쿡(Zest Cook)'과 기술 제휴토 선보인 '오벤또델리도시락'이 대표적이다.

이 브랜드는 주문을 받으면 그때부터 제품을 만드는 기존 한식도시락전문점과 달리 미리 도시락을 만들어 놓고 판매를 하는 방식과 주문 후 제조하는 방식을 병행하고 있다. 고객이 제품을 기다릴 필요 없이 취향에 따라 각종 도시락 요리를 바로 집어갈 수 있도록 한 덕택에 특히 바쁜 직장인과 학생들 사이에서 큰 인기를 얻고 있다.

또한 기존 한식도시락전문점이 단순히 도시락 위주의 제품을 취급하는 것과 달리 돈부리, 오니기리(주먹밥), 규동 등 일본 정식 메뉴와 인기 간식인 떡볶이도 함께 판매하고 있다. 판매 품목도 총 50여 종의 다양한 도시락 메뉴와 30여 종의 튀김, 과일과 샐러드에 커피음료까지 갖춰 도시락점을 넘어 '델리전문점'으로서 구색을 갖췄다. 이 같은 델리매장은 소자본 창업이 가능하고 전문 요리인력이 필요하지 않아 초보 또는 주부 창업자에게 추천할만하다.

실제로 가맹점을 운영할 때는 델리매장 주요 고객인 20~30대를 겨냥한 마케팅 전략이 중요하다.이들 고객층은 음식을 구입하는 것을 쇼핑처럼 즐기는 만큼 편안하지만 돋보이는 인테리어, 웰빙과 저칼로리에 초점을 맞춘 메뉴 구성 등에 중점을 둬야 한다.

국내 최초의 향수디자인업체인 '아이센트'도 다소 생소한 '향기다케팅'으로 영역을 확장해 가고 있는 신생 브랜드다. 아이센트는 최근 현대인들이 자신의 이미지와 개성을 표현하기 위해 향수를 쓰는 것처럼 각 업체의 매장이나 브랜드별로 상품과 서비스 종류에 맞는 향수를 개발하고 공급과 관리까지 전담해주는 '퍼퓸 디자인 비즈니스'를 진행하고 있다.

■블랙스미스 매장

블랙스미스 매장

이 회사는 세계 최대의 후각마케팅 대표 기업인 미국 프롤리텍과 제휴해 서울 강남과 인천의 벤츠 전시장, 신세계백화점, W호텔 · 인터컨티넨탈호텔 · 롯데호텔 웨딩홀에 서비스를 선보이고 있다. 제일모직, 데상트, 르꼬끄, 유솔 등 고급 의류매장, 정샘물과 에브뉴준오 등 헤어숍도 주요 고객으로 꼽힌다. 최근에는 경희의료원, 탐앤탐스와도 계약을 체결하는 등 전방위적으로 사업을 확대하고 있다.

제1브랜드의 성공을 발판 삼아 새로운 브랜드 론칭에 나선 프랜차이즈 업체들도 주목된다. 예비 창업자로서는 기존 브랜드를 운영하며 구축한 물류 시스템 등 영업 노하우 활용이 가능하다는 점에서 이들 제2브랜드 선택이 성공 확률을 높일 수 있는 좋은 방법으로 꼽힌다.

토종 커피전문점인 카페베네가 선보인 제2브랜드는 이탈리안 레스토랑인 '블랙스미스'다. 창고와 공장을 모티브로 기존 레스토랑과는 차별된 디자인 콘셉트가 특징인 이 브랜드는 고객이 음식 제조 과정을 한눈에 볼 수 있는 오픈 키친 시스템으로 재미뿐 아니라 신뢰성까지 주는 것이 장점이다. 영화배우 김태희와 송승헌, 가수 박유천 등 톱스타 3인방을 모델로 기용해 카페베네와 비슷한 적극적인 스타 마케팅을 펼치는 것도 눈에 띈다.

블랙스미스는 이탈리아 현지 맛을 살린 정통 파스타 15종, 피자 10종, 리조토 4종, 그릴 7종을 포함해 다양한 디저트와 주류를 선보이고 있다. 식사뿐 아니라 우아한 저녁 모임자리를 찾는 젊은 여성들의 수요까지 잡을 수 있는 셈이다.

단, 블랙스미스 창업 시에는 투자금액이 7~8억 원대로 큰 만큼 철저한 사업성 분석이 필요하다. 반드시 손익분기점에 도달하는 기간을 예상하고 운영자금을 충분히 준비해서 창업하는 게 좋다는 것이 전문가들의 조언이다.

■빠담빠담 메뉴

전국 300여 개 매장을 보유하고 있는 생맥주전문점 '치어스'가 올해 초 시작한 '빠담빠담' 은 그간 간식이나 안주로만 여겨지던 치킨에 파스타를 결합한 신메뉴로 프랜차이즈 시장에 도전장을 던졌다.

빠담빠담 메뉴

주메뉴인 파스타치킨은 카르보나라와 토마토 등 취향에 맞는 소스를 골라 즐길 수 있고 여기에 터키의 국민 감자요리인 '쿰피르' 라는 이색 메뉴로 20~30대 여성은 물론 가족 단위 고객들에게도 큰 호응을 얻고 있다.

다양한 샐러드 요리와 와인의 결합도 이색적이다. 특히 '여자의 치킨' 이라는 콘셉트에 맞춰 식사와 함께 즐길 수 있는 빵을 제공하고, 인테리어 역시 여심을 공략하기 위해 북유럽 스타일을 도입한 카페형으로 꾸몄다. 본부에서 반조리된 식자재를 공급해줘 전문요리사가 필요 없어 매장 운영이 어렵지 않다는 장점도 돋보인다. 세계 맥주전문점 '와바' 로 널리 알려진 인토외식산업도 이탈리안 요리 브랜드인 '까르보네' 를 선보였다.

이 브랜드의 가장 큰 특징은 투자비 규모가 큰 기존의 파스타 전문점과 달리 지역 어린이 고객을 타깃으로 한다는 점이다. 국내 파스타전문점은 평균 1만 원대의 메뉴를 선보이고 있지만 까르보네는 다양한 스파게티를 4000~6000원에 판매 중이다.

조리를 간편하게 할 수 있는 '패킹시스템' 도입으로 어느 매장에서라도 동일한 맛을 낼 뿐 아니라 메뉴 조리에 드는 시간과 인력을 줄여 저렴한 가격을 유지할 수 있게 한 것이다.

까르보네는 한국인 입맛에 맞는 21가지의 정통 스파게티를 선보이고 있다. 특히 어린이를 위해 동화가 연상되는 아기자기한 인테리어를 갖추고 주택가와 초、중、고등학교 인근 그린존 상권을 중심으로 입점 전략을 펼치는 중이다. 여기에 33㎡의 소규모로 운영이 가능해 소자본 창업을 계획하는 예비 창업자들에게 주목받고 있다. 이처럼 이탈리안 요리를 접목한 신규 브랜드를 선택할 경우에는 본사의 식재료 공급 역량을 체크해볼 필요가 있다. 일반적으로 이탈리안 요리는 전문인력에 대한 의존도가 높은 만큼 전문가 또는 이들을 대체할 수 있는 수준 높은 식재료를 본사가 공급할 수 있는지 여부를 따져봐야 한다.

자료 : 매일경제, 2012년 7월 27일

Q&A

1. 블랙스미스가 더블쿡시스템으로 알고 있는데 채소 말고도 다른 식자재도 매일 들어오는지?

모든 식자재 및 구매는 본사 위주의 완팩 시스템 자동화로 구축되어 있으며 모든 채소류는 신선한 냉장 시스템으로 당일 배송된다.

2. 블랙스미스만의 차별화(경쟁력)는 무엇인가?

R&D와 교육센터운영, 화덕시스템으로 피자의 우수성, 아일랜드 오픈 키친 시스템으로 믿음 · 안정 · 사랑, 인더스테리얼 빈티지의 인테리어 차별화(젊음과 활동성, 열정), 카페베네의 브랜드 파워 경험, 스타마케팅 홍보 전문화 등이 있다.

3. 매장을 오픈하고 나서 사후관리는 어떻게 이루어지나?

장기적인 신 메뉴 개발과 프로모션을 실시하고, 메뉴변화 및 매출 활성화 증진 방안, 그리고 매월 전문경영인이 영업 분석을 하여 대책을 강구해준다.

4. 가맹점 창업비용이 다른 레스토랑보다 확연히 높은 것 같은데 그런데도 불구하고 매장 수가 증가하는 이유는?

카페베네의 강력한 브랜드 파워와 마케팅, 그리고 본사 체제 운영의 안정된 지원 시스템(쉐프, 홀매니저), 효율적인 인력관리, 수급, 체계적인 물류 시스템관리 등이 있다.

5. 블랙스미스 샐러드바 이용방법과 가격은 얼마인가?

블랙스미스 메인 메뉴를 주문하는 경우 샐러드바는 무료로 이용할 수 있다. 블랙스미스 샐러드바는 오전 11:30~밤 10:00까지이며 메인 메뉴 주문 시 추가 비용 없이 무료로 이용 가능하며 셀러드바만 이용 시 가격은 부가세 포함 1만 원이다.

*참|고|자|료

- www.blacksmith.co.kr
- http://month.foodbank.co.kr/section/section_view.php?secIndex=3274&page=1&section=001002
- http://www.ajunews.com/common/redirect.jsp?newsId=20120907000344
- http://news.mk.co.kr/newsRead.php?year=2012&no=566724
- http://www.edaily.co.kr/news/NewsRead.edy?SCD=DJ12&newsid=015678465995915680&DCD=A01303&OutLnkChk=Y
- http://www.ajunews.com/common/redirect.jsp?newsId=20120802000195
- http://blog.naver.com/chlalfk2034?Redirect=Log&logNo=20158064060
- http://news1.kr/articles/754200
- http://news.mt.co.kr/mtview.php?no=2012030914495542883
- http://news.kukinews.com/article/view.asp?page=1&gCode=cul&arcid=0006089415&cp=nv
- http://magazine.hankyung.com/business/apps/news?popup=0&nid=01&c1=1004&nkey=2013072600921000191&mode=sub_view
- http://news.kukinews.com/article/view.asp?page=1&gCode=cul&arcid=0006023679&cp=nv
- http://www.hankyung.com/news/app/newsview.php?aid=2012013089561
- http://view.asiae.co.kr/news/view.htm?idxno=2012081609533771250&nvr=Y
- http://news.cnbnews.com/category/read.html?bcode=191504
- http://biz.chosun.com/site/data/html_dir/2011/11/24/2011112401600.html
- http://www.sjbnews.com/news/articleView.html?idxno=411630
- http://view.asiae.co.kr/news/view.htm?idxno=2012012709443387212&nvr=Y

07

교촌치킨

KyoChon 1991

교촌치킨

1 교촌치킨 소개

현재의 교촌치킨 성장은 누구도 예상하지 못했다. 권원강 대표는 고등학교를 졸업하고 노점상, 막노동 등 갖은 고생 끝에 국내 프랜차이즈시장에서 돌풍의 주역이 되었다.

경북 칠곡군 가산면 천평리에 본사를 둔 ㈜K&G시스템의 권원강 대표는 교촌치킨이라는 토종브랜드로 누구도 예상치 못한 성과를 일궈냈다. 1991년 3월 권 사장이 경북 구미에 교촌치킨 1호점을 개설할 때만해도 세계 굴지의 브랜드들이 즐비한 치킨시장에서 과연 '얼마나 버틸까' 라는 냉소적인 시각이 지배적이었다.

교촌F&B(주)는 1991년 '교촌통닭' 이라는 이름으로 10평 남짓한 작은 가게에서 출발했다. 이후 독특한 아이디어와 서비스를 내세워 2011년 현재 국내외 총 966개 가맹점, 연매출 1000억 원이 넘는 대한민국 대표 치킨 프랜차이즈로 성장했다. 교촌치킨의 핵심 경쟁력 중 하나는 우리나라 사람들의 입맛에 잘 맞는 맛있는 간장 소스, 바른 먹을거리를 위해 교촌 고유 소스에 화학조미료를 전혀 쓰지 않으며(No MSG) 엄선된 재료만을 사용하고 있다는 것이다. 교촌치킨은 또 국내 최초 치킨의 부위별 판매와 전용 무

용기・쇼핑백 사용, 꿀을 넣은 허니 시리즈 메뉴 출시 등 다양한 아이디어로 시장을 공략하고 있다.

교촌은 우리나라 토종 치킨브랜드가 외국 브랜드를 제치고 국내시장을 지킬 수 있다는 가능성을 시사해주는 사례로 평가받고 있다. 특히 해외로도 진출을 하고 있어 이러한 추세라면 머지않아 우리 고유의 먹을거리 브랜드가 세계적인 다국적 기업과도 겨뤄볼 만하다는 희망마저 주고 있다.

현재 대표적인 치킨메뉴는 '교촌골드윙, 교촌 로얄스틱, 교촌치킨 오리지날, 교촌 스페셜 콤보' 등 4종이 있다. '교촌골드윙'은 쫄깃하고 고소한 날개만을 사용해 피부미용과 노화방지에 효과가 있고, '교촌 로얄스틱'은 맛과 영양이 풍부한 다리만을 사용하여 누구에게나 선택받는 치킨이며 '교촌치킨 오리지날'은 영양이 살아 있는 담백한 영계치킨이고 '교촌 스페셜 콤보'는 가장 맛있고 신선도가 좋은 부위만 모은 치킨이다.

특히 요리가 식어도 언제나 처음의 맛을 그대로 유지하는 점, 절대로 느끼하지 않은 점, 양념이 찐득하게 손에 묻지 않는 점도 또 다른 장점들이다. 한마디로 놀라운 인기가 아닐 수 없다는 것이 업계의 표정이다.

'교촌'은 순수 향토기업으로 고급치킨 프랜차이즈를 표방하며 지역 토종 브랜드의 터줏대감으로 군림하고 있으며, 성공가도만이 있을 뿐 실패가 없는 진기한 현상을 빚고 있다.

2 성공 요인

1) 소비자 목소리를 반영한 서비스

이와 같은 교촌치킨의 사업 성공의 비결은 고객을 우선시하는 정도경영에 있다. 권대표가 직접 사업 초기 직접 배달을 다니며 소비자의 현장 목소리를 수렴해 영업에 반영했으며 이런 시스템은 지금도 적용되고 있다.

2) 독특한 소스 맛

교촌치킨만이 낼 수 있는 "한국인의 입맛에 꼭 맞는 '잊을 수 없는 맛'"이 가능하게 만들었다. 교촌치킨만의 독특한 소스는 까다롭다는 미국 FDA로부터 다이어트식품으로 적합 판정을 받았다. 기업경영대상과 서비스경영대상 수상 및 서비스 품질우수기업 인증을 추진하고 있는 교촌치킨은 특별한 맛과 서비스, 완벽한 프랜차이즈 시스템, 수익성 높은 아이템으로 나날이 가맹점이 증가하고 있다. 태국, 일본, 중국 및 유럽 등으로 진출할 계획도 추진하고 있다.

3) 치킨 브랜드의 차별화

교촌의 성공 비결은 다른 브랜드와의 차별화 전략이다. 다른 프랜차이즈 업체들이 외래어를 사용한 반면 교촌은 한국적 이미지의 상표를 선택했다. '향교가 있는 고을' 이라는 뜻을 가진 명칭에서 느낄 수 있듯 신토불이 이념을 실천하는 순수 토종 기업이다. 아울러 또 다른 차별화는 국내에서는 처음으로 지난 96년 닭날개와 닭다리 등 부분육 판매를 시도한 점이 그것이다. 거의 버려졌던 닭날개를 소재로 개선이 거듭돼 지금은 가장 인기 있는 메뉴로 자리 잡은 '교촌골드'가 메뉴 차별화의 대표적인 사례다. 여기에 재료도 차별성이 확연하다. 하나같이 순 천연재료들이다.

화학조미료를 쓰는 것은 사람의 건강을 해치므로 범죄보다 나쁜 일이라는 생각에 고기를 튀기는 기름에서부터 소소한 양념 재료에 이르기까지 화학성분이라고는 눈 씻고도 찾아 볼 수 없다. 그래서인지 동업종 중에서는 가장 높은 가격인에도 불구하고 최고의 인기를 누리고 있는 것이다.

4) 가맹점 0%의 폐점률

이러한 성공 행진에도 불구하고 권 사장은 "무분별한 가맹점 확충보다는 실패 없는 가맹점을 만들기 위해 하나의 점포에도 최선을 다 한다"는 0% 폐점률을 더욱 중요시했다. 아울러 권 사장은 "정직하고 차별화된 세계적 브랜드로 외국브랜드에 잠식되는 우리나라 먹을거리 시장을 수호하고, 오히려 해외에도 진출해 우리 음식을 세계에 알리겠다."는 계획을 갖고 있다. 이제 전국 곳곳에 외국 프랜차이즈의 간판이 서서히 내려지고, 우리의 토종브랜드인 '향교가 있는 고을'이 요소요소에 간판을 걸게 될 전망이다.

3 마케팅 전략

1) 제품 속성(Product Attributes)

(1) 부위별 판매

교촌치킨은 소스나 맛에 따라 메뉴가 분류되는 여느 치킨전문점과는 달리 철저히 부위별로 메뉴를 구성하고 있다. 교촌치킨의 메뉴는 날개부위인 골드윙, 다리 부위인 로얄스틱, 날개와 다리 부위를 섞은 스페셜 콤보, 닭한마리 전체를 맛볼 수 있는 오리지날로 구성된다.

창업 당시에는 기존 치킨 패스트푸드와 다를 바 없이 계육 한 마리를 통째로 판매했으나 1996년부터 부위별 치킨전문점으로 콘셉트를 바꾸었다. 당시만 해도 업계에서 부위별 판매는 전무했던 때이다. 한국인의 계육 선호도를 볼 때 북채(다리 부위만 따로 모은 것)와 날개 부위의 인기가 높은 데도 불구하고 당시 부위용 전문 브랜드가 없다는 데서 착안한 이 아이디어는 꾸준히 입소문을 타며 마니아층을 형성해 나갔다.

한편 부위별 선호도는 지역에 따라 다르게 나타나는데 서울을 위시한 수도권에서는 윙과 봉(닭의 날개 부위를 절단했을 때), 다리와 함께 맛있는 부위만을 모은 스페셜 콤보, 지방에서는 날개 부위인 골드윙이 인기를 얻고 있다고 한다.

(2) 전통의 맛 고수

바삭바삭하면서 짭짤한 교촌치킨의 독특한 맛은 동종 업계에도 정평이 나 있다. 기존 치킨의 바삭함과 짭짤함이 파우더와 염지제 때문이었다면 교촌치킨의 맛은 기름기가 쏙 빠진 계육과 전통의 재래식 간장의 활약에 있다. 교촌치킨은 베이스가 되는 간장과 마늘, 생강 이외에는 일체의 양념을 공개하고 있지 않지만 한국인 입맛에 익숙한 전통적인 식재들을 활용했다는 것이 관계자의 전언이다.

교촌의 소스는 2002년 5월 미국 FDA로부터 다이어트 식품으로 승인받기도 했으며 간장 양념이 흘러내리거나 손에 덕지덕지 묻지 않는 것도 장점이다. 또 파우더를 얇게 입혀 2회에 걸쳐 튀겨내기 때문에 식은 후에도 튀김 자체의 변형이 거의 없는데 냉장고에 보관했다 먹으면 특유의 고소함이 배가된다. 건어물을 연상 시킨다고까지 하는 아삭한 뒷맛과 육질 속에 녹아들어 있어 손에 묻지 않는 깔끔한 간장 양념, 그리고 프라이드와 양념의 중간 형태를 오묘하게 유지하고 있는 독특함 등이 교촌 치킨 제품의 차별화 전략이라고 할 수 있다.

2) 이미지 속성(Image Attributes)

(1) 촌(村)스러움으로 현대인을 사로잡다

대부분 치킨 브랜드들이 외국어 상호를 사용하는 것과는 달리 교촌은 한국적 이미지의 상호와 상표를 고집하고 있다. '향교가 있는 시골'이라는 의미의 교촌은 '교동' 또는 '교리'라 불리기도 하는데 우리나라의 모든 시골마을을 통칭하는 단어다. 이는 시골의 자연 풍경과 서정성을 부각시켜 환경 친화를 도모하는 한편, 사람과 사람이 가장 인간적으로 만날 수 있는 휴머니티 가득한 치킨 프랜차이즈를 만들겠다는 기업 이념과도 상통한다. 시골초가집의 지붕을 형상화한 BI(Brand Identity)나 전통적인 붓글씨 필체를 활용한 로고에서도 교촌이 지향하고 있는 '신토불이' 정서가 분명히 드러난다.

이렇듯 브랜드 정체의 구심점 역할을 하고 있는 향토성과 지방에 거점을 둔 모기업의 소박한 지역성이 세계화의 조류 속에서 바쁘게 살아가고 있는 현대인들에게 역설적으로 어필하고 있는 것이다.

또한, 전통의 맛을 고수하는 제품차별화 전략에 부합하는 브랜드 네이밍을 함으로써 Strategic Alignment(전략적 정합성)를 이루어 소비자들의 인식의 충돌(A collision of view)을 막을 수 있었다.

(2) Masstige 치킨 전문점 추구

Masstige는 Mass+Prestige의 합성어로 대중적 명품을 일컫는 말로 Masstige 시장의 성장이 기업에 시사하는 바는 비교적 간단하다. 소비패턴이 고급화, 다양화되는 시점에서 일반 제품의 대중화 전략은 더 이상 수익창출의 핵심 원동력이 될 수 없다는 것이다.

미국 소규모(작년 매출이 1조 원 가까이 되니 사실 더 이상 소규모라고 할 수 없음) 고급 베이커리 체인인 파네라(Panera)의 작년 한해 매출은 버거킹의 10% 수준이지만 시장가치는 70% 수준에 해당한다고 한다. 고품격 분위기의 매장과 신선한 샌드위치로 딱딱한 의자에서 햄버거를 먹는 소비자의 발길을 유혹하고 있는 것이다. 교촌치킨은 국내 치킨 시장에서도 이 같은 트렌드를 읽어내어 치킨 브랜드의 고급화를 선언하며 고급, 고가의 치킨 전문점으로서 포지셔닝하였다. 경쟁점 대비 가격대가 30% 이상 고가의 가격 전략을 추진하였고, made-to-order를 강조하여 제품 공급지연의 약점을 극복하였을 뿐 아니라 신선하고 고급 재료를 사용하여 정성 들여 만든 고급치킨의 이미지를 창출하였다.

3) 고객, 시장 측면

(1) 신 시장 개척

교촌치킨에서는 맥주와 소주 등 주류도 판매한다. Delivery Chicken Store Concept과 일반 맥주 치킨점의 콘셉트를 접목한 것인데, 이렇게 함으로써 BBQ와는 Product 차별화 및 타깃 고객층의 차별화가 가능해져 업계 선도 브랜드와 직접적인 충돌을 피할 수 있었다. BBQ의 별다른 견제 없이 안정적으로 성장할 수 있는 환경을 만든 것이다. 실제로 교촌치킨이 지금까지 성장하는 동안 BBQ 입장에서도 아무런 영향이 없었다고 한다. 그래서 BBQ도 교촌치킨을 경계의 대상으로 삼지 않았던 것이다. 또한 서울에서 지방으로 확산해가는 일반적인 업체와는 달리 지방에서 서울로 진출하는 역확산 방식도 주 경쟁업체의 경계를 느슨하게 만드는 요인으로 작용했다. 그래서 아직까지 me-too-brand가 시장에 나타나지 않고 있다.

(2) 슬로우 푸드 운동과 예약제도

교촌치킨은 주문 후 조리에 들어가는 made-to-order방식을 취하고 있기 때문에, 바쁠 때는 1시간씩 기다려야 하는 단점이 있다. 그러나 교촌 치킨은 이 단점에 대해 정면 돌파를 시도하였다. 일반 패스트푸드 이미지인 치킨의 이미지를 슬로우 푸드 운동을 통해 고급화 이미지로 포지셔닝하였고, 예약 제도를 도입하여 주문이 많이 밀릴 때(A rush of order)를 대비하여 고객의 불만도 줄였다.

(3) Buzz effect

프랜차이즈 시장의 고객은 크게 둘로 나눌 수 있는데 1차 고객군은 Franchisee 즉 가맹점들이며, 2차 고객군은 End-User인 소비자, 즉 최종 고객들이다.

프랜차이즈 사업의 성공 요인(Key Successful Factors)은 이 두 가지를 모두 만족시켜야만 가능하다. 즉 점주 후보들의 눈에 성공할 수 있는 사업이라는 매력이 있어야 하며, 또한 사업 투자비용도 적정(Reasonable)해야 한다. 2차 고객인 최종 소비자의 만족도 매우 중요하다. 이들을 만족시키지 못하면 우후죽순처럼 매장만 늘어나다가 망하고 만다. 그런데 교촌 치킨은 지금까지 망해서 문 닫은 점포가 없다고 한다. 또한 공식적으로 가맹점주 모집 광고를 한 적이 없다. 모두 입소문을 통해 모집된 가맹점주들인 것이다. 성공한 프랜차이즈의 공통된 특징이 바로 입소문 효과를 톡톡히 보았다는 것이다. 투다리, 파리바게뜨, CU 등 우리에게 잘 알려진 프랜차이즈 브랜드들 모두 가맹점 모집광고를 낸 적이 없다. 효과적인 입소문 마케팅이 교촌의 프랜차이즈 사업에도 큰 역할을 했다.

4 STP 분석

1) 시장세분화(Segmentation)

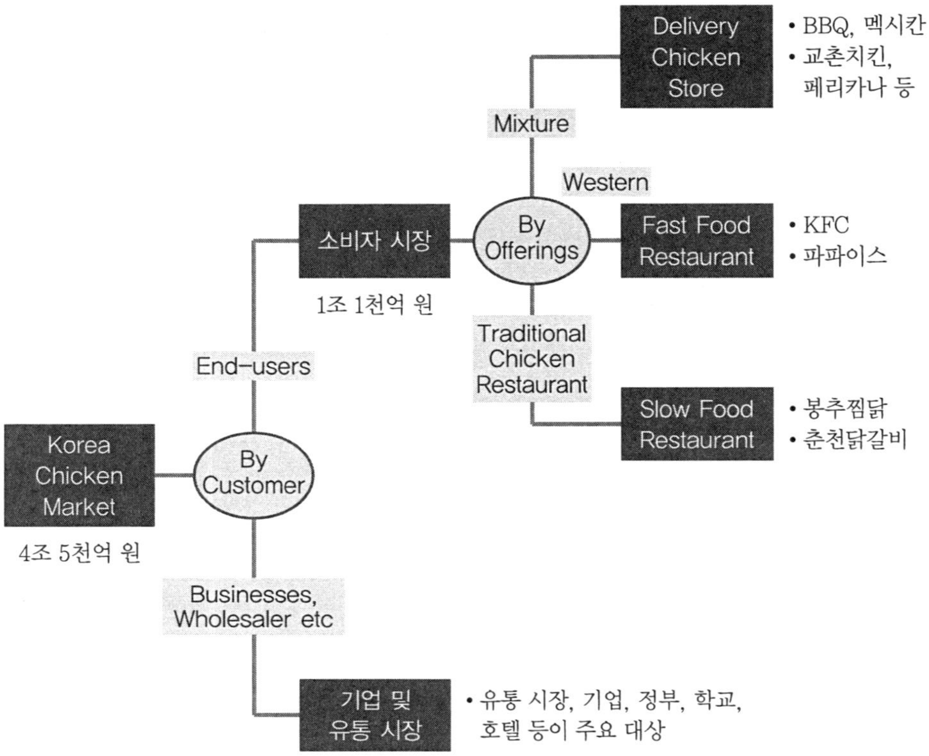

2) 목표대상(Targeting)

① 접근성 확보 : 점포망 확장으로 지역 시장 침투

② 타깃 확대 : 초등학생, 가족 단위 타깃 공략

③ 서비스 공세(차별화) : 연 5회의 시식회 및 배달로 신규 및 고정고객 확보

3) 포지셔닝(Positioning)

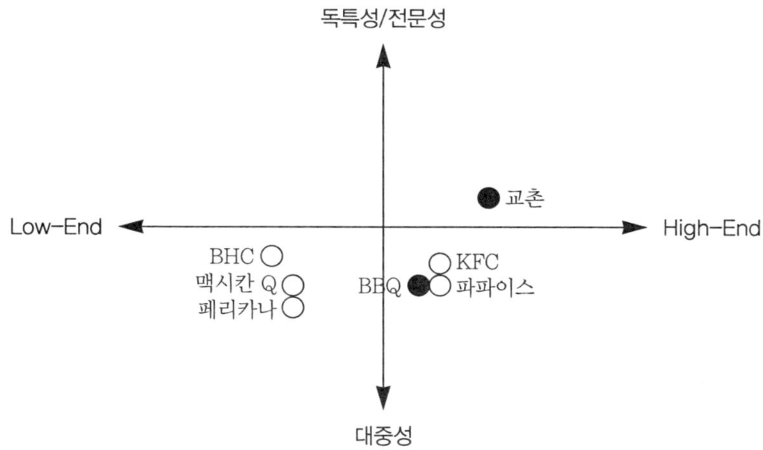

최초 Delivery Chicken Store 시장의 급성장은 BBQ의 등장에서 비롯되었다. BBQ는 마니커 출신(현재 BBQ 본사인 주식회사 제너시스)의 윤홍근 회장이 닭고기 매출을 신장시키는 방안을 연구하다가 가맹점을 직접 운영하면 닭고기 매출이 신장할 것으로 판단, 가맹사업을 시작하게 된 것이 계기가 되어 오늘에 이르렀다. 그러면서 BBQ의 독주가 수년간 지속되다 교촌치킨이 등장하게 되면서 시장의 판도가 바뀌기 시작했다.

교촌치킨과 BBQ의 비즈니스 콘셉트는 Delivery-oriented chicken store라는 점에서는 같지만 운영 측면에서는 다른 점이 많다. BBQ는 매장규모를 배달 전문점답게 10평 미만이며 입지 또한 밀집 주거지역의 변두리로 임대료 부담을 최소하였으나 교촌치킨은 혼합 형태로 출점하였다. 매출의 대부분은 배달에서 나오지만 고객 만족 차원에서 Dine-in 면적을 확보하였고, 주류를 취급함으로써 고객층을 넓혔다. 대학로와 같이 젊은 층 유동인구가 많은 다운타운에 위치한 교촌치킨 매장은 10평 이상으로 넓은 편이다. 하지만 BBQ는 주류 취급을 금지함으로써 오히려 파파이스, KFC 등 패스트푸드 업체와 비슷한 포지셔닝을 취하고 있다.

평균 Transaction Count(이하 T/C)는 교촌치킨이 60, BBQ는 90 수준으로 고객층은 아직까지는 BBQ가 많지만 교촌치킨이 인지도가 낮은 것을 감안하면 잠재력은 교촌치킨이 높은 것으로 판단된다(Transaction Count란 거래 발생 숫자를 말한다). 고객이 매장에 들어와서 음식을 주문하고 돈을 지불한 후 거스름돈과 영수증을 받으면 1T/C가 올라간다. 즉 주문고객 수가 거래 발생 숫자가 되는데, 교촌치킨이 BBQ보다 T/C가 낮은 것은 BBQ보다 아직 인지도가 낮음을 증명하는 것이다. 교촌치킨의 T/C와 점포 수가 BBQ를 앞서게 되면 명실 공히 업계 리딩 브랜드가 되는 것이다.

5 SWOT 분석

Strength	Weakness
• 다른 치킨 전문점과 다른 차별화된 맛(간장양념) • 부위별 판매(고객이 원하는 부위를 먹을 수 있음) • 다수의 가맹점으로 인한 홍보효과 • 로열티가 없는 토종브랜드	• 오래 걸리는 조리시간 • 촌스러운 브랜드명 • 타 브랜드에 비해 비싼 가격 • 경영에 대한 노하우 부족
Opportunity	**Threat**
• 소비자가 선호하는 치킨브랜드 • 다양한 소비층 • 계절의 영향이 없다. • 프랜차이즈사업 인식확대 및 성장	• 치킨전문점의 포화 상태 • BBQ 등 경쟁업체의 성장 • 다른 브랜드의 다양한 메뉴 등으로 메뉴개발의 어려움 • A.I

6 4P 분석

1) Product(고급화, 전문화, 차별화 및 조리법)

(1) 고급화

인테리어, 포장용기, 상표, 재료 → 호프집 같던 기존의 치킨점과는 다른 깔끔한 디자인

(2) 전문화 : 부위별 판매

- 골드윙 : 날개만 사용
- 로얄스틱 : 닭다리만 사용
- 오리지날 : 영계치킨으로 요리
- 스페셜 콤보 : 가장 선호하는 부위만 요리

(3) 차별화 : 간장소스, 조리법

- 손에 묻지 않고, 느끼하지 않음
- 달콤하고 짭짤한 맛을 가장 오래 기억한다는 점에서 착안
- 식어도 튀김 자체의 변형이 없음
- 표면 상태가 눅눅해지지 않음
- 2002년 6월 미국 FDA 식품규격 다이어트 식품 승인

2) Price

치킨업계 1위인 교촌치킨과 2위인 BBQ의 가격대비 결과, 차이 거의 없음

3) Place

- 전국 단일 배송체계로 안정적인 원료와 부재료를 공급
- 전국에 자사 ERP시스템을 갖춤
- 자체 물류센터를 통한 원료 공급 시스템 확보
- 접근이 용이하도록 주택가에 입점

4) Promotion

- 서비스 분야 : 슬로우 푸드 운동, 가맹점주에게 고객감동 및 운영교육 실시
- 시식회를 이용한 홍보 : 연 5회의 시식회
- 점포 수를 이용한 마케팅 : 인지도 향상 계기
- 전파매체(TV)를 통한 광고

7 경쟁사 비교

■ 교촌치킨 vs BBQ

구 분	교촌치킨	BBQ
설립연도	1991년 3월	1995년 9월
성장률	240%	17%
Concept	Delivery-Oriented Chicken Store	Delivery-Oriented Chicken Store
Store	10평~20평	10평 미만
Type of Offer(Delivery Eat-in)	80:20	80:20
제품/메뉴	치킨류(날개, 로얄, 스페샬, 오리지널), 주류(맥주, 소주)	치킨류, 햄버거류, 스넥/디저트, 세트메뉴
Core customers	30~40대 가정 20~50대 직장인 남성	30~40대 중산층 가정
Transaction Count	66	96
광고 전략	인지도 제고에 초점 (잊을 수 없는 맛)	제품 신선도에 초점 (깨끗한 치킨)
Major Competitor	KFC, BBQ	KFC, 파파이스

8 해외진출 사례

1) 주요 진출국 및 진출 방법

미국 6개 매장

- 동부 : 본사 직접투자 및 직영매장 운영 중, 향후 가맹사업 전개 예정
- 서부 : 현지 파트너와 합작투자 및 직영매장 운영 중, 향후 가맹사업 전개 예정

2) 현지 주요 메뉴와 가격대

윙(4.99~79.99달러), 스틱(4.99~76.99달러), Whole Chicken(17.99달러), 치킨 불고기 프라이드 라이스, 치킨 커리 라이스 등 스페셜 메뉴(7.99~9.99달러)

3) 평균 매장 규모와 직원 수

레스토랑형(40여석 규모), 15~20명

4) 현지화 전략

교촌치킨 특유의 간장소스 기반의 메뉴 특징은 유지하되 미국 현지에 맞는 지속적인 메뉴개발을 실시하고 있으며 한 마리 판매가 아닌 개인주의적 성향이 강한 현지인들에게 어필할 수 있도록 조각 판매를 실시하고 있다.

패밀리 레스토랑 형태의 서비스를 제공하고 있으며 모든 홍보물은 100% 영문 표기로 제작해 현지인이 거부감 없이 교촌치킨을 이용할 수 있도록 유도하고 있다.

5) 해외 진출 추진과 관련된 애로사항

현지에서의 브랜드 인지도가 낮기 때문에 여러 가지 면에서 비용대비 효율이 떨어지며 문화적 차이 극복 및 원부자재 수급문제에 어려움이 있다.

6) 향후 계획

직영점들을 활성화하고 주류 사회를 공략할 수 있는 상권에 15개 직영점을 추가로 개설해 현지인들에 대한 브랜드 인지도를 높이고 이를 바탕으로 본격적인 가맹사업을 추진할 예정이다. 중국에도 법인을 설립해 시장 조사 중에 있으며 일본, 멕시코, 캐나다, 필리핀, 호주, 베트남으로의 진출 계획도 세워두고 있다.

9 성장세 둔화와 문제점

2006년 4월 10일자 매일 경제의 '교촌, 페리카나, BHC 2위 다툼 치열' 이라는 기사를 살펴보면 교촌치킨은 지금 또 하나의 넘어야 할 산 앞에 있다. 이 기사를 보면 교촌치킨이 기존 간장 소스의 열풍이 가라앉는 것과 동시에 다른 경쟁업체의 추격으로 발전이 더딘 것을 알 수 있다. 기존 프랜차이즈의 특징을 살펴보면 아이스베리나 레드망고와 같은 범주에 있는 안동 찜닭에 이르기까지 한때 선풍적인 인기를 누렸다가 얼마 지나지 않아 쇠퇴기를 겪고 있는 것을 알 수 있다. 교촌도 그렇게 도태될 수 있는 것이다.

교촌치킨에 대한 반응을 설문조사를 통해서 알아본 결과 만족하지 못하는 경우의 대부분이 비싼 값과 질리는 맛, 적은 양 등을 꼽았다. 이러한 것을 종합했을 때, 아직 교촌이 기업의 목표로 삼았던 고급화(매스티지라 할 수 있는 대중적 고급화)에 있어서 아직 성공하지 못한 것이라고 결론을 내렸다.

어떠한 제품이 비싸다고 해서 그것이 고급이 되는 것은 아니다. 소비자가 진정으로 고급화되었다고 느끼고 그것을 먹으면서 남다른 만족을 얻을 때 그것을 고급이라고 할 수 있다. 하지만 교촌은 아직 그 단계에는 이르지 못했다. 또한 교촌은 그동안 본래의 타깃에서 벗어나서 새로운 타깃층으로 그 전략을 바꿨다고 할 수 있다. 그 증거를 보자면 먼저 CF를 볼 수 있다. 최초 장용과 김미화를 썼던 교촌 치킨은 그 이후 비나, 이은결, 신화 등 20대 여성에게 준거집단이 되는 모델을 이용해 왔다. 또한 실제로 매장의 손님 분포를 보더라도 젊은 여성층과 남성이 많음을 알 수 있었다. 이는 기존의 중년 남성을 잡으려는 전략과는 전혀 달라졌다. 즉, 이전의 타깃층에 맞추었던 모든 전략을 마찬가지로 변화시켜야 할 필요가 있었다. 하지만 분명 그것에는 문제가 있었다.

현재 교촌은 전국적으로 1060개의 매장을 운영하고 있는데 그 관리는 매우 소홀하다. 교촌에서 내세우는 게 매장의 고급화된 인테리어를 통해 고급화를 이룬다는 것인데 일부 매장의 경우 그 전략에 맞지만 일부의 경우는 오히려 교촌치킨의 이미지를 실추시키고 있다. 교촌의 경우 BBQ와 차별화된 전략을 세우며 매장에서 주류를 판매하고 BBQ보다 매장을 크게 만들어서 배달뿐만이 아닌 매장에서 직접 먹을 수 있게도 하였는데, 그것은 기존의 통닭집과 다를 것이 없었다. 때문에 그런 이미지를 없애기 위해서 인테리어를 고급화하였다. 그렇지만 현재 교촌을 보면 기존의 그것과 다를 것이 별로 없다. 오히려 탁자와 좌석은 기존 통닭집보다 더 불편하고 일부 매장의 경우 테이블이 두 개 정도 들어가 있는 등 기존의 통닭집보다 못한 모습을 보인다.

사례 9

한국 치킨 체인점, 5조 원 놓고 "닭싸움 중"
- 프랜차이즈 치킨 가격 거품 논란도 늘어 -

'애인보다 ○○이 좋은 이유', '○○ 무제한 공급과 돈 1000만 원 둘 중 하나를 고르라면 ○○'. 한국인들이 즐겨 먹는 것 중 유난히 마니아가 많은 음식이 있다. 바로 치킨이다. 당연히 '○○'도 치킨이다.

잠 못 이루는 밤 야식으로도 인기고 저녁 대신 출출한 배를 채워주는 식사대용으로도 많이 팔린다. 일명 '치맥(치킨과 맥주)'으로 불리며 대학생과 직장인에게 빠질 수 없는 술안주가 되기도 한다.

최근 폐막한 대구육상경기에서 큰 인기를 끈 우사인볼트도 한국 입국 당시 치킨을 찾아 먹었을 정도로 치킨 마니아로 알려져 있다. 하지만 치킨 시장은 이미 포화상태르 박 터지는 시장이다. 퇴직 후 가장 쉽게 뛰어드는 외식산업이다 보니 편의점 수보다 많아졌다.

■치킨 시장 연간 5조 넘는다는데

연휴도 없고 밤낮도 없는 치킨 전쟁터는 연간 5조 원이 넘는 시장이다. 하루에도 수십 곳에 달하는 치킨집이 문을 열고 분기별로 새로운 프랜차이즈들이 선보이고 있다. 하지만 업계 규모에 비해 사업자가 많다는 지적이 끊이지 않는다. 점포만 6만 개에 달해 한국인의 닭 소비량과 대비하면 과도하다는 것이다.

한국계육협회 통계에 따르면 한국인이 1년간 소비하는 치킨은 12.7kg이다. 이는 아시아 지역의 홍콩 37.4kg, 대만 29.2kg, 일본 15.2kg보다 적고 미국 44.6kg, 캐나다 31.5kg 대비 절반에도 미치지 못하는 수준이다.

■성공한 사람도 있지만 폐업도 많아

치킨 사업으로 성공한 사람을 꼽자면 둘둘치킨 창업주인 정동일 전 서울 중구청장이 대표적이다. 자동차 정비공을 하다 치킨집을 시작해 한때 400개가 넘는 체인점을 거느린 치킨프랜차이즈 대표가 됐고 서울시의원과 중구청장까지 역임했다.

교촌치킨도 1991년 경북 구미에서 치킨집을 열고 95년 프랜차이즈 사업을 시작해 서울로 진출, 국내 치킨 업계를 주름잡는 3대 치킨이 됐다. 반면 한때 큰 인기를 끌었지만 잊혔거나 잊혀져가는 브랜드들도 많다. 멕시칸 치킨을 비롯해 처갓집 통닭, 멕시칸, 멕시카나 등도 예전처럼 인기를 끌지 못하고 있다.

변하는 소비자들의 입맛을 맞추지 못한 탓도 있고 신생 브랜드들이 유명 연예인을 동원해 공격적인 마케팅을 벌이다 보니 브랜드 파워에서 밀리기도 한다. 프랜차이즈들 사정도 이렇다 보니 동네 영세 상인들은 말할 것도 없다.

■변하지 않으면 치킨집도 망한다

충무로의 한 치킨집 사장은 "소비자의 입맛에 맞춰 계속해서 변하지 않으면 치킨집도 살아남지 못한다"며 "본사와 협의해 꾸준히 입맛 변화에 대해 논의하고 있다"고 말했다. 최근 간장치킨을 비롯해 데리야키, 탕수육치킨 등 신메뉴가 개발되는 이유도 변하는 소비자 마음을 붙잡기 위한 것이다.

하지만 이처럼 메뉴가 다양화되면서 가격 거품 논란도 제기되고 있다. 치킨은 아니지만 최근 비비큐치킨에서 내놓은 파튀김이 대표적인 사례이다. 파를 채썰어 튀긴 상품을 8000원에 판매하면서 소비자들의 원성을 산 바 있다.

또 유명 연예인을 동원해 광고를 하면서 비싼 광고모델비를 소비자에게 전가하고 있다는 지적에서도 자유롭지 못하다. 한 소비자는 "대형 프랜차이즈들의 가격 정책 때문에 모든 치킨 업체들이 담합이라도 한 듯 고가 정책을 취하고 있다"며 "공정거래위원회 등에서 가격 문제에 대한 조사를 진행할 필요가 있다"고 지적했다.

자료 : 매일경제, 2011년 9월 10일

*참|고|자|료

- 교촌치킨 홈페이지(http://kyochon.com/main.asp)
- 한국 프랜차이즈협회 홈페이지(http://www.ikfa.or.kr/)
- 프랜차이즈 성공사례연구, 산업자원부, 한국프랜차이즈협회 책임연구자 박원휴, 체인정보(주), 2005년
- 교촌치킨의 성공비결, 삼성경제연구소, 양철호, 2003년
- 프랜차이즈 해외진출 성공사례, 한국프랜차이즈 협회, 박원휴, 2010년

08

비비큐치킨

bb·q

비비큐치킨

1 비비큐치킨 소개

1) 지향하는 점

(1) 최고의 맛을 내기 위해 가장 좋은 닭을 써라

BBQ 치킨의 닭고기는 꼭 신선한 국내산 10호 닭만을 사용한다. 이유인즉 10호 닭고기에는 육즙도 많고, 부드러우면서도 쫄깃한 것이 맛이 가장 좋다. 800g 이하로 내려

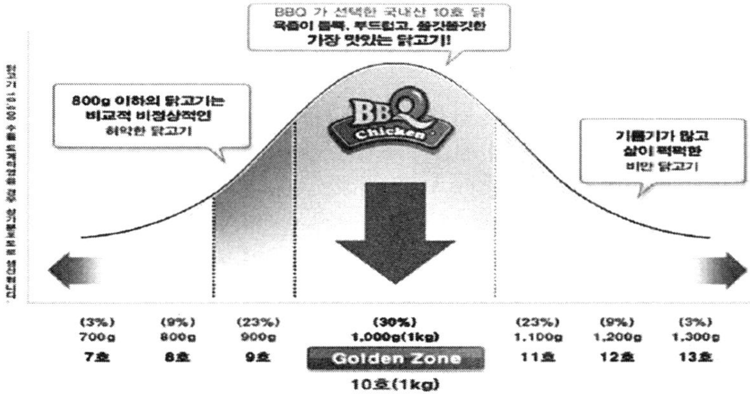

가게 되면 살도 없는 허약한 닭고기가 많으며, 1100g가 넘어가면 기름기가 많고 느끼하며, 퍽퍽한 질감을 낸다.

(2) 고객의 건강을 위해 가장 좋은 기름을 써라

올리브 열매를 압착하면 버진올리브와 포마세라는 오일이 생성된다. 이 중 버진올리브는 다시 엑스트라버진과 버진, 오디너리버진으로 나뉘는데 이중 엑스트라버진 올리브오일은 씨를 뺀 최상품 올리브를 압착하여 얻은 첫 번째 오일이며 맛과 향에서 최고다. 산도가 1% 이하이기 때문에 신맛이 거의 없으며 녹색이 도는 금색으로 맛이 깊고 풍부하다.

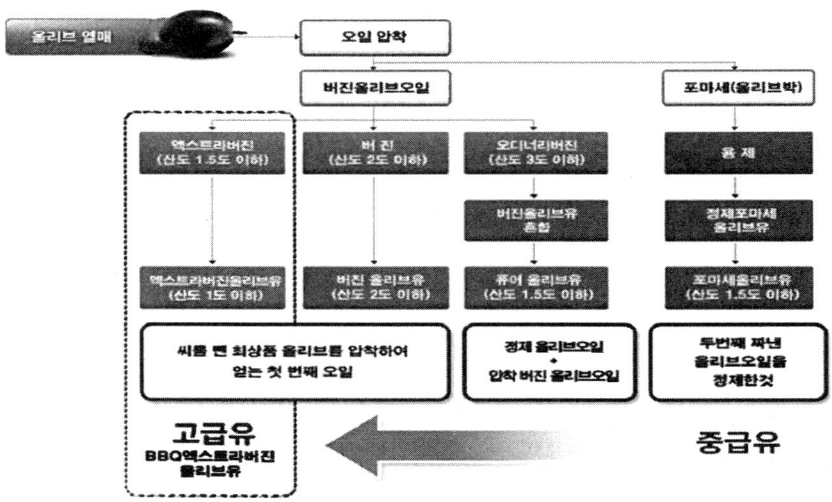

(3) 세상에서 가장 맛있는 치킨

엑스트라 버진 올리브 오일로 튀긴 치킨을 먹어본 고객들의 입장(문제점)은

① 느끼하다.

② 고소한 맛이 없다.

③ 옛날 BBQ가 더 맛있다.

이러한 문제점에 대한 해결책으로, BBQ는 다양한 대안을 찾던 가운데 개발팀은 20여 가지 성분을 혼합해 고소한 맛을 내는 천연양념 마리네이드와 파우더 및 태터믹스를 개발하는데 성공했다. 이 양념을 도계 단계에서 닭의 속살 깊숙이 주입하고, 가맹점에서 치킨을 튀기기 전에 다시 한 번 바르자 이전보다 더 고소한 맛과 향이 살아났다.

(4) 시스템으로 맛을 지켜라, 슈퍼바이저의 힘

'가맹점이 살아야 본사가 산다.' 본사에서 가맹점을 살리기 위해 적극 나서야 하는 이유이다. 이에 따라 슈퍼바이저들은 주2회 이상 매장을 방문하며 정해진 매뉴얼에 따라 QCS(Quality Clean System) 체크부터 들어간다. 체크리스트에 따라 매장의 청결 여부, 청소상태, 주방의 위생상태, 직원 등 용모, 냉장 및 냉동고 관리상태, 고객응대요령 등 전반적인 사항을 꼼꼼히 살펴본다. 그리고 치킨을 튀기는 유조에 온도계를 넣어 적정 온도인 165℃가 유지되고 있는지 확인한다. 그 외에도 매장의 판촉계획과 본사의 경영전략을 다시 한번 주입시켜 동반자 관계를 유지시킨다. 즉, 본사가 가지고 있는 맛과 건강에 대한 철학이 가맹점에서 구체적으로 실현되고 있는지 확인하고 또 파악한다.

BBQ는 사명에서부터 최고의 품질을 지향하겠다는 의지를 내세우고 있다. 1995년 런칭한 BBQ는 기존과는 다른 색다른 맛과 차별화된 고객서비스를 통해 시장의 센세이션을 일으키며, 단기간에 1,000호점을 돌파하는 놀라운 성공을 거두었다. 또한 이러한 성장은 최근의 네네치킨, 굽네치킨 등으로 대변되는 신종 브랜드의 출현에도 불구하고, 업계 최강자로서의 위치를 굳건히 지키고 있다. 또한 소자본 자영업자를 타깃으로 한 공격적인 시장 확대 전략으로, 국내 최다의 가맹점을 소유하고 있다.

2) 해외시장 진출

(1) 해외진출 현황

지역	진출형식	진출
중국 상하이, 칭다오, 톈진, 베이징, 동북3성, 장쑤성, 광둥성	상하이, 칭다오는 직접투자, 나머지는 마스터프랜차이즈	2003년
일본	마스터프랜차이즈	2006년
몽골	마스터프랜차이즈	2006년
베트남	마스터프랜차이즈	2006년
말레이시아 등 동남아 7개국	마스터프랜차이즈	2007년
스페인	직접 투자	2004년
미국	마스터프랜차이즈	2006년
호주	마스터프랜차이즈	2006년
멕시코	마스터프랜차이즈	2007년
에콰도르, 베네수엘라, 페루, 칠레, 볼리비아	마스터프랜차이즈	2007년
파나마, 과테말라, 코스타리카, 엘살바도르 등 6개국	마스터프랜차이즈	2007년
UAE, 카타르	마스터프랜차이즈	2007년

(2) 해외진출 성공전략

① 철저한 사전준비 과정

② 진출 국가 관련 상세한 정보수집 및 분석

③ 현지상황 고려한 목표시장 및 입지 선정

④ 종업원의 현지인 구성

⑤ 기업 내부의 현지화 노력 등으로 철저한 준비, 현지화, 차별화 전략이 주효했다.

(3) Kobalization 전략

분야	전략
문화	• 낮 12시 ~밤 12시 오픈, 연중무휴 • 식탁에 점원 부르는 벨 설치
맛	• 한국 식 매운 맛을 현지에 접목 • 치킨 대학 연구소에서 각국에 맞는 맛 개발
마케팅	• 반경 2.5km 이내 오토바이 배달 • 대규모 상가보다 주택가 주변 침투

2 마케팅 전략

1) 경쟁사 분석

목록 \ 브랜드	BBQ치킨	교촌치킨	굽네치킨
맛	• 100% Extra Virgin 등급 올리브유 사용 • 100% 순수 국내산 신선 닭고기만을 사용	제품의 차별화(새로운 맛, 부위별 판매)	• 오븐에 구워낸 색다른 맛 • 건강을 고려한 치킨요리
포장	식욕을 돋우는 빨간색, 노란색, 초록색 사용	포장 용기에 소비자 품질 보증서로 품질을 보증	차별화된 박스포장을 사용, 깔끔하고 간편하며 상차림이 필요 없음
가격	고가	중, 고가	중, 저가
유통	• 전국에 자사 콜드 시스템을 갖춤 • 자체 물류센터를 통한 원료공급 시스템 확보	• 전국에 자사 ERP 시스템을 갖춤 • 제조공장에서 1차 손질을 하여 체인점으로 들어감	• 유통에 주5일 배송 으로 신선하고 의생적인 재료를 공급 • 지사 제도가 본사가 직접 매장을 관리
광고	• 황금빛깔, 황금사이즈의 치킨을 보여줌으로써 좋은 기름을 사용함을 강조 • 엄마가 아이들에게 안심하고 시켜줄 수 있는 치킨(안정성)	한류스타인 슈퍼주니어의 이미지에 한류 치킨이라는 이미지를 부합해 고급화 이미지를 얻음	소녀시대를 광고모델로 기용하고 오븐에 구운 치킨임을 강조하는 CM송으로 널리 알리는데 주력
판촉활동	게임업체와의 제휴를 통해 제품 구매 시 신제품과 게임 아이템 증정	신제품 출시기념 및 2010 남아공 월드컵 개막을 통해 상품 증정	제품 구매 시 컵을 무료 증정

2) SWOT 분석

(1) 강점(Strength)

① 내실 있는 프랜차이즈 경영

② 프랜차이즈업계 최고 수준의 교육 시스템

③ 최다 점포 출점으로 규모의 경제 실현

④ 규모의 경제를 뒷받침해 주는 물류 시스템 구현

⑤ 세계화에 대한 강한 집념 및 중국진출에서 쌓은 해외진출의 노하우

(2) 약점(Weakness)

① 비교적 비싼 가격으로 가격경쟁력이 약함

② 배달 점포 위주의 운영으로 이미지 하락의 위험

③ 양념 치킨의 맛을 잘 구현해내지 못함

④ 가맹점 대비 효율이 떨어짐

(3) 기회(Opportunity)

① 닭고기 시장의 팽창

② 주5일 근무제 시행으로 외식산업 성장 및 배달 수요의 꾸준한 증가

③ 전 세계적인 '건강한' 식품에 대한 관심

(4) 위협(Threat)

① 경쟁격화로 인한 치킨프랜차이즈 업계의 레드오션화

② 오마이 치킨 등의 저가 치킨업체의 성장

③ 식사대용으로서의 부족한 인식, 인스턴트 식품이라는 부정적 인식

④ 롯데의 통큰치킨의 런칭과 철수에서 볼 수 있는 대기업 진출의 가능성

3) STP 분석

(1) 시장세분화(Segmentation)

인구 통계적 변수에 따른 시장분류는 다음과 같다.

① 어린이

- 외식에 대한 선호가 높다.
- 구매를 위해서는 보호자의 역할이 있어야 한다.

② 청소년~대학생

- 외식산업에 대한 기호가 다양하다.
- 패스트푸드나 기름진 음식에 대해 선호도도 높다.
- 반면 최근의 웰빙 바람을 타고, 점차 패스트푸드에 대한 소비가 줄어들고 있다.
- 중가 제품에 대한 구매력은 갖추고 있다.

③ 30대~40대 초반

- 구매력을 갖추고 있으며 외식산업의 주요 타깃층이다.
- 외식의 빈도가 높다.

④ 40대 중반~50대

- 제품의 선택에 있어, 건강이 주요 의사결정 변수가 된다.
- 치킨에 대한 선호도가 높은 편이다.
- 술안주로서 치킨을 가장 많이 즐기는 연령대이다.

라이프스타일에 따른 시장분류는 다음과 같다.

① 편의 지향

- 맞벌이를 해서 시간이 없거나 가정에서 식사를 차려먹기 번거로워 자주 외식을 하거나 배달을 시켜서 끼니를 해결하는 사람들이 해당된다.

② 음주 지향

- 사람들을 만나 술자리를 즐기며 식사도 안주로 종종 대체하는 계층이다.

③ 건강 지향

- 음식에 대해 까다롭다. 칼로리나 지방이 높거나 자극적인 음식을 기피한다. 이런 사람들은 언론매체의 식품관련 파동에 대해 상당히 탄력적이다. 최근 소비트렌드에 따라 이런 건강지향적인 소비자는 계속해서 증가할 것으로 보인다.

(2) 목표대상(Targeting)

메인 타깃은 다음과 같다.

① 외식을 선호하는 라이프스타일을 가진 그룹 내에서 치킨에 대한 선호와 소비량이 상대적으로 높은 어린이와 청소년 및 주부를 메인 타깃으로 한다. 이들의 욕구를 집중적이며 적극적인 마케팅 전략으로써 자극함과 동시에 충족을 시킴으로써 매출증대를 지향한다.

② 아이들에게 보다 위생적이며 청결한 치킨을 간식으로 제공하기를 희망하는 주부의 욕구를 충족시키고 자녀들의 다양한 기호를 파악, 충족시킴으로서, 인지도를 높이고 시장점유율을 확보하는데 중점을 둔다.

서브 타깃으로는

① 가족단위로 타깃을 확대하여, 외식을 선호하는 그룹 중, 기존의 치킨 외식산업의 위생에 대한 불신감으로 인해 구매를 꺼리는 그룹을 서브 타깃으로 하여 이들에게 BBQ의 철저한 위생관리를 어필한다.

② 위생적인 조리를 지속적으로 강조함으로써 불신감을 희석시키고, 구매로 이어질 수 있도록 하는 태도변화를 위한 노력을 한다.

(3) 포지셔닝(Positioning)

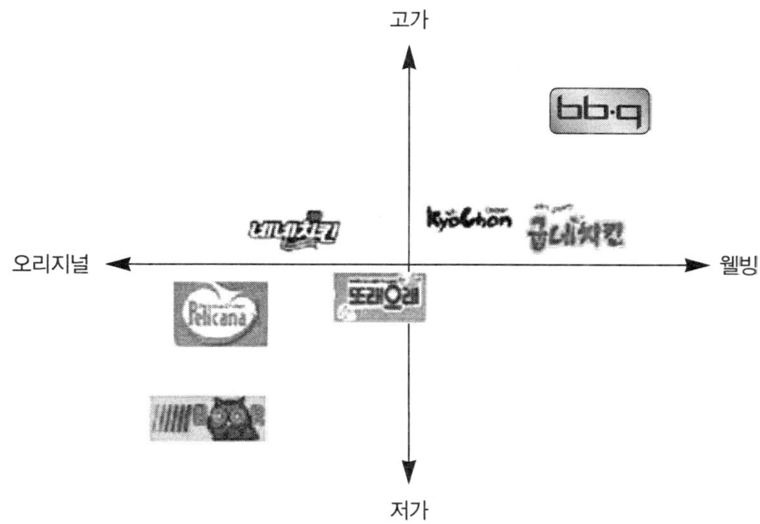

4) 4P 전략

(1) Product

① 다양성 제품

후라이드, 양념, 숯불구이, 훈제 조리법과 부위별 판매, 스낵 및 디저트

② 높은 제품의 질

- 100% 올리브유 사용을 원칙
- 100% 국산 닭고기 사용
- 주문 후 조리

③ 브랜드 네임

- 바비큐와 연동되는, 치킨의 이미지가 쉽게 연상되는 브랜드명
- 발음하기 편하고, 간단하다.
- 핵심로고인 Q를 두드러지게 하여 품질을 중시함을 강조

④ **포장**

– 식욕을 돋운다는 빨간색, 노란색 초록색감을 사용

(2) Price

고가격 정책을 쓴다. 일반적으로 다른 브랜드에 비하여 고가의 제품군으로 구성되어 있으나 고급 원재료 사용으로 인한 결과로서, 적정한 원가 중심의 가격결정방법이다. 판촉에서 가격은 큰 중점을 두지 않는 부분으로 대량 주문을 해도 할인이 없다. 그만큼 품질에 대해 자신감을 가지고 있다고 볼 수 있다. 이러한 고가격 정책은 프리미엄 치킨의 이미지를 유지시키는데 필수적이며, 그만큼 제품의 품질을 지속적으로 높여야 하는 과제를 안고 있다.

(3) Place

① 자체 물류 센터 운영

② 전국 단일 배송체계, 안정적인 원료와 부재료를 공급

③ 물류전산화로 신선한 고품질 식자재를 공급

④ 전국으로 콜드 시스템을 확충

⑤ 근거리 상권과 주택밀집지역 위주의 출점

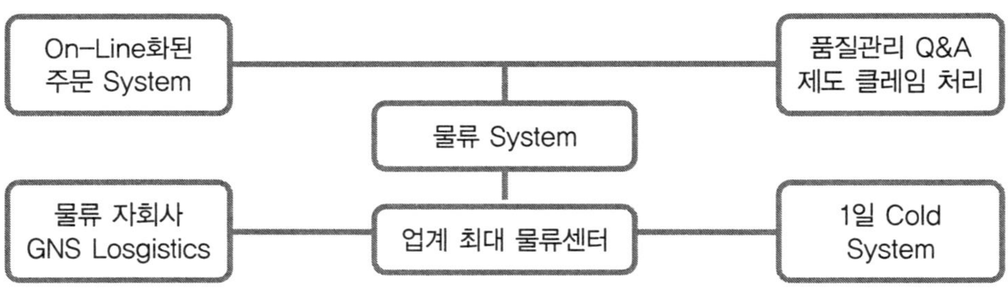

업계 최고의 콜드 체인 시스템
- 물류 배송 규모 : 30만 / 일
- 통합정보시스템 구축하여 발주에서 배송까지 One stop Service
- 쿨링 시스템 탑재한 냉장차 120여 대 보유로 신선한 원재료 1일 배송
- 공동구매 & 공동물류로 비용절감

BBQ는 소위, 골목 상권을 집중 공략하여 전국 1,850개 이상의 매장을 운영 중이다. 주 소비자층인 어린이와 주부의 접근이 용이하도록 주택가에 입점하고 있으며, 가맹점끼리 경쟁을 막기 위해 4,000세대를 기준으로 상권 분석 및 정리 후 점포를 개설함으로써, 현재로는 점포가 포화상태라고 볼 수 있는 수준이다. 따라서 최근의 매출 감소는 이러한 포화상태의 점포수와 관련이 있으며, 차후 제너시스가 더 큰 성장을 위해서는 해외진출이 필수적이라 할 수 있다.

(4) Promotion

① 프로모션

- 가맹점별, 지역별 특성에 따라 지역적으로 프로모션 진행
- 4대 매체(TV, 신문, 라디오, 잡지) 및 지하철의 옥외광고는 본사에서 지원
- 대중매체에 대한 언론 PR활동을 지속하여 연간 100회 이상 보도
- 매달 1회 이상의 세일즈 프로모션을 통해 공격적인 고객 마케팅을 전개. 특히 기업의 윤리성이 강조되는 요즘 기업의 사회적 책임을 강조하는 프로모션을 진행중이다. 중증장애아동보호시설인 소망의 집 지원, 소년가장 후원 등이 바로 그것이다.

② TV 광고

자녀들에 대한 어머니의 걱정, 사랑, 애정이 들어간 믿을 수 있는 치킨이라는 콘셉트와 이미지를 강조

③ 기타 촉진

- 쿠폰 : 쿠폰제도는 가맹점 매출향상의 가장 기본인 신규고객 창출 및 고정고객 관리에서 고정고객 관리의 가장 손쉬우면서도 중요한 촉진 수단이다. 10번의 BBQ를 이용 시 한 번의 서비스 제품 제공을 기본으로 하고 있다.
- 경품행사 : 치킨 한 마리를 구입할 때마다 경품권을 제공, 최근 추첨을 통해 당첨자에게 현금 1억 원을 제공하는 경품행사를 통해 큰 호응을 얻기도 했다.

- 이벤트 후원 : 기업의 사회적 책임 수행의 일환으로, 수익을 환원, 고객에 대한 보답을 표하고 기업의 이미지를 제고하고 있다.
- 초등학교에 책, 닭 선물, 소망의 집 원생 초청행사 및 탈북 동포에 치킨대학 창업 실습 및 지원
- 연계촉진 : 윤선생 영어교실(14박 15일 미국 어학연수, 영어 캠프), 판도라 TV(1만 원 권 치킨상품권)와 연계

3 향후 전망

국내에는 우후죽순으로 그 수를 늘려나가는 프랜차이즈 업체들로 이미 포화상태이다. 이러한 시장에서 도태되지 않기 위해서는 노력의 다각화가 필요한 실정이다. 다양한 이벤트와 프로모션을 통한 브랜드의 인지도 구축은 물론이거니와 양질의 제품을 공급하는 것이 최선일 것이다. 이에 따르면 BBQ는 성공적인 전략을 수립하였다고 볼 수 있다.

올리브유를 사용하여 청결함과 범세계적인 건강식품 즉 웰빙이라는 콘텐츠를 사용하였을 뿐만 아니라 고객의 만족을 위한 국내 유일의 치킨대학 설립과 중앙연구소를 운용함으로써 가맹점 교육 및 구성원 인재 창출에 심혈을 기울여 최대한 고객의 의견을 수렴하는데 이바지했다. 경쟁업체들로 둘러 싸여 있는 프랜차이즈 시장에서 이러한 노력을 보여준 BBQ는 성공선상에 있다고 볼 수 있다.

한 지붕 두 가게 … 돈 되는 동거

공생의 전략, 점포 나누는 창업 급증
카페 내 음반점, 편의점 안 세탁소 …
높은 임대료, 끝없는 불황 극복 묘책
한 매장서 낮-뷔페, 밤-호프 형태도

서울 마포구 서교동 카페 비닷(B.) 2층 한 켠에는 레코드포럼이 있다. 다섯 평 남짓한 공간에 터를 잡은 레코드포럼은 국내에 소개되지 않은 재즈·탱고·클래식·블루스 장르의 음악을 들려주며 고객들의 발길을 끈다. 임대료 대신 매장의 전기세를 부담한다.

3일 오후 서울 마포구 서교동의 카페 비닷(B.)에서는 낯선 음악이 흘러나오고 있었다. 브라질의 음악듀오 리오 콘 브리오(Rio Con Brio)의 연주곡이다. 여느 카페에서는 듣기 힘든 노래를 선곡하는 것은 비닷 안에 자리 잡은 레코드포럼의 사장 표진영(52)씨다. 3층짜리 카페 중 2층 한쪽 구석에 자리 잡은 레코드점. 카페 비닷과 레코드포럼의 만남은 극적이었다. 2012년 5월 극동방송 삼거리에서 17년간 영업하며 '홍대 음악문화의 축'을 이뤘던 레코드포럼이 점포 매각으로 문을 닫게 됐고 새 점포를 차리는 데는 최소 2억5000만 원이 필요한 상태였다. 포기하려던 찰나 카페 비닷 측에서 매장 안에 또 다른 가게가 들어서는 '숍인숍(Shop in shop)'을 제안했다.

표 대표는 "당시 비닷 측에서 원하는 자리를 내줄테니 손님들에게 좋은 음악을 틀어달라고 했다"며 "파격적인 제안이었다"고 말했다. 비닷은 음악을 맡길 수 있어서 좋고, 레코드포럼은 임대료가 들지 않아 좋은 윈윈 거래였다.

커피와 음악을 파는 두 가게의 동거가 시작되자 기대하지 않았던 시너지가 나왔다. 비닷에는 '노래를 들으러 카페를 찾는다'는 손님들이 늘기 시작했고 레코드포럼은 임대료를 내지 않아 더 비싸고 좋은 CD를 들여올 수 있게 된 것이다. 2009년 당시 매출 4억 원 선이던 카페 비닷은 숍인숍 영업 후 매출이 두 배 가량 오르는 효과를 누렸다. 지난달부터는 개인 액세서리 업체인 '비주아' 도 카페 2층 입구에 팝업스토어로 자리 잡았다. 이한성 비닷 대표는 "소규모 창업이 힘들다는 것을 알기 때문에 수수료를 거의 받지 않고 입점시켰다" 며 "한 지붕 세 가족이 살고 있는 셈" 이라고 말했다.

■인테리어 · 마케팅 비용도 덜 들어

주요 상권에 '점포 셰어링(sharing)' 이나 숍인숍 영업이 늘고 있다. 점포 셰어링은 한 점포에서 시차를 두고 두가지 업종으로 장사하는 방식이고, 숍인숍은 공간을 나눠 점유하는 영업 방식이다. 과거 목욕탕 내부 마사지숍, 미용실 안 네일숍 등 동종업계에서 주로 시도됐던 형태들이 전 업종과 사업장으로 확장되는 추세다.

서울 마포구 신수동의 세븐일레븐 서강레지던시아점은 세탁 프랜차이즈 크린토피아와 편의점을 한 매장에서 같이 운영하고 있다.

■ 점포셰어링(이부제상가) vs 숍인숍

	점포셰어링(이부제상가)	숍인숍
정의	• 한 점포에서 두 가지 업종을 겸하는 방식 • 낮에는 밥집, 밤에는 호프집 등 시차 두고 영업	• 기존 상가 내에 또다른 점포를 차리는 방식 • 카페 안 레코드점, 편의점 안 세탁소처럼 시너지 낼 수 있는 관련 업종
장점	• 임대료 · 시설비 등 비용 절감 • 업종 간 손발 맞으면 매출 ↑	• 임대료와 시설 · 인력 운용비 절감 • 권리금 없고, 시설비 등 창업비용 절감 • 기존 매장이용 고객 등 고정고객 확보 유리
단점	• 주력 업종 부진 시 매출에 직접 타격 • 낮밤 영업 종목 달라 고객이 혼란 겪을 수도	• 건물주가 임차인 권리 인정 안할 수도 • 원 임차인의 영업시간에 영향 받아

점포셰어링은 '치솟는 임대료와 불황으로 인한 매출 감소' 라는 이중고 극복을 위한 자영업자들의 고육책이다. 기존 임대업자는 임대료 부담을 덜고, 신규 창업자는 소자본으로 시장에 진입할 수 있기 때문이다. 가산디지털밸리 내 지식산업센터 지원상가 2층에서 치킨호프전문점을 운영하는 김대연(39)씨도 점포셰어링 덕분에 웃기 시작했다. 낮에는 햄버

거 등을 파는 스낵코너를 운영해 임대료와 각종 경비를 충당하고, 저녁에는 술과 치킨을 판매해 고스란히 수익으로 남긴다. 김씨는 "낮에 커피를 팔고, 저녁에 본 장사를 하는 2부제 점포를 또 알아보고 있다"고 말했다.

서울 서초구의 한 일식 주점도 123㎡(37평)인 공간을 두고 높은 임대료 때문에 고민하다가 석 달 전부터 점심 한식 뷔페를 유치했다. 닭갈비 · 돈육 곤약조림 · 떡볶이 · 만둣국 등으로 직장인 뷔페를 시작했고 80석인 홀은 점심마다 만석이다. 덕분에 저녁 손님까지 늘었다.

한 지붕 두 가족이 들어선 숍인숍들도 다양한 성공사례를 낳고 있다. 서울 마포구 서강대학교 앞 세븐일레븐 서강레지덴시아점 매장 안에는 세탁소가 있다. 주변 대학가에 1인 가구가 많다는 점에 착안해 평일 · 주말에 관계없이 이용할 수 있는 세탁편의점을 동시에 운영하는 것이다. 점포 매출의 20%는 세탁소에서 나온다. 가맹점주인 권혜영(46)씨는 "세탁물을 맡기러 오는 고객들이 간단한 음료나 먹을거리를 구매하는 경우가 많아 편의점 매출도 덩달아 올랐다"고 말했다. 세븐일레븐 마포한사랑길점도 세탁 프랜차이즈 '크린스피드'와 가맹계약을 맺고 편의점과 병행운영하고 있다. 이 편의점도 일반 편의점 매출보다 40% 이상 높은 매출을 올리고 있는데 전체 매출에서 세탁소 매출이 차지하는 비중이 45%에 달한다.

숍인숍은 소자본 창업자들에게 특히 유리한 방식이다. 주로 대형 마트나 아울렛 등에 입점하는 숍인숍 매장은 권리금이 없고 점포 비용도 판매 수수료로 내는 경우가 많다. 창업 비용이 상대적으로 적기 때문에 장사 수완만 좋으면 높은 매출을 올릴 수 있다. 또한 기존 점포 시설을 이용할 수 있어 인테리어 부담이 적고 별도의 마케팅 없이도 고객확보를 할 수 있다는 장점이 있다.

경기도 안양에서 아이스크림점을 운영하는 박경한(37)씨는 겨울이면 떨어지는 매출을 고민하다 매장 빈 공간을 활용해 핫도그를 팔기 시작했다. 아이스크림점 창업 비용의 10%인 1500만 원이 추가로 들었지만, 월 매출이 30% 정도나 늘어 남는 장사가 됐다. 핫도그를 먹고 아이스크림을 찾는 사람이 생각보다 많았기 때문이다. 숍인숍 창업 아이템은 이처럼 다양하다. 최근에는 찜질방 내 네일아트숍이나 피부관리실, 팬시문구점 내 미니 액세서리점, 주유소나 편의점 내 테이크아웃점, 문구점 내 온라인 인쇄편의점 등이 주목받고 있다.

점포공유 영업이 다양화되면서 상인들을 연결해주는 중개업체도 생겨났다. 지난해 10

월 영업을 시작한 점포셰어링 소개업체인 마이샵온샵이 대표적이다. 최대헌(37) 마이샵온샵 대표는 "하루에 기존 매장 점주들에게는 3~5건, 임대를 원하는 사업자들의 문의는 7~10건씩 꾸준하다"며 "점심뷔페 · 국수집 · 카페 · 프랜차이즈 음식점 · 부동산 등 다양한 파트너들이 짝을 짓고 있다"고 말했다.

하지만 장밋빛 그림만 그려서는 곤란하다. 가장 큰 걸림돌은 '한지붕 두가족'이란 상황 때문에 빚어질 수 있는 갈등이다. 점포셰어링의 경우 주력 업종이 타격을 받지 않아야 한다. 기존 점포의 주력업종이 부진할 경우 공유하는 다른 점포까지 영향을 받기 쉽기 때문이다. 또 서로의 영업시간이 명확하지 않을 경우 다툼이 생길 수 있고 고객들의 혼란을 불러올 수 있다는 점을 주의해야 한다.

같은 공간을 공유하기 때문에 청소나 재료관리 등에도 특별히 신경 써야 한다. 전문가들은 숍인숍은 장점을 최대화하기 위해서는 매장 크기를 9㎡ 이하, 장소는 점포 안이나 점포에 달린 처마나 주차장을 활용해 단품이나 유행 업종을 취급하는 것이 유리하다고 조언했다. 또 1층에 자리 잡는 것이 좋고 편의점 내부, 빌딩이나 커피숍 등 유동인구가 많은 곳을 노릴 것을 권했다. 점포셰어링 업체들 간 시너지 효과를 기대할 수 있게 '업종 간 궁합'도 잘 따져봐야 한다. 주유소 옆 테이크아웃 커피숍으로 운전자들을 끈다거나 극장 구석에 카메라폰 자동 인화기를 설치해 연인들을 고객화하는 식이다.

■주력 업종 살리고 계약 꼼꼼히 해야

특히 숍인숍 창업 시에 원 임차인의 계약기간이나 영업시간을 확인해야 한다. 보통 권리금이나 보증금 없이 월세를 주고받는 경우가 많아 갑자기 기존 점포 주인이 나가라고 하면 임차인의 권리를 인정받지 못할 수도 있기 때문이다. 장경철 한국창업부동산정보원 이사는 "월세 이외에도 관리비와 임대기간을 명시한 계약서를 반드시 작성해야 한다"고 말했다. 월세를 선불로 요구하는 경우가 많다는 점도 걸림돌이 될 수 있다.

어떤 점포든 장사의 핵심은 좋은 상권을 잡는 것이다. 숍인숍은 개별 마케팅을 하기 힘들기 때문에 상권이 그만큼 중요하다. 장 이사는 "메인 상권에 있으면서도 매출 부진에 시달리는 상가를 찾아 부가 아이템을 제시하고 점주와 입주조건 등을 협상하는 게 좋다"고 말했다.

또 시간당 유동인구가 1500명은 돼야 하기 때문에 사업 시작 전 유동인구 숫자를 정확히 계산해봐야 한다. 최대헌 대표는 "좁은 공간을 나눠 쓰다 보면 심심치 않게 기존 점주와 창업자 간 갈등이 발생하기도 한다"며 "아이템을 고를 때도 기존 가게 업종과 충돌하지 않고 보완되는 것을 선택해야 한다"고 전했다.

점포 셰어링 중개업체를 선택하는 일도 신중을 기해야 한다. 강병오 FC창업코리아 대표는 "점포셰어링과 숍인숍이 활성화되면서 중개업체들이 점차 늘어가고 있다"며 "중개업체가 사업자등록을 제대로 했는지, 과거 중개 이력이 얼마나 되는지 살펴보고 결정해야 실수를 피할 수 있다"고 말했다.

자료 : 중앙일보, 2014년 7월 8일

✻참|고|자|료

- 비비큐 치킨 – http://www.bbq.co.kr/
- 교촌치킨 – http://kyochon.com
- 굽네치킨 – http://www.goobne.co.kr/
- 장재남 – 프랜차이즈 Top 100. 책읽는 사람들
- 치킨외식산업협회 – http://www.ekcfa.co.kr
- 원칙의 승리 ? 윤홍근 지음

09

민들레영토

민들레영토

1 민들레영토 소개

1) 개요

민들레영토는 국내의 대학생들 사이에서 최고의 문화공간으로 인식되고 있는 공간이다. 민들레영토의 특징은 차 마시는 공간과 대중문화와의 공간교류를 통해 건강한 문화공간으로 설립되었으며, 민들레영토는 담배연기 없는 쾌적한 공간이며, 대학생의 교류공간이고, 문화를 즐기고 향유할 수 있는 대안카페로 잘 알려져 있다.

민들레영토에서는 기존의 커피숍이나 찻집에서와는 차별적으로 차값 대신 문화비라고 이름 붙여진 비용을 지불해야 한다. 하지만 문화비만 내면 차는 원하는 만큼 마실 수 있고, 그 안에 다양한 서적을 갖춘 책장이 있고, 독서실, 세미나실, 영상실, 연인만을 위한 연인석을 갖추고 있어 다양한 문화 프로그램을 접할 뿐만 아니라, 각종 공연과 이벤트가 열리는 역동적 문화공간이다. 또한 기념일을 맞이한 대학생 커플의 이벤트 공간으로도 이용되면서 소비자층에 대한 인식이 매우 좋다.

민들레영토는 외국의 여타 프랜차이즈 기업들과 대등한 위치에서 어깨를 나란히 하는 국내 기업이며, 신촌의 10평짜리 작은 건물에서 시작하여 10여 년이 지난 현재 한국을 대표하며 문화를 선도하는 카페로 성장하게 되었다. 그리고 창업자인 지승룡 사장은 신학을 전공한 목사로서 그의 서비스 개념은 국내외 어디서도 찾아볼 수 없는 독보적인 서비스 사례로 인정받고 있다.

이렇듯, 민들레영토는 자신만의 색을 가지고 새로운 문화를 창조하였고 새로운 아이콘으로 대학생들의 지지를 받으며 성장하고 있는 서비스 기업으로, 성공 요인 고찰에 대한 충분한 이유가 있는 기업으로 판단되며, 성공 요인 고찰을 통하여 서비스기업에 대한 이론적 측면을 바탕으로 민들레영토의 실증적 성공 요인을 관찰하여 민들레영토의 앞으로의 성장가능성과 잠재성에 대한 분석을 하고자 한다.

2) 탄생 배경

민들레영토의 대표 지승룡씨는 39세에 성직자를 그만두고 나서야 자신의 몸에 장사꾼의 피가 흐르고 있다는 것을 깨달았다. 서른여섯에 이혼을 하면서 그는 3년간 닥치는 대로 집 근처 종로 정독도서관에서 2천 권의 책을 읽으며 패배의식을 달랬다. 어느덧 그는 경제와 경영분야의 책을 섭렵하는 등 사회 복귀에 필요한 책을 중점적으로 골라 읽고 있었다. 93년 가을 정독도서관에서 나와 인사동의 조그만 한 카페에서 앞으로 할 일을 생각하며 30분 정도 사색에 잠겼던 그에게 주인은 "손님, 이렇게 혼자 오래 앉아 계시면 영업에 지장이 있습니다. 그만 일어나주시면 좋겠습니다"라고 말했다. 지승룡씨는 너무나 자존심이 상했다. '내가 편하게 쉴 수 있는 휴식공간이 이렇게도 귀하단 말인가? 대부분의 사람들은 도시에서 살고 있는데, 도시의 모든 공간이 이렇게 장삿속에만 빠져 있단 말인가?' 그때 하나의 영감이 떠올랐다. '외로운 도시인들이 고향의 집이나 어머니의 포근함을 느낄 수 있는 휴식공간을 만든다면 틀림없이 성공할 거야. 옛날 시골다방에서 마담이 손님에게 편안한 대화 분위기를 제공했듯 도시인이 쫓겨날 걱정을 하지 않아도 되는 편안한 카페를 만들면 어떨까?' 이를 바탕으로 그가 만든 카페가 바로 민들레영토이다.

3) 역사

민들레영토는 단순히 차를 파는 곳이 아니라 동시에 문화를 누릴 수 있는 한국 최고의 문화카페라 할 수 있다. 민들레영토는 찻집 형식을 통해 대중문화를 건강하게 이끌어가는 문화공간으로 설립되었으며, 신촌과 명동, 대학로 등 젊음의 거리에서 조용한 쉼터로, 담배연기 없는 청정카페로, 문화를 즐기고 향유할 수 있는 대안카페로 잘 알려져 있다. 민들레영토란 이름은 '민들레의 꽃씨가 공간의 제약 없이 240km 먼 거리까지도 날아갈 뿐 아니라 꽃씨가 날아간 그곳에서 강하게 사는 모습이 우리의 삶으로 확장되었으면 하는 바람'에서 지어졌다고 한다.

단 3명의 손님에서 시작된 민들레영토가 수년의 세월이 지난 오늘날에는 사람들의 발길이 끊이지 않는 곳으로 자리매김하고 있다. 현재 민들레영토는 신촌 본점을 비롯하여 고대, 대학로 공간사랑, 민토문화관, 명동, 경희대 등 서울에만 10여 개의 지점을 갖춘 기업으로 성장해 나가고 있다.

대학가 주변에 자리 잡은 민들레영토는 대학생 설문조사에서 카페인지도 1위를 차지할 만큼 이들에게 꼭 필요한 문화공간이자 이야기와 만남의 공간 청년문화기업으로 자리매김하고 있다. 특히 경제적 어려움을 이유로 대학가 문화공간이 문을 닫는 현실에 비해 민들레영토에서는 편안한 분위기는 물론 최소 문화비만 있으면 영화 관람에서 세미나 · 강의 · 독서 등이 가능한 복합문화공간으로 젊은이들의 필요충분조건을 만족시켜나가고 있다.

4) 로고

(1) 라운드

포용성과 함께함에 의미를 지닌 도형으로 배려와 섬김의 뜻을 담은 도형이다. 특히 도형 모두를 몰입형으로 표현하여 집중력과 지구력을 나타냈다. 이것은 민들레영토가 모든 것을 수용하면서 그것을 참고 이겨낸다는 뜻이 된다.

(2) 트라이앵글

라운드와 함께 트라이앵글을 강하게 표현함으로 현실에 안주하지 않고 새로운 도전을 시도하는 역동정신을 나타냈다. 상위 트라이앵글은 보이지 않는 절대자를 인정하는 절대적 겸손과 헌신을 말하는 것이며, 아래 좌측 트라이앵글은 더불어서 함께 살아가는 인간과의 관계에서 뼈와 살처럼 통합적 관계를 갖는다는 것이고 오른쪽 아래 트라이앵글은 자연과 조화를 이루며 살아가는 균형을 말하는 것이다. 이스라엘 사람들이 애굽땅을 떠나 가나안 땅으로 들어가듯, 조선인들이 창조적 역사의식을 갖고 코리아를 이루어냈듯 민들레영토는 시련을 두려워하지 않는 역동적인 곳이라는 의미를 담고 있다.

(3) 라운드+트라이앵글

항상 긍정적이며 능동적으로 살아가는 모습을 표현한 것이고 특히 어떤 상황 속에서도 마음에 기쁨을 유지하는 신나는 모습과 밝은 모습을 표현한 것이다.

(4) S 변형도형

S는 상상력과 창의력을 말하는 것으로 제한된 사고에 머무르지 않고 독특하고 영감있는 상상력을 지향하는 모습이다. 위기를 맞이했을 때 민들레영토는 일상적인 방법이 아닌 뛰어난 상상력으로 새로운 대안을 마련하는 곳이다. 특히 라운드 안에 사람의 이미지가 있는데 이것은 한국여인의 얼굴일 수 있고 커피를 따는 제3세계의 여인일 수 있으며 또한 아기를 바라보는 어머니의 모습이기도 하다. 민들레영토는 사랑의 광선으로 어린아이의 가슴에 생명의 의미를 심어주는 곳이다.

5) 특징 및 문화체험

(1) 문화비

한 사람당 문화비 3,000~5,000원을 내면 3시간 이상 마음껏 공간을 이용할 수 있으며 3회에 걸쳐 여러 종류의 음료를 자유롭게 리필할 수 있다.

> **The Minto Communitas 로고를 쓴 이유**
>
> 94년 민들레영토 창립 시 한국에 인터넷이 시작되었다. 인터넷은 온라인 커뮤니티를 한국 땅에 만들었고 이제 인터넷은 한국에서 무시할 수 없는 운동으로 자리 잡은 온라인 커뮤니타스가 되었다. 오프라인 커뮤니티를 시작했던 민들레영토는 이제 미션과 비전을 품고 한국과 세계를 위한 역동적인 공동체를 추구하는 커뮤니타스이다. 커뮤니티는 더불어서 함께 한다는 뜻이며 커뮤니타스라고 할 때는 이 공동체가 에너지를 가지고 어떤 목적을 향해 한 걸음 전진하는 순례하는 공동체란 뜻이 된다. 아래 민들레영토라는 로고는 처음 시작했을 때의 모습을 잃지 말아야 한다는 의미에서 그 로고를 그대로 표현한 것이다.

(2) 책, 컵라면, 곡류건강빵, 아이스 바

처음 온 사람은 '공간을 채우는 사랑' 이라는 책을 선물받을 수 있으며, 문화비를 낸 모든 사람들은 컵라면, 곡류건강빵, 아이스 바 중 선택해서 무료로 먹을 수 있다.

(3) 문화터

독서와 세미나, 음악 감상과 영화 감상 등을 할 수 있는 전용공간이 마련되어 있다. 또한 서점이 마련되어 있어서 다양한 서적을 구입할 수 있다.

(4) 휴먼테라피

5단계 향상 과정

- 자아실현을 위한 성공의식 전환
- 억압 요인 파악과 자존감 향상
- 시대 변화 감지와 부적응 치료
- 상상력 개발과 진로 수정
- 꿈 해석과 통찰력 제고

민들레영토가 특별한 이유 또 하나. 바로 휴머니즘 공간으로서의 민들레영토이다. 이곳에서는 휴먼테라피(고객이 도형을 그리고 상담사가 심리학을 바탕으로 고객심리에 대해 상담하는 프로그램)라는 심리학을 바탕으로 고객심리를 상담해주는 독특한 서비스도 이루어지고 있다.

(5) 민토차

민들레영토에 가면 다른 이의 이목을 의식하지 않고 자신이 마시고 싶은 차를 더 마실 수 있는 즐거움이 있다. 보통 집에서 어머니들이 '먹고 더 먹어라' 하시는 말씀에서 힌트를 얻은 이 아이디어는 손님들에게 '무엇을 드시겠어요?' 라는 선택을 요구하지 않고 민들레영토가 개발한 '민토차' 를 먼저 내어드린다. '민토차' 는 현미와 고산지대 수국의 여린 잎으로 만든 머리를 맑게 하고 피로회복에 좋은 건강차이다.

민토차를 마신 후에 컵을 갖고 BAR에 가면 자신이 원하는 차와 음료를 자유롭게 더 마실 수 있어, 처음 온 사람들에게는 색다른 경험이 되기도 한다. 다른 곳과 차별화를 두며 손님들에게 선택의 폭을 넓게 해주고 친구들의 '드시고 더 드세요' 라는 말을 통해 그만큼의 사랑을 더 얹는 것이다. 도시 속의 상업공간이지만 작은 정감과 어머니에게서 느낄 수 있는 따뜻한 정을 함께 했으면 하는 마음에서 개발된 차이다.

(6) 연인석

솔로들의 부러움을 받는 '연인석' 은 민들레영토의 차별화된 또 하나의 특징이자 연인들을 위해 만들어진 공간이다. 이곳은 연인들로 하여금 편안함과 오붓함을 한층 느끼며 사랑의 밀어 등을 나눌 수 있는 좋은 분위기를 유도하고 있다. 이러한 연인들을 위한 공간에는 영화 상영을 위한 스크린이 설치되어 있으며, 앞쪽에 마련되어 있는 무대에서는 공연을 통한 다양한 볼거리를 제공함으로서 많은 이들에게 만족과 휴식을 드리기 위해 노력 중이다.

(7) 세미나실

이곳의 '세미나실'은 흔히 생각하는 딱딱한 회의만을 위한 공간은 아니다. 많은 사람들이 놀고, 먹고, 마시는 등의 쾌락적, 소비적 욕구를 즐기지만 반면 사람들과 어울리고 함께 이야기하는 것 등을 원하기도 하며 이러한 문화적 욕구를 보다 상품화, 대중화시킨 것이 민들레영토의 세미나실과 독서실이다.

세미나실에서는 요즘 부쩍 늘고 있는 인터넷을 통한 동아리 모임이나 학생들끼리의 방과 후 스터디 모임, 대중적 모임 등이 이루어지고 있으며, 5백여 개의 공부하는 모임이 일주일에 한 번씩 예약을 하고 공부를 하는 등 이제 예약을 하지 않으면 자리가 없을 만큼 민들레영토의 주된 프로그램으로 자리 잡고 있다. 이곳에서는 술자리에서만 편한 이야기를 할 수 있다는 편견을 없애고, 서로의 마음을 열고 얘기할 수 있는 사랑의 분위기를 이끌어 내며 이러한 것들을 건전하고 건강하게 이어가려 하는 것이 민들레영토의 의지이기도 하다.

(8) 간이도서관

민들레영토에서 빼놓을 수 없는 것 중의 하나가 층층마다 빼곡히 진열되어 있는 책들이다. 위기상황에서 그것을 극복하는 창조적인 대안은 지식이며 책을 통한 전문적 식견이나 경험은 위기 극복의 지름길이기 때문에 책을 읽고, 팔고, 선물하며, 책을 통해 토의하도록 함으로써 민들레영토가 지식을 통한 문제해결의 적극 실천적 공간이 되도록 한 것이다.

처음 방문하는 사람들에게 책을 선물하는 것도 좋은 이야기나 글을 통하서 힘들고 어려울 때 명상을 하고 독서를 하고 새로운 아이디어를 얻는데 도움이 되었으면 하는 바람에서 비롯된 것이라고 한다.

(9) 민토신문과 뉴스서비스

① 민토신문

현재 발행되고 있는 '민토신문'은 문화비를 내는 사람들에게 세상 사는 이야기, 동아리 공동체 정보, 문화관련 소식 등 유익한 교양정보 등 많은 정보를 알려주고자 하는 문화 서비스의 실천이다.

② 뉴스서비스

2005년 2월 28일부터 시작된 뉴스서비스는 '지식은 자본주의의 대안이다'를 모토로 민들레영토를 찾는 사람들에게 일간지, 스포츠신문, 영자신문 등 약 10종의 신문을 매일 선택해 읽을 수 있도록 하여 보다 적극적인 정보제공을 하고자 한 것이다. KTX와 기내에서 이뤄지는 신문제공서비스와 같이 사람들이 선택하여 읽을 수 있도록 한다.

(10) 갤러리

단순한 장식용 볼거리가 아닌 손님이 민들레영토에서 느낀 영감을 담아 고객의 느낌을 작품으로, 그리고 다른 손님에게 다른 고객이 느낀 영감을 전하는 고객과 함께 하기 위한 목적으로 만들어진 것이다.

영감을 주기 위해 필요한 4가지에는 첫 번째로 비전을 갖는 것, 두 번째는 성실성, 세 번째는 포용력과 이해심, 네 번째로 창조력이 있는데 그 중 창조력은 위기관리능력이기도 하다. 음악회나 대회, 공연, 갤러리 등의 문화, 예술 체험을 통한 영감은 창조력을 발달시키며 이러한 창조력은 비전을 갖는데 도움이 된다. 민들레영토의 갤러리는 바쁘게 변해가는 세상에 발맞추려 하는 바쁜 현대인들에게 이러한 참여하는 문화체험을 통해 창조력과 영감을 주려는 것이다.

2 마케팅 전략 및 분석

1) 마케팅 전략

(1) 감성체험마케팅

민들레영토의 마케팅 전략 중 가장 큰 요소는 고객이 돈을 지불하면서 오히려 주인의 눈치를 보는 것이 아니라 지불한 돈 이상의 서비스를 제공받는다는 것이다. 그급스럽고 값비싼 레스토랑에서 불친절한 서비스와 맛없는 음식에 실망한 고객들은 점차 자신이 낸 돈 이상의 것을 받을 수 있는 곳으로 발길을 옮기고 있다. 민들레영토는 이런 고객들의 심리를 충분히 해소해 주었다. 단돈 5천 원으로 시간과 공간, 문화와 감성을 채워줄 무언가를 제공받는 것이다.

민들레영토에서는 차값에 해당하는 문화비 3천~5천 원만 내면 음료를 여러 번 마실 수 있고 책장 가득 꽂힌 책을 맘껏 읽을 수 있으며 영화나 공연을 볼 수도 있다. 끼리끼리 모여 세미나도 할 수 있고 출출하면 컵라면이나 직접 만든 건강빵도 먹을 수 있다. 이 모든 것이 누구의 눈치도 필요 없이 자유롭게 진행된다.

이를 위해 민들레영토는 펀(Fun) 경영을 시행하고 있는데 그 중 대표적인 펀 경영은 바로 M서비스, 즉 미친(Mad) 서비스이다. 공연이 주가 되는 M서비스는 직원들이 고객들을 위해 다양한 공연을 하며 때론 고객들이 함께 참여하기도 한다. 공연은 민들레영토 매장이 아닌 거리에서도 진행한다. 단순히 매장을 찾는 사람들뿐 아니라 이 세상을 함께 살고 있는 모든 이들에게 펀을 주자는 생각에서다.

민들레영토의 또 다른 펀 경영은 바로 '손 흔드는 식당'이다. 어린 아이가 퇴근하고 들어오는 아빠를 향해 반가움의 표시로 두 손을 흔들 듯, 이곳은 손님이 문에 들어서면 두 손을 높이 들고 반가운 손짓을 한다. 처음 민들레영토를 찾은 고객은 직원들의 이러한 '손 흔듦'에 다소 어색해 하지만 표정만은 행복하다. 민들레영토의 이러한 경영 스타일은 직원들에게도 큰 영향을 미친다. 단순한 서비스가 아닌, 문화적인 서비스, 즉 감성 서비스라는 자부심이 싹트고 있는 것이다. 고객을 맞이하는 손짓 하나도 그들만의 의미를 부여하고 있다.

이러한 감성경영으로 인해 고객들은 서비스공간에 오래 머물게 된다. 서비스 공간에 한 사람이 오래 머물면서 자리를 점유하면 효율이 떨어질 것 같지만 그렇지 않다. 오래 머무는 동안 그곳에 친근감이 생겨서 다른 상품들을 소비하기 때문이다. 손님이 오래 머물면 다른 손님들이 민들레영토에 왔을 때 이곳은 항상 손님이 많은 인기 있는 곳이라는 이미지를 주게 된다. 고객도 뛰어난 인테리어가 되어 손님을 끌어들이는 것이다. 손님들이 항상 있으면 서비스 사원들도 긴장하여 근무의욕이 높아지고 서비스 스킬도 향상되는 부대효과도 있다.

(2) 오감마케팅

감성공간을 만들기 위해서 민들레영토는 오감마케팅을 동원했다. 시각적으로는 사람, 하늘, 땅을 주제로 동화같이 아름다운 인테리어로, 촉각적으로는 '어머니 품' 같은 편안함을 제공하기 위해 부드러운 소파를, 청각적으로는 감성을 일깨우는 클래식 음악을, 미각적으로는 입맛대로 골라 먹을 수 있는 메뉴를, 후각적으로는 사람의 기분을 상쾌하게 하고 낭만적인 분위기를 내는 자연향 등을 이용했다. 이러한 오감마케팅을 통해 고객감동을 최우선으로 하는 민들레영토의 정신이 지켜져 나가고 있다.

(3) 마더마케팅

M	문화비라는 명목으로 일정금액을 지불하면 민토차를 기본으로 다양한 종류의 음료 및 컵라면, 빵 등을 제공받을 수 있는 다양함(million)
O	지쳐 늙을(old) 때까지 고객들에게 서비스한다는 의미
T	고객들이 눈물을 흘릴 만큼 감동적인 서비스를 제공한다는 눈물(tear)
H	고객과 일에 대한 열정과 애정을 가진 사람을 직원으로 채용하고, 철저한 교육을 통해 서비스 정신을 무장시키는 뜨거운 가슴(heart)
E	항상 눈(eye)을 부릅뜨고 고객의 불편과 요구사항을 살펴야 한다는 의미
R	고객은 항상 옳다(right)는 의미

민들레영토가 거듭 강조하는 서비스정신의 기반은 감동을 주는 기업, 바로 어머니의 정신이다. 하나를 주면서도 또 다른 하나를 더 내어주는 푸근하고 살가운 정을 느낄 수 있는 어머니정신이 지금까지 민들레영토를 이끌어 온 정신력이 되고 있다. 일반카페처럼 찻값을 받지 않고 문화비라는 명목으로 사람들의 마음을 훈훈하게 하는 것. 게다가 카페를 나올 때쯤이면 책 한권씩을 안겨주는 민들레영토는 소비와 향락의 문화에 익숙한 이들에게 참문화의 교과서가 되고 있다.

"일주일을 굶어보면 인생을 알게 된다."는 말이 있다. 굶주린다는 것, 그것도 죽기 직전까지 굶주리면 인간은 자신의 정체를 알게 된다는 말이다. 배가 고파본 사람은 고객이 원하는 상품을 만들고 고객 중심의 서비스를 하게 된다. 사업은 혼자 하는 것이 아니다. 종업원들이 함께 움직여줘야 한다. 그래서 민들레영토의 도우미들부터 감동시켜야 한다는 게 민들레영토의 원칙이다. 그들에게 동일업종 최고의 대우를 해주는 것이다.

만약 그것이 어려우면 상대적으로 최고의 대우를 해준다. 상대적으로 최고의 대우를 해준다는 것은 매출액 대비, 이익 대비로 최고의 대우를 해준다는 뜻이다. 급료가 높으면 우수한 도우미를 채용할 수 있고 다른 곳으로 쉽게 옮겨가지 않고 오랫동안 일하기 때문에 장기적으로 카페에 큰 도움이 된다는 것이다. 그러나 그것만으로는 부족했다. '어머니의 사랑'을 손님들에게 실천할 사람들이 직원들이지만 주인 마음 같지 않기 때문이었다. 그래서 민들레영토는 민들레영토가 도우미 자신들의 것이라고 느끼게 하기 위해 '마스터 제도'를 도입했다. 마스터 작위는 1년 이상 근무자 중에서 민들레영토의 경영철학을 깊이 이해하고 성실하게 근무하며 경영에 탁월한 능력을 발휘하는 사람을 선발해서 작위식을 거행하고 일정액 이상의 매출을 올렸을 때 인센티브가 주어지는 제도다.

카페는 거리의 가정이고 카페 주인과 직원은 그 가정의 어머니라는 이곳의 모토처럼 친구 같고 가족 같은 회사인 민들레영토는 10평의 작은 공간이 2,000여 평의 공간이 되고, 두 명의 직원이 350여 명이 되기까지 상대방에 대한 배려와 가족이라는 강한 믿음이 있었기에 가능했다.

(4) 감성리더십 5C

① 가장 안 좋을 때가 가장 좋을 때이다(신념, Concept)

② 고객을 위한 무대를 만들어라(문화, Culture)

③ 고객은 주인공이다(고객, Customer)

④ 먼저 직원에게 서비스하라(친절, Courtesy)

⑤ 하루를 두 번 사는 디지털 전략(커뮤니티, Community)

2) 내부마케팅 전략

(1) 감성사원으로 키워라

민들레영토는 아르바이트 학생을 단순히 시급인력으로 보는 시선이 아닌 함께 하는 동료와 파트너로 생각하고 있다. 그래서 아르바이트 학생들에게 회사의 비전에 참여하는 충성도 높은 도우미로 키우기 위해 여러 작업들을 하고 있다.

(2) 최고의 대우를 해주어라

민들레영토는 동종업계에서 아르바이트생들에게 최고의 급료를 주고 있다. 높은 급료를 통해 우수한 인재를 채용할 수 있고 다른 곳으로도 쉽게 옮겨가지 않게 되어 서비스의 품질 역시 높아지게 된다.

(3) 서비스 사관학교

채용된 전 지점의 도우미들은 민들레영토에 관한 근무교육을 5일 동안 받게 된다. 민들레영토에는 '교육문화부' 라는 부서가 존재하여 아르바이트생들의 교육을 전담하는 부서가 따로 존재하고 있는데 첫날은 민토의 비전과 이념, 역사에 관한 교육을 3시간가량 하게 되는데 이는 지승룡 소장이 직접 하고 있다. 둘째 날은 민들레영토에 관한 실무적인 교육으로 서비스 멘트, 음료리필교육, 계산서 작성요령 등을 배우게 된다. 그리고 3일 동안은 각 실무공간으로 파견되어 자신의 근무공간에 대한 설명과 민들레영토의 서비스를 손님들 앞에서 직접 하게 되는데 이때는 교육기간으로서 각 공간의 관리자들이 함께 하게 하며 피드백을 제공하게 된다.

(4) 마스터 제도

민들레영토에서는 마스터 제도라는 독특한 직위가 있다. 이는 하나의 명예직으로 1년 이상 근무자 중에서 민들레영토의 경영철학을 깊이 이해하고 성실하게 근무를 하며 경영에 탁월한 능력을 발휘한 사람을 선발해서 수여한다. 이들에게 명예스러운 작위식을 거행하며 일정액 이상의 매출을 올렸을 때는 인센티브도 주어진다.

(5) 모든 직원이 비전을 공유하라

민들레영토 홈페이지를 가보면 직원들이 로그인을 했을 때 직원들만이 볼 수 있는 게시판이 생기게 된다. 이곳에는 그때그때의 민들레영토 사업방향과 아이디어 그리고 지승룡 사장의 편지가 게시된다. 직원들은 이 게시판을 통하여 회사의 정보를 공유하고 아이디어를 제안하며 회사의 비전에 동참하고 아이디어를 공유할 수 있게 되는 것이다.

3) 4P 분석

(1) Product

민들레영토에서의 제품은 크게 민들레영토에서만 제공되고 있는 '민토차'와 각종 퓨전 음식 그리고 독특한 서비스가 주력상품이다. 민토차란 민들레영토에서 새로이 만든 차로 커피의 향기로움과 녹차의 담백함을 적절히 배합한 것이다. 또한 민토차는 만든 지 30분 이상 된 것은 제공하지 않기 때문에 소비자들이 받는 민토차는 그 최고의 향이 유지된 상태이다. 이는 아직 커피나 차에 익숙하지 않은 고객들에게 새로운 향과 맛으로 그들의 구미를 당기고 있다. 또한 민들레영토에 처음 들어갔을 때에 풍기는 이색적이고 복합적인 향의 중심에는 바로 민토차가 있다.

민들레영토의 두 번째 상품은 벌써 언급된 다양한 퓨전 음식에 있다. 퓨전 음식이란 여러 나라의 음식을 합쳐서 만든 새로운 음식장르인데, 전통적으로 내려오는 조제법이 없기 때문에 새로운 메뉴를 만들기 위해서는 지속적인 메뉴개발이 필수적인 사업이다. 이러한 사업이 있어서 민들레영토는 약 열흘 만에 새로운 메뉴를 개발해 손님들에게 다양한 맛과 즐거움을 선사하고 있다. 뿐만 아니라 민들레영토에서는 주방을 개방하여 누구든지 제작과정을 볼 수 있다. 다시 말하자면 음식을 통해서 즐거움과 믿음을 소비자에게 동시에 주고 있는 것이다.

(2) Price

민들레영토의 주 타깃 고객이 대학생들임을 감안한다면 가격은 분명 민들레영토 고객들에게 있어 가장 민감한 부분이 아닐 수 없다. 더욱이 설문조사에 따르면 많은 대학생들이 카페의 분위기나 다른 요소들보다는 가격을 더 중시한다는 점을 중점으로 봤을 때, 민들레영토의 가격정책은 매우 긍정적인 작용을 했다. 기본적으로 커피 · 차 한 잔에 몇 천 원씩 지불해야 하는 여타 다른 커피숍과 비교했을 때, 4,000원이면 차 세 잔에 눈치 보지 않고 3시간 자릿세 그리고 부대서비스와 문화생활까지 해결해주는 민들레영토는 설문조사에서도 알 수 있듯 다른 요소들보다 더 뛰어난 효과를 내었다.

(3) Place

민들레영토의 위치는 문화의 중심지이자 젊은이들의 근거지이다. 그러한 위치에 찾아 들어감과 동시에 그들의 욕구를 해결해 주었다. 그들에게는 자신들의 공간에 새로운 해결사의 등장으로 인식되기에 충분하였다.

(4) Promotion

민들레영토는 특별히 다른 대형 카페와 같은 광고나 판촉행사는 없다. 다만 서울에서 신촌이나 대학로 같은 소위 유명 명소에 한번쯤은 들른 사람이라면 민들레영토라는 독특하면서도 이색적인 이름과 주변배경에는 아랑곳하지 않고 마치 동화 속의 성을 연상시키는 우뚝 선 건물에 한번쯤은 눈길을 주었을 것이다. 이것이 민들레영토의 판촉전략이다. 즉 과장된 사실로 뒤덮인 광고나 거대자금을 투입한 대대적인 판촉행사보다는 사람들이 모이는 곳에서 있는 그대로의 모습을 보여주고, 고객들에게는 다양한 서비스를 통한 고객만족으로 그들을 놓치지 않고 단골손님으로 만들어버리는 것이 그들의 고도성장의 비법이다.

4) SWOT 분석

(1) 강점(Strength)

- 저렴한 가격, 실속 있는 서비스를 제공, 학생층의 폭발적 호응
- 다목적 기능형 카페로 학습, 토론, 대화, 휴식의 공간으로서 역할
- 민들레영토만의 차별화된 문화 상품들
- 민들레영토만의 독특한 인테리어, 편안함과 안락함을 제공
- 기독교 카페이면서도 아닌 듯한 분위기
- 효율성과 시간의 기회비용을 중시하는 계층에게 원스톱 서비스제공

(2) 약점(Weakness)

- 주차시설의 부족
- 술과 담배의 허용에 관한 기독교인들의 비판
- 홍보 부족으로 인한 '아는 사람들만의 공간'
- 다른 업체에 비해 약한 브랜드 파워
- 전체 세대를 흡수하고 있지 못함

(3) 기회(Opportunity)

- 특색 없이 일률적인 외식 업체 및 카페 시장
- 외식으로의 소비성향 변화와 이에 따른 외식산업의 증가 및 문화세대의 증가
- 편안하고 안락한 분위기에서 휴식을 취하고 싶어 하는 휴식공간의 선호도의 증가

(4) 위협(Threat)

- 외국 외식업체와 대형 체인형태 카페의 시장진입
- 대기업의 자본력을 바탕으로 한 외식 및 카페 시장 진출

3 성공 요인 분석

1) 패키지 서비스

문화비를 한 번만 내면 다양한 음료와 컵라면, 여러 문화 서비스를 즐길 수 있기 때문에 가격에 민감한 학생층의 입맛을 잡는데 성공한 것으로 민들레영토의 주된 성공 비결이다.

2) 다목적 기능형 카페

카페에서 차나 커피를 마시고 그저 수다를 떨면서 노는 것을 넘어 세미나와 시험공부, 독서를 함께 할 수 있는 다목적 공간인 민들레영토는 한 공간에서 모든 것을 해결할 수 있는 Multi-function의 복합 문화 공간으로 포지셔닝되어 다른 카페와 차별화된다.

3) 감성 마케팅(마더 마케팅)

민들레영토의 동화 같은 인테리어나 공주 같은 도우미들은 시각적 즐거움과 민들레영토를 향한 긍정적인 이미지를 쌓게 한다는 점에서 체험 마케팅 중에서도 감성 마케팅에 근거한 전략이다.

4) 일정한 서비스 질

엄격한 상품 관리와 서비스 관리는 언제나 고객들에게 일정한 서비스를 제공한다.

4 결론

민들레영토라는 카페의 잠재력과 서비스 전략, 그리고 서비스마인드, 민들레영토만의 독창적 파워를 만드는 힘이 무엇인가를 생각해 보았을 때 그것은 고객에게 최고의 만족과 감동을 주기 위한 경영자와 직원의 노력이 하나의 흐름으로 흘러 갈 수 있었다는 것에서 찾을 수 있다.

또한 더욱 발전하기 위해서는 민들레영토를 찾는 고객에 대한 고마운 마음을 항상 유지하며 고객을 위하여 민들레영토가 할 수 있는 일이 무엇이 있을까에 대하여 밤낮으로 고민하여 창조적인 공간을 만들어내야 한다. 마더마케팅과 감성리더십을 더욱 중요하게 생각하면서 민들레영토를 편안하고 고객이 항상 만족할 수 있는 감성공간으로 재창조할 수 있도록 노력해야 할 것이다.

그리고 서비스란 고객만족으로부터 출발하는 것이므로 민들레영토의 모든 구성원들은 그들의 독창적인 서비스를 매뉴얼화하여 다듬고, 밀물처럼 몰아치고 있는 외국계 외식업체들에게 대항하여 국내기업의 역량을 더욱 확고히 해야 할 것이다.

여타 다른 기업에는 존재하지 않는 독창적인 서비스 기법을 가지고 있으면서 많은 강점을 가진 민들레영토만의 잠재력을 이용한다면 충분이 그러한 일이 가능할 것이라고 생각한다.

찻집을 통해 생활을 문화로 이끌어 주는 대중문화공간이 된 민들레영토이다. 저 홀로 240킬로미터를 날아간다는 민들레의 자유분방함과 어디서든 강하게 살아가는 모습을 우리가 사는 삶의 한 영토로 들여놓자고 붙인 민들레영토에는 디지털시대를 살고 있는 사람들에게 잠시나마 마음의 휴식과 정신적 안정을 찾을 수 있는, 아날로그적인 편안함을 안겨준다.

단순한 찻집을 넘어 생활에 문화를 접목시킴으로써 하나의 문화공간으로 다가서고 있는 이곳에는 민들레영토만의 독특한, 그러나 모든 이들이 꿈꾸는 문화가 고스란히 담겨 있다. 고객감동이 최우선이라는 민들레영토이다. 꽃과 꽃을 이어주는 나비처럼 사람과 사람을 이어주는 중심에 자리 잡은 젊음의 문화복합기업 민들레영토. 불확실한 현실에 책을 읽고 명상하며 새로운 만남이 이루어지는 창조적인 문화공간이라는 명백한 대안을 제시하는 민들레영토가 우리만의 색채를 간직한 믿음기업으로 세계 속에 뿌리내릴 날을 기대해본다.

사례 11

외로운 도시인의 문화전도사로 우뚝 선 지승룡 소장

명동에서 컨설팅을 위한 미팅을 하려는데 마땅한 공간이 떠오르지 않았다. 젊은 직원들에게 물어보았더니 '민들레영토'를 추천했다. 어렴풋이 들은 적이 있는데, '이 참에 잘됐다. 한번 가보자' 하는 생각이 들었다.

전화로 예약하고 약속 날짜에 사람들을 민들레영토에서 만났다. 아니나 다를까 정말 십 수 명이 줄서서 기다리고 있었다. 커피숍 형태의 미팅 공간이라고 들었는데, '줄까지 서서 기다리고 있다니. 어리석은 시간 낭비가 아닐까' 하는 생각이 들었다.

일단 멋스런 입구가 마음에 들긴 했다. 공간 안으로 들어서자마자 아늑함과 고풍스러우면서도 밝고 이국적인 분위기가 풍겼다. 더불어 유럽풍의 옷을 입고 양손을 흔들며 반갑게 맞아주는 종업원들을 보면서 마치 동화 속에 빠져든 느낌마저 들었다. 그제야 사람들이 줄서서 기다리는 이유를 알겠다는 생각이 들었다.

그렇게 즐겁게 사람들과 미팅을 한 후에 민들레영토에 호기심이 발동했다. 그러던 차에 민들레영토의 대표인 지승룡 소장의 강연이 있다는 이야기를 들었다. 즉각 세미나를 신청하고 그 자리에 참석했다.

"안녕하세요. 다방 마담 지승룡입니다"라고 해맑게 자신을 낮춰 소개하면서 그의 이야기가 시작됐다.

그는 원래 목회자였다. 성직자의 길 외에는 아무 것도 생각지 않고 살았다. 하지만 이혼을 한 후에 인생이 송두리째 달라졌다. 결국 목회에서 쫓겨나다시피 한 그는 좌절과 방황으로 헤맨다.

생활도 궁핍해져 쪼들리자 이젠 남을 위로해줄 처지가 아니라 오히려 자신이 도움을 구해야 하는 절박한 처지가 되었다며 신세를 한탄해야만 했다. 그때 그가 발견한 탈출로는 책이었다. 그렇게 3년 동안 집안에 틀어박혀 생활하면서 무려 2,000여 권의 책을 봤다고 한다. 그러던 어느 날 새로운 일을 구상하느라 인사동의 한 카페를 찾았다. 자리만 차지하고 오래 앉아 있다고 해서 거의 쫓겨나다시피 나와야만 했던 적이 있었다. 이때 지승룡 소장은 '외로운 도시인들을 위해 고향의 집과 같은 아늑함을 느낄 수 있는 도시 속 휴식공간을 만들어야겠다.' 라는 비전을 세웠다고 한다.

그는 "가장 안 좋을 때가 가장 좋을 때다"라고 말한다. 정말 공감 가는 말이다. 어려울수록 더 좋은 기회의 문이 열리기 때문이다.

지승룡 소장은 시종일관 조용하고 차분하게 말했다. 하지만 유머도 있고, 열정도 있고 그리고 가슴을 흔드는 감성과 감동도 있었다. 다음은 그가 들려준 우스개 같은 에피소드다.

지소장은 손님과 대화를 나누는 것을 좋아했다. 손님들이 종종 대화 도중에 자신의 얼굴에 난 점에 관심을 보여 말이 끊기곤 하자 점을 뽑기로 결심했다고 한다. 무려 113개의 점을 뽑았는데 그는 얼굴로 아기를 낳은 느낌이었다고 표현했다. 살이 타는 듯했지만 고객을 생각하면서 참았다고 한다. 고객을 위해서 전기불로 얼굴을 지진 사람은 자신밖에 없을 것이라는 유머에 청중들은 크게 웃음을 터트렸다.

지승룡 소장은 최근에 많은 CEO들이 고객만족 경영을 중시하고 있다고 말했다. 그만큼 소비자의 마음을 움직이는 것이 중요하다는 인식이 퍼졌기 때문이라 좋은 현상이긴 하지만 실제적인 고객감동은 부족하다고 꼬집었다. 그러면서 자신의 '마더 마케팅(Mother marketing)'의 배경을 들려줬다. 처음에 그가 목회 일을 접고 다방 같은 것을 운영한다고 하니 그의 어머니는 상심이 컸다 한다. 그래도 어머니는 내색하지 않았다. 하루는 직접 밥상을 차려 머리에 이고 가게로까지 찾아왔다. 거동도 불편하신 노인이 대중교통을 이용해 먼 길까지 찾아왔을 것이라는 생각에 가슴에 메였다고 한다.

하지만 지금 가져온 그 밥을 먹으면 어머니가 다시 찾아올 것 같아서 밥 먹는 것을 거절했다. 그러자 어머니는 다시 식사를 권했다. 그는 좀 더 매몰차게 말해야겠다고 마은먹었다. "도대체, 왜 이런 것을 가져오셨어요. 다시 가져오지 마세요. 여긴 젊은 사람들 많은 곳이에요"라고 말했다.

이렇게 몇 번의 실랑이가 벌어지면서 끝내 어머니가 눈물을 흘렸다. 불효하는 것 아닌가 하는 생각으로 그는 가슴이 미어졌다.

어머니는 눈물을 흘리면서도 "승룡아, 그래도 딱 한 숟가락만 먹어"라고 말했다. 지소장은 더 이상 거절하지 못하고 눈시울을 적시며 밥을 다 먹었다.

'어머니가 자신을 대하듯 자신도 고객에게 그만한 정성을 들였는가!' 하는 반성의 마음이 들었다. 만일 보통 사람이 그토록 거절당했다면 누구든 모욕으로 느꼈을 것이다. 아니 어쩌면 상대를 원수로 여기고 다시는 쳐다보지도 않았을 것이다.

하지만 어머니는 어떤가. 어머니의 절대적 사랑에 비춰본다면 요즘 기업들이 언급하는 고객감동 서비스 수준은 조족지혈(鳥足之血)이라고 그는 말한다. 우리의 사랑이나 관계

역시 상대적 관점에 따라서만 움직이는 경우가 대부분이기 때문이다.

강연을 듣는 내내 '문화'와 '감성'이라는 두 코드가 머리에 맴돌았다. 그는 처음에 '도시 속에 문화 공간 창조'라는 비전으로 시작했다. 하지만 이젠 '마더 마케팅'이라는 이름으로 우리들 어머니의 감성을 살리려는 아름다운 비전을 가지고 살아가는 리더로 생각됐다.

역경이 사람을 강하게 만든다는 사실을 믿는다면 당신은 어떤 어려운 일이 닥친다고 하더라도 언제든지 다시 일어날 수 있는 토대를 이미 마련한 것이나 마찬가지다.

(대구대학교 초빙교수, 인재개발연구소 대표, 커리어코치협회 부회장 정철상 제공)

자료 : 조선일보, 2012년 7월 20일

Q&A

1. 적은 문화비를 받고 손님들이 장시간 체류하고 있다면 좌석회전이 잘 되지 않아 이익을 창출할 수 있는지?

문화비 이외에 퓨전음식, 샐러드, 피자 등 식사류가 준비되어 있어 세미나, 동호회 모임 등을 할 때 식사도 함께 할 수 있으며 식사 이외에도 커피전문점에서 판매되고 있는 다양한 커피 및 주스 등 많은 메뉴가 준비되어 있어 장시간 있어도 민들레 영토 안에서 해결이 가능하기 때문에 이익 창출에는 문제가 없다. 또한 프랜차이즈를 하기 위해서는 100평 이상 넓은 공간을 확보할 수 있는 재정적 능력을 가져야 한다는 사항이 있다. 좌석회전율이 낮은 대신 많은 자리를 만들기 위해서 이러한 조항이 있기 때문에 회전율에는 문제가 없다.

2. 식사류 메뉴에는 어떤 것이 있는지?

식사를 할 수 있는 메뉴로는 스테이크, 퓨전요리, 피자, 샐러드 등 식사가 준비되어 있으며, 점심에는 식사류가 할인된 가격으로 제공되며, 식사를 주문 후 1,000원을 추가 하면 문화비 5,000원을 낸 것과 동일하게 이용할 수 있다.

*참|고|자|료

- 민들레영토 희망 성공스토리, 김영한 · 지승룡, 랜덤하우스 중앙, 2005년
- 민들레영토에 핀 사랑, 지승룡, 골든북, 2001년
- 스타벅스vs민들레영토-문화를 파는 감성마케팅, 고은경, 21세기북스, 2008년
- 외식경영론, 정용주, 백산출판사, 2011년
- 민들레영토 홈페이지(http://www.minto.co.kr)

10

엔제리너스

Angel in-us Coffee

엔제리너스

1 엔제리너스 소개

1) 기업 소개

'식음료, 롯데의 30년 프랜차이즈 노하우가 만드는 최상의 커피'

엔제리너스커피는 자바트레이딩사와 디스턴스랜드사를 그린빈파트너로 두고 최고 품질의 엄선된 아라비카 원두만을 사용한다. 또한 자바 커피만의 특허 배전 방식을 사용하여 균일한 품질 관리가 가능하다. 뿐만 아니라 국내에서 직접 로스팅을 하므로 해외에서 로스팅되어 수입되는 원두에 비해 최고의 신선함이 유지된다.

무엇보다 국내 식음료업계의 대표주자인 롯데가 보유한 30년 프랜차이즈 노하우를 통한체계적인 품질 관리, 유통, 점포 관리가 가능하여 보다 품질 높은 제품을 제공하고 있다.

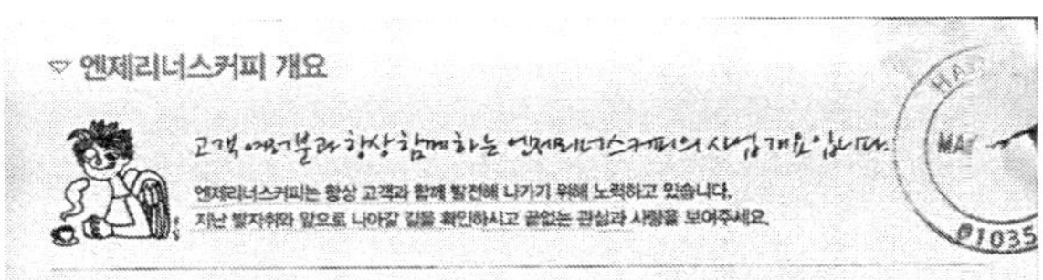

엔제리너스 커피는 아래 3가지 약속으로 고객들에게 최고의 제품과 서비스를 제공한다는 생각을 가지고 있다.

① 커피의 진정한 맛과 향을 고집하겠습니다.

② 편안하고 여유로운 휴식 공간이 되겠습니다.

③ 최상의 상품, 친절, 위생 등 고객 감동 서비스를 실천하겠습니다.

이처럼 커피를 제공하는 것에만 초점을 맞추기보다는 커피의 맛은 물론이고 커피를 마실 수 있는 편안한 휴식 공간제공, 고객감동 서비스 실천을 바탕으로 운영되고 있다. 실제로 고객감동을 실천하도록 하기 위해서 엔제리너스 각 지역 본부에서는 지역 매장을 상대로 비공개적으로 한 달에 한 번씩 본부 CS팀이나 CS팀이 고용한 사람이 손님으로 가장해 매장을 방문을 하게 되는데, 이때 점원이 미소를 띠며 말을 하는지, 말투는 어떠한지, 그리고 커피의 맛까지 꼼꼼하게 체크를 하고 평가하여 매장마다 서비스점수를 매김으로서 기업이미지를 향상 시키고 최고의 서비스를 선사할 수 있도록 노력을 기울이고 있다.

2) 브랜드 소개

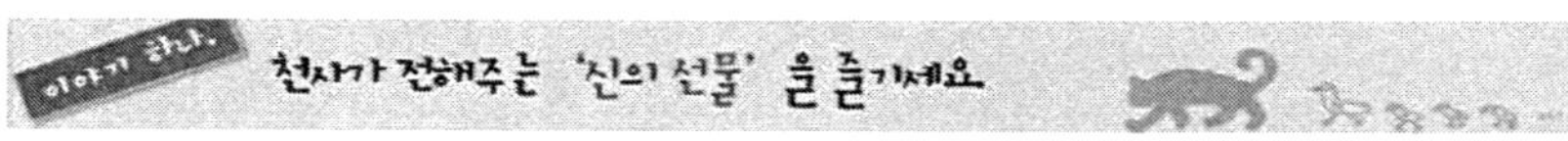

Angel-in-us는 천사가 '신의 선물' 을 사람들에게 전해주는 공간이다. 사람들은 그곳에서 모두 천사 같은 영혼으로 편안함과 행복함을 느낄 수 있다.

천사가 전하는 신의 선물을 마시는 최고의 공간, 천사처럼 부드럽고 달콤한 정통 커피 의 맛과 향을 느낄 수 있는 곳, 천사의 영혼을 닮고 싶어 하는 사람들이 머무는 곳, 바로 Angel-in-us Coffee이다.

(1) 브랜드 네이밍 : '우리 안의 천사'

엔제리너스 브랜드네임의 특징은 '차별화' 에 있다. 기존의 유명 커피전문점 브랜드들의 다분히 강하고 직접적인 네이밍과는 달리 엔제리너스는 여성스럽고 따뜻한 이미지를 채용하였다. 또한 '우리 안의 천사' 라는 뜻이 중요한 만큼 발음 또한 중요하였기에 'Angel' 과 'in' 과 'us' 가 자연스럽게 연음이 되어 읽히도록 했다.

(2) 3명의 천사 '가브리엘, 라파엘, 안젤라'

- 가브리엘 : 꿈 많고 상상력이 넘쳐나는 개구쟁이 천사. 세상의 모든 일에 호기심이 가득하고 뭐 장난칠 거 없나 항상 궁리 중인 캐릭터이다.
- 라파엘 : 가브리엘의 형인 라파엘. 세련되고 낭만이 넘치는 진정한 로맨티스트로 바람둥이인 걸 알면서도 그를 보면 사랑에 빠질 수밖에 없는 매력을 가졌다.
- 안젤라 : 라파엘의 친구. 심한 공주병으로 세상 모든 사람들이 자기를 사랑하고 있다고 착각하는 귀엽고 사랑스러운 아가씨이다.

2 커피 개요

1) 한국커피의 역사

우리나라에 커피가 처음 들어온 것은 구한말 아관파천을 전후한 시기인 것으로 보인다. 러시아와 일본이 우리나라의 이권을 침탈하려 각축을 벌이던 때에 커피가 전해졌다는 것이다. 러시아인이 전했다고 하는 이도 있고, 일본인이 전했다고 하는 사람도 있다. 이때는 시대적인 분위기 탓인지 커피에 대한 인식이 그리 좋지 않았다. 여기에 더욱 쐐기를 박은 사건이 있었는데 이름하여 고종 독극물 사건이다.

아관파천 당시 고종은 처음으로 세자이던 순종과 함께 커피를 즐겼다고 한다. 그 후 덕수궁으로 환궁한 뒤에도 커피 맛을 잊지 못하고 계속 즐겼는데 이것을 안 김홍륙이

고종에게 앙심을 품어 숙주를 매수하여 임금과 세자의 커피에다 독을 넣게 했다. 다행히 고종은 입에 넣었던 독차를 뱉어 버렸으나 세자인 순종은 한 모금을 마셔 그것이 유약 체질의 원인이 되었다고 말한다.

우리나라 최초의 다방은 러시아 공사 베베르(Karl Ivancvich Waeber)의 미인계 전략으로 한국 사교계에 침투한 손탁이란 여자가 러시아 공사관 앞에서 경영하였던 정동구락부라고 할 수 있다. 이때를 시작으로 개화기와 일제 강점기에는 명동과 충무로, 소공동, 종로 등에 커피점이 자리 잡았다. 또, 당구장과 다방을 겸한 곳으로 각종 다과류와 양식을 선보였다고 한다. 한편으로는 일본인 나카무라가 서울에 문을 연 다방 '나카무라'가 최초의 근대식 다방이라고도 한다. 이러한 일본식 다방은 한일합방 직후에 명동에 다수 문을 열었으나 이들은 모두 일부 고위층만이 드나들던 곳으로 일반인들은 감히 출입할 엄두도 낼 수 없었다고 한다.

2) 커피산업 시장 현황

수년 동안 지속적으로 증가하고 있는 커피전문점과 편의점 곳곳에 비치된 커피음료의 가짓수를 보면, 대한민국은 커피공화국이 되었음을 실감할 수 있다. 최근 커피시장의 성장세가 둔화되고 있다는 일부 지적에도 불구하고 커피전문점마다 연인과 가족, 친구 단위의 이용객들로 연일 붐비고 있다.

또 사람들의 손마다 들려 있는 커피음료를 보면 '언제부터 이렇게 많은 사람들이 커피를 즐겼을까?' 라는 생각이 들만큼 커피는 급속하게 대중화에 접어들고 있다.

게다가 소위 RTD(Ready to Drink) 음료라고 불리는 캔 · Pet · 병 · 컵 등의 휴대용 커피음료시장을 노리는 커피전문브랜드 및 음료업계의 경쟁도 갈수록 치열해지고 있다. 이런 커피시장의 확대는 기본적으로 커피를 음용하는 소비자들이 그만큼 폭넓다는 것을 말해준다. 기호식품을 넘어 '물' 다음 가는 마실 거리로 자리 잡은 커피의 인기가 언제까지 계속될지 주목해볼 필요가 있다.

아래 그래프는 시장조사전문기관 트렌드모니터(trendmonitor.co.kr)가 기획하고 이지서베이(ezsurvey.co.kr)가 진행하여 성인남녀 1,000명을 대상으로 커피 음용과 관련한 설문 조사를 한 결과인데, 커피전문점 커피(64.7%)의 이용이 전년(54.7%)보다 10% 늘어나 커피전문점의 대중적인 인기를 확인할 수 있었다. 특히 20대와 여성 소비자의 이용이 두드러진 특징을 보였지만 전 연령대에서 커피전문점에 대한 인식이 바뀌고 있음도 알 수 있다. 커피전문점이 포화상태라는 분석 속에서도 커피전문점들이 우후죽순 늘어나는 것도 결국은 소비자가 끊임없이 찾고 있기 때문인 것이다.

■ **선호 커피 종류**

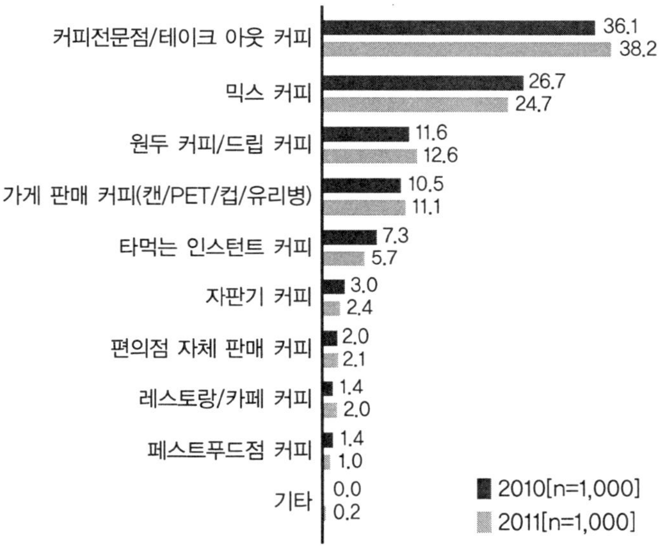

엠브레인트렌드모니터(www.trendmonitor.co.kr)

우리나라에 커피가 상륙한지 100여 년이 훌쩍 넘은 현재 한국에서는 한 사람당 연간 350잔을 마시는 필수품이 되었다. 이렇게 우리 생활에 깊숙이 파고든 한국의 커피시장의 동향을 간략히 살펴보면 2009년 국내 커피시장 전체 매출 규모는 약 2조 2000억 원을 기록했다. 그 중 여전히 커피믹스를 비롯해 인스턴트커피의 시장의 규모가 절반 넘게 차지하고 있지만, 고급커피시장의 성장세 또한 만만치 않았다. 2008년 커피전문점의 매출은 약 5500억 원이었고, 프리미엄 원두커피시장도 6000억 원대에 이르렀다. 이렇게 꾸준한 성장세 속에 여전히 선진국에 비하면 아직도 원두 커피시장은 약세이고,

점포 수 또한 많지는 않지만 커피전문점의 점포 수가 3000개를 넘어섰고 꾸준히 생겨나고 있다.

처음 우리나라에 먼저 알려진 스타벅스를 비롯하여 커피빈 등 대형 해외브랜드업체들이 국내에 먼저 자리 잡고 최근 꾸준한 성장세가 예상되는 가운데 롯데에서 선보인 토종 브랜드 엔제리너스의 점포수가 카페베네와 이디아커피의 뒤를 이어 업계 3위에 위치하여 화제가 되었다. 이를 보며 국내 브랜드인 엔제리너스가 어떤 마케팅을 통해 이같이 성장할 수 있었는지 관심을 가졌고, 다른 브랜드와 어떤 차별화 전략을 세웠는지 그리고 수많은 경쟁업체들과의 경쟁에서 어떤 전략과 운영방식을 통해 고객을 유인하고 있는지에 대해 관심을 가지게 되었다.

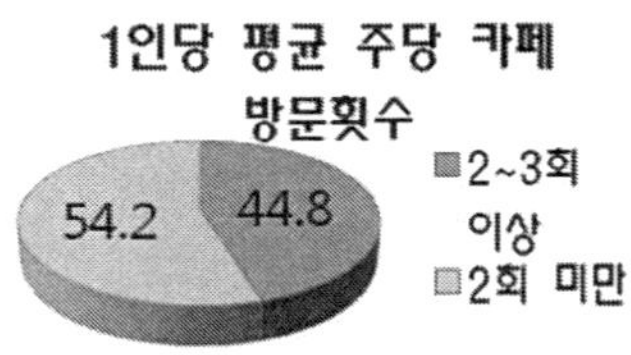

3 5P 분석

1) product

다이어트에 민감한 여성을 위한 가장 선호도가 높은 제품은 따로 분류하여 저칼로리, 저지방 음료 및 사이드메뉴를 출시한다. 특히 저칼로리 다이어트용 디저트 메뉴는 시간이 없고 다이어트에 관심이 많은 20~30대 직장여성을 타깃으로 식사의 대용품으로 인지하게 하여 매장에서 식사까지 해결할 수 있도록 한다.

또한 엔제리너스만의 천사캐릭터를 활용한 여성스러운 캐릭터 상품, 예를 들면 엔젤 다이어리, 엔젤 텀플러, 엔젤 머그컵, 무릎 담요 및 쿠션 등을 출시한다.

또한 계절에 따라 스페셜 메뉴를 출시하기도 한다. 예를 들면, 봄에는 딸기를 주재료로 하는 '스트로베리 카페라떼'와 '스트로베리 카페모카'를 출시하였고, 여름에는 얼음 슬러시 제품인 'angel-in 핑크 스노우'를 출시하기도 했다.

2) Price

할인카드, 적립카드, 쿠폰 등 합리적인 소비에 관심이 많고 이를 적극 활용하는 여성 고객에게 엔제리너스만의 특별한 여성 할인 혜택을 제공한다. 먼저 '롯데 멤버스 카드'를 사용하면 1%의 적립 5% 할인 혜택을 제공하고 이를 홍보하여 2천만 명이 넘는 회원 수를 보유한 롯데 멤버십 회원들을 엔제리너스로 유인한다. 여성에게는 1%의 적립을 더 제공하여 커피 소비량이 훨씬 많은 여성 고객을 유치한다.

SNS(Social Network Service)는 온라인 상에서 불특정 타인과 관계를 맺을 수 있는 서비스로서 최근 새로운 마케팅 기법으로 떠올랐다. 따라서 엔제리너스에서도 SNS를 이용한 할인 혜택을 제공한다. 예를 들면 트위터의 리트윗이 이루어진 고객에게 커피 할인 쿠폰을 지급하거나, 엔제리너스와 친구가 된 페이스북 이용자에게 할인 크폰을 지급한다. 또한 페이스북 담벼락에 사연을 남기는 이용자에게 할인 쿠폰을 지급하는 식으로 다양한 방법의 할인 혜택을 제공한다.

원가를 절감하고 환경을 생각하는 기업이미지를 부각시켜 일회용 컵 사용을 지양하는 캠페인의 하나로 텀블러 및 개인잔으로 커피를 받는 고객에게 500원 가격 할인을 제공한다.

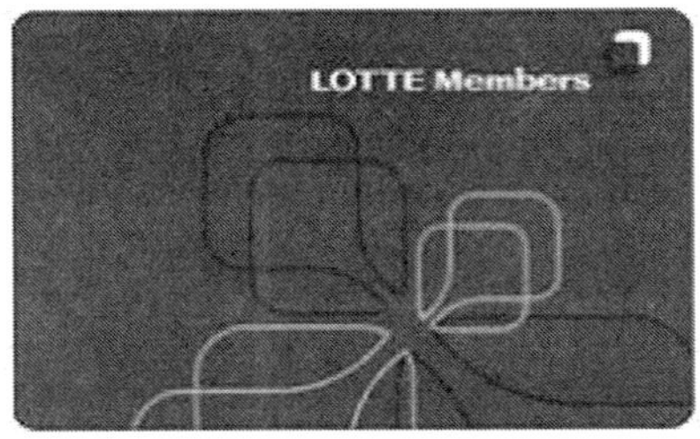

저렴한 가격을 선호하는 대학생들을 위해 단품보다는 저렴한 세트 메뉴를 구비해 놓음으로서 고객들의 선택의 폭을 넓혀주고 부담 없는 가격 제공을 위해 노력하고 있다. 커피+와플이나 커피+샌드위치 등의 5제품들을 세트메뉴로 판매하고 있다.

3) place

유동인구가 많은 상권에 집중적으로 입점한다. 기존의 임대료가 낮은 외곽 중심의 입점구조가 아닌 유동인구가 많은 대학교 앞, 쇼핑몰, 백화점 등에 집중적으로 입점하여 접근성과 친근성을 높인다. 청대점의 예를 들어보면 교차로에 위치하고 있어 신호를 기다리는 차량 안의 사람들이나 거리를 다니는 시민들에게도 어필할 수 있는 점포의 위치이다. 또한 카페 내의 여성을 위한 편의시설 제공하여 다른 전문점에서 체험할 수 없는 여성을 위한 특별한 편익을 제공한다. 예를 들면 매장 내에 미니 파우더룸을 설치하여 여성을 배려하는 공간을 조성하고, 매장 내 여성을 위한 무릎담요, 물티슈, 거울, 여성전문잡지 등 여성 들이 필요로 하는 물품을 항시 구비해 놓는다.

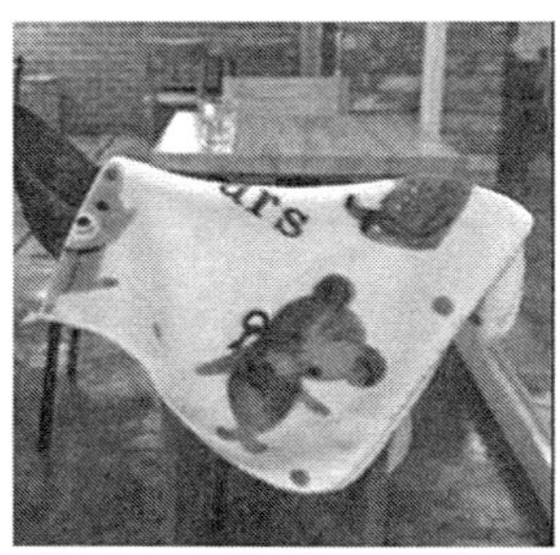

매장에 들어서면 판매하는 음료, 케이크, 와플 등의 제품들만 진열해 놓은 것이 아니라 어린이과 마니아들을 위한 캐릭터용품을 판매하기 위한 진열장 또는 머그컵을 판매하는 진열장을 설치해놓은 것을 볼 수 있다. 엔제리너스의 마스코트인 천사가 그려진 머그컵을 디스플레이 해놓고 천장에 천사모빌을 메달아 엔제리너스의 콘셉트, 테마에 맞는 분위기를 연출했다.

케이크, 쿠키, 와플, 음료 등이 진열되어 있는 진열장은 먹음직스러운 음식들로 소비자들의 주문을 도와주고 판매를 촉진시키는 역할을 하기도 한다. 이렇게 엔제리너스의 모든 점포에서는 '천사와 함께 하는 커피'의 테마에 맞는 점포를 갖추려고 노력하는 모습을 볼 수 있다.

4) promotion

(1) 다양한 사회공헌 활동으로 기업의 이미지 제고

작년 2월 열차편으로 고향을 찾는 귀성객들을 위해 무료 커피시음회를 진행해 귀성객들에게 12000잔의 커피를 무료로 제공했다. 4월에는 국제아동권리기관 세이브더칠드런과 연계해 수익금의 일부를 기부할 수 있는 "천사세트 2종"을 판매 진헝하여 빈곤한 아동의 권리를 보호, 의료등의 구호 활동을 하고 있는 NGO단체에 판매수익의 일부를 기증하였다. 9월 추석에 역시 귀성객들에게 커피를 제공하는 이벤트를 실시하였고 10월4일 천사데이로 지정해 굿네이버스와 함께 천사데이 캠페인 행사를 개최해 캠페인의 기부금은 국제개발구호NGO 단체인 굿네이버스를 통해 국내 및 세계의 어려운 이웃을 위해 쓰여질 예정이다.

이외에도 한 달에 한번씩 Coffee school을 운영하면서 홈페이지를 통해 신청자를 받고 지정된 영업장에서 참가자들에게 커피에 관한 여러 가지 정보와 제조방법 등을 알려주면서 커피에 대한 관심과 재미를 제공하고 있다. 뿐만 아니라 Coffee school을 통해 참가비 만원은 유니세프의 아프리카 식수위생사업에 후원되는데 이때 참자가가 기부자 명단에 올라가게 된다.

이처럼 매년 다양한 사회 공헌활동을 통해 현대기업의 사회적 책임을 다하고 브랜드 이미지향상을 통해 홍보효과를 누리고 있다.

(2) 케이터링 서비스

엔젤리너스의 케이터링 서비스는 매장을 직접 방문하지 않고도 언젤리너스의 커피와 케이크 등의 음식을 즐길 수 있는 서비스로 직장 내 회의 및 소규모 모임 시 사전에 미리 신청해 매장 직원과 메뉴와 콘셉트를 정하고 원하는 시간과 장소에 종업원이 직접 방문하는 서비스이다.

(3) 특설매장 서비스

고객의 T.P.O(Time, Place, Occasion)에 맞는 임시매장을 직접 방문하여 설치해주는 서비스로 행사장, 축제, 박람회, 영화제, 음악회 등의 장소에 간이 바를 설치에 커피 및 디저트류를 요청한 장소와 시간에 제조, 제공하는 서비스이다. 특설매장 서비스를 신청하면 커피 150잔 이상 구매 시 20% 할인과 일회용 컵, 커피스틱, 냅킨, 설탕시럽을 무료로 제공한다.

(4) 스마트폰 SNS, 어플리케이션, 소셜 커머스를 이용한 판촉활동

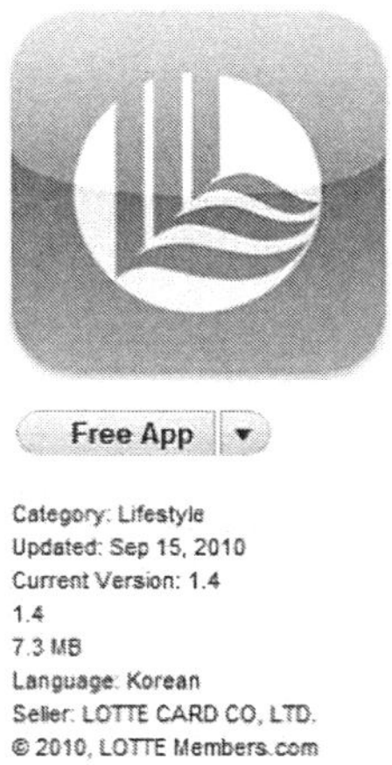

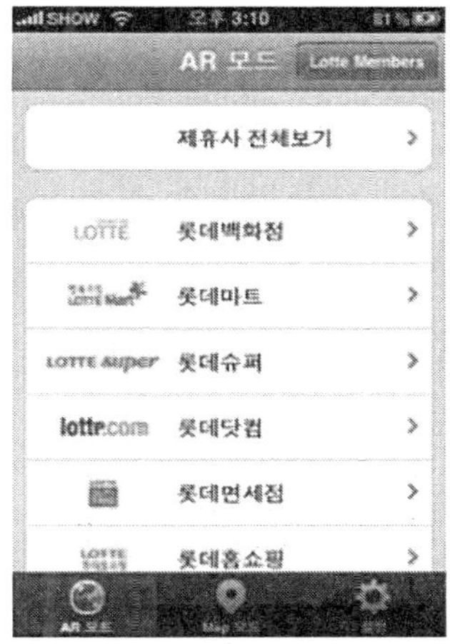

스마트폰이 활성화되면서 각 기업에서는 소셜미디어 활용뿐만 아니라 자사 전용 어플리케이션을 내놓는 등 스마트폰을 이용한 마케팅에 힘을 쏟고 있다. 롯데도 이러한 추세에 따라 2010년 5월, 전 계열사를 통합한 아이폰용 애플리케이션 '스마트 롯데'를 출시했다. 소비자는 이 애플리케이션을 이용해 롯데포인트를 사용할 수 있는 롯데그룹 계열사를 검색할 수 있고 가맹점 위치 등의 정보도 검색할 수 있다.

또한 페이스북과 트위터에 페이지를 개설해 다양한 할인 쿠폰을 제공하고 있다.

엔제리너스에서는 요즘 기업들이 많이 사용하는 소셜커머스에도 눈을 돌려 판매촉진관리를 하고 있다. 주 고객층인 20~30대 젊은 세대를 타깃으로 하였기 때문에 전단광고나 무료쿠폰을 배포하기보다는 인터넷이나 스마트폰을 이용한 마케팅으로 판매촉진을 꾀하고 있다. 주문 시 휴대폰으로 사전에 인터넷으로 전송받은 번호만 보여주면 제품을 50% 할인해주는 등 이용하기 쉬운 방법으로 소비자들에게 어필하고 있다.

5) People

(1) 엔제리너스 인재상

끊임없는 자기개발과 열정으로 고객감동을 생활 실천하며 엔제리너스 커피와 미래를 함께 할 수 있는 사람을 최고의 인재상으로 꼽는다.

(2) 교육제도

점포관리자 육성 차원에서 점포관리에 필요한 전문지식과 기술을 지속적으로 교육받게 되며, 어학, 전산, 경영일반 교육 등 개인의 능력과 자질을 향상시킬 다양한 교육기회를 제공받게 된다.

(3) 승진 및 경력개발

부점장으로서 2~3년 근무하면 평가과정을 거쳐 한 점포의, 총 책임자인 점장으로 승진하게 되며 그 이후에 여러 점포를 총괄하는 슈퍼바이저, 더 나아가 일정 지역을 관리하는 지점장 등으로 승진하게 된다.

(4) 복지

다양한 복지혜택, 인센티브제도, 휴가, 콘도운영, 써클 활동지원 등의 복지 혜택이 있다. 이외에도 엔제리너스의 인재채용은 롯데그룹 공채를 통한 외식사업부(롯데리아 내 엔제리너스 점포관리자로 채용을 한다) 직원들에게 해당되는 복지제도로는 4대 보험(국민연금, 의료보험, 산재보험, 고용보험) 가입, 명절 귀향여비 지급, 하계체력단련비 지급, 휴양 콘도운영, 자녀 학자금지원, 단체 상해보험 가입(본인 입원 시 치료비 지원) 등이 제공된다. 하지만 점포를 운영하는데 공채직원의 비율보다 파트타임 직원의 비율이 높아 이러한 혜택을 받는 종업원은 소수에 불과한 문제점을 가지고 있다.

또한, 바리스타 챔피언십 개최 등으로 인한 전문 인력 배출노력을 실시하고 있다. 엔제리너스커피는 롯데리아의 직 가맹점을 포함한 전 직원들을 대상으로 매년 '바리스타 챔피언십' 을 개최한다. 본선 대회는 예선을 우수한 성적으로 통과한 10명이 참여하고 약 10시간 동안 대회가 진행된다. 한국 커피교육센터 소속 커피전문가 6명으로 구성된 전문심사위원이 한국 바리스타 챔피언십 심사항목에 입각해 평가한다. 1, 2, 3입상자에게는 트로피와 상장, 상금과 커피 마스터 인증 마크가 부상으로 지급되고 이들에게 해외연수의 기회도 제공하고 있다. 이 대회를 통해 직원들의 사기진작과 더불어 전문 인력 배출에 노력을 기울이고 있다.

4 SWOT 분석

1) 강점(Strength)

Angel-in-us는 롯데라는 굴지의 대기업이 운영하고 있으며 이에 따른 막강한 자금력과 유통력을 가지고 있는 것을 가장 큰 강점으로 볼 수 있다. 또한 국내에서 직접 로스팅 한 신선한 원두를 제공하고 있으며 최근 증가하는 고객만족도를 강점으로 볼 수 있다. 또 캐릭터를 이용한 스토리로 차별화된 이미지를 구축하고 있다.

2) 약점(Weakness)

커피전문점 시장은 경쟁기업이 상당히 많으며 그 기업들의 점유율이 굳건하다고 볼 수 있다. 또한 메뉴가 지나치게 다양하다는 점과 차별화된 메뉴가 부족하다는 점, 매장마다 맛이 균일하지 않다는 점이 약점으로 나타났다.

3) 기회(Opportunity)

우리나라 시장은 아직 선진국에 비해 커피전문점 시장의 성장 가능성이 높고 해외로의 진출 가능성도 기회로 볼 수 있다. 그리고 또한 사람들의 소비구조가 인스턴트커피에서 원두커피로 변화하고 있다는 점을 기회로 볼 수 있다.

4) 위협(Threat)

Angel-in-us는 자금력을 이용해서 빠르게 점포 수를 늘리고 있으나 이것이 시장 속도에 비해 너무 빨라 무리한 확장이 될 수 있다. 또한 카페베네 등 신규 브랜드들의 확장속도도 빨라 이것 또한 위협이 될 수 있으며 커피자체의 원가가 상승하여 가격부담도 위험요소로 들 수 있다. 최근 네슬레의 돌체구스토, 스타벅스의 스타벅스 비아와 같은 커피전문업체들의 집에서 만들어 먹을 수 있는 포장 커피시장으로 사업을 확장해가며 성장하고 있는 것이 또 하나의 위협요소로 자리 잡고 있다.

5 STP 분석

1) 시장세분화(Segmentation)

(1) 지리적 기준

지역별로 시장을 세분화.

서울, 경기, 충청, 호남, 영남, 강원, 제주 등

(2) 인구통계학적 기준

인구통계학적 기준 중에서도 성별, 연령에 따라 분류

■ AIO(Activity, Interests, Opinion) 패러다임 분석

연령	특징(남/여)
10대	A : 문화생활보다는 학업으로 인해 바쁜 시기 I : 커피보다 탄산음료를 선호 커피숍보다는 패스트푸드점 선호 O : 공부를 위한 목적으로 잠을 줄이기 위해 마심 경제력이 부족하므로 캔커피 또는 직접 타먹는 커피 선호
20대	남성 A : 소비문화를 주도하는 연령층 I : 새로운 문화에 흥미를 갖고 금방 적응하는 시기 O : 커피숍은 약속장소이자 연인과의 데이트 장소로 생각

연령	특징(남/여)
20대	여성 A : 소비문화를 주도하는 연령층 가장 많이 커피숍을 이용하는 소비자층 I : 개인적인 커피 취향을 알아보는 시기 커피마니아층 형성 커피문화에 익숙 O : 친목도모를 위해 커피숍 자주 이용
30대	남성 : 커피숍보다 술자리를 선호
	여성 한 커피 맛에 익숙해져서 자신만의 브랜드 고집 자주 이용하는 커피 브랜드를 가지고 있음 휴식, 여유를 갖기 위해 커피숍 이용 사업상 미팅 장소로 이용
40대	남성 : 커피숍보다 술자리를 선호
	여성 맛을 즐기기 보다는 사람들과 이야기를 나눌 수 있는 장소로 생각 사람들과의 모임의 장으로서 커피숍을 이용, 상당히 여유로운 소비층
50대 이상	건강을 중시하여, 찻집을 선호한다.

2) 목표대상(Targeting)

시장세분화 과정을 통하여 10대 시장은 구매력이 없고, 20~30대 남성 시장은 규모 및 성장성이 약하며 방문 빈도가 여성에 비해 떨어짐을 알 수 있었다. 또한 40~50대의 경우 커피전문점 문화에 익숙하지 않고 높은 커피가격에 대한 반감이 있는 것으로 나타났다.

이에 커피전문점에 대한 선호도가 높고, 구매력을 갖추었으며, 지속적으로 커피 소비를 즐기는 비율이 높아지는 20~30대 여성층을 선택하였다.

20~30대 여성을 표적시장으로 삼았기에 특정 시장을 전문화하여 침투하는 전략을 택하였다. 다이어트에 관심이 많은 여성을 위한 저지방/저칼로리 커피 제품과 여성들이 선호하는 캐릭터 상품(텀블러, 다이어리, 머그잔) 등을 개발해 여성 시장에 보다 집중적으로 접근하여 고객에게 여성 지향적 커피전문점으로서 다가간다.

	10대	20대	30대	40대	50대
남성	성장률 × 규 모 × 구매력 ×	성장률 ○ 규 모 × 구매력 ○	성장률 ○ 규 모 × 구매력 ○	성장률 × 규 모 × 구매력 ○	
여성	성장률 × 규 모 × 구매력 ×	성장률 ○ 규 모 ○ 구매력 ○	성장률 ○ 규 모 ○ 구매력 ○		

3) 포지셔닝(Positioning)

상위 8개 커피브랜드 전문점 모두 이미지 맵 조사에서 이미지와 콘셉트가 중첩되는 브랜드가 대부분이었다. 하지만 여성을 위한 커프전문점 브랜드로 집중적인 포지셔닝을 한 기업은 없었으며, 지금 현재 엔제리너스의 감성적 그리고 약간의 여성지향적 분위기의 포지셔닝은 타 브랜드와 큰 차별점이 없는 것으로 나타났다. 이에 '엔제리너스'는 다른 브랜드와의 차별성을 위하여 여성적 및 이성적 분위기의 극대화를 통하여 확실한 여성을 위한 이미지, 여성에게 실질적, 상징적 편익을 제공하는 재포지셔닝하는 전략을 선택하였다.

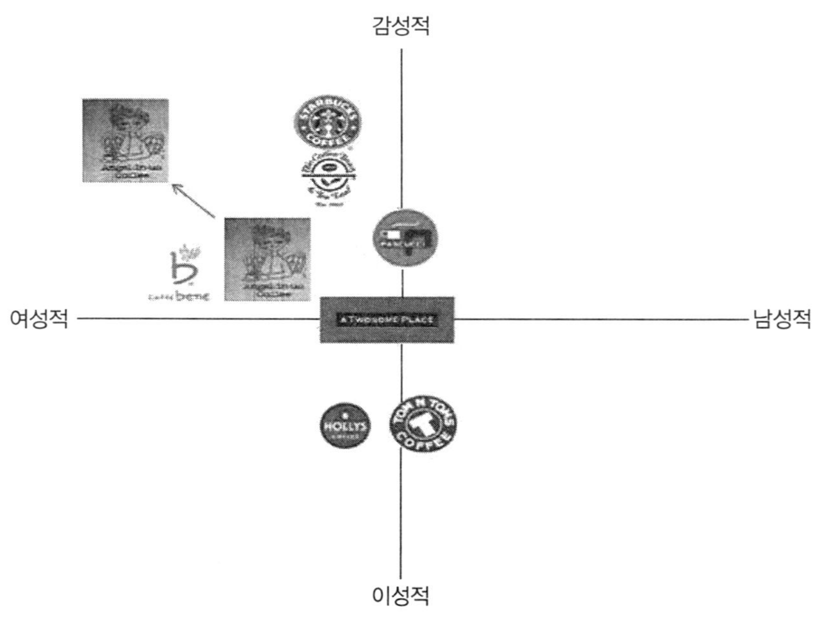

6 경쟁사 분석

1) 스타벅스

스타벅스는 원래 1971년 제럴드 볼드윈과 고든 보커, 지브 시글 세 사람이 뜻을 모아 미국 시애틀에 설립한 커피 재료 판매회사이다. 이후 사업가 하워드 슐츠가 스타벅스를 인수하면서 글로벌 기업으로 성장했고, 1996년 일본에 첫 번째 해외 매장이 문을 열었다. 우리나라에는 신세계 그룹이 들여와 1999년 7월, 이화여자대학교 앞에 1호점을 오픈했다.

이곳의 커피는 아라비카 원두에 스타벅스의 로스팅(배전), 블렌딩(배합), 쿨링(온도 유지), 진공팩 포장, 개봉 후 7일 이내 소비 등 스타벅스에서 규격화한 방식의 커피를 제공하고 있다. 스타벅스만의 고유한 맛은 바로 이 규격화된 노하우에서 비롯된 것이다. 우리가 마시는 커피들은 스타벅스 내부에서 일 년에 1천여 샘플에 대한 테스트 결과의 산물이다.

스타벅스는 '다방 커피'였던 우리나라의 커피 문화를 바꾼 기업이다. 전 세계 어디서나 동일하고 익숙한 매장 분위기를 느낄 수 있고, '예상 가능한' 맛을 제공함으로써 우리나라의 기업형 커피 전문점의 포문을 열었기 때문이다. 그러나 커피 생산국의 노동력 착취, 비싼 커피 값 등으로 비난을 받기도 한다. 또한 기존 찻집의 푹신한 쿠션을 딱딱한 나무의자로 바꾸고, 도자기잔 대신 일회용 종이컵을 주면서 배달 대신 셀프서비스를 표방하기 시작하며 불친절한 기업의 이미지가 생기기도 했다.

2) 커피빈

1963년, 허버트 비 하이먼과 모나 하이먼이 미국 캘리포니아의 브렌트우드에 매장을 연 것이 커피빈의 시작이다. 그들은 '단순한 것이 최고(Simply the Best)'라는 캐치프레이즈를 걸고 서비스를 시작했다. 특히 커피빈이 세계적인 브랜드로 성장한 데에는 오리지널 아이스 블렌 음료와 라이트 로스트 스타일의 원두, 오리지널 고메 파우더 등이 큰 역할을 했다. 우리나라에는 2001년 5월 청담동에 처음으로 문을 열었다.

커피빈은 '매일매일 로스트(Fresh roast daily)'를 모토로 삼는다. 다양한 원두 고유의 맛과 향을 최대한 살리는 것도 커피빈의 특징이다. 또한 커피빈은 커피의 품종이 어디에서 재배되었는지 보다 재배지의 고도와 가공 준비에 그 맛이 달렸다고 생각한다. 커피빈은 웹사이트 가이드를 통해 '커피는 높은 고도에서 오랫동안 성장할수록 농축된 맛을 내며, 그 커피를 손으로 따서 말린 후 엄격한 기준으로 분류할 때' 최상의 원두를 만들어낼 수 있다고 말하고 있다. 에티오피아 이르가체페 모카, 케냐 AA, 브라질 세라도, 콜롬비아 나리뇨 수프리모, 과테말라 안티구아, 자바 에스테이트 등이 커피빈의 주요 수입원들이다.

3) 할리스 커피

할리스 커피는 '우리나라 최초의 에스프레소 커피 전문점'을 표방하며 1998년 6월 강남에 처음 문을 열었다. 할리스 커피의 특징 중 하나는, 문화마케팅에 적극적이라는 것이다. 또한 중간 크기의 매장이 많고 가구나 동선도 아기자기한 것이 특징이다. 아이비리그나 옥스퍼드타운 같은 캠퍼스 스타일을 연상시키는 것은 할리스 커피가 지향하는 지성 등의 영향이라 할 수 있다.

할리스 커피의 원두는 콜롬비아산 수푸리모와 브라질산 프리메이로 등으로, 재배지에서 직수입한다. 이것을 소량, 국내에서 로스팅하는 것도 할리스 커피의 특징이다. 커피는 로스팅과 동시에 산화하기 시작하는 물질이므로 해외 로스팅 후 수입하는 방식보다는 국내에서 필요한 만큼 로스팅해서 사용하는 게 선도 유지에 도움이 된다는 것이다. 그래서 할리스 커피는 '111커피'로 불리기도 한다. 이는 로스팅 한 달 안에, 개봉 후 일주일 안에, 갈은 뒤 한 시간 안에 사용한다는 원칙이다.

4) 탐앤탐스

탐앤탐스는 국내 브랜드로 2001년에 만들어졌다. 원두의 품질, 로스팅 기술 등 인프라도 중요하지만 결국 커피의 품질과 맛은 바리스타의 솜씨에 의해 완성된다는 생각으로, 탐앤탐스 커피 아카데미를 개설해 전문가 양성에 집중하는 게 특징이다. 또한 강제적으로 사회적 약자가 되어가는 애연가들을 위해 흡연구역을 별도로 운영하고, 현대인의 라이프 사이클의 변화에 따라 매장을 24시간 운영하고 있다.

탐앤탐스의 커피는 정통 에스프레소를 지향한다. 자체적인 로스팅 기술을 운용 중이며 갓 볶은 재료를 이용, 신선한 맛을 내는 게 특징이다. 메인 메뉴인 에스프레소 종류는 에스프레소, 에스프레소 마끼야또, 에스프레소 꼰파냐 등이고 아메리카노, 카페라떼 등 일반 에스프레소 역시 청량한 향과 맛을 느낄 수 있다. 디저트로는 프레즐과 허니버터 브레드 등 독특한 메뉴를 판매함으로써 고객들의 입맛을 사로잡았다.

5) 카페베네

카페베네는 가맹점 방식의 프랜차이즈 노하우를 접목시켜 2008년 1호점을 열었다. 불과 3년도 되지 않아 전국에 600개가 넘는 매장이 생기면서 커피 시장의 신 강자로 떠올랐다. 카페베네는 '유럽 카페의 전통을 잇는다' 는 캐치프레이즈를 걸고, 스스로 1652년 런던의 파스카로제, 1720년 베네치아 플로리안, 1686년 파리 프로코프, 1894년 정동 구락부 등의 문화적 양자를 자처하고 있다.

카페베네는 브라질 이파네마 농장 한 곳을 분양받아 그곳에서 재배된 커피를 사용하며, 파종부터 수확 단계까지 카페베네에서 직접 관리한다. 또한 서울에 중앙 로스팅 센터를 만들어 각 가맹점에 공급하고 있다. 카페베네만의 맛 특징은 '선 로스팅, 후 블렌딩' 에서 찾을 수 있다. 즉 생산지가 다른 원두를 따로 로스팅한 후 블렌딩하는 방식이다. 메뉴로는 에스프레소에 홍삼파우더와 스팀밀크, 밀크폼을 올려놓는 카페 홍삼, 블루베리 라떼, 아이스홍시 등이 그것이다. 일반적인 커피로는 브라질 세하도, 케냐 커피 등을 원료로 하는 핸드드립, 아메리카노 등이 있다. 또한 젤라또, 벨기에와플을 특성화시켜 여심을 공략한다.

6) 투썸플레이스

투썸 플레이스는 CJ푸드빌에서 운영하고 있는 카페 프랜차이즈 브랜드이다. 2002년 12월 서울 신촌점을 시작으로 2009년 현재 서울과 수도권, 부산의 중심 상권에서 비교적 소수의 매장을 운영하고 있다. 정통 유럽 카페를 지향한다.

로스팅도 정통 유럽 스타일을 따라 딥 로스팅을 하고 있으며, 무스, 타르트, 컵케이크, 마카롱 등 다양한 디저트를 판매한다. 특히 커피 이외의 메뉴 선택의 폭이 좁은 커피 전문점, 획일화된 맛의 케이크와 샌드위치바, 이 모든 것을 한 단계 업그레이드시키기 위해 디저트를 매일매일 직접 만들고 있다.

7) 파스쿠치

파스쿠치의 역사는 19세기 말로 거슬러 올라간다. 파스쿠찌라에 의해 이탈리아 몬테펠트로에 문을 연 파스쿠치는 수많은 실험 끝에 주석 냄비에 볶은 커피의 절묘한 맛을 브랜드 표준으로 만드는 데 성공하면서 명성을 떨치기 시작했다. 또한 1946년부터는 장비를 사용한 에스프레소 추출법을 개발하면서 유럽 커피 명가로 이름을 알렸다. 한국에는 2003년 강남역에 매장을 열면서 들어오게 되었다.

파스쿠치의 커피는 아라비카 11종, 로부스타 3종을 혼합, 로스팅한 커피다. 배합 기준은 부드러운 커피가 5:5 혼합으로 달콤한 크림 맛을 낸다. 대중적인 에스프레소는 아라비카와 로부스타의 배합률로 깔끔하고 여운이 오래 가는 게 특징이다. 최근에는 천일염으로 만든 젤라또에 에스프레소를 가미한 솔티 아포가또가 눈길을 사로잡고 있다.

현재 우리나라의 커피 시장을 주도하는 위의 8개(엔제리너스 포함) 브랜드들은 인테리어나 맛(원두와 로스팅방법 등), 디저트 등 통해 자기 기업만의 이미지를 만들고 타 기업과 차별화시키기 위해 노력하고 있다. 빠르게 성장하는 커피 전문점 시장에서, 고객들을 끌어들여 살아남기 위해서는 '차별화'가 필수적이기 때문이다. 그러나 실질적으로는 전국의 매장 수가 브랜드 이미지와 인지도, 매출과 직결되고, 매출은 또 다른 매장의 신설이나 사업 확장의 원천이 되므로 기업들은 매장 수나 실적에 치중하는 경향이 있다. 이런 식으로 사업이 확장되다 보니 수많은 커피 전문점 브랜드가 존재함에도 현재 브랜드 간의 차별성은 거의 존재하지 않으며, 독특한 이미지가 있는 커피 전문점도 찾아보기 힘들다. 기업들은 스스로 타 기업과의 차별화를 선포하지만, 시장을 선도하는 몇몇 브랜드를 제외하고는 고객들이 대부분 그것을 인지하지 못하고 있다.

7 개선 방안과 향후 전망

엔제리너스 경영진단 결과 가장 우수한 부분은 점포관리 부분이었다. 분위기를 중요시 하는 커피전문점의 특성상 내부 인테리어는 물론 외부 인테리어 또한 유리창, 전등, 소파 등 세심한 곳 하나하나까지 인테리어에 신경 쓴 모습을 볼 수 있었다. 이런 점이 점포관리 점검이 고객들에게 어필 할 수 있는 장점으로 부각되었다. 또한 여성에게 어필 할 수 있는 따듯하고 친근한 분위기의 내 · 외부 인테리어와 상품 등이 돋보였다. 또한 엔제리너스가 롯데기업인 만큼 사회적 책임을 다하는 사회공헌활동으로 기업의 브랜드 인지도와 이미지 상승효과를 누리는 결과를 가져왔다. 반면, 인력관리로는 직원들의 후생복지 부분이 문제가 있었다. 타 경쟁업체에 비해 해당직원이 받을 수 있는 혜택이 매우 제한적이었고 대부분이 아르바이트생이다 보니 복지부분에서 지원이 어려운 부분이 있어, 기업규모에 맞지 않는 후생복지 부분은 아쉬운 점이었다. 다지막으로 다른 경쟁업체와의 경쟁에서 앞서기 위해서 경쟁업체보다 빨리 차별화를 줄 수 있는 상품과 프로모션을 개발하는 것이 현재 엔젤리너스가 갖고 있는 숙제라고 생각되었다.

사례 12

스타벅스 대신 '스페셜티' … 커피 시장도 제3의 물결
– 밥보다 자주 먹는 커피, 변화 바람 –

체인점, 압축 공기로 빨리 내려 쓴맛
스페셜티는 천천히 우려 신맛 · 단맛
어느 농장 원두 썼는지 '스토리' 팔아
획일적 군대 짬밥과 가정식의 차이
대형 체인점도 고급 제품 선보여
"차별화 빌미 값 인상 상술" 지적도

지난 17일 서울 서소문로에서 뮤지컬 배우 출신 이동재 로스터스 랩 대표가 커피잔을 쌓은 막대를 이용해 춤을 추고 있다.

#1. 뮤지컬 '맘마미아'에 출연했던 배우 이동재(32)씨는 지난 3월 서울 중구 서소문동에 7평 남짓한 카페를 냈다. 넥타이 부대가 많아 분위기가 딱딱했던 서소문로에 사람 냄새 물씬 풍기는 '청국장' 같은 커피를 만들고 싶었다. 이씨는 커피콩을 가게 안에서 직접 볶았다. 골목에 커피 향을 퍼뜨리자 사람들이 몰려들었다. 벽을 없애고 클럽 음악을 쩌렁쩌렁하게 틀어댔다. 인근 회사 고위 간부에게도 주저 없이 "형, 오랜만이야"라며 손을 흔든다. 이씨는 "뮤지컬에서도 촌스러운 시골마을을 춤추고 노래하는 곳으로 바꿔 놓는 배역을 맡은 적이 있다"며 "뮤지컬에서처럼 커피 하나로도 동네를 바꿀 수 있다는 점을 보여 주겠다"고 말했다.

#2. 서필훈(37) 커피 리브레 대표는 조만간 중앙아메리카로 떠날 채비에 눈코 뜰 새가 없다. 고려대에서 서양사학을 전공한 뒤 석사과정을 밟던 그는 10년 전 학교 후문 앞 카페에서 커피를 배우기 시작했다. 취미는 직업으로 이어졌다. 세계의 커피 농장을 다니며 그가 직접 가져온 생두(커피 날 콩)에 주문이 쏟아진다. 1년 중 3분의 1은 해외로 나가 중남미 · 인도 · 아프리카의 농장들과 커피를 직거래하는 유통 경로를 뚫었다. 서씨는 "커피는 요리라고 생각한다. 요리에서 재료가 중요하듯 신선한 커피를 얻기 위해 재배되는 농장에도 관심을 기울여야 한다"고 말했다.

대형 체인점 위주로 흘러왔던 커피 시장이 변화를 맞고 있다. '스타벅스'로 대표되는 대형 커피 체인점에서 천편일률적인 커피만 주문하던 방식에서 벗어나 지역 색을 강조한 '골목 커피'나 원산지와의 직거래를 통해 보다 '신선한 커피'를 찾는 이가 늘고 있다.

■ 한국 1인당 연간 커피 소비량

자료 : 통계청

■ 카페 포함 비알코올 음료점 업체 수

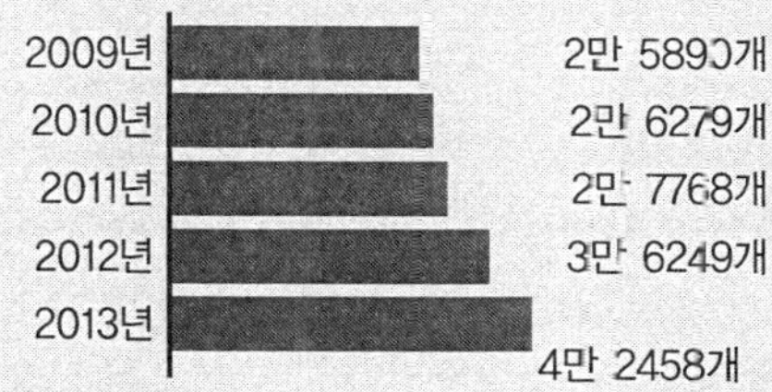

자료 : 통계청

■ 각국 1인당 커피 소비량

자료 : 통계청

변화는 지난 10여 년간 스타벅스를 경험한 3040세대가 주도하고 있다. 미국 커피 회사 스타벅스는 1999년 이화여대 정문 앞에 국내 첫 매장을 냈다. 여학생 사이에서 초록색 스타벅스 로고가 박힌 종이컵을 한 손에 들고 다니는 게 유행처럼 번졌다. 서울은 세계에서 가장 많은 스타벅스 매장을 가진 도시로 성장했다. 스타벅스의 고향인 미국 시애틀보다 두 배가량 많다. 국내 스타벅스 매장은 지난 5월 기준 649개. 인구 100만 명당 매장 수가 12.55개로 캐나다(39.54개)와 미국(36.25개)에 이어 세계 3위다.

커피는 한국인의 주식까지 바꿔 놨다. '밥과 김치'를 밀어냈다. 정부의 지난해 조사 결과 일주일당 음식 섭취 빈도로 커피(12.3회)가 가장 높았고 쌀밥(7회)과 배추김치(11.8회)가 뒤를 이었다.

밥보다 커피를 많이 먹는 3040세대는 패스트푸드 같은 원두커피 시장을 바꿔 보려 한다. 서울 양재동 뒷골목에서 '커피 볶는 미스터김 영다방'을 운영하는 김일영(38)씨. 그는 시골 할머니가 타주는 봉지 커피 맛을 느낄 수 있는 원두커피 상품을 개발했다. 구수한 원두에 생크림과 시럽을 넣어 설탕과 프림이 섞인 '옛날 커피' 맛을 재현해낸 것이다. 점심시간에는 줄을 서서 먹을 정도로 인기다. 김씨는 "그 동안은 대형 체인점이 만든 커피 맛을 기준으로 삼고, 그에 맞추려는 분위기가 업계에도 있었다"며 "하지만 이제는 대중이 먼저 차별화한 상품을 원하고 있다"고 말했다.

대형 프랜차이즈 커피점과 차별화하려는 시도는 미국에서 10여 년 전 먼저 시작됐다. 그런 커피들은 '스페셜티 커피'라고 불렸다. 김태정 우리커피연구회 연구이사는 "대형 커피 체인점의 커피는 군대의 짬밥처럼 맛이 획일적"이라며 "제작 과정이 느리고 다소 비싸지만 돈을 지불할 가치를 느끼게 하는 커피가 바로 스페셜티 커피"라고 설명했다.

미국 3대 스페셜티 커피 회사 메트로폴리스의 제프 드레이퍼스(69) 대표는 지난달 한국을 방문해 "커피시장에 제3의 물결이 몰려올 것"이라고 전망했다. 값싼 인스턴트 제품이 주도한 제1의 물결, 스타벅스와 같은 거대 회사가 불러온 제2의 물결이 지나가고, 스페셜티 커피를 중심으로 새로운 변화가 일어난다는 것이다.

기존 원두커피는 에스프레소 기계를 이용해 짧은 시간 안에 압축된 공기로 커피액을 뽑아내는 방식이었다. 저렴한 원두 맛을 감추기 위해 강한 불에 볶아 쓴맛을 강조했다. 하지만 스페셜티 커피는 원두를 천천히 우려내면서 신맛과 단맛이 어우러지도록 만드는 게 특징이다. 드레이퍼스 대표는 "이 원두가 어느 농장에서 나왔고 어떤 농부가 재배했는지도 관심을 기울여야 한다. 결국 사람을 존중하고 커피에 '스토리'를 입히는 게 새로운 커피시장의 핵심이 될 것"이라고 말했다.

이 같은 스페셜티 커피의 등장은 대형 커피 전문점에도 영향을 주고 있다. 올해 3월 국내 스타벅스 일부 매장은 하와이나 페루와 같은 고급 커피의 원산지에서 생산되는 원두를 사용한 제품을 선보였다. 가장 비싼 커피는 한 잔당 1만 2000원에 이른다. 전용 좌석에 앉으면 바리스타가 원두를 갈고 맞춤 기계로 커피를 내려준다. 커피를 내리는 동안 바리스타는 원두의 생산지와 지역 특성을 고객에게 설명해준다. 커피에 '스토리'까지 얹어 파는 것이다. 탐앤탐스·앤젤리너스 등 국내 커피 업체들도 속속 스페셜티 커피 제품을 선보이고 있다. 스타벅스 관계자는 "미국에선 스페셜티 커피만 파는 전용 매장이 이달 초 문을 열 만큼 호응이 높다"고 말했다.

하지만 차별화를 빌미로 가격을 올리는 상술에 지나지 않는다는 지적도 있다. 한 30대 카페 창업자는 "'미국스페셜티협회' '유럽스페셜티협회' 처럼 각 나라에 스페셜티 커피의 질을 인증하는 단체가 있다. 그 단체가 발급하는 자격증을 받으려면 300~400만 원이 필요하다. 하지만 맛의 기준이 불분명하고 자격증을 주는 기준도 허술하다"고 말했다. 맛을 강조한 스페셜티 커피가 국내 카페 시장에서 오래 살아남지 못할 것이라는 전망도 있다. 『장사 잘되는 카페』의 저자 전기홍(38)씨는 "카페의 성공 요건 중 커피 맛은 일부에 지나지 않는다. 커피를 마시지 못하는 사람에게 다른 음료도 내놔야 한다. 비싸기까지 한 스페셜티 커피만 강조해서는 국내에서 살아남기 힘들다"고 말했다.

국내 커피 업계의 차별화 바람은 '이태백(20대 태반이 백수)', '청백전(청년 백수 전성시대)'을 맛본 3040세대가 거대한 골리앗 기업에 맞서 싸우는 '다윗'의 모습으로 비치기도 한다. 정부가 지난 3월 발표한 '12개 주요 도시 음식점 5년 이상 생존율' 자료에서 카페는 26%로 업종 중 최하위를 기록했다.

한 카페 운영자에 따르면 요즘 도심 외곽 지대에 10명 미만이 앉을 수 있는 작은 카페를 만들기 위해선 임대료, 커피머신 구입비, 인테리어 비용 등으로 최소 7000만 원 가까운 돈이 필요하다. 커피 한 잔 3000원으로 계산해 하루 100잔을 팔면 20일 기준 한 달 매출이 600만 원 남짓이다. 여기에 원두 · 종이컵 구입비 등 제조원가 180만 원, 직원 월급 130만 원, 월세 100만 원, 관리비 30만 원, 세금 등을 제외하면 손에 들어올 수 있는 돈은 200만 원이 채 안 된다. 30대 카페 주인들은 "두 손도 모자라 두 발로 기구를 만질 정도로 바쁘게 움직여 봐야 직장 다니는 것만 못하다"고 말한다.

은행원 출신으로 전국 9개 카페 지점을 운영하는 김용덕(54) 테라로사 대표는 "나 역시 수많은 시행착오를 거쳤으며 포기하려고 한 적도 있었다. 내 경험으로 볼 때 작은 규모의 커피전문점은 다양한 종류의 커피를 다루기보다 그 가게만의 개성을 살릴 수 있는 품목에 집중하는 게 좋다"고 조언했다.

• 스페셜티(specialty) 커피=미국스페셜티커피협회(SCAA)에서 만든 평가 기준에서 80점 이상 점수를 얻은 커피. 생두의 품질, 커피의 향과 질감 등이 점수로 평가된다.

자료 : 중앙일보, 2014년 12월 20일

1. 1. 5P의 People 부분에서 매장 실무부분만 언급하였는데 관리직 측면의 인사부분은 어떻게 되나?

엔제리너스는 롯데기업의 롯데리아 부서에서 하나의 기업으로 관리직에서의 인사관리는 현재의 도표에 의해서 이루어진다. 이 도표에는 교육에 관한 내용까지 포함되어 있는 내용이다.

그룹주관 / 인재개발센터 주관(현재운영중 or 향후 예정)

구분(직급)	직급교육	직무교육 (햄버거&커피)	서비스 교육		원격교육/ 어학과정		핵심인재 교육		경영이슈 및 기타
임원							식품군EMBA 글로벌스쿨(중국·베트남)		가맹점주 교육 (햄버거/커피)
S1 (Senior Manager1)	직급필수 과정 (S1~S2)							직무스킬(HR·전략·재무)	커피 아카데미 (일반인 대상)
S2 (Senior Manager2)		사내강사 양성과정	전직원서비스교육(본부·지점·점포현장)		독서통신과정(경영·경제·리더십·인적자원개발 등)	어학과정(영어·중국어·일어·베트남어·인도네시아)			햄버거 궁전 체험 (지점 연계)
M1 (Manager1)									프랜차이즈 전문 대학원과정
M2 (Manager2)									산학협력 학점인정과정
SA (Senior Assistant)	승진자 과정 (SA~JA1)	SV(TF),STF Level1.2과정 (사업부 통합)		승진자과정(경영소양과정)					노동부 고용보험 환급
A (Asistant)									ERP(인사연계) 교육이력 및 학습관리
JA1 (Junior Assistant)		Mgr.점장 Level1.2과정 (사업부 별)							정보화 자격 인증과정
JA2 (Junior Assistant)	신입사원 Refresh교육								정보보호 과정
JA3 (Junior Assistant)	신입사원 입문교육	점포관리자 양성과정 인턴 MGR교육							동영상 교육 (위생 서비스)

현재 롯데리아 부서의 인사정책은 경쟁업체 스타벅스의 정책과 다른 모습을 보이고 있다. 롯데리아 부서의 경우 매장채용과 관리직 채용을 다르게 두고 있다는 점인데, 매장에서는 실무 일을 보는 점장, 매니저, 바리스타 등이 있다. 하지만 관리직의 경우에는 매장을 관리하는 매니저, 홍보부서, 마케팅부서, 윤리부서 등등으로 나뉘어져 매장에서 고객에게 새로운 모습을 보일 수 있도록 뒤에서 업무를 담당하는 부서들로 이루어져 있다.

롯데의 경우 이 두 실무직과 관리직을 따로 두어 채용을 하고 있다. 하지만 스타벅스의 경우에는 항상 내부채용을 고수하고 있다. 스타벅스 본사의 관리직으로 일하기 위해서는 스타벅스에서 슈퍼바이저라는 직급의 3개월 이상의 경력이 있어야지만 관리직으로의 진급이 가능해진다. 매장에서 실무경험을 쌓아야지만 관리직으로의 승진이 가능하다는 것이다. 그래서 관리직만을 원하는 사람이라면 롯데리아에 바로 지원할 수 있기 때문에 경쟁업체에 비해 장점이 될 수 있을 것이다.

2. 엔제리너스의 브랜드 파워가 경쟁업체와 비교해서 뛰어나다고 생각하나?

리서치 기관에서 실시한 설문조사에 따르면, 이 조사는 자체적으로 커피전문점의 주 고객층인 20~30대 여성 100명을 대상으로 커피전문점을 이용해본 적이 있는지 여부를 포함한 질문의 범주를 3부분(① 인구통계학적 질문, ② 커피전문점에 관한 질문, ③ 브랜드별 평가)으로 나누고 브랜드별 평가 항목에서는 5점 척도법을 사용하여 브랜드별 평가를 점수화해 기록하였다.

설문조사 결과는 다음과 같다. 먼저 커피전문점을 방문하는 이유에 관한 질문에 48%가 '커피 맛을 즐기러' 간다고 답했으며, 26%가 '개인적인 시간을 보내기 위해', 22%가 '만남 및 대화를 위해' 가는 것으로 나왔다.

커피전문점을 방문할 때 주로 동반하는 사람에 관한 설문에선 '친구'가 45%, '애인' 22%, '혼자' 20%로 의외로 혼자 가서 커피를 즐기거나 커피전문점에서 시간을 보내는 사람이 많은 것으로 파악되었다. 커피전문점을 선택할 때 고려하는 사항에 관한 설문에서 '브랜드 36%, 맛 30%, 매장분위기 18%, 위치 15%' 순으로 브랜드를 가장 많이 고려하는 것으로 나타났다.

주로 이용하는 커피전문점에 관한 설문에선 '스타벅스 33%, 할리스 25%, 커피빈 15%, 탐앤탐스 8%, 엔제리너스 5%' 등으로 엔제리너스가 선호도 면에서 많이 밀리고 있다는 점을 설문조사를 통해 확인할 수 있었다.

이와 관련하여 자주 가는 커피전문점을 선호하는 이유에 관한 설문에 '브랜드 이미지 31%, 맛 28%, 매장분위기 22%, 위치 7%' 순으로 근소한 차이지만 브랜드 이미지가 선호도에 가장 많은 영향을 미치고 있었다.

커피전문점에 관한 전반적인 설문조사 다음에는 엔제리너스를 포함한 브랜드별로 맛, 가격, 브랜드인지도, 매장분위기, 브랜드이미지에 관한 설문조사가 이어졌다. 브랜드별 커피(아메리카노 기준) 맛을 5점 만점으로 정한 뒤 평균값을 구한 결과 커피빈이 4점으로 가장 높은 점수를 받았으며 엔제리너스는 3.9점으로 근소한 차이로 2위에 올랐다. 커피 맛에 대한 평가는 설문조사뿐만 아니라 한국 리서치가 20~34세 여대생 및 여성 직장인 96명을 대상으로 한 커피맛 블라인드 테스트의 결과를 비교해 보면 엔제리너스 커피는 4.3, 커피빈은 3.7점, 이용빈도가 가장 많은 스타벅스는 3.4점, 카페베네는 3.3점으로 엔제리너스가 가장 높은 점수를 받은 것을 알 수 있었다.

커피 가격과 관련된 설문조사에서는 할리스를 제외한 3개 브랜드에 대한 커피가격이 다소 '비싼편이다' 라는 의견이 70% 이상으로 나왔다. 하지만 가격이 브랜드를 선정하는데 있어 주요한 요소가 되지 않는 만큼 가격 측면에서 엔제리너스 문제의 원인을 찾는 것은 불가능했다.

그래프에서 알 수 있듯이 엔제리너스가 단위당 커피 가격이 가장 비싸지만 다른 브랜드와 근소한 차이를 보이기 때문에 소비자들은 커피를 구입하는데 있어 특별히 엔제리너스의 커피가 비싸다는 인식보다는 커피 전문점의 커피가 전반적으로 비싸다는 인식을 갖고 있는 것을 확인할 수 있었다.

브랜드 인지도와 관련된 설문에서 스타벅스〉커피빈〉할리스〉엔제리너스 순으로 엔제리너스가 가장 밀리는 것으로 파악되었다. 이러한 결과는 엔제리너스의 인지도가 낮은 이유가 매출의 원인이 될 수도 있음을 보여주고 있으며 인지도가 왜 낮은가에 대한 원인을 파악할 필요가 있었다.

마지막으로 브랜드 이미지와 관련된 설문에서 브랜드별 브랜드 고유의 이미지 有/無에 관해 체크를 한 뒤, 브랜드 이미지가 있을 경우 주관식으로 적는 방식으로 설문을 유도했다. 스타벅스의 경우 88%가 브랜드 이미지를 떠올렸으며 연상된 이미지로는 'Newyorker, 하워드 슐츠, 감성마케팅, 별다방 등' 이 있었다. 할리스는 62%가 이미지가 있다고 답했다. 이미지의 내용은 '전통 브랜드, 방문화, 고구마라떼' 등 전통문화 마케팅을 상당수의 소비자들이 인식하고 있었다. 커피빈은 58%가 '콩다방, 다양한 차, 친환경' 등을 연상된 이미지로 떠올렸다. 그리고 엔제리너스의 경우 생각보다 많은 66%의 사람들이 브랜드 이미지가 있다고 체크했지만 떠올리는 이미지의 대부분은 '천사캐릭터' 가 전부였다.

이러한 마지막 설문을 통해 '엔제리너스는 타 브랜드와 차별적 이미지도 없을 뿐더러 엔제리너스만의 고유한 브랜드 콘셉트를 확실히 잡고 있지 못하다' 는 결론을 내렸다.

이처럼 현재 엔제리너스가 카페베네에 이어 가장 높은 매장 증가율을 가지고 있음에도 천사캐릭터 이외에 차별화된 상품이 미미하기 때문에 브랜드 파워에서는 여

타 스타벅스, 커피빈, 할리스 등에 비해 낮은 면을 보이고 있는 바, 엔제리너스단의 차별화된 상품을 개발하는 것이 엔제리너스의 과제이자 성공비결이라 하겠다.

✲참|고|자|료

- 엔제리너스 공식홈페이지 (http://www.angelinus.co.kr)
- 실전 외식사업경영론, 최학수 외 5명, 한올출판사
- blog.naver.com/kkdhares/80123125552
  (네이버블로그 〈커피프랜차이즈 이야기〉) 2011.01.25
- 매일경제. 대한민국은 커피 천국 2010.10.11
- 한국경제, 커피전쟁··기업형 커피전문점 2000개 시대 2011.01.04
- 매일경제, 〈SNS 모르면 비즈니스도 없다〉2010.11.25
- http://blog.naver.com/coolchacha?Redirect=Log&logNo=20042468706
  (외식산업의 추세와 전망) 2007.09.18
- www.istarbucks.co.kr
- www.coffeebeankorea.com
- www.caffe-pascucci.co.kr
- www.twosome.co.kr
- www.caffebene.co.kr
- www.tomntoms.com
- www.hollys.co.kr
- www.lotteria.com/CompanyA

11

카페베네

Caffé bene

카페베네

1 카페베네 소개

오늘날 현대인들은 스타벅스, 커피빈, 할리스, 엔제리너스, 카페베네 등 카페에서 커피는 물론 분위기나 인테리어, 장소를 제공하는 서비스, 커피 브랜드까지 소비한다. 스타벅스 · 커피빈 · 할리스 · 투썸플레이스 · 엔제리너스 · 탐앤탐스 등 브랜드 커피전문점 매장 수가 2,000개를 훌쩍 넘었다. 번화가의 골목마다 1주일에 한 곳 꼴로 생겨나고 있다. 여기에 개인이 운영하는 로스터리 카페와 패스트푸드점과 베이커리 가게가 카페 이미지로 전향하고 있는 것을 보아 카페 시장은 이미 포화 상태에 이른 것으로 보인다.

이러한 커피 프랜차이즈 시장에서 최근 전반적인 경기 침체 상황 속에서도 불구하고 신생 브랜드 '카페베네'는 유독 눈에 띄는 고속 성장을 이뤄냈다. 2008년 4월 1호점으로 시작했지만, 2013년 3월 기준 850여 개의 매장을 보유한 국내 대형 커피 전문점으로 발돋움한 상태이다.

TV광고에서 한예슬과 함께 존재를 알린 카페베네는 각종 시트콤과 드라마에서 브랜드와 매장을 노출하더니 최단 기간에 최다 매장 수 돌파, 연매출 1천 억 돌파, 업체 최초 500호점 돌파하였고, 스타벅스를 제치고 대한민국 커피 시장에서 독보적인 1위로 올라섰다. 이는 경쟁사들을 분석하고 카페베네만의 차별점을 만들어 철저한 준비와 차별화된 전략으로 최고의 결과를 냈기 때문이다.

1) 프랜차이즈의 의의 및 역사

국제프랜차이즈협회(IFA)에 따르면 "Franchise란 Franchisor(가맹본부)와 Franchisee(가맹사업자) 사이의 계속적 계약관계로서 Franchisor의 일련의 노하우, 이미지, 성공, 제조 및 마케팅 기법을 Franchisee에게 제공하고 그 대가를 지급받는 것"을 말한다.

프랜차이즈 개념을 최초로 도입한 회사는 미국에서 1850년대 재봉틀을 제조하는 싱거(Singer)사로 자사제품 판매를 위한 자본의 확보를 위해 시작하였으며, 19세기 말 GM이 자동차 소매 아웃렛(Outlet) 확보를 위해 자본조달 측면에서 프랜차이즈 개념을 도입하였다. 그 후 1950년대에 맥도날드, KFC 등의 패스트푸드 업체의 등장으로 전 세계적으로 프랜차이즈 산업이 확산되는 계기가 되었다. 우리나라에도 프랜차이즈 산업이 점차 비중이 커짐에 따라 지난 2002년 "가맹 사업거래의 공정화에 관한 법률"을 제정하기에 이르렀다.

2) 기업 소개

카페베네(Caffe bene)는 이탈리어인 CAFFE와 BENE 그리고 프랑스어인 VCUS의 합성어인 카페베네뷰의 준말이다.

카페베네뷰는 '좋은 느낌의 카페' 라는 의미를 가지고 있으며, 17세기 중반 이후 유럽의 지식인과 예술가들의 지적 교류장소인 카페와 같이 문화와 시대적 정서가 함께하는 명소가 되기를 기원하는 마음을 담아 지어진 브랜드이다.

현재 런칭 2년 만에 전국 매장 수 1위라는 쾌거를 이루어 낸 카페베네는 '정통 유럽풍 카페' 라는 콘셉트로 창의적인 브랜드 스토리를 앞세워 꾸준히 성장하고 있다. 카페베네는 본사 부설 외식연구소에서 각종 메뉴와 제품을 개발 · 연구하고 있으며 첨단 생산시설을 갖춘 자체 생산 공장은 물론, 서울, 부산, 대전에 설립되어 있는 물류센터들은 전국 각 점포에 신선한 제품을 유통할 수 있게 하고 있다. 이처럼 카페베네는 최고급 품질의 커피와 벨기에 와플, 이탈리아 젤라또 등 커피와 잘 어울릴 스 있는 메뉴들을 함께 제공함으로써 새로운 브런치 문화를 선도하고 있다.

카페베네는 신 메뉴 개발에 매우 적극적인데 최근 소비자 수요에 걸맞은 브런치 메뉴나 한국인의 입맛을 고려한 곡물 음료 등을 지속적으로 개발하고 있다. 그리고 이들은 정통유럽식 카페를 표방하며 보다 안락하고 편안한 매장분위기를 조성함으로써 단순히 커피를 마시는 곳이 아니라 삶의 여유를 찾으면서 선진커피문화를 느낄 수 있는 공간을 선보이고 있다.

이러한 제품의 우수성을 인정받아 카페베네는 세계적인 위탁급식업체계약을 체결하여 로열티를 받으며 기업, 병원, 학교, 공공기관 등에 제품을 공급하고 있다. 카페베네는 국내 최대 엔터테인먼트 회사와 공동으로 커피직영점을 설립하여 운영하고 있으며 스타마케팅을 통하여 동남아시아에도 적극 진출할 계획이다. 카페베네는 국내에서도 이러한 스타마케팅을 통해 인지도를 넓히고 있는데 2008년 브랜드 런칭 이후 공격적인 PPL을 통해 대중들에게 브랜드가 깊숙이 인식될 수 있는 계기가 되었다.

2 경영 분석

1) 상황분석 및 거시환경

국내 커피 소비량은 여성의 활발한 사회 진출과 젊은 층의 원두커피를 마시는 문화가 확산됨에 따라 크게 증가하였고, 직장인들 사이에서의 아침형 인간의 열풍에 의한 모닝커피 문화 등으로 인해 커피는 전 국민의 기호식품을 넘어 필수품처럼 자리매김하고 있다.

커피 소비량의 증가는 커피 전문점인 카페베네에게 있어서 잠재 고객 증가를 가져올 수 있어 매우 큰 기회가 될 수 있다.

2) 커피전문점 시장분석

국내 커피시장 규모는 2009년 2조 3,000억 원(닐슨 데이터 및 주요 커피전문점 매출 기준)에 달한 것으로 추정된다. 2008년도(1조 7,800억 원)에 비해 23% 성장했다.

스타벅스와 커피빈 등 글로벌 브랜드가 아직 매출 규모로는 상위권을 유지하고 있지만 국내 브랜드의 시장점유율이 크게 늘어가고 있는 추세이다.

최근에는 기존 해외브랜드 및 국내 프랜차이즈는 물론이고 바른손, 인터파크 등 일반 기업들까지 잇따라 커피전문점 시장에 출사표를 던지고 있어 그 커피시장의 성장은 더욱 클 것이고 경쟁 또한 치열할 것으로 보인다.

최근 우리나라는 '커피공화국' 이라는 말이 무색할 정도다. 전국의 웬만한 도심 상권에는 대형 브랜드 커피전문점부터 소규모 카페까지 '커피' 가 넘쳐난다. 소비자들의 라이프스타일 변화와 창업시장의 흐름과 맞물려 이 같은 카페 대호황은 당분간 계속될 전망이다.

또한 지금의 커피전문점 열풍은 새로운 문화 트렌드로 확산되고 있다. 대형 브랜드 커피전문점이 대세를 이루고 있는 가운데 또 다른 한편으로는 보다 독특하고 개성 넘치는 기능성을 더한 이색 카페들이 늘고 있다. 단순히 커피를 마시고 시간을 보내는 데서 한 발 더 나아가 카페를 통해 문화를 즐기고자 하는 소비자들의 니즈가 반영되고 있는 것이다.

3) 상황 분석-소비자 분석

커피전문점을 찾는 고객은 주로 6:4 비율로 여성이 더 많고 20~30대가 주를 이루며 고객들이 커피전문점을 선택하는 요인은 서비스, 위생, 분위기, 브랜드 등으로서 커피의 품질보다는 그 외의 조건에 초점을 보이는 것을 확인할 수 있다.

2010년 기준 우리나라 국민이 마신 커피는 총 228억 잔으로 1인당 452잔이며 커피전문점은 상위 10개 업체만 해도 2,500개를 넘어섰다.

KAIST 공정거래연구센터와 대형커피전문점 6개 업체에 대한 한국소비자원의 소비자 만족도 조사에 따르면 소비자들이 대형 커피전문점을 선택하는 기준으로 고려될 수 있는 요인으로는 매장분위기 및 시설, 인적 서비스, 메뉴의 다양성, 맛(품질), 가격, 부대시설 및 기타서비스, 고객 혜택, 접근성 및 이용 편의성 등을 들 수 있다.

또한 한국소비자보호원이 실시한 최근 대형 커피 만족도 브랜드 조사에 나타난 업체별로 요인 평가를 살펴보면, 스타벅스는 인적 서비스와 커피음료의 다양성과 맛, 부대시설 요인 전반 등 전체적으로 좋은 점수를 받았으며 향후 이용 의향에서도 좋은 점수를 받아 고객 충성도가 높은 것으로 나타났다.

엔제리너스는 인적 서비스 점수가 높았으며 롯데라는 대기업을 등에 업고 타 계열사와 연계한 다양한 프로모션이 가능한 장점으로 고객 혜택 부분에서 상대적으로 높은 점수를 받았다.

카페베네는 특히 매장 분위기와 시설 요인 전 항목에서 상당히 높은 점수를 보였으며 음료와 사이드 메뉴의 다양성과 부대시설, 접근성 및 이용용이성 등 전반적으로 좋은 점수를 받았으며 전반적 만족 정도와 향후 이용 의향, 추천할 의향 모두 점수가 높게 나와 고객충성도가 높은 것으로 나타났다.

커피빈은 인적 서비스 요인에서 고르게 좋은 점수를 받았고 차나 음료, 사이드 메뉴의 맛에 대해서는 가장 좋은 점수를 받았다.

탐앤탐스는 음료와 사이드 메뉴의 다양성과 맛에 대한 평가가 좋았으며 24시간 운영으로 이용 용이성에 대해서도 좋은 점수를 받았고 추천할 의향 항목 점수가 가장 높았다.

할리스커피는 인적 서비스, 커피 음료의 다양성과 맛, 고객 혜택, 접근성 및 이용용이성 항목 등 고르게 좋은 평가를 받았으며 특히 소비자 만족도가 낮은 가격 요인의 전반적인 항목에서 가장 좋은 평가를 받았다.

이처럼 전반적인 만족 정도와 향후 이용의향, 추천할 의향 모두 점수가 높게 나와 고객충성도도 높은 것으로 나타났다.

3 경쟁사 분석

1) 커피빈

커피빈은 "The Coffee Bean & Tea Leaf"를 줄인 말로 커피뿐만 아니라 차에도 대등하게 신경을 쓴다. 현 시장은 포화상태에 다가오고 있고, 커피 맛 자체에서는 큰 차이를 보이지 않고 있는 점을 보더라도 새로운 시장인 '차' 판매에 노력을 하려고 하는 것으로 보인다.

특히 여성들에게 있어 커피전문점은 커피를 마시는 공간이기도 하지만 그 외에 대화의 공간이 방문목적에 포함되어 있는 걸 알게 되었다. 그렇기에 커피 자체의 속성보다는 커피전문점의 새로운 속성을 이용해 보려고 한다.

조사 결과 '차' 판매에 대해서 아는 고객은 그다지 많지 않은 것으로 나타났기 때문에 고객들에게 홍보하여 또 다른 즐거움을 선사할 수도 있을 것이다. 스타벅스에서는 얻을 수 없는 새로운 특징으로 이 틈새시장을 적극 홍보한다면 또 다른 수익원창출에 도움이 될 것이라 확신한다. 스타벅스와의 분위기 면에서의 차이는 그다지 크지 않은 것으로 조사결과 나타났다. 그렇다면 스타벅스와의 차별성을 좀 더 부각해서 커피빈만의 독특한 분위기를 연출한다면 고객들에게 더 가까이 다가갈 수 있을 것이다.

스타벅스는 현재 획일화된 분위기로 매장 전체를 구성하고 있는데 커피빈은 다른 분위기로 나갈 것이다. 커피빈은 커피뿐만 아니라 차도 판매하는 곳이기에 커피를 판매하는 곳에서는 서양적인 분위기, 차를 판매하는 곳에서는 동양적인 분위기를 연출하여 다양한 문화를 겪게 하는 것이다.

2) 스타벅스

1999년 신세계에서 미국 스타벅스와 계약을 맺고 이화여대 앞에 처음 생긴 커피전문점으로 다국적 점포를 가진 거대한 브랜드이다.

스타벅스는 고객에게 좋은 커피 맛을 선사하려는 노력과 함께 독특한 서비스, 이벤트 등을 통해 소비자에게 긍정적인 브랜드 이미지를 꾸준히 심어주고 있다.

또한 커피뿐만이 아니라 머그잔, 텀블러, 프레스, 커피메이커 등의 관련 상품도 판매하고 있다는 것도 한몫했다. 인스턴트커피만을 즐기던 소비자들이 원두커피로 눈을 돌리면서 커피관련 기구들 역시 많은 판매가 이루어졌고, 스타벅스는 매장에서 커피관련 기구들을 판매하면서 소비자들의 욕구를 충족시킨 것이었다. 이에 따라 최근에는 다른 커피전문점에서도 이러한 커피관련 상품을 벤치마킹하는 사례가 늘고 있다.

최근 커피 이외에 브런치 메뉴가 주목을 받고 있어, 브런치 메뉴 강화와 함께 라이스칩, 도넛, 번, 바나나 등의 사이드 메뉴를 추가 확대하고 있으며, 매장 내에서는 무료 무선인터넷 서비스를 제공하고 있다. 종이컵 등을 made in korea로 변경하여 지역사회 활동을 적극 추진하고 있다.

스타벅스 커피의 특징은 아라비카 커피에 스타벅스의 로스팅(배전), 블렌딩(배합), 쿨링(온도 유지), 진공팩 포장, 개봉 후 7일 이내 소비 등 스타벅스에서 규격화한 방식의 커피를 제공하고 있다는 것이다.

스타벅스만의 고유한 맛은 바로 이 규격화된 노하우에서 비롯된 것인데, 우리가 마시는 커피들은 스타벅스 내부에서 일 년에 1천여 샘플에 대한 테스트 결과의 산물이라고 할 수 있다.

3) 할리스 커피

'우리나라 최초의 에스프레소 커피 전문점'을 표방하며 1998년 6월 강남에 문을 열었다. 대표적인 국내 브랜드로 저렴한 가격으로 인기를 끌고 있다. '할리스 스타일'이라는 문화콘텐츠가 나올 정도로 소비자들의 생활변화를 잘 간파하여 콘서트, 뮤지컬, 일러스트, 포토제닉과 같은 다양한 문화소재 안에 커피마케팅을 주입하여 소비자들의 인식 속에 반향을 일으키는 데 성공하였다. 단순히 커피만 마시고 끝나는 것이 아니라 다양한 문화행사를 병행하는 것이다.

할리는 국내 로스팅을 고집하는 것이 특징인데, 로스팅 한 달 안에, 개봉 후 일 주일 안에, 갈은 뒤 한 시간 안에 사용한다는 원칙이다. 로스팅과 동시에 산화하기 시작하므로 신선도 유지를 위해서는 국내에서 로스팅하여 단시간에 사용하는 것이 맛의 비결이라고 한다.

또한, 국내 토종 브랜드 중에서 미국 시장 진출의 선두주자는 단연 할리스이다. 할리스는 2008년 4월 미국 로스앤젤레스(LA)에 처음 매장을 열고 2009년 9월 2호점을 냈다. 미국 외 페루, 말레이시아에 점포가 있다.

4) 탐앤탐스

탐앤탐스 커피는 1999년 4월 압구정 로데오거리에 직영점인 1호점을 오픈하여 현재 9개의 직영점과 21개의 가맹점을 두고 있으며 순수 국내 에스프레소 전문점으로 사업을 확장해 나가고 있다.

탐앤탐스는 전국적으로 약 30여 개 점이 분포하고 있으며 김도균 사장 이하 4개의 상위부서가 업무를 진행하고 있다. 프랜차이즈 커피전문점답게 프랜차이즈 사업부를 따로 배치하여 가맹점을 지원하고 있는 상황이다.

전국 각지의 매장과 물류회사와의 네트워크를 구축하여 효율적인 배송관리와 체계화된 물류관리를 통해 제품의 최상의 신선도를 유지하여 전 매장에 전달하고 있다.

탐앤탐스는 원두의 품질, 로스팅 기술 등 인프라도 중요하지만, 결국 커피의 품질과 맛은 바리스타의 솜씨에 의해 완성된다는 생각으로 탐앤탐스 커피 아카데미를 개설, 전문가 양성에 집중하고 있다.

특히 프레즐이라는 차별화된 새로운 메뉴를 통한 신상품 전략으로 브랜드이미지 상승효과를 불러 일으켰다. 본사에서 제공되는 프레즐 반죽을 매장에서 직접 해동, 발효, 제품화해서 판매 중에 있으며 2,500원에서 3,500원 선으로 한 끼 식사대용으로 충분한 사이드 메뉴를 제공하고 있다.

탐앤탐스는 다른 브랜드와 차별적으로 에스프레소 메뉴가 다양한데, 에스프레소, 에스프레소 마끼야또, 에스프레소 꼰파냐 등이고, 아메리카노, 카페라떼 등 일반 에스프레소 역시 청량한 향과 맛을 느낄 수 있다는 점이 특징이다.

5) 엔제리너스 커피

롯데계열의 커피전문점으로 우리나라 커피전문점 4대 브랜드 중 하나인 엔제리너스의 전신은 자바커피이다. 2007년 센트럴시티에 1호점을 낸 뒤에 2010년 9월 말 기준 스타벅스보다 더 많은 324개의 가맹점을 개설했다. 매장에 들어가면 눈에 확 들어오는 천사 그림들은 화가 이우일의 작품이다.

가맹점을 통한 다점포 사업에 박차를 가하고 있으며, 롯데카드, 롯데멤버스 LGT와 제휴할인 정책을 펴고 있다.

엔제리너스는 아라비카 원두만을 사용하고 있으며 자바 커피의 배전 방식인 퓨어 로스팅 방식을 국내에서 그대로 사용하고 있다.

엔제리너스는 해외진출의 타깃을 중국과 베트남으로 잡고 진출하고 있다. 2008년 중국 베이징에 1호점을 개장한 이후 지난해까지 중국과 베트남에 각각 7개, 3개 점포를 열었다. 올해 두 지역에 추가로 매장을 열 계획이다. 차 문화가 독특한 중국과 베트남에서 현지화 전략으로 해외 진출 토대를 마련했다고 자평하고 있다.

6) 파스쿠찌

이탈리아 브랜드로 2001년 SPC그룹과 계약을 체결, 사업을 전개해 왔다. 파스쿠찌는 스타벅스, 커피빈 등 미국식 커피전문점과 차별화하여 이탈리아 정통 에스프레소를 지향한다. 특히 100년 전통을 가진 이탈리아 파스쿠찌사만의 블렌딩과 로스팅 공법으로 만든 최고급 원두를 직수입하여 공급하고, 국내 제빵 선두 기업인 파리크라상에서 베이커리 및 사이드메뉴를 공급하는 등 차별화된 경쟁력을 갖췄다.

파스쿠찌의 특징은 아라비카 11종, 로부스타 3종을 혼합, 로스팅한 커피다. 배합 기준은 부드러운 커피가 5:5 혼합으로 달콤한 크림맛을 낸다. 대중적인 에스프레소는 아라비카와 로부스타의 배합률로 깔끔하고 여운이 오래 가는 게 특징이다. 최근에는 천일염으로 만든 젤라또에 에스프레소를 가미한 솔티 아포가또가 눈길을 잡고 있다.

4 기업 분석

카페베네는 매장을 찾은 고객을 묶어두는 전략을 구사한다. 마시는 '커피' 보다 먹는 '카페' 라는 공간에 주목한다. 커피 외에 벨기에 와플과 이탈리안 아이스크림 그리고 오곡 음료 · 홍삼 · 식혜 등 웰빙 음료도 내놓았다.

카페베네는 책을 구비하고 당구대를 설치해서 놀기 좋은 카페를 만들었다. 애초에 카페베네는 고객들의 지친 발을 쉬게 하자며 슬리퍼를 주는 방안까지 강구했다. 슬리퍼 발주까지 마쳤지만 점주들의 완강한 반대로 이 계획은 무산됐다고 한다. 카페베네는 자리마다 콘센트를 달아 자유롭게 노트북을 사용하도록 했고, 매장에 최신 기종 컴퓨터를 설치했다.

가맹점이 늘어나는 만큼 책임은 커지고 내실에 충실해지기 위해서 국내 커피전문점의 트렌드 주도와 함께 글로벌브랜드로 도약하려는 카페베네의 움직임은 계속적으로 활발해지고 있다. 커피라는 아이템 자체가 세계만인이 좋아할 수 있는 사업성이 높은 아이템이기 때문에 해외에 진출하는 것이 글로벌 프랜차이즈 기업으로 성장하는데 효과적인 전략이 될 것이라고 기업들이 전망하고 있다. 이에 따라서 현재 세계무대를 포진한 커피전문점과 확실히 차별화한 모델로 세계를 주도하기 위해 다양한 마케팅방안을 마련하기 위해 힘쓰고 있다.

국내 프랜차이즈 산업이 양적으로는 물론 질적으로도 비약적인 성장을 한 데다, 우리나라 소비자들이 제품을 고르는 눈이 높기 때문에 한국 시장에서 통한 것이 곧 세계시장에서도 성공할 것이라 여겨 단순히 해외시장에 점포를 개설하는 것이 목표가 아닌 글로벌 시장에서 새로운 기회를 포착하기 위해 애쓰고 있다.

맥도날드가 단순하게 햄버거를 판매한 것이 아니라 그 이상의 미국 문화와 라이프스타일을 판매하는 등 그 이상의 것을 고객에게 보여주었기에 글로벌 스탠더드로 성장할 수 있었던 것이다.

따라서 국제 기업가정신(International Entrepreneurship)으로 무장해 세계 속의 성장을 바라보아야 할 것이다. 그리하여 글로벌 스탠더드에 맞는 제품 개발과 적극적인 글로벌 마케팅에 주력해 국내 시장에서 검증받은 경쟁력을 바탕으로 세계적인 기업이 되기 위해 노력해야 할 것이다.

5 성장 분석-산업구조 분석

1) 기존 경쟁 업체

스타벅스, 커피빈 등의 해외 브랜드와 엔제리너스 · 이디야 · 탐앤탐스 등의 국내 브랜드들의 혼합 양상이 나타나고 있다.

2) 새로운 경쟁 업체의 진입 가능성

커피 시장은 진입장벽이 높지 않은 경쟁시장이기 때문에 커피시장에 대형 기업들의 커피 전문점뿐 아니라 개인 커피 전문점들의 시장 진입이 활발하게 이루어지고 있다.

3) 대체제의 출현

원두커피 자체의 측면에서 던킨도너츠, 맥도날드 등의 패스트 푸드점이 출현하였고 고객이 커피전문점을 찾는 이유 중 만남의 공간이라는 측면에서 멀티방, 룸카페 등으로 이루어져 있다.

4) 공급업체의 협상력

커피 전문점의 커피는 주로 아라비카종으로 만들어 지며 브라질, 콜롬비아, 멕시코, 과테말라, 에티오피아, 하와이, 인도 등 대부분의 커피 재배권에서 생산되기 때문에 공급 업체의 전방통합 능력은 현저히 적다.

5) 구매자의 협상력

커피는 마니아적 취향을 가진 구매자의 경우에는 고관여제품이면서 동시에 아직까지 대부분의 구매자에게는 저관여제품 커피시장의 급성장으로 인하여 구매자들의 선택의 폭이 넓어져 구매자의 협상력은 높아지고 있다.

6 SWOT 분석

1) 강점(Strength)

(1) 차별화된 인테리어

국내 소비자들은 미국이나 유럽과는 달리 커피전문점의 이용에 있어서 Take Out보다는 '도심 속의 낭만과 휴식을 위한 공간', '복합 문화 공간'을 지향하고 있다. 단순히 음료를 마시는 공간을 떠나서 책을 읽는다든지 스터디, 휴식 등을 취하는 여유를 즐기는 공간을 원하고 있다.

카페베네는 주 고객층인 20, 30대가 선호하는 정통 유럽 빈티지 스타일의 인테리어로 기존 다른 커피브랜드와는 차별화된 인테리어를 통해 젊은 층은 물론 다양한 고객층을 끌어들였다.

실제로 프랑스 랑스역 광장에 있던 대형시계를 사오거나 기둥과 벽에는 거친 시멘트의 질감을 사용하였다. 또한, 매장별로 소비자들을 위한 별도의 PC를 설치하여 쉽게 카페 내에서 인터넷을 사용할 수 있도록 하였다. 그리고 붙박이 의자마다 콘센트를 달아 놓아 최근 젊은 층이 많이 사용하는 노트북, 넷북 등을 충분히 사용할 수 있도록 배려하였고, 최근 늘어나는 스마트폰 고객들을 위한 무선 인터넷도 가능하다.

(2) 과감한 마케팅과 다양한 문화 콘텐츠 제공

커피전문점에서는 드물게 한예슬, 최다니엘 등 국내 인기 연예인을 전면에 내세웠으며, 여러 드라마 내에서 수시로 등장시키는 TV드라마 제작지원을 통한 PPL 간접 홍보는 소비자들이 카페베네에 대한 친숙한 이미지를 갖게 하였으며, 인지도 향상에 큰 기여를 했다.

카페베네 관계자는 "효과적인 PPL은 브랜드 인지도 향상은 물론 가맹점 개설, 매출을 높이는 역할을 해왔다"며 실제 '지붕뚫고 하이킥'이 방영되는 시기에 가맹점 개설 문의가 폭발적으로 늘었으며, 매출도 눈에 띄게 신장했다"고 말했다.

대학생 및 젊은 층을 대상으로 각종 아이디어 및 슬로건 공모전, 대형공연, 영화, 뮤지컬, 연극 등 다양한 활동을 통하여, 창의적인 아이디어를 얻고, 다양한 마케팅 효과를 얻었다. 또한 장학금 전달, 수익금 어린이 재단 기부 등 사회적 공헌을 통해 프랜차이즈 중견기업도 사회적 기업의 책무를 다한다는 이미지를 심어 주었다.

(3) 국내 로스팅과 차별화된 메뉴

카페베네에서는 다른 커피전문점에서 보통 흔하게 마시는 블렌딩 커피가 아니라 원두 한 가지만을 사용한 '싱글 오리진 커피'를 맛볼 수 있다. 게다가 케냐, 콜롬비아 등 커피 원산지에서 생산된 최고급 원두 한 종류만으로 만들어 고유의 맛과 향을 느낄 수 있다. 최근에는 국내에서 직접 로스팅할 수 있는 시설을 마련하여 보다 신선한 커피를 제공할 수 있게 하였다.

또한, 정통 벨기에 와플을 선보였는데, 냉동 반죽이 아닌 매일매일 가맹점에서 공급하는 냉장 반죽을 사용하여 맛을 살리고 있다. 그 외에도 번, 허니브레드 등의 최근 트렌드에 맞추어 빠르게 새로운 메뉴들을 출시하여 고객층을 흡수하고 있다.

(4) 로열티

카페베네는 해외에 로열티를 지불하지 않아도 되는 국내 토종 브랜드이다. 따라서 이러한 로열티로 지출되는 비용을 원자재의 단가를 낮추거나 제품의 품질 향상에 사용하여 브랜드 품질 향상에 노력하고 있다. 실제로 해외 유명 브랜드들은 매출액의 약 5% 선의 로열티를 해외에 지불해야 하기 때문에 가맹점을 모집할 경우 7~8%를 받아야 하는 근본적인 문제를 안고 있는 반면, 국내 브랜드들은 가맹점으로부터 2~3% 선의 로열티만 받아도 되는 유리한 측면이 있다.

2) 약점(Weakness)

(1) 접근성

이미 포화상태인 커피전문점 시장에서 상대적으로 후발주자로 뛰어들었기 때문에 기존의 다른 커피전문점에 비해 주요 거점에 자리 잡지 못하여 상대적으로 접근성이 떨어지고 있다. 역 주변 또는 회사 주변의 주요 길목에는 스타벅스, 커피빈 등의 기존의 대형 커피전문점들이 이미 자리를 잡고 있어서, 카페베네는 상대적으로 접근성이 떨어지는 곳에 자리 잡게 된다.

(2) 위생문제

급속한 가맹점의 확대로 인해 가맹점에 대한 관리가 철저하지 못하여 위생 등의 문제점이 발생하기도 한다. 일례로 본사의 관리감독이 제대로 이루어지지 않아 한 달이 지난 계피가루를 그대로 사용하고 있는 가맹점이 적발된 사례가 있다.

(3) 차별화

또한 후발주자의 특성상 타 브랜드에 비해 차별화된 사업이 없다. 기존의 커피브랜드에서 판매하는 커피류와 차별성이 없다. 또한 카페베네에서 내세우는 와플 및 젤라또 등은 이미 파스쿠찌와 카페 띠아모, 빈스빈스 등의 기존의 브랜드에서 이미 시행하고 있던 메뉴이다.

(4) 가격 포지션

스타벅스, 할리스 등에 비해 가격에 대한 메리트가 없고, 오히려 더 비싼 가격포지션을 가지고 있다. 파이낸셜뉴스가 2011년 2월 23일 스타벅스, 엔제리너스, 카페베네, 커피빈, 할리스, 탐앤탐스 등 주요 커피전문점 6개사의 동일 사이즈(355㎖) 아메리카노와 카페라테 가격을 조사한 결과 커피빈의 카페라테가 4,500원으로 가장 고가였고 그 다음이 카페베네였다. 카페베네는 할리스 수준으로 다소 저렴한 가격을 책정해 왔지만, 2010년 6월 자체 로스팅 공장을 설립하면서 아메리카노, 카페라테, 카페모카, 카라멜마키아토, 카푸치노, 화이트모카 등 6종의 커피 제품 가격을 각각 300원씩 인상했다.

3) 기회(Opportunity)

(1) 성장하는 국내 원두 커피시장

글로벌 브랜드인 스타벅스, 커피빈과 국내 업체인 엔제리너스, 할리스, 탐앤탐스, 투썸플레이스, 파스쿠찌, 카페베네 등에 따르면 8개 브랜드의 매장 수는 2,182개다 게다가 소규모 프랜차이즈점과 개인이 운영하는 점포까지 포함하면 이미 3,000개를 넘어섰다는 것이 업계 분석이다. 그리고 이들의 전체 매출액은 2조 3천억 원으로 예상하고 있다.

카페베네를 포함한 상위 4개 커피전문점(스타벅스, 커피빈, 카페베네, 엔제리너스)의 2009년 매출액은 5,000억 원이고, 전체 시장의 3분의 1을 차지하고 있는 것으로 나타났다. 이 중 카페베네는 2010년 매출액이 1천 억을 넘어서고 있다.

그러나 국내 커피시장은 해마다 10~20%가량 성장하고 있으며 미국, 일본, 유럽에 비해 국내 원두커피 시장은 아직 규모가 크지 않아 성장 여력이 충분하다.

미국의 경우 인스턴트커피에 비해 프리미엄커피 등 원두커피의 점유율이 80% 선이지만 우리나라는 20% 선에 불과해, 앞으로 소비수준이 점차 높아지면서 커피전문점 시장 또한 꾸준히 증가할 것이기 때문이다.

(2) 해외 시장 공략

싸이더스HQ 소속 스타 연예인을 신설점 오픈 등 회사의 각종 행사에 적극 활용하고, 한류를 통한 해외 시장 접근도 계획 중이다. 세계 최대 위탁 급식회사인 '아라마크'의 한국계열사인 '아라코'와 라이선스를 체결한 데 이어 이제는 해외에서 뿌리 내릴 수 있는 현지화 방법, 글로벌 시장 공략을 위한 메뉴 개발 등 세부적인 방안에 착수할 예정이다.

(3) 고객층의 다양화

최근 카페를 이용하는 고객층의 연령층이 확대되고, 남성들도 카페이용에 대한 인식이 자연스러워짐에 따라 이러한 고객층의 니즈를 충분히 수용한다면 소비자들을 많이 확보할 수 있다. 특히, 최근 노트북을 통해 업무를 카페에서 하는 코피스(coffice)족이 증가함에 따라, 카페에서의 회의문화, 업무문화가 늘어나 이를 위한 커피전문점 이용도 증가하고 있다.

4) 위협(Threat)

(1) 잠재적 진입자

국내 커피 시장의 경우 진입 장벽이 다른 산업에 비하여 낮기 때문에 보다 쉽게 시장에 뛰어들 수 있다. 따라서 자본력이 뛰어난 국내 대기업, 음료 시장을 주도하고 있는 대기업들도 언제든지 커피 시장에 진입할 여력이 충분하다. 이러한 잠재적 진입자가 언제든지 산업에 뛰어들 수 있다면 기존의 기업들은 커피시장에서의 자신들의 파워가 줄어들 위협 때문에 쉽게 가격을 높게 받지 못하고, 경쟁 수준으로 낮아져 이윤 역시 시장 내의 기업 수와 상관없이 정상 이윤 밖에 얻지 못하게 된다.

(2) 저가 Take Out 커피 전문점의 확대

국내외 대형 프랜차이즈 커피 브랜드의 틈에서 저가 Take Out 커피 전문점이 확대되고 있다. 이디야, 로즈 버드 등의 비록 점포는 작지만 가격이 경쟁사 대비 저렴한 이점으로 Take Out 커피 시장에서 점유율을 높이고 있어 경쟁이 과열되고 있다. 이들은 특히 커피시장의 진입 장벽이 낮은 특성과 소자본으로도 쉽게 창업이 가능하기 때문에 개인 가맹점주 모집이 쉽다.

(3) 커피 외 브랜드의 위협

롯데리아, 맥도날드 등의 패스트푸드 업체들 또한 최근에 커피를 판매하기 시작하였고, 던킨도너츠, 파리바게트 등의 도넛 및 제과업체들도 커피 판매에 열을 올리기 시작하여 cafe 형식으로 매장을 탈바꿈하기 시작하였다. 이미 주변에 충분히 포화상태인 커피산업에 비 경쟁업체였던 산업들이 레드오션에 뛰어들면서 더 큰 위협이 되고 있다.

(4) 에스프레소 머신의 등장

에스프레소 시장이 커짐에 따라서 가정용 에스프레소 머신의 인기가 급증하고 있다. 각종 매체에서는 저렴한 가격에 가정용 머신을 판매하고 있으며, 집에서 개인이 직접 고른 원두를 가지고 내려먹는 문화가 크게 늘어나고 있다. 굳이 커피전문점에 가서 원두커피를 마실 이유가 줄어들고, 보다 저렴한 가격에 자신만의 커피를 먹을 수 있게 되었다.

7 STP 분석

1) 시장세분화(Segmentation)

국내의 커피전문점 시장은 기존에 자리 잡은 대형 커피전문점들이 상당수를 차지하고, 후발주자가 뛰어들기에는 시장이 너무 치열하여 기존의 '커피전문점' 시장과는 다른 차별화된 공략이 필요하고 생각하였다. 따라서 카페베네는 커피전문점을 소비자가 커피를 마실 때 추구하는 욕구에 따라 '수다를 떨기 위한 공간', '커피 맛을 느끼기 위한 공간', '디저트와 함께 즐기는 공간'으로 생각해 보았고, 이 중 카페베네만의 '와플'을 2008년 2월 특허출원해 커피와 함께 디저트를 즐길 수 있는 프렌차이즈 커피전문점을 내새웠다.

2) 목표대상(Targeting)

카페베네는 최근 여성 소비자들이 와플 등의 디저트를 커피와 같이 함께 즐기는 것을 좋아하지만, 이를 효과적으로 공략하는 경쟁 브랜드들이 취약하다고 판단하여 '디저트와 함께 즐기는 공간'을 내세우며 20~30대 여성 소비자들을 대상으로 공격적인 마케팅을 펼쳤다.

3) 포지셔닝(Positioning)

기존에 커피를 함께 팔면서 디저트에 초점을 더 두고 있는 경쟁자는 이미 시장에 존재하였다. 예를 들어 던킨도너츠, 미스터 도넛 등이 커피와 도넛을 효과적으로 판매하고 있었다. 따라서 카페베네는 경쟁사 대비 차별화된 장점을 소비자에게 인식시키고자 카페베네를 '유럽스타일의 디저트 카페'로 포지셔닝하였다. 초기부터 '와플'에 대한 메시지를 많이 던지고, 디저트가 맛있는, 와플이 맛있는 카페 이미지로의 입지를 다져나갔다. 따라서 벨기에 와플과 이탈리아의 젤라또 등의 가치를 효과적으로 전달할 수 있었다. 그렇게 와플로 커피전문점 시장에서의 활로개척에 성공한 카페베네는 '유럽풍 커피전문점 카페베네'라는 점을 강조한다. 물론 처음부터 유럽풍의 인테리어 등에 신경을 많이 쓰긴 했지만, 와플로서 정상궤도에 들어선 후에 유럽풍을 밀었다고 보는 게 맞을 듯하다.

8 4P 분석

1) Product

싱글 오리진 커피를 비롯한 최고급 품질의 원두커피와 이탈리아 젤라또 아이스크림, 벨기에 와플 등의 메뉴를 함께 제공함으로써 새로운 브런치 문화를 선도하고 있다. 동종업계의 커피 브랜드에 비해 다양한 메뉴를 선보이고 있다. 그리고 아침 점심 간단히 식사대용으로 이용할 수 있는 샌드위치, 와플 등이 있으며, 잡곡을 이용한 미숫가루 등 지속적으로 웰빙 메뉴를 개발해 오고 있다.

2) Price

가격은 타 커피 브랜드에 비해 경쟁력 있는 가격으로 유지하고 있으며 세트 메뉴를 구성하여 할인된 가격을 제시하고 있다. 또한 제휴 할인카드의 이용 시 다른 브랜드에 비해 저렴하게 이용할 수 있도록 여러 가지 제휴를 실시하고 있다.

3) Place

대도시의 주요상권과 백화점, 멀티쇼핑몰, 학교 주변, 오피스텔 밀집지역 등과 같은 젊은 유동인구가 많은 지역을 중심으로 매장이 분포되어 있다. 기존의 커피전문점들을 인수하여 보다 좋은 위치에 매장이 분포되도록 공격적으로 마케팅을 펼치고, 가맹점 형식으로 폭발적인 성장을 이룩하였다.

4) Promotion

PPL전략을 통해 인기 드라마에 자사 브랜드를 노출시킴으로써 소비자 인지도를 높이고 있으며, 카페베네 런칭 초반 적극적인 PPL 전략으로 MBC '지붕뚫고 하이킥'과 SBS의 '태양을 삼켜라' 등에 PPL형식으로 제작 지원하는 등 브랜드 이미지 구축에 주력하고 있다.

또한 대기업 계열 엔터테인먼트회사인 사이더스HQ와 손을 잡고 공동 마케팅을 추진했다. 주변의 만류에도 불구하고 카페베네라는 브랜드보다 한예슬 커피를 홍보함으로써 검색어 1위를 차지할 만큼 성과를 거두었다. 더구나 기존의 카페들이 스타마케팅을 하지 않았다는 측면에서 볼 때 분명히 차별화된 시도였다.

그 외에 홈페이지를 통한 다양한 이벤트를 소비자로 하여금 참여하도록 유도하고 있으며, 다양한 사회공헌활동을 통해 카페베네의 이미지를 향상시키고 있다.

9 개선 방안과 향후 전망

카페베네는 커피 맛보다 매장의 편익을 극대화하는 전략을 구사하고 스타 마케팅을 통한 브랜드 및 이미지 전략으로 차별화를 이뤄내면서 치열한 커피전문점 시장에서 성공할 수 있었다.

그러나 마케팅활동이 스타마케팅에만 초점이 맞춰졌고 급속한 성장으로 인한 매장 관리의 문제점 등이 발견되었다. 현재 국내에서는 스타벅스, 커피빈 등 해외 브랜드가 커피전문점 시장을 선도하고 있다. 실제로 설문조사 결과 20대 여성들이 가장 선호하는 커피전문점도 1위가 스타벅스, 2위가 커피빈으로 밝혀졌다. 카페베네는 토종브랜드로 국내 소비자들이 원하는 커피전문점의 속성을 갖추기 위해 노력했다. 앞으로 카페베네가 위와 같은 문제점을 해결하고 브랜드 아이덴티티를 확고히 하여 소비자에게 더욱 다가가는 커피전문점이 되길 바란다.

카페베네를 지탱할 근본적 토대로서의 카페베네만의 색, 공간, 고객을 찾아 명확한 브랜드 이미지 구축이 시급한 상황이다. 질적 성장으로의 전환의 첫 걸음은 브랜드 이미지를 구축하는 것이다.

사례 13

잘나가는 프랜차이즈 경쟁력 분석해보니

1. 지속 가능 브랜드는…탄탄한 시스템에 위기대응 뛰어나

브랜드 수명 주기상 성숙기에 접어든 브랜드들이다. 어느 정도 검증된 시스템을 보유한 상태에서 꾸준한 성장세를 이어가는 모습을 보인다.

이경희 한국창업전략연구소장은 "질적 성장을 이루고 있지만 양적 성장에서 아직 추가 성장 여력이 남아 있는 브랜드들이 지속 가능 브랜드군에 속한다"고 말했다. 여기에는 편의점이나 제과점, 사업 연한이 오래된 한식 프랜차이즈와 치킨점 등이 대거 포진해 있다. 제과 프랜차이즈인 파리바게뜨와 뚜레쥬르는 시장이 성숙기에 들어섰는데도 불구하고 올해 가맹점 개설이 많았다. 한국에 프랜차이즈 개념을 처음으로 도입한 롯데리아도 지속 가능 브랜드의 대표 사례로 꼽힌다. 편의점 시장도 점포 개설 수로 보면 이미 성숙기에 도달했지만 꾸준한 성장세를 이어가고 있다.

현재 보광훼미리마트 6,584개, GS25 6,200개, 세븐일레븐·바이더웨이 5,400개, 미니스톱은 1,650개 점포를 보유하고 있다. 한식 브랜드 중에서는 놀부나 원할머니, 본죽, 죽이야기 등이 대표적이다. 특히 오래된 원조 한식 프랜차이즈라고 할 수 있는 놀부보쌈과 원할머니보쌈은 1990년대와 2000년대 초 한국 중산층 창업자들에게서 인기를 모았던 대표적인 브랜드다. 서비스업종에서는 크린토피아나 짐보리를 꼽을 수 있다. 이들이 지속가능한 경영을 할 수 있게 만든 것은 탄탄한 프랜차이즈 시스템이 뒷받침돼 있기 때문이다. 박주영 숭실대 교수는 "본사가 사업 노하우를 가맹점에 성공적으로 전수하고 본사가 정한 품질과 서비스 기준을 준수하게 만드는 과정을 통해 오랫동안 브랜드 파워를 쌓아나갈 수 있었다"며 "이를 위해서는 훌륭한 프랜차이즈 시스템이 필요하다"고 말했다.

이들은 가맹점과 본사 운영 매뉴얼을 비롯해 상품 관련 시스템, 물류 관련 시스템, 서비스 전달 시스템, 출점전략 시스템, 마케팅 전략 시스템 등을 효율적으로 갖추고 있다. 중소기업청이 세계 최초로 시행하는 프랜차이즈 수준 평가에서도 우수 브랜드 판정을 받은 기업이 많다. 중소기업청의 프랜차이즈 수준 평가는 프랜차이즈 시스템과 가맹점·본부 간 관계 등을 평가하는 것이 특징이다. 중소기업청 수준 평가에서 우수브랜드 등급을 받은 크린토피아는 10억 원이 훌쩍 넘는 비용을 투자해 가맹본부와 가맹점 사이에서 처리되는 모든 업무를 IT시스템으로 진행할 수 있는 인트라넷을 갖추고 있다.

위기관리능력도 지속 가능 브랜드들의 중요한 성공비결 중 하나다. 2000년대 초 패스트푸드가 정크푸드로 인식돼 벼랑 끝에 몰린 적이 있다. 매출이 떨어지고 가맹점 폐점율도 높아지며 소비자들 시선도 곱지 않았다. 대표 패스트푸드 프랜차이즈 롯데리아는 당시 눈물겨운 노력으로 위기를 극복했다. 떨어진 매출을 만회하기 위해 일부 매장에서는 24시간 운영으로 전환하기도 했다. 위기에 발 빠르게 대응해 한우와 채소 등을 활용한 프리미엄 상품을 출시했으며, 눈길을 끌던 빨간색 일색의 인테리어를 그린톤으로 바꿔 내추럴한 이미지를 강조했다. 매장 내 곳곳에 프리미엄 상품과 품질의 우수성을 홍보하는 이미지 전략을 활용하기도 했다.

BBQ 등 치킨 프랜차이즈도 위기를 잘 극복해 냈다. 서너 차례의 AI(조류인플루엔자) 파동을 맞았지만 위기에 무릎 꿇지 않았다. 장충동왕족발 역시 구제역 파동으로 돼지고기 값이 급등하는 등 어려움을 겪었지만 위기 속에서도 가맹점을 다독거리고, 해외 진출을 개척하는 등의 노력으로 어려운 시기를 극복해 냈다.

2. 급성장한 브랜드는… '남들과 다른 길'로 새 시장 개척

올해 성장기를 맞았거나 꾸준한 성장세를 보인 업종, 올해 점포 수가 급속히 확대되고 성숙기 단계에 들어가는 브랜드 등이 여기에 해당한다. 급성장하는 브랜드들은 대부분 혁신 요소를 갖고 있다. 해당 시장에서 차별화한 사업 모델로 틈새시장을 노린 경우나 트렌드에 맞는 사업모델 조정을 통해 지속적인 성장을 하는 경우가 대부분이다.

대표적인 급성장 브랜드로는 카페베네가 꼽힌다. 2008년 4월 직영 매장 1호점을 개설한 이래 현재 점포 800개가 넘는 국내 최대 커피 프랜차이즈로 성장했다. 올해는 두 번째 브랜드인 이탈리아 식당 '블랙 스미스'까지 열었다. 카페베네는 스타벅스, 커피빈 등 직영점 중심 커피 브랜드 속에서 대형 브랜드와 동일한 규모의 사업 콘셉트에 프랜차이즈 방식을 도입해 대형 자산가들의 호응에 힘입어 성장했다는 게 특징이다. 직영 중심으로 출점하던 기존 메이저 커피 브랜드와 달리 메이저 브랜드에 뒤지지 않는 고급스러움을 갖추고 프랜차이즈 가맹점 창업의 길을 열어준 것이다. 인테리어도 기존 주요 브랜드와 달리 당시 유행하던 스타일인 빈티지풍 편안한 유럽식 분위기를 강조했다. 이는 기존 미국식 인테리어와 달리 젊은 고객층에게 새로운 느낌으로 다가가 '카페베네=편안한 인테리어'를 떠올리는 계기가 됐다.

최근 몇 년간 지속적인 성장을 계속해 온 치어스나 채선당도 올해 가맹점이 꾸준히 증가한 브랜드로 꼽힌다. 치어스는 2001년 분당 야탑동에 직영점을 개설한 후 2003년까지 입소문으로 인근 지역을 중심으로 점포를 오픈해 왔다. 하지만 2004년 이후 성장세가 급속히 빨라져 올해까지 꾸준한 성장세를 이어오고 있다. 치어스의 평균 점포 개설비가 2~3억 원인데 2007년 이후 매월 6~7개 이상 점포를 개설해 오고 있다.

치어스는 안주보다 맥주가 중요하게 여겨지던 호프 시장에서 신선한 프리미엄급 호텔식 수제 안주라는 개념을 도입했다. 음주 문화가 폭탄주나 독주에서 저도주로 변해가는 동시에 단순한 스트레스 해소 장소가 아닌 교제와 문화의 장소로 주점 문화가 바뀌던 때를 잘 포착해 냈다. 이경희 소장은 "치어스는 특히 분당이라는 한국 중산층을 대표하던 장소에서 입소문으로 폭발적인 인기를 얻었다"며 "이후 한국 중산층의 주점 문화를 대표하는 브랜드 속성을 무기로 전국 가맹점 확대에 성공한 사례"라고 분석했다.

특히 치어스는 단순히 조리 노하우를 전수하던 기존 프랜차이즈와 달리 전문 조리사를 본사가 파견해주는 새로운 인력관리 방식을 도입했다. 주방관리에 어려움을 느끼던 창업자들의 불안을 해소해 좋은 반응을 얻었다. 분식 브랜드에서는 아딸의 급성장이 단연 돋보인다. 2008년 가맹점 200개이던 아딸의 현재 가맹점 수는 전국에 800여 개가 넘는다. 불과 3년이라는 짧은 시간에 매년 200개 이상의 가맹점을 개설한 셈이다.

아딸도 투자비 규모는 작지만 개인들이 운영하던 독립점을 프랜차이즈화하는데 성공한 사례다. 아딸은 분식점 메뉴 중 하나이던 떡볶이를 전문점으로 독립시키는 데 혁신적인 역할을 했으며 이후 떡볶이 붐을 일으킨 주인공이 됐다. 오니기리와 이규동도 업력이 짧은 신규 브랜드 중 급성장한 곳 중 하나로 꼽힌다. 2009년 직영점을 개설한 후 매년 50개 이상 가맹점을 개설하며 3년이라는 짧은 기간에 무섭게 성장했다.

최근 급성장한 브랜드들은 브랜드 관리에도 상당한 공을 들였다. 대부분 브랜드 인지도를 높이고 브랜드 파워를 키우기 위한 마케팅 프로그램을 갖추고 있다. 카페베네가 지난 한 해 지출한 마케팅 비용은 웬만한 중견기업 빰치는 수준이다. 톱스타를 광고모델로 기용해 소비자들에게 브랜드를 친숙하게 만들고 호감도를 높이는 등 공격적인 마케팅을 전개하고 있다. 박가부대도 방송 연예프로그램에 협찬하는 등의 방식으로 브랜드를 노출해 가맹점을 지원하고 있다. 채선당도 2003년 의정부에 채선당 본점을 개설한 후 지속적인 브랜드 관리와 인지도에 힘입어 덩치를 키우고 있다. 2008년 100호점을 개설한 후 지난해 말 200호점을 돌파하는 등 눈에 띄는 성장세를 보이고 있다.

3. 새 동력 찾은 브랜드는…끊임없이 도전하는 기업가 정신

브랜드 평균 수명이 14년에 달하는 만큼 100대 프랜차이즈 중에는 성장 면에서는 정체 상태를 보이고 있는 브랜드들도 있다. 이들 브랜드의 경우 장수 브랜드로서 역사를 자랑하지만 규모의 성장보다는 강소 기업을 추구하는 경우가 많다. 양적 성장보다는 질적 성장을 추구하는 사례도 적지 않다.

양적 성장보다 질적 성장을 지향하며 가맹점 매출 관리와 브랜드 파워를 높이는 데 집중하는 것이다. 이경희 소장은 "피자 브랜드가 대표적인 사례에 해당한다"고 설명했다. 도미노피자와 피자헛 등은 가맹점 개설보다는 가맹점 매출 증대를 통해 시장점유율을 확대하는 데 전략의 초점을 맞추고 있다는 것이다. 이들 대부분은 브랜드 역사가 이미 20년을 넘어서 지속적인 성장관리가 중요한 브랜드들이다. 가맹점 개설에서는 주춤했지만 이들은 제품을 꾸준히 혁신하고 브랜드 파워와 시장의 지위를 굳히고 있다.

다른 한편으로는 업종 자체가 성장기에 접어들어 새로운 성장동력을 모색하고 있거나 기존 가맹점의 관리에 집중하는 브랜드들이 여기에 속한다. 점포 수가 이미 성숙기에 접어든 데다 치열한 시장 경쟁으로 시장점유율을 추가로 확대하지 못하는 일부 치킨 브랜드들이나 한식 브랜드들, 업종 자체도 성숙기에 접어든 주점형 업종들이 대표적이다. 미용실 프랜차이즈나 간이역 투다리 같은 주점업종, 일부 교육 프랜차이즈들, 오래된 사업 모델을 고수하고 있는 분식업 프랜차이즈 등이 여기에 속한다.

성장기 업종이지만 강력한 경쟁자로 인해 시장 확대에 어려움을 겪고 있는 브랜드들도 있다. 커피나 일부 한식, 주점, 교육 서비스 분야 중에는 추가 성장보다는 신규 경쟁자들의 위협과 업종에 대한 새로운 혁신의 필요성, 신규 사업으로의 진출 확대를 모색해야 하는 브랜드 등이 있다. 하지만 오랜 기간에 걸쳐 지속적으로 브랜드를 이어가는 데는 역시 최고경영자(CEO)의 마인드와 업에 대한 전문성이 뒷받침돼 있기 때문이다. 임영균 광운대 교수는 "기업가의 마인드가 사업을 지속시키는 중요한 원동력"이라며 "현재 성장이 정체된 기업들은 창업정신을 되살려 기업가 정신을 바탕으로 새로운 도전과 변화를 시도해야 한다."고 말했다.

자료 : 매일경제, 2011년 12월 19일

Q&A

1. 카페베네의 인사제도는?

수퍼바이저를 통해 가맹점주와 점포매출 및 수익 증진방안, 메뉴의 관리, 정기교육, 홍보가 이루어지게 된다. 본사에서 매뉴얼교육(서비스/커피/세무)을 이수하며 보통 정직 4명 파트타임 5명으로 구성한다. 가맹계약기간은 1년을 기본단위로 진행하며 본사 및 가맹점 간의 해지 의사가 없을 시 계약기간이 1년씩 자동 연장된다.

2. 매장수가 늘어남에 따라 생기는 문제점은?

영업점이 늘어날수록 제품과 서비스의 질을 유지하는 것도 문제이고, 대리점 간 갈등이 발목을 잡을 가능성도 있다.

3. 카페베네가 쉬어가는 곳이면 테이블과 의자 수가 모자랄텐데 대응방안은?

매장 수가 급속도로 많아지고 있고 또 많기 때문에 많은 인원이 와도 다 수용할 수 있을 것이라고 생각된다.

*참|고|자|료

- 카페베네 공식 홈페이지 http://www.caffebene.co.kr
- 최성임 · 김성윤 · 남효석, 커피전문점 소비자의 시장세분화에 관한 연구–마케팅 믹스(4p)를 적용하여, 한국호텔외식경영학회, 2011.
- 이상훈, 카페베네 1등 성공신화, 머니플러스, 2011.
- 강훈, 스타벅스를 이긴 토종카페 카페베네 이야기, 다산북스, 2011.
- 스타벅스 공식 홈페이지 http://www.istarbucks.co.kr
- 엔제리너스 공식 홈페이지 http://www.angelinus.co.kr
- 이디야커피 공식 홈페이지 http://www.ediya.com
- 전민정, [커피의 경제학] '매장수=브랜드 건실' 공식 정답 아니다, 이코노믹 리뷰, 2011.5.3일자
- 최원영, [커피의 경제학] 식지 않는 '커피신드롬' 문화혁명이 시작됐다, 이코노믹리뷰, 2011.5.9일자
- 대한민국은 커피 공화국이다. http://blog.daum.net/enter2001/2432

12

애슐리

ASHLEY
American Grill & Salad

애슐리

1 애슐리 소개

애슐리는 이랜드 기업에 소속된 패밀리 레스토랑 형태의 외식브랜드이다. 이랜드 기업은 패션, 유통 전문기업으로 국내 · 외 36개 자회사를 통하여 패션사업과 아울렛, 백화점, 슈퍼마켓의 유통 사업을 주력 사업으로 운영하고 있으며 성장지원 및 미래사업 부문으로 건설사업, 레저사업, 외식산업을 운영하고 있다. 계열사 (주)이랜드 월드의 식품 사업부에는 현재 애슐리뿐만 아니라 피자몰, Rimini, the caffe 등 6개의 외식 브랜드를 운영하고 있다.

애슐리는 패밀리 레스토랑으로 여성감각이라는 슬로건을 내세워 여성 위주의 고객을 많이 확보하고 있으며, 여성 감각이라는 콘셉트에 맞춰 로맨틱하면서도 클래식한 인테리어로 꾸며져 있다. 뿐만 아니라 다양한 고객의 다양한 스타일 라이프를 겨냥해 애슐리 classic, 프리미엄 애슐리, 테이크아웃 애슐리로 포지셔닝하였으며, 각 종류마다 타입이 다르기 때문에 명칭, 메뉴종류, 가격 등에 차이가 있다.

2 성공사례 분석

1) 애슐리 이야기

- 스토리텔링을 통한 마케팅

애슐리는 여성감각 패밀리 레스토랑으로써 브랜드 네임에 스토리를 가지고 있다.

『뉴 잉글랜드 태생의 커리어우먼 애슐리는 사업을 하는 남편과 결혼하여 2명의 자녀와 미국동부에 살고 있는 여성입니다. 그녀의 취미는 집안 꾸미기와 스타의 소장품 수집이며, 종종 가까운 이웃이나 친구를 초대하여 그녀의 장기인 다양한 요리를 푸짐하게 차려 대접하곤 합니다. 식사 후 남편의 서재에서 칠레산 와인과 생과일 에이드를 곁들여 넓은 탁자 주위의 친구들과 둘러앉아 패션, 음악, 육아, 삶의 질에 대한 이야기를 나누곤 합니다. 소중한 아이들의 생일 때는 아이들의 방을 평소에 익혀놓은 집안꾸미기 실력을 십분 발휘하여 환상의 어린이 파티 장소로 바꾸어 놓습니다. 애슐리의 집은 모두가 상냥한 그녀에게 초대받기를 원하며 신선하고 다양한 샐러드와 고급스런 그릴 음식이 준비되어 있는 우리 마음속의 가고 싶은 집입니다』

이처럼 애슐리는 여성감각의 패밀리레스토랑답게 애슐리라는 가상의 인물을 설정해 스토리텔링을 하고 있다. 여성감각의 서양적 인테리어와 애슐리라는 가상의 여성은 처음 접하는 고객에게 쉽게 각인되고 거부감을 최소화할 수 있지 않았나 생각한다.

단순한 브랜드 네임일 뿐이라도 스토리텔링의 효과를 보여주는 사례라 할 수 있다.

앞의 사진은 애슐리의 매장 전경으로 애슐리의 이야기 콘셉트에 맞춰 집안 꾸미기와 스타의 소장품 수집하기 그리고 다양한 요리를 푸짐하게 대접하는 그녀의 이미지를 그대로 인테리어화하여 다른 패밀리 레스토랑과는 차별화되고 브랜드 스토리에 맞는 로맨틱하면서도 클래식한 내부 스타일을 구축하였다.

2) 고객을 이해하는 애슐리

– 고객에 맞춰 브랜드를 다각화, 고객의 니즈를 만족시키는 전략

애슐리는 고객층을 세분화해 기존의 애슐리 클래식과 더불어 세컨드 브랜드매장인 '테이크 아웃형 매장 애슐리 TOGO' 와 프리미엄 매장 '애슐리 W+' 를 운영하고 있다. 기존 패밀리 레스토랑 콘셉트와 달리 주요 상권과 연령층을 달리해 메뉴를 확대하거나 간소화해 비용을 줄인 게 특징이다.

(1) 일반 애슐리-애슐리의 고전적 가치를 가지고 있는 애슐리 CLASSIC

런치 9,900원, 디너 12,900원의 합리적인 가격에 여성감각의 포근하고 화사한 인테리어와 에피타이저부터 디저트까지 60여 종의 샐러드 바 메뉴를 컴팩트하고 임팩트하게 제공하고 있는 애슐리 CLASSIC

(2) 프리미엄 애슐리-당신을 위한 즐거움이 두 배 애슐리 Double You

런치 12,900원, 디너 22,900원 가격에 80여 종의 와이드 샐러드 바와 함께 즉석그릴과 무제한 와인, 와플과 에스프레소를 제공한다. 맛있는 요리와 세련된 인테리어를 그 특징으로 하고 있는 애슐리 W

(3) 테이크 아웃 애슐리 : 테이크아웃 전문점인 애슐리 TO GO

애슐리의 아메리칸 그릴과 신선한 샐러드를 간편하고 빠르게 가정에서도 즐길 수 있는 신개념 그릴&샐러드 카페

3) 고객과 소통하는 애슐리

– 애슐리의 CRM 시스템

(1) 애슐리 퀸즈클럽 운영

퀸즈클럽은 애슐리의 홍보대사로 애슐리는 사랑하는 여성고객은 누구나 참여할 수 있는 애슐리의 일종의 VIP 고객운영 프로그램이다. 애슐리로서는 고객의 소리를 가장 가깝고 진솔하게 들을 수 있고 충성고객을 확보할 수 있는 기회가 된다.

(2) 고객의 소리

다른 패밀리 레스토랑과 마찬가지로 VOC, 즉 홈페이지에 고객의 소리를 준비해 항시 고객의 의견을 수렴하여 월별 통계를 통해 샐러드 바 메뉴의 변화, 청결유지 등을 반영하고 있다.

(3) 실시간 매장 평가

고객의 소리와 비슷한 고객관리 프로그램으로 매장을 방문한 고객들의 실시간 매장평가를 통해서 매장방문의 만족도를 파악하고 무료시식권을 증정하고 있다.

(4) 멤버십 카드

고객관리카드, 즉 애슐리 패밀리카드를 통해 고객유치, 고객관리에도 힘쓰고 있다.

(5) 아이폰 어플리케이션 제공

어플을 통해 고객들에게 애슐리의 매장정보와 인기메뉴, 스타갤러리, 시즌별 이벤트 등 다양한 정보를 사용할 수 있는 서비스를 제공하고 있다.

3 STP 분석

1) 시장세분화(Segmentation)

패밀리 레스토랑의 분류

- 캐주얼 다이닝 레스토랑
- 패밀리 레스토랑
- 스테이크 하우스 레스토랑

이용객의 세분화

직장인 모임
가족이나 연인
친구와의 만남의 장소

소비자 편익에 의한 세분화

건강주의
가족의 화합
문화적 가치추구

세분화 편익 근거	저렴한 가격	문화적 가치	가족, 건강
인구통계	10~20대 초반	20대 중반~30대	30~40대
외식비 지출	적다	많다	보통
라이프 스타일	실용적	가치지향적	안정추구 보수적

- '애슐리' 의 경우 이미 세분화된 시장을 통해 다양한 타깃층을 공략하기 위해 많은 노력을 기울이고 있다.
- 애슐리 클래식, 더블 유, 더블 유 플러스, 타코

2) 목표대상(Targeting)

연령	20~30대 후반 여성, 대학생, 젊은 가족층
지리적 위치	학가 주변 로드샵, 유통매장에 입점
학력	대졸 이상의 고학력
중요가치	- 감각적이고 세련된 분위기 - 문화적 가치추구 - 만남의 장소

3) 포지셔닝(Positioning)

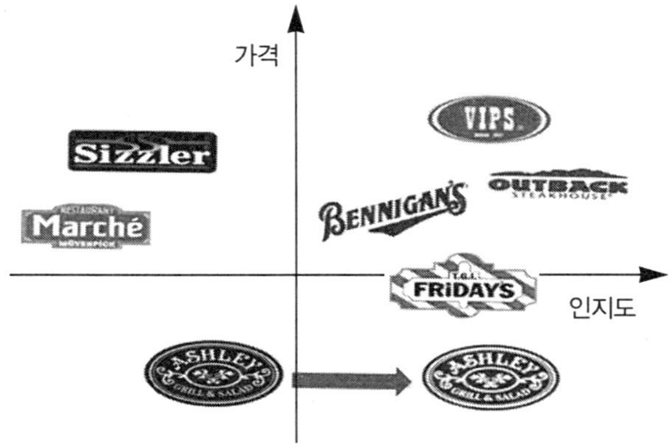

4 SWOT 분석

1) 강점(Strength)

① 다양한 메뉴의 제공 : 기존의 메인 메뉴와 함께 시즌별로 제공되는 차별화된 메뉴와 60여 가지의 신선한 샐러드바를 이용할 수 있다. 저렴한 가격으로 품질 높은 샐러드바를 제공하여 고객만족을 추구하고 있다.

② Target층의 분리 및 인테리어의 변화 : Ashley Classic, Double You, To Go 등으로 고객의 성향에 따라 다양하게 이용할 수 있으며, 또한 주 연령층에 따라 매장 내 분위기를 다르게 하고 있다.

③ 모기업의 안정성, 안정된 식자재 공급 : 모 기업의 안정된 자금력과 사업부에 투자하는 투자력 그리고 안정된 유통망을 통한 식자재 공급이 이루어지고 있다.

④ 유통매장에 입점, 가족층을 공략 : 대형 유통매장에 입점하여 물류비 및 임대료의 절감을 향상할 수 있고, 또한 쇼핑을 하러 온 가족들을 공략할 수 있다.

⑤ 오픈된 주방(신뢰도 상승) : 애슐리는 고객이 직접 조리하는 장면을 볼 수 있도록 하여 음식에 대한 신뢰도를 높이고 나아가 브랜드 신뢰도를 높이는 효과를 가져왔다.

⑥ 높은 여성층의 호응 : 저렴하고 고급스러운 분위기로 여성들의 이목을 끌고 샐러드 위주의 메뉴 구성은 다이어트 및 식단을 생각하는 여성고객의 호응을 가져올 수 있다.

2) 약점(Weakness)

① 경쟁 업체에 비해 상대적으로 낮은 브랜드 이미지 : 타 경쟁업체(VIPS, 아웃백, TGIF 등)와 비교하여 CF, 방송 등을 하지 않기 때문에 고객들의 인식이 낮다. 아웃백, 빕스, 베니건스에 이어 '애슐리' 순으로 고객에 대한 인식이 높다.

② 다양한 샐러드바의 신선도 관리 문제 : 60여 가지의 샐러드바의 신선도 관리 역시 문제이다. 점심과 저녁 사이 중간 시간은 고객의 수는 줄게 되며 또한 신선도가 생명인 샐러드바의 효율적 관리가 힘든 실정이다.

③ 뷔페식 식사로 셀프서비스의 한계 : 고객만족을 위해서는 음식의 맛도 중요하지만 종업원의 서비스가 가장 중요하다. 뷔페식 식사로 종업원과 고객과의 접촉이 적어지면서 이에 따른 서비스의 만족도가 낮아지고 있다.

④ 유통업체에 입점, 입지적 한계 : 대형 할인마트에 위치하였다는 것은 강점이자 성장해 나갈 수 있는 기회이다. 하지만 다르게 생각하면 독자적인 브랜드의 확립과 정체성을 확립하기 위해서는, 다른 독자적인 매장이 필요하다고 생각한다. 필요에 따라서는 독립적인 매장을 구축하여 소비자에게 브랜드 인식 및 고급화를 꾀할 수 있기 때문에 유통매장이라는 한계를 벗어나야 될 것이다.

⑤ 광고 및 프로모션의 행사가 낮음 : 항상 저렴한 가격으로 고객에게 질 좋은 음식을 제공할 수는 있지만, 마케팅 비용의 축소로 인한 인지도를 향상시키는 노력이 부족하다.

3) 기회(Opportunity)

① 외식문화의 성장 : 소득수준의 향상과 맞벌이, 핵가족화로 인하여 외식을 하는 경우가 많아지게 되며 자연스럽게 외식산업의 성장에 따른 기회가 된다.

② 주 5일 근무제와 외식소비 심리 상승 : 주 5일 근무로 여가시간이 많아지고 이에 따라 가족 외식의 증대하고 있다.

③ 웰빙 · 건강식품에 대한 관심의 증대 : 삶의 질 향상으로 자연스럽게 소비자의 관심이 건강에 좋은 식품, 품질이 좋은 식품을 원하게 된다.

④ 여성의 사회진출 확대 : 일하는 여성의 증가로 가족의 외식이 증가하고 있다.

⑤ 인터넷을 통한 1:1 마케팅 가능성 : SNS를 활용하여 고객의 반응에 즉각적인 반응을 통해 다양한 소비자를 유치할 수 있다.

4) 위협(Threat)

① 타 경쟁업체와 비교하여 낮은 브랜드 인지도 : 소비자의 브랜드에 대한 인지도가 낮다. 또한 공격적인 마케팅은 애슐리에게 충분히 위협이 될 수 있다.

② 주 타깃층이 20~30대 여성 : 가족이 즐길 수 있는 '애슐리'를 만들었음에도 불구하고 주 고객층이 20~30대 여성이라는 점은 고객의 다양화를 위한 노력이 필요하다.

③ 원자재 상승으로 인한 가격경쟁력 : 세계 경제의 총체적인 침체로 인하여 수입 원자재의 물량에 대한 급속한 가격 향상과 이에 민감하게 반응하는 음식의 가격상승이 이루어지게 될 수 있다.

④ 씨푸드 레스토랑의 성장 : 다양한 해산물과 신선한 재료로 소비자의 욕구 충족, 육류로만 대표되던 패밀리레스토랑에 신선한 충격이 되고 있다.

⑤ 외식업체의 과다한 경쟁, 시장의 포화 : 다양한 경쟁업체의 등장과 함께 가격과 품질 모두 소비자를 만족시켜야만 하는 과제를 안고 있다.

5 4P 분석

1) Product

① 60여 가지의 샐러드 메뉴를 줄이고 20~30대 여성 입맛에 맞는 메뉴에 집중하여 최적의 원가구조 시스템을 구축하고 있다.(로드샵)

② 가족 단위의 고객을 배려하여 다양한 메뉴의 개발을 통해 소비자의 선택의 폭을 넓힌다. 또한 시즌 별로 새로운 메뉴의 지속적 개발이 필요하다.

2) Price

① 기존의 저렴한 가격 정책을 고수하며 고객에게 2배의 만족을 줄 수 있도록 노력해야 한다.

② 경쟁 업체와 비교하여 샐러드바 및 스테이크, 스파게티가 30% 저렴하다.

3) Place

① 대학생들을 공략하기 위해 대학가 및 상권 중심에 로드샵 형태로 매장을 운영해야 한다.

② 기존 할인점에 입점한 경우, 입지적 유리한 조건을 활용하여 매장을 운영하고 있다.

4) Promotion

① 기존의 입소문 마케팅에서 더 나아가 모바일 프로모션을 극대화함으로써 변화에 발맞춰 나가야 할 필요성이 있으며, 애슐리 어플을 통한 이벤트 및 소셜커머스와 제휴하여 신메뉴의 홍보 및 애슐리 브랜드 자체를 홍보해야 한다.

② SNS, 개인홈페이지를 이용하여, 고객의 소리를 받고 이를 통해 무료시식권 증정 등 재방문을 유도해야 한다.

③ 20~30대가 많이 듣는 라디오 및 행사에 시식티켓 등을 협찬하여 새로운 홍보 효과를 가져와야 한다.

6 문제점

1) 브랜드에 대한 낮은 인지도

애슐리는 가격과 여성고객을 타깃으로 차별화되고 집중적인 마케팅을 통해 많은 성장을 이루었지만 여전히 애슐리라는 브랜드 자체에 대한 인지도가 낮은 편이다. 패밀리레스토랑 하면 흔히 사람들 머릿속에 바로 떠오르는 것은 아웃백, 빕스, 베니건스, T.G.I 등이며, 애슐리는 아직까지 강력한 브랜드 인지도를 구축하지 못한 상황이다.

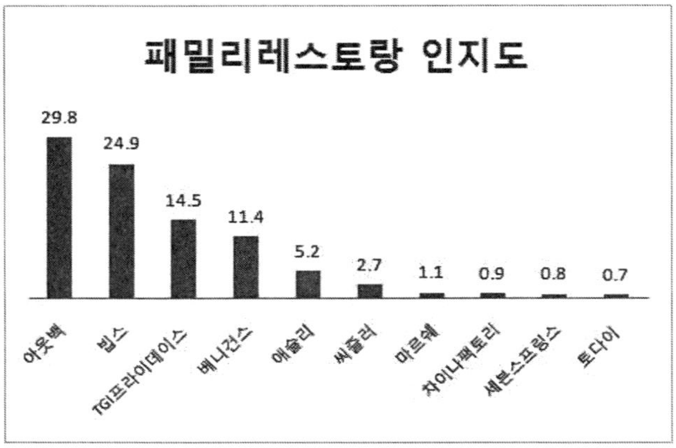

이유는 가격우위를 지키기 위해서 다른 업체와 달리 TV광고와 같은 직접적인 광고를 하지 않기 때문에 대중들의 인식이 미미한 편이라 할 수 있겠다.

2) 유통매장에 입점한 위치적 한계

유통매장의 입점이 강점이 될 수도 있지만 반면에 문제점으로 작용할 수 있다. 우선 패밀리 레스토랑을 방문하기 위해 매장 입구부터 북적거리는 유통매장을 지나는 것부터 거부감이 들었고 시장을 보는 고객이 주류를 이루고 있는 대형 유통매장에서 과연 패밀리 레스토랑의 고객층을 확보하고 있을까 하는 의문도 들었다.

3) 샐러드로서의 한계

다양한 메뉴와 함께 60여 가지의 샐러드 바를 이용하는 것은 애슐리의 가장 큰 장점이다. 고객의 입맛과 기호에 따라 선택할 수 있다는 것은 모든 고객에게 큰 메리트가 있는 것이기 때문이다. 하지만, 주객이 전도되는 상황 즉, 메인메뉴보다 샐러드 바가 더욱 이용되고 있는 현실이다. 이는 곧 애슐리를 '특성 있는 메인 메뉴가 있는 곳' 이라고 하기보다 단순히 샐러드 바를 이용하는 곳으로 인식되어질 우려가 있다고 생각했다.

많은 매장에 대다수의 사람들이 런치메뉴로 샐러드 바를 이용하고 있는 경우가 있는데, 이러한 상황에 비추어볼 때 이 문제를 해결하는 것 또한 ' 애슐리 '가 한 단계 나아가야 할 방향이라고 본다.

7 대응방안

1) SNS 활성화 및 소셜커머스의 활용

이미 애슐리는 주 고객층인 20~30대 여성들이나 주부들의 입소문 마케팅을 통해 어느 정도 홍보를 하고 있는데 기존의 입소문 마케팅과 더불어 조금 더 빠른 시간 내에 많은 사람들에게 브랜드인지도를 확대하기 위해서는 전파력과 보급력이 좋은 트위터나 페이스북 등 소셜 네트워크 서비스를 통해 애슐리에 대한 예약 및 메뉴, 위치 등의 서비스를 제공하는 것이다. 또한 블로그 및 개인홈페이지 그리고 소셜커머스의 활용으로 브랜드의 인지도 향상 및 젊은 층의 구매욕을 자극 하는 것 또한 좋은 방법일 것이다.

2) 독자적 입점을 통한 브랜드의 인지도 향상

유통업체에 입점하여 얻는 이득이 많은 만큼 이 부분에서의 발전이 필요하다. 하지만 소비자들에게 좀 더 가깝게 다가가기 위해서는 독자적인 브랜드를 걸고 시작하는 매장을 많이 오픈할 필요성이 있다. 즉, 유통업체에서 운영하는 레스토랑이 아닌 독자적인 브랜드로써 소비자에게 인식되어야 할 필요성이 있다.

3) 고객과의 접촉 및 고객만족의 향상

모든 업체에서 가장 중요하다고 생각하는 것이 고객의 관리이다. 하지만 애슐리는 완전한 뷔페식으로 고객과의 접촉이 다른 업체에 비해 현저히 낮다. 이러한 부분은 고객만족 향상을 위해서 고려되어야 할 부분이다.

인적자원은 패밀리레스토랑의 흥망에 직접적인 영향을 준다. 이에 원활한 직원관리 및 서비스의 표준화를 통하는 방법이 필요하다.

8 향후 전망

국내를 대표하는 토종브랜드 애슐리는 다른 업체들보다 늦게 출발하였지만, 국내 외식시장의 변화와 트렌드에 민감하게 반응하여 소비자들에게 높은 브랜드 충성도와 매출의 향상을 이룰 수 있었다. 또한 미래육성산업으로 지정되어 모그룹에서 지속한 관심과 투자를 통해 괄목할만한 성장을 이루고 시장에서 다크호스로 떠오르고 있다.

다각적 방면의 조사를 통해 브랜드 인지도의 차이가 소비자에게 어떻게 작용하는지에 대해 다시 한 번 생각해 볼 수 있으며, 충분한 경쟁력과 서비스를 가지고 타 업체와 경쟁하는 애슐리는 경쟁업체들보다는 시장에서의 인지도는 낮지만, 아직까지 성장할 수 있는 잠재력이 풍부한 레스토랑이라는 것을 알 수 있다.

앞으로도 다른 외국계 기업과 토종 기업과 선의의 경쟁을 통하여 외식산업의 발전에 많은 공헌을 하기를 바란다.

사례 14

집에서는 부부, 가게 가면 남남
– 부부창업 성공의 법칙 –

인건비 줄여 경쟁력 높이려면, 업무 영역 · 서열 확실히 나눠야
24시간 운영 땐 서로 못 만나, 수익 늘어도 관계 멀어지기도

부부창업 20년 차 베테랑인 김영복(49) · 정명식(45) 부부이다. 이들은 업무 영역의 확실한 구분을 중요하게 생각한다. 주방장인 남편은 앞치마를 두르고, 홀 서비스 담당인 부인은 유니폼을 차려 입었다. 부인 정씨는 "진부하게 들리겠지만 서로 배려하고 이해하려는 노력이 부부 창업의 출발점"이라고 말했다.

창업 전문가들에게 "자영업 창업자가 성공하려면 무엇이 필요한가"라는 질문을 던지면 주저 없이 '주인의식'이라는 답이 돌아온다. 내 일이라는 생각 없이는 안정적인 서비스와 고객 밀착형 영업이 불가능하기 때문이다. 반면 자영업자들은 가장 큰 고충으로 '주인의식 없는 종업원과 만만치 않은 인건비'를 든다. 장기 불황으로 인해 수익은 줄어드는데 임대료나 인건비 등 고정비용 지출은 오히려 늘어나기 때문이다.

이런 상황을 극복하기 위해 늘어나는 게 바로 '부부창업'이다. 믿을 것은 가족뿐이라는 인식에다 부부가 직접 운영해 인건비를 줄이고 점포의 경쟁력을 높이겠다는 전략이 더해진 결과다.

실제로 노동집약적인 외식업과 편의점, 수퍼마켓 창업을 주로 택하는 생계형 창업자들은 부부창업을 선택하는 경우가 많다. 이상헌 한국창업경영연구소장은 "지난해 연구소 회원사들 중 부부창업자의 수가 전체 창업자의 40%를 차지하는 등 비중이 급속히 커지고 있다"고 말했다.

그러나 전문가들은 섣불리 뛰어들었다간 실패하기 쉽다고 입을 모은다. '잘 되면 두 배 수익, 잘못되면 가정파탄'이라는 극단적인 결과를 낳기 쉬워서다. 서울 지하철 고대역 인근에서 치킨 전문점 '매드후라이치킨'을 운영하고 있는 김영복 · 정명식씨 부부는 20여 년간 부부창업의 장 · 단점, 실패와 성공을 고스란히 겪은 사례다.

전체 창업자의 40%가 부부창업자

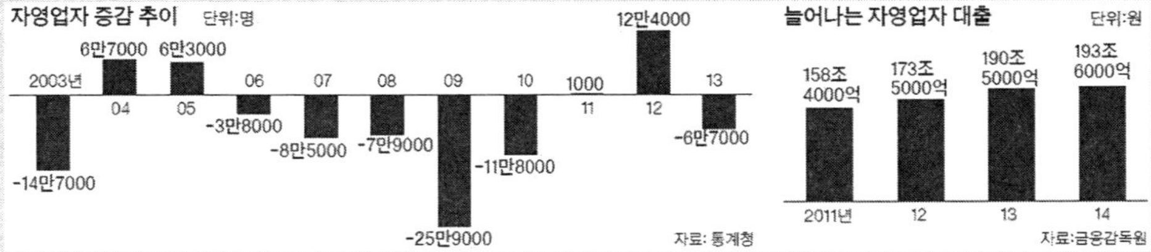

몇 차례의 실패 끝에 2012년 9월 66m^2(약 20평) 규모의 매장을 인수한 김씨 부부는 사업 2년 만에 대박 점포를 만들어냈다. 실적이 부진했던 초창기와 달리 6개월 차부터 사업이 안정궤도에 오르더니 현재는 초기 매출의 세배 규모로 매출을 올리고 있다.

김씨는 "숱한 실패 끝에 얻은 노하우가 성공의 발판"이라고 입을 열었다. 치킨집을 시작하기 전 김씨 부부는 정육점과 백반집을 15년간 운영했다. 1998년부터 5년간 방배동에서 정육점을 하다가 대형마트가 입점해 매출이 줄었고 엎친 데 덮친 격으로 구제역 파동이 겹치면서 장사를 완전히 접었다. 2003년부터는 서울 서초동에서 백반 배달집을 시작했지만 배달직원 인건비와 숱한 오토바이 사고처리비에 번 돈을 고스란히 날렸다.

그러나 김씨 부부가 몸고생과 마음고생을 하면서 배운 것이 있다. 각자의 업무 영역을 정확히 나눠야 한다는 것과 분쟁이 없도록 서열을 명확히 해야 한다는 점이다. 백반집을 접고 치킨집 창업을 하면서 이들은 노하우를 차근차근 적용했다. 주방은 남편 몫, 홀은 아내의 구역으로 나눴고 각각 아르바이트생을 한 명씩 고용했다. '내가 없으면 당신이 해라' 식으로 영업하지 않고 '주방과 홀에 두 개의 기둥을 세운다'는 심정으로 각자 분야를 정한 것이다.

또 부인인 정씨 명의로 사업자를 등록하고 정씨가 손님과 매출 관리를 담당하면서 자연스럽게 위계가 정리됐다. 이전에는 음식 주문이 뒤바뀌거나 손님이 밀리면 다툼이 잦았으나 서열을 정리한 후에는 정씨의 지휘를 따르게 됐고 분쟁이 줄었다. 남편인 김씨는 "부부창업자들이 싸우고 이혼까지 가는 주된 이유는 서로 지위가 동등하다고 주장하기 때문"이라며 "설령 부부라 할지라도 반드시 사장을 한 사람으로 정하고 현장에서 지위를 존중해야 의견 대립이 줄어든다"고 말했다.

당일 생긴 감정의 골은 장사가 끝난 당일 대화로 풀어낸다는 것도 숱한 다툼 끝에 얻은 결론이다. 김씨와 정씨는 "초창기에는 메뉴가 바뀌었다고 싸우고, 주 메뉴보다 서비스 메뉴를 먼저 내달라고 해서 싸우고, 손이 늦다고 싸우는 등 말도 못하게 다퉜다"며 "이러다가는 장사 망치겠다는 생각이 들 때도 있었다"고 고백했다. 그때부터 부부는 매장이 정리되면 하루 일과를 얘기하면서 서로의 갈등을 해소하기로 했다. 김씨는 "이런저런 손님 얘기를 하면서 당시 상황을 얘기하다보면 마음이 누그러진다"고 말했다. 매일 오후 2~3시에 출근해 다음날 오전 3시 퇴근하는 식으로 업무시간을 고정해놓는 것도 책임감을 높이는 데 도움이 됐다.

물론 부부창업 역시 맛과 서비스가 기본이 돼야 한다. 경북 구미시 상모동에서 오징어 요리 전문점 '오징어와 친구들'을 운영하는 이동명(36) · 이수현(33) 부부는 2006년 창업한 후 8년째 대박 행진을 이어가고 있다. 작년 매출은 4억 원을 넘겼고, 순이익도 2억 원을 올려 구미에서는 장사 잘되는 집으로 소문날 정도다. 반면 창업비는 130m2(약 40평) 규모 점포비 5000만 원을 포함해 8000만 원이 들었다.

이곳은 맛과 서비스의 차별화와 인건비 임대료 등 고정 비용을 줄여서 성공하고 있는 경우다. 힘든 주방 일은 남편이 하고, 고객 관리와 서비스 마인드가 좋은 아내는 홀을 책임지고 영업한다. 임대료도 크게 비싸지 않다. 부부는 "한 가지 일을 오래 하다 보니 일이 손에 익어 매출에 비해 주방 일손이 덜한 편"이라고 말했다.

부인 이씨가 개발한 특제 소스 때문에 단골도 늘었다. 내 사업이라는 욕심 덕에 태어난 소스는 고추장과 간장 등 5가지 이상의 재료를 섞어 이씨가 수개월간 연구 끝에 만들어낸 결과물이다. 신선한 개불, 해삼, 멍게 등도 맛 볼 수 있는데 제철이 되면 항상 다른 경쟁 점포보다 먼저 메뉴를 내놓고 철이 지날 무렵 신선도와 맛이 떨어질라치면 남들보다 먼저 메뉴에서 빼내고 다음 제철까지 기다린다.

일에 치여도 배우자 배려 계속해야

인건비를 포함한 고정비용이 줄어든다고 모두가 성공하는 것은 아니다. 돈벌이에만 치중하다가 가족 파탄으로 이어지는 경우도 부지기수다. 경기도 수원에서 24시간 편의점을 운영했던 주모(44)씨 부부는 창업에 나섰다가 문제가 생겼다. 24시간 운영해야 하는 편의점이라 하루 12시간씩 부부가 교대로 근무했고 돈 벌 욕심에 아르바이트 직원도 거의 쓰지 않고 1년 내내 일만 했다. 처음에는 돈이 모이는 것 같아 신났으나 시간이 지나며 문제가 드러났다. 서로 얼굴 마주보고 밥 먹을 시간은커녕 이야기를 나눌 시간조차 없었고 그렇게 3년이 지나니 사이가 서먹해지기 시작했다.

나중에는 마치 남과 같은 사이가 돼 버렸다. 문제의 심각성을 파악한 주씨 부부는 논의 끝에 점포를 다른 사람에게 넘겼다.

주씨의 경우는 그나마 다행이다. 울산에서 대형 음식점을 운영했던 김모(48)씨 부부는 창업이 실패하면서 이혼을 택했다. 무리하게 창업했다가 장사가 안 되자 서로 상대방 탓을 하면서 극도의 불신이 생겼다. 게다가 함께 있는 시간이 많아지면서 서로의 단점만 더 보게 돼 이혼까지 가게 됐다. 강병오 FC 창업코리아 대표는 "일에 치여 서로에게 소홀해지는 경우도 발생하기 쉬운데 이럴수록 수시로 상대방을 격려하고 배려하는 마음을 잊지 말아야 한다"며 "점포 일은 물론이고 가사 일도 서로 분담하고 한 달에 한두 번 정기적으로 쉬는 날을 정하고 함께 여행을 가는 등 재충전의 시간을 갖는 것이 좋다"고 조언했다.

■ 이렇게 하면 성공

① '남편은 주방, 아내는 홀' 처럼 영역 구분
② 배우자의 업무 전반까지 숙지한다.
③ 가게에서 존댓말 쓰고 출퇴근 시간 엄수
④ 갈등은 그날 풀어라. 이혼까지 갈 수 있다.
⑤ 재무상황 투명하게, 이익 배분 기준 세워라.
⑥ 가화만사성! 아이 문제는 머리를 맞댄다.
⑦ 창업 규모는 작게, 단순 업종이 좋다.
⑧ 과욕은 금물. 병원비가 인건비 넘을 수도.
⑨ 집은 매장 지척에. 멀면 태만해지기 쉽다.
⑩ 배우자가 이성에게 친절한 것도 일이다.

■ 이럴 거면 창업하지 마라

① 평소 부부관계가 좋지 않은 경우
② 일을 핑계로 육아와 가사를 떠넘긴다.
③ 전체 창업비용에서 대출금이 50% 이상
④ 부부 간 대화 없이 24시간 일만 한다.
⑤ 인건비 아끼며 큰 수익을 기대한다.
⑥ 사업 계획을 세우지 않고 창업에 나선다.
⑦ 손님맞이보다 자존심이 먼저다.
⑧ 바쁘다고 아이에게 용돈으로 때운다.
⑨ 공금인지 생활비인지 구분 못한다.
⑩ '오늘은 괜찮겠지' 게으름을 피운다.

※ 도움말 주신 분 : 강병오 FC 창업코리아 대표, 이경희 한국창업전략연구소장, 이상헌 한국창업경영연구소장

부부창업은 예비 창업자들에게 새로운 도전이다. 전문가들은 성공하기 위해 ▶두 사람의 적성에 맞는 업종을 찾고 ▶업무 분담을 명확히 해 책임감을 갖고 ▶육아와 빨래 등 집안일에 대한 분담도 사전에 충분히 합의해야 한다고 조언했다. 강 대표는 "각자 고유한 생활영역이나 적당한 거리를 갖기 원하는 부부는 부부창업에 신중해야 한다"며 "장사가 잘 안될 경우 각각 다른 일을 할 때보다 경제적 타격이 크고 생계는 물론 부부관계까지 악영향을 미칠 수 있다는 점도 반드시 염두에 둬야 한다"고 말했다.

자료 : 중앙일보, 2014년 7월 1일

Q&A

1. 직원들의 이직률은 다른 업체에 비교하여 어떠한가?

우선 이랜드가 가지고 있는 기업의 이미지가 직원들을 위한 기업으로 다른 업체에 비해 이직률은 낮다. 하지만 모든 외식업계와 마찬가지로 직원들의 이직은 있다. 숙련된 직원들의 이직률을 낮추기 위해 회사차원의 노력을 하고 있다.

2. 진급 제도는 어떠한가?

누구에게나 문이 열려 있다. 무엇보다 현장에서의 경험이 좋은 경영자를 만들기 때문에 단계적인 코스를 통해 외식전문 경영인을 배출하고 있다. 이러한 기회가 많은 점들이 직원들에게 동기부여로 작용하여 시너지 효과를 이루고 있다.

3. 다른 업체에 비해 대형 유통업체와 함께 있는 경우가 많은데 그 이유는 무엇인가?

이랜드의 자회사인 홈에버 시절 대부분의 애슐리 레스토랑이 입점하였다. 같은 브랜드로 물류 및 임대 비용을 절약하기 위한 방안이었지만 지금은 홈플러스에 합병되어 계속 매장을 운영하고 있으며, 독립된 로드샵이 적어 브랜드를 소비자들에게 인지시키는데 오랜 시간이 걸렸지만 지금은 오히려 대형 할인마트와 함께 있어 가족층의 소비자 공략에 용이하다.

4. 애슐리의 스토리텔링 마케팅에서 '애슐리'가 실존 인물을 모델로 만들어진 것인가?

애슐리의 고급스러운 이미지와 가족적인 분위기를 나타내기 위해 만들었으며 애슐리라는 브랜드와 스토리를 만들기 위한 가상의 인물이다.

5. 이직률이 다른 경쟁업체에 비해 낮은 특별한 이유가 있는가?

: E-LAND의 자회사로 거의 비슷한 복리후생의 혜택을 받는다. 또한 직원 개개인의 능력을 중요시하게 생각하여 성과위주의 진급을 우선으로 생각하는 것 또한 장점이다. 가족 같은 분위기와 모기업의 든든한 지원으로 다른 경쟁업체들에 비해 이직률이 낮다.

또한 이랜드 기준 신입사원 연봉은 약 4,000만 원으로 평가받고 있다. 아직 애슐리 안에서는 이런 연봉의 혜택을 받지 못하지만 이랜드의 외식사업식품분야로 입사한다면 많은 연봉을 보장받을 수 있다. 매장 근무직은 약 2,000만 원에서 경력에 따라 차등 지급되며, 약 1~2년의 매장 경험을 거쳐 본사의 외식사업분야로 진출하고 있다.

6. 메뉴의 한계에 대한 방안이 있는가?

애슐리는 샐러드 바를 이용하는 고객으로 대부분의 고객이 주 메뉴보다 샐러드 바를 기억하고 있다. 이는 애슐리라는 브랜드를 기억하는데 좋은 기회이지만, 한편으로는 주 수입을 얻을 수 있는 특별한 메인 메뉴 부재는 심각하게 고려해볼 부분이라고 생각한다. 최근 애슐리는 시즌 스페셜 메뉴를 개발하여 새로운 시도를 지속적으로 하고 있다. 계절별 소비자의 입맛을 파악하고 욕구를 파악하여 주 메뉴에 대한 지속적인 개발과 향상을 기하고 있다.

*참|고|자|료

- 정용주, 외식경영론, 백산출판사, 2011년.
- 라이터스 편집부, 외식산업의 성장과 내부마케팅의 역할, 라이터스, 2006년.
- 어윤선, 박승영, 김종택, 외식산업 경영론, 대왕사, 2008년.
- Hotel & Restaurant Magazine
  - 2010.02 '국내 주요 외식업체 2010 경영 전략과 전망' P.69
  - 2010.07 '9대 외식 법인 2009년 경영분석' P.58
  - 2010.11 '외식산업도 소비자들과 소통하는 마케팅 전략이 필요하다' P.120
  - 2011.02 '국내 주요 외식업체 2011 경영전략과 전망' P.68
- http://www.myashley.co.kr
- http://tvpot.daum.net/clip/ClipView.do?clipid=11507695
- http://www.youtube.com/watch?v=SPsQc4xhEI8
- http://www.youtube.com/watch?v=yW8d2e4lOGU

13

도미노피자

도미노피자

1 도미노피자 소개

1) 역사

도미노피자는 1960년 창업자 톰 모너건 형제가 미국 미시간주 입실런티에서 1대의 폭스바겐 Beetle로 배달을 시작한 도미닉스로부터 시작되었다.

이후 톰 모너건 형제가 3개의 점포를 운영하는 가운데 1965년 '도미노피자'로 회사명을 개명하였고, 1967년 처음으로 프랜차이즈 사업을 전개함으로써 창업 이래 50년이 지난 오늘날 세계 최대 피자 배달점으로 비약적인 성장을 이루게 되었으며, 지금까지 피자배달의 새로운 영역을 개척하면서 성장을 거듭해 나아가고 있다.

2) Vision & Mission

(1) Vision - Best Pizza Company

한국 도미노피자는 올해 "We Know The Pizza, Domino's Pizza"라는 슬로건을 도입하였고, 누구보다 피자를 잘 아는 최고의 전문가 최고의 피자를 최상의 서비스로 제공하겠다는 의미에서 Best Pizza Company라는 비전을 제시하고 있다.

(2) Mission

Best Brand	프리미엄 브랜드 이미지 확보와 유지를 위한 전략적 기업 활동전개 적극적이고 폭 넓은 사회공헌활동을 통한 나눔 기업 이미지 강화
Best Product	위생적인 매장 및 시설 관리, 식자재 관리지침 준수 등 엄격한 평가로 Perfect Pizza Making을 목표로 365일 고객에게 최상의 제품제공
Best Service	'고객이 원하는 가장 맛있고 영양 있는 피자를 최대한 빨리 만들어 가장 친절하고 안전하게 제공해 드린다.' 는 사명 아래 고객 감동서비스 실현
Best Safety	안전을 최우선으로 하는 배달 원칙 및 법규 준수로 안전의식을 고취시켜 안전한 근무환경을 제공 전 과정의 매뉴얼화를 통해 철저한 안전관리로 고객으로부터 신뢰받는 기업으로 거듭나며 안전한 배달문화 선도
Best People	'한번 한다면 꼭 이루어낸다' 라는 사명감과 책임감이 있는 전문가들이 모여 즐겁게 일하는 기업

3) 사회공헌활동

(1) 희망나눔 캠페인

도미노피자는 현재 희망나눔캠페인을 통해 여러 가지 사회공헌활동을 실시하고 있다. 희망나눔 캠페인은 2006년 서울대 어린이 병원 환아돕기의 일환으로 '희망나눔세트' 를 구성하고 세트의 판매금의 일부를 기부금으로 적립하며 시작된 사회 공헌 캠페인이다.

세트당 500원의 기부금을 '희망나눔기금' 으로 적립하였고, 2011년 1월 달에 삼성병원에 있는 소아암 환아들의 치료비로 전달하였다. 2011년 3월에는 강남 세브란스 병원에 전달하였다.

(2) 출동! 도미노 희망 파티카

차량 내에서 피자를 만들 수 있는 'Domino's Party Car'로 전국에 소외된 이웃들을 찾아가 사랑을 전달해주고 있다. 도미노 파티카는 어린이재단, 기업, 병원을 방문하여 다양한 계층의 이웃들에게 사랑을 나누어 주고 있다. 또, 이러한 행사를 통해 자신들의 기업을 홍보하는데도 많은 도움을 받고 있으며, 이러한 사회공헌활동을 통해 나눔기업 이미지를 강화시키고 있다.

4) 도미노피자의 특징

(1) 도우

냉장저온숙성도우의 원조, 도미노피자 도우는 LTLT(Low Temperature Long Time) 발효방식에 따라 이스트의 5단계 활성주기 중 도우가 가장 맛있는 상태가 되는 3일차 도우인 성년기 도우만을 사용한다.

냉장저온숙성 도우는 반죽 속 수분이 얼지 않아 수분 보유력이 우수하여 빵을 구웠을 때 특유의 쫄깃하고 고소한 맛과 구수한 향을 내는 것이 특징이다.

(2) Hand Tossed 방식

도미노피자만의 Pizza Maker로 인증받은 전문가가 냉장 숙성된 도우를 가지고 주문이 들어옴과 동시에 직접 손으로 두드리고 펴서 만들기 때문에, 도우의 글루텐 성분이 점성과 탄성을 높여주어 씹을수록 쫄깃하고 고소한 맛이 살아난다.

(3) 천연 숙성 치즈

이탈리아노 최고급 뉴질랜드산 100% 모짜렐라 치즈를 사용하고, 그 외 에멘탈, 까망베르, 체다치즈 등 업계 최초로 유럽풍 프리미엄 치즈까지 특수 배합 사용하여 더욱 풍부하고 깊은 맛과 향의 피자를 즐길 수 있다.

(4) 스크린방식

기름을 전혀 두르지 않고 피자를 석쇠모양의 스크린에 올려 7분(250℃) 동안 구워내면 스크린의 구멍을 통해, 위 아래로 고르게 열이 전달되어 빵이 균일하게 구워져, 바삭함은 더해지고, 기름기는 쏙 빠져 재료 본연의 맛을 더욱 풍부하게 살려준다.

(5) Fresh Topping

고영양 완전식품인 프리미엄 치즈, 비타민이 풍부하게 들어있는 무기농 채소토핑을 사용하여 맛은 물론 영양까지 생각하며, 안전하고 건강한 외식문화를 선도하고 있다.

(6) 피자배달가방

1998년 갓 구워낸 피자의 맛을 유지하기 위해 피자배달 가방 내부에 전기 충전식 열선시스템을 부착한 'Heatwave System'을 개발하여 피자의 맛을 결정하는 가장 이상적인 온도인 65~70℃를 45분 이상 유지시켜줄 수 있게 되어 따듯한 피자를 맛볼 수 있다.

(7) 30분 배달제

피자를 주문하면 30분 이내로 오는 배달방식이 2011년 2월 21일부로 20년 만에 폐지되었다. 30분 배달제는 30분이 초과될 경우 소비자는 할인을 받을 수 있고, 1시간이 넘을 경우 피자 값을 지불하지 않아도 되는 제도인데, 이 제도로 인해 배달 노동자의 마음을 급하게 만들어 과속이나 좁은 길을 가도록 유도해 배달 청년들을 사고 위험으로 높였고, 실제로 배달원들의 사망사고 유발을 만들었다.

도미노피자는 다른 업체에 비해 뒤 늦게 오픈했지만 파격적인 '30분 배달제 서비스'를 유지하며 미국 본토는 물론 전 세계에 프랜차이즈 효과를 남기며 큰 사랑을 받았다.

2 경쟁사 분석

1) 피자헛

국내 시장점유율의 약 47% 정도로 업계 1위를 차지하고 있으며, Dine-in시장과 Delivery 시장 모두에서 우위를 점하고 있다. 또 소비자들의 피자헛에 대한 브랜드 인지도는 매우 높다. 피자헛이 외식업계 최고의 브랜드로 자리매김하게 된 원동력은 바로 최고의 제품을 만들고, 고객에게 최고의 서비스를 제공하고자 노력하는데 있다.

이를 위해 피자헛에서는 다양한 프로그램을 실시하고 있으며, 그 구체적인 사례로 피자헛은 96년 11월부터 CHAMPS 프로그램을 실시하고 있다.

CHAMPS 프로그램은 Cleanliness(매장의 청결), Hospitality(고객에 대한 환대), Accuracy(주문의 정확성), Maintenance(시설의 보수유지), Prcduct Quality(제품의 품질), Speed(신속한 서비스)를 토대로 직원들의 사기를 북돋고 팀워크를 강화하는 서비스 프로그램이다.

CHAMPS 프로그램에 대한 감시는 암행어사(미스터리고객)를 파견하여 6개의 항목을 기준으로 각 매장을 평가하고 향후 인센티브에 반영하는 것이다.

2) 미스터피자

피자헛이나 도미노 피자와는 달리 일본의 '미스터 피자'와 기술제휴로 탄생하였다. 또한 독특한 빵의 발효방법이 특징이다.

정통 수타피자라는 점을 차별화 포인트로 내세우고 있으며, 과학화된 매뉴얼 Q.Q.S.C(Quick, Quality, Service, Cleanness)에 의한 철저한 매장관리를 하고 있다. 마지막으로 미스터피자는 전국 어디서나 고품질의 물류를 저렴하고 신속하게 공급받을 수 있도록 서울 중앙 물류 공급소를 비롯해 부산, 대구, 대전 등에 물류 공급소를 운영하고 있다.

■ 동종업계 시장점유율

1위 2위 3위

3 STP 분석

1) 시장세분화(Segmentation)

시장을 세분화하는 데에는 지리, 연령, 소득 소비습관 등으로 나눌 수 있는데 피자는 다른 음식점과 비슷한 한정된 대상에 소구하고 있다. 또 패스트푸드에 속하기 때문에 더더욱 연령대에 민감하다고 볼 수 있다. 이에 따라 도미노피자는 연령대에 대한 시장세분화를 사용했고, 도미노 피자의 전략인 저가 전략에 관련된 소득관련세분화 그리고 최근에는 인터넷 예약이 발달함에 따라 인터넷 사용시간에 따라 시장을 세분화하고 있다.

2) 목표대상(Targeting)

도미노피자의 타깃은 중 · 저가의 피자를 빠른 시간 내에 접하고자 하는 고객들을 대상으로 하고 있다. 우선 1차 타깃을 20대, 2차 타깃을 30대/중고생으로, 3차 타깃을 초등학생과 주부로 나누고 있다. 1차 타깃이며 가장 수요가 많은 20대는 인터넷 사용률이 높고 학생신분으로서 소득이 꽤 높지 않고 뭐든지 빠르고 신속한 서비스를 원하는 고객층으로 주요 타깃이 된다.

3) 포지셔닝(Positioning)

도미노피자의 Positioning 상황은 피자헛, 미스터피자 등 타 브랜드에 비해서 '배달신속성' 과 '가격측면' 을 제외하고는 모든 면에서 열세로 나타났다.

4 SWOT 분석

1) 강점(Strength)

① 가격의 적당성

② 차별화된 서비스

③ 배달시장에 특화된 시스템

④ 품질보증제도

2) 약점(Weakness)

① 소극적인 홍보방식

② 후발기업으로서 상대적으로 낮은 시장점유율

③ 배달시장에만 치중

3) 기회(Opportunity)

① 성장기인 Delivery 시장

② 인터넷을 통한 1:1 마케팅

③ 피자 원재료 원가 상승에 의해 경쟁사들의 피자가격이 상승한 가운데 도미노피자의 저가격 전략

4) 위협(Threat)

① 경쟁업체 간의 공격적인 Promotion

② 영세, 중견업체들의 시장 진출(ex. 시장피자, 피자굽는마을 등)

③ 외식산업의 경쟁심화

5 4P 분석

1) Product : 표준화를 바탕으로 한 현지 적응화 전략

전 세계의 도미노 체인점에서 피자를 만드는 직원들은 미국 본사에서 내려온 방침에 따라 피자를 만든다. 도우 사이즈나 제작 방법 외에도 메뉴에 들어가는 치즈와 각 재료도 본사에서 제공되며 피자를 구워내는 방식도 모두 동일하여 표준화된 틀이 있다.

2) Price

(1) 할인정책

현재 도미노피자는 SK텔레콤, LG U+, 스마트폰할인, 신용카드할인, 포장할인, 온라인 할인 및 각종 카드사와 제휴를 통해 가격 할인혜택을 고객에게 제공하고 있다.

(2) 중저가 정책유지

도미노피자의 각 메뉴의 값은 다른 브랜드에 비해 약간 싼 편이다. 이러한 가격정책을 유지하고 나아가서 마진의 최소화와 원가절감의 시스템을 개발하여 가격을 낮출 것이다.

3) Place : One Number System 도입

기존에 흩어져 있던 매장 번호를 1588-3082로 통합해 단일번호화함으로써, 고객들의 편의를 돕고, 전문텔레마케터들이 직접 주문전화를 받아 응대하는 시스템이다. 또 콜센터 구축으로 통합적인 데이터 관리가 가능해지면서 고객 맞춤형 마케팅을 본격적으로 시행하고 있다. 고객은 카드를 소지할 필요 없이 전화 한통만으로 편리하게 마일리지 적용에서 할인까지 가능하게 됐다.

4) Promotion

(1) 고객데이터 베이스 구축을 통한 CRM 구현

CRM이란 Customer Relationship Management로서 고객관계관리를 말한다. 홈페이지의 회원제 운영을 통해 얻어진 고객의 정보를 이용하여 기존 고객들의 충성도를 높여 고객의 이탈을 방지하는 것이다. 고객의 생일, 기념일, 특별고객 등을 집중관리를 통한 유인과 호의적인 관계를 유지해야 한다.

(2) 새로운 CF 및 TV광고의 확대를 통한 브랜드 이미지 강화

과거에 비해 도미노피자는 CF 및 광고에도 노력하고 있지만 피자헛이나 미스터피자에 비하면 그 노출 빈도가 낮아 소비자들에게 도미노피자라는 브랜드 이미지를 잘 알리지 못하고 있다. 재미있고 참신한 CF를 제작 방영함으로써 소비자에게 브랜드이미지를 강하게 심어주어야 한다.

6 소비자행동에 따른 전략

1) 전화번호 1588-3082

도미노피자는 소비자의 행동을 잘 파악하여 1588-3082라는 전화번호를 가지고 30분 내에 82(빨리) 배달하겠다는 의미를 부여하였다. 또 이것을 광고로 제작하여 CM송에 가사를 삽입하여 지속적으로 들은 소비자들은 3082라는 숫자만 봐도 도미노피자를 연상하게 된다. 현재 '30분배달서비스제도' 가 폐지되었지만 3082라는 숫자를 사용하여 광고를 제작한 것은 소비자들에게 조금 더 빠르게 인식될 수 있는 좋은 전략이었다고 생각한다. 아울러 고객에게 더 나은 서비스를 제공하기 위한 제도를 마련하는 일도 중요한 과제라고 생각한다.

2) '위기를 기회로' 사례

최근 도미노피자 신제품 '히든엣지 피자' 리콜 사태에 대해 많은 말이 있었다. 도미노피자의 최신작 '히든엣지 피자는 맛이 없다'는 혹평이 쏟아지자 소리 소문도 없이 '피자 리콜'을 시행했기 때문이다. 도미노피자는 리콜 사실을 쉬쉬했지만 최근 들어 업계를 중심으로 알려지기 시작하였고 뒤늦게 입방아에 오르고 있다. 도미노피자는 6월 23일부터 7월 14일까지 고객 1,700명을 대상으로 히든엣지 피자의 식재료를 바꿔 다시 배달해주는 리콜 서비스를 진행했다. 도미노피자는 홈페이지와 SNS채널 온라인커뮤니티 등에 피자 재평가 안내문을 걸고 고객이 원하는 시간과 장소에 맞춰 피자를 배달하였으며, 고객의 의견을 최대한 수렴해 피자의 레시피, 토핑을 바꾸어 맛을 개선하였고 리콜 서비스를 받은 소비자들 중 97%가 맛을 긍정적으로 평가했다고 한다.

3) 소셜미디어 적극 활용

요즘 스마트폰 사용으로 인해 생활이 편리해진만큼 음식을 주문하는 것도 편해졌다. 도미노피자 어플을 다운받으면 메뉴와 가격을 편리하게 확인하고 주문까지 가능하다. 또 트위터, 페이스북 등을 만들고 각종 이벤트 등으로 소비자들에게 한 걸음 다가서고 있다.

7 직원교육

1) 신입직원

도미노피자는 고객만족을 위한 서비스 교육에 박차를 가하고 있다. 면접을 통과한 신입직원들에게는 이틀간의 OJE(On the Job Evaluation)프로그램이 진행되는데 이것은 별다른 사전교육 없이 이틀 동안 매장의 업무를 보여주어 앞으로 이 일을 할 수 있을지 여부에 대한 판단을 하게 하는 것이다.

이 프로그램을 통해 신입직원이 직접 매장의 운영을 접해보고 근무여부를 결정하게 하는 것으로 평균 10명 중 8명 정도가 직원으로 입사하게 된다.

이러한 과정을 통해 직원과 본사 양자 간의 인력과 교육 등의 낭비를 막는 효과를 얻고 있다. 이렇게 입사한 신입직원들은 2주에 걸쳐 이론교육(팀별교육, 전산교육, 서비스교육)과 피자 메이킹 실습, 현장 OJT(오픈 3일, 마감 3일의 6일) 교육을 이수해야 하며 천안 공급소 견학을 마지막으로 신입직원의 교육이 마무리된다.

2) 매니저

점포를 책임지는 매니저와 피자 메이킹, 신입직원들의 교육을 담당하는 선임 MIT(Manager In Training)의 경우에는 3개월에 한번 씩 교육이 진행되며 매니저가 되기 위해서도 1년 여에 걸쳐 3번의 교육을 이수해야 한다.

3) 슈퍼바이저

슈퍼바이저는 직영점과 가맹점이 나눠져 운영되며 매니저 과정 교육을 수료하고, 2년 이상 근무한 사람에 한해 1개월간 STP(Supervisor Training Planning)교육을 이수하게 한다.

이 밖에 가맹점 교육으로 신규 가맹점 교육(IFDP)과 가맹점 매니저 과정 교육이 있다. 가맹점주는 매장을 오픈하기 전 본사와 실습장에서 이론 및 실습 교육을 받고 6일간의 OJT 교육을 거친 뒤 직영점에서 2주 동안 파견 근무를 하는 등 1달간의 교육과정을 마쳐야 한다. 또 한 가맹점 매니저 과정교육은 3개월 이상 근무한 기존 매니저나 직원에 한해서는 매달 마지막 주 3일간 교육을 하게 되며 일정기간이 지나면 보수교육이 이루어진다.

7 개선 방안과 향후 전망

피자업계의 후발주자로서 그 동안 도미노피자가 크게 성장해온 것은 사실이다. 소비자의 특성에 맞는 다양한 마케팅 전략들로 소비자들에게 접근하고 있고, 각종 사회공헌 활동 및 홍보활동을 통해 브랜드 이미지도 키워왔으며, 과거 30분 배달보증 제도를 통해 30분 안에 오는 빠른 피자라는 강한 인식을 주었다. 하지만 현재 30분 배달 보증 제도는 폐지되었고, 피자헛이나 미스터피자 등 다른 경쟁업체에게 뒤처지지 않기 위해서는 도미노피자만을 상징할 수 있는 제도, 아이템 등 개발에 힘써야 할 것이다.

다른 업체들에 비해 도미노피자는 사건사고가 많이 일어나는 편이다. 이번에 발생한 리콜사태가 아무리 위기를 경영자의 확실한 판단으로 좋게 해결했다하더라도 기업에 대한 이미지는 손실되었다. 이뿐만이 아니라 국내에서 발생한 일은 아니지만 2009년 4월 발생한 도미노피자 직원들의 엽기동영상으로 인해 소비자들을 발칵 뒤집어 놓았다. 미국 도미노피자에서 근무하는 남녀 직원 2명이 고객에게 배달해야 하는 음식에 들어갈 햄을 코 속에 집어넣는 등 비위생적인 행동을 동영상으로 제작해 유투브에 장난으로 올려놓았다. 관련 직원들은 기소 당해 구금되었다가 보석금을 내고 풀려난 상태지만, 소비자들이 기업에 대한 실망은 높아진 상태이다. 실제로 47%의 소비자들이 다시는 시켜먹지 않겠다는 의사를 표현했다고 한다.

고객에게 한번 잃은 신뢰는 다시 쌓기 힘들다는 것은 누구나 잘 알 것이다. 도미노피자는 앞으로 요리면 요리, 배달이면 배달 어떤 큰 범위에서 벗어나 서로 상반된 전략들을 내세우지 말고 기존의 좋은 전략들을 좀 더 수정 보완하고 깊이 있는 전략을 마련하는 것이 시급하고, 실추된 브랜드이미지를 지금부터라도 다시 쌓아야 한다고 생각한다.

사례 15

도미노피자, 업계 최초 '해썹(HACCP)' 지정
- 서초점 매장 피자업계 프랜차이즈 첫 식약청 지정 -

도미노피자 서초점이 프랜차이즈 피자 업계 최초로 서울지방식약청으로부터 해썹(HACCP)업체로 지정받았다. 해썹은 '위해요소중점관리기준(Hazard Analysis and Critical Control Point)'의 약어로 식품의 원료 관리, 제조?가공?조리?유통의 모든 과정에서 위해한 물질이 식품에 섞이거나 식품이 오염되는 것을 방지하기 위하여 각 과정의 위해요소를 확인?평가해 중점적으로 관리하는 시스템이다. 식품의약품안전청(KFDA)에서 식품을 안전하게 생산?제조하고 있는 업체를 공식적으로 지정한다. 해썹 지정을 위해서는 매장 단위별 검증 시스템을 적용하는 등 까다로운 절차를 거쳐야 한다. 현재 도미노피자는 자체 위생 감사제도인 OER(Operate Evaluation Report)시스템을 운영, 제품별 유통기한 준수, 냉장 · 냉동고 규정온도 준수 등 식자재별 신선도 및 위생관리와 함께 매장별 개인위생 · 집기 점검 등 체계적이고 철저한 안전관리를 진행하고 있다. 지난 2009년에는 국내 외식 피자 업계 최초로 식품안전경영시스템인 'ISO22000' 인증을 획득했다. 피자의 제조 · 가공 및 부가서비스 전반에 걸친 업계의 위생 시스템을 선도하고, 소비자들에게 안전 먹을거리를 제공하고 있음을 공식적으로 인정받은 셈이다. 차현주 도미노피자 홍보실 실장은 "도미노피자는 피자업계 최초 ISO 22000 인증은 물론 해썹 지정 획득까지 명실상부 가장 안전한 먹을거리를 제공하는 기업으로 거듭나고 있다"며 "서초점을 시작으로 더 많은 매장의 해썹 지정 획득을 위해 보다 철저한 매장 위생관리에 노력하겠다"고 전했다.

자료 : 매일경제, 2012년 4월 23일

✻참|고|자|료

- http://www.dominos.co.kr
- http://news.hankooki.com
- http://blog.naver.com/PostList.nhn?blogId=cos2414

14

미스터피자

Mr.Pizza®

미스터피자

1 피자 시장의 현황 및 동향

1) 피자 시장의 현황

우리나라 피자시장은 BIG 3브랜드를 중심으로 성숙기를 맞이하고 있으며, 1조 원대로 규모가 커진 국내 피자업계는 2007년 한해에도 독특하고 다양한 신제품들이 쏟아져 나와 각축전을 벌였다. 또 저렴한 가격을 무기로 내세운 중소 피자 업체들과 저가 피자 업체들이 대거 등장, 대규모 프랜차이즈 업체들도 각종 제휴 할인 프로모션을 진행하는 등 가격경쟁 역시 치열했다.

이렇듯 경쟁이 극심해지고 피자시장 자체의 저변이 확대됨에 따라 이미 포화상태인 수도권 중심 상권을 벗어나 지방 중소도시로의 출점이 적극 추진되기도 했다.

Dine-in, Delivery 시장의 비중이 3:7에 이를 정도로 배달고객수요가 급증하면서 피자업체들은 2007년도 피자업계의 화두를 '배달시장의 성장'으로 꼽고 있다.

2) 피자 시장의 동향

피자 시장의 경쟁이 갈수록 치열해지고 있다. 피자헛, 도미노피자, 미스터피자 등 피자 시장을 이끄는 상위 업체뿐만 아니라 피자에땅, 파파존스, 빨간모자 등 후발주자들의 시장 참여도 활발하다.

매년 지속적인 성장을 거듭하고 있는 피자 시장은 지난해 2.5%에서 33.3%에 이르는 성장세를 이어갔다.

최근 피자 시장의 최대 이슈는 기존의 제품 틀을 깨버린 신제품의 출시이다. 경기 침체로 인한 소비 심리 위축으로 전체 피자 시장이 위축된 가운데 저가 브랜드의 공세로 브랜드 피자 시장이 다소 침체되자 주요 피자 브랜드는 기존의 피자를 뛰어넘는 새로운 재료, 맛, 형태의 신제품을 개발하고 나섰다.

신제품뿐만 아니라 저가 브랜드의 공세에 브랜드 피자 시장이 온라인 주문을 필수로 하고 있다. 쉽고 빠르게 주문할 수 있고 예약과 주문 상태를 확인할 수 있도록 하여, 계속해서 피자 시장은 발전을 해나가고 있다.

2 미스터피자 소개

1) 설립

미스터피자(Mr. Pizza)는 대한민국의 피자 전문 브랜드이다. 미스터피자는 본래 일본의 소규모 피자전문점이었다. 1990년 정우현이 일본 미스터피자의 상표권을 도입하여 ㈜한국 미스터피자를 설립, 이화여대 부근에 첫 피자 매장을 열었다. 이후 대한민국 내의 미스터피자 사업은 급성장한 반면, 일본 내에서는 쇠락의 길을 걷다가 상표권만 남기고 사업을 중단했다. ㈜한국 미스터피자는 일본을 제외한 미스터피자의 상표권을 얻어 미스터피자는 완전히 대한민국의 피자 브랜드가 되었다. 해외진출도 시도하여 2000년 중국, 2007년 미국에 매장을 열었다. 2010년 일본 내의 미스터피자 상표권도 취득하였다. 미스터피자는 여성들이 선호하는 취향의 메뉴를 개발하여, 피자의 주된 소비층인 20대~30대 여성에게 특히 인기가 높아 더욱 성장할 수 있었고, 2008년

~2009년을 기점으로 피자헛과 도미노피자를 제치고 대한민국의 피자 전문점 중에서 매장수가 가장 많아졌다.

2) 미스터피자 CI

네이밍은 피자의 원산지라 할 수 있는 이탈리아, 미국 등에서 주로 남자들이 피자를 제조하는 도습에서 착안한 것이다. 형태는 도우를 수타와 공중 회전시켜 제조하는 과정을 형상화하였다.

수타 후 공중 회전시키는 제조과정을 손 모양 위에 빵이 회전하는 형상을 모티브로 하였으며, 남자들이 제조하는 느낌을 담아 굵고 힘 있는 서체를 사용하여 전체적으로 남성의 느낌이 나도록 시각적으로 표현한 디자인 스토리가 담겨 있다.

3) 글로벌 미스터피자

미스터피자는 2000년에 중국에 진출해 현재 11개의 매장을 운영 중이고, 2년 연속 중국 유력지 북경만보가 선정한 우수 피자점으로 선정되었다. 미스터피자는 중국에서의 경험을 바탕으로 미국 및 동남아 시장에도 본격적으로 진출할 계획이라고 한다.

이미 2007년 1월 미주 1호점, 2009년 1월 미주 2호점을 오픈하였고 미국 서부지역을 중심으로 가맹점 사업을 진행할 계획이라고 한다. 미국 1호점인 월셔점은 2년 연속 'ZAGAT' 에 선정되는 등 외국 현지에서 미스터피자는 좋은 평가를 받으며 브랜드 경쟁력을 키워 가고 있다.

3 경영 전략

1) 회사 콘셉트 변화

1990년 | 90년대 후반 | 2004년도 | 2011년도

① 1990년 : "기름 뺀 수타피자" 타 피자 업계와 차별화된 이미지를 심어주기가 어려웠음.

② 90년대 후반 : 도우를 재미있게 나타냄으로서 손으로 만드는 수타피자라는 점을 강조

③ 2004년도 : "made for women" 주요 고객층이었던 여성들 위주로 마케팅에 돌입

④ 2011년도 : "100% Live" 얼리지 않은 생도우를 주문받은 직후 바로 요리를 함

2) 고객 서비스

배달주문, 포장주문, 선물 주문, E-쿠폰주문 등 여러 가지 주문서비스를 갖추고 있다.

• 각종 할인 서비스

- 제휴카드를 통한 할인	- 온라인 할인
- 포장주문할인	- E-쿠폰
- 스마트폰주문 할인	- 런치타임

3) 사회 공헌 캠페인

"사랑 나눔을 통한 행복한 세상 만들기" 미스터피자는 기업이익의 환원 활동을 통해, 사회 구성원으로서 사회 발전에 이바지하고자 노력하고 있다.

이웃사랑	• 사랑의 도시락 파티 및 임직원 자원봉사활동 • 매장별 사랑의 피자배달
문화사랑	• 장애 예술인 지원 사업 • 지역주민을 위한 열린 음악회 개최
환경사랑	• 사내 그린캠페인 - 전사 일회용품 사용절감 캠페인 - 미사용 전기제품 전원 차단 • 지역사회 크린 캠페인
가족사랑	• 임직원 및 가족문화의 날(미피문화데이) 지정 • 임직원 가족 사랑하기 - 신규입사자의 가족에 대한 감사의 마음 전달하기

4 시장 환경 분석

1) BCG 매트릭스

미스터피자의 위치를 알아보는 것으로서, 이 이론에 의하면 현재 미스터피자는 Cash Cow와 Star 사이에 있다고 볼 수 있다. 피자 업계에선 이미 어느 정도 수준의 시장점유율을 보이고 있으며 현재 성장률을 높이기 위해 노력 중이기 때문이다.

2) SWOT 분석

(1) 강점(Strength)

① 담백한 맛 : 수타 도우와 석쇠로 굽는 기술로서 담백한 맛을 강조하여 타 브랜드와의 차별성을 갖는다.

② 성공적인 여성마케팅 : 특정 타깃 대상 없이 브랜드의 이미지를 갖추지 못했던 초기와는 달리 현재는 '여성을 위한 피자'라는 슬로건을 내세우며 전략적 Targeting과 Positioning을 통해 확고한 고객층 확보에 이점을 갖게 되었다.

(2) 약점(Weakness)

① 비체계적인 광고활동 : ‘여성’ 과 ‘젊은’ 고객대상의 집중적인 마케팅이 이루어졌으나 광고활동의 전략은 비체계적으로 이루어져 브랜드 이미지가 모호하게 만드는 결과를 초래하게 되었다.

② 일관성이 결여된 매장관리: 현재 전국적으로 미스터피자의 매장 수는 증가하고 있지만, 단기간 동안 급격한 확장전략을 추진하는 데에 수반되는 개별 매장관리의 문제점이 드러나고 있다. 소비자 서베이 결과, 인테리어나 매장분위기의 일관성 부족, 서비스 일관성이 취약하다는 지적은 이를 반증해 주고 있다.

③ 메뉴 · 서비스 상품 개발의 지연 : 시장에서 ‘분석자’ 의 위치에 있는 미스터피자는 경쟁사에 비하여 메뉴와 서비스의 개발이 뒤처지고 있는 상황이다. 예를 들어, 피자를 자주 많이 먹는 고객인 20대 여성의 대부분은 피자를 먹을 때 매장에서 샐러드 바를 같이 이용한다. 하지만 미스터 피자는 최근에 들어서야 샐러드 바 서비스를 제공하였다. 또한 최근에 피자헛이 출시한 ‘2인용 피자’, ‘핫 서비스’ 등의 매출 효자상품 및 서비스 등은 미스터 피자에서는 아직 찾아볼 수 없다.

④ 배달 서비스 약세 : 전체 피자시장에 배달이 매출에 차지하는 비중이 매우 높다. 그렇기 때문에 미스터피자도 피자의 배달에서 선두 업체인 도미노피자와 같이 인터넷 주문 서비스와 원넘버 서비스를 도입했음에도 불구하고 전체 매출에서 배달이 차지하는 비중이 경쟁사 대비 낮은 편이다.

(3) 기회(Opportunity)

① 웰빙트렌드 : 국내에서 웰빙트렌드가 지속되고, 현대인들의 건강식품에 대한 관심이 증대하고 있는 상황에서 “기름기를 뺀 수타 피자”는 웰빙에 부합하는 제품특성을 갖추고 있다.

② 배달 시장의 확대 : 외식업 시장에 있어 배달 매출이 증가세를 보이고 있다는 것은 미스터피자에게 있어서 매출증대를 실현시킬 수 있는 기회이다.

③ 동반소비 창출효과 : 미스터피자의 주요 타깃층인 여성 고객들은 남성과 가족단위의 동반소비를 이끌어 내고, 이는 수익원 창출의 기회이다.

(4) 위협(Threat)

① 저가피자시장의 확대 : 꾸준한 성장을 하면서 점유율이 커져가는 중소업체의 피자 전문점들이 미스터피자의 시장점유율을 위협하는 하나의 요인으로 작용한다.

② 패밀리 레스토랑의 위협 : 피자 레스토랑 보다 조금 더 고급스러운 패밀리레스토랑이 성장하면서 이들이 외식산업에서 차지하는 비중이 점점 늘어나고 있어서, 피자시장 전체의 위협 요인으로 등장할 가능성이 있다.

3) STP 분석

(1) 시장세분화(Segmentation)

피자, 패스트푸드, 패밀리 레스토랑 등 전반적인 외식 문화를 선도하는 트렌드에 바로 20~30대 여성 고객들이 자리 잡고 있다. 피자를 주로 찾는 핵심 고객들이 바로 20~30대 여성 고객들로 나타나고 있다.

(2) 목표대상(Targeting) & 포지셔닝(Positioning)

피자에 대한 여성들의 핵심적인 부분을 조사한 결과 느끼하지 않고 기름기가 적은 담백한 피자를 원하고 있었다. 미스터피자는 기름기 없고 담백하고 깔끔한 수타피자라는 제품 특징으로 인해 여성 고객들이 매우 높은 선호도를 나타내고 있다.

여성 고객들이 공감하는 브랜드 자산인 “기름기 없이 담백한 맛”이라는 강점을 살리는 동시에 포지셔닝 전략을 제품 중심에서 고객 중심의 시간으로 변화시켜 데인 타깃인 여성 고객들에서 집중하는 마케팅을 펼치고자 브랜드 슬로건을 ‘made for women’으로 변경하였고 새롭게 여성 타깃 중심으로 마케팅 활동을 전개하게 되었다.

최근에 와서는 여성 중심으로 하되 슬로건을 100% Live로 변경하여 주문 즉시 피자를 요리하는 Live-food로 바뀌었다.

5 마케팅 전략

1) 4P 분석

(1) Product

미스터 피자는 개점 이래 품질에 대한 자신감을 보여 왔다. 특히 저온숙성시킨 반죽을 이용하여 손으로 직접 도우를 만들어 석쇠에 굽기 때문에 다른 업체에 비해 '건강에 좋은 피자' 를 만들고자 한다.

또한 피자 토핑에도 신경을 많이 썼는데 이번에 출시된 떡갈비피자와 닭갈비피자를 예로 들 수 있다. 피자 토핑으로 떡을 올리는 것은 타사 제품과의 차별화를 두기 위함이며, 골드, 누드, 쿠키, 오리진, 치즈캡 등 여성들이 좋아할 만한 재료를 써서 여성 중심으로 제품을 만들어가는 것을 볼 수 있다.

그리고 신제품 떡갈비피자와 닭갈비피자는 미스터 피자의 인기 메뉴로 급 인기를 끌고 있는데 '떡앤닭 하프앤하프' 피자를 만들어 한 판에 두 가지 맛을 다 볼 수 있는 기회를 주고자 한정판매를 한다. 미스터 피자는 여러 가지 피자를 한 번에 맛 볼 수 있도록 하는 메뉴를 종종 선보이고 있다.

(2) Price

① **런치세트**

- 판매시간은 오전 11시부터 오후 5시까지다(단 주말, 휴일 제외).
- 쿠폰 및 미스터피자 카드(다른 제휴카드)와 같이 사용할 수 없다.
- 포장 및 배달로 판매하지 않는다.
- 3가지 세트가 있는데 최소 6,000원에서 10,000원까지 할인받을 수 있다.
- 피자는 스크린 포테이토피자와 미스터피자 콤보 중에서 선택할 수 있다.

② **도우와 토핑에 따른 가격 차이**

- 프리미엄 : 26,500~34,500원

(차별화된 토핑과 다양한 엣지로 즐기는 특별하고도 즐거운 맛)

• 클래식피자 : 12,500~22,900원

(합리적인 가격으로 즐기는 미스터피자, 정통 수타 도우의 담백한 맛)

(3) Place

① 점포입지결정 : 개설조건

- 시 단위 이상 지역
- 시가지 핵심 상권
- 대단위 아파트 지역의 쇼핑센터
- 쇼핑몰, 영화관 등의 복합 상가
- 대규모 역사 내 핵심위치
- 읍 단위(단, 시 수준 상권 형성지역)
- 실면적 25평 이상
- 점포 전면 길이 6M 이상
- 큰 대로변이나 유동인구가 많은 곳에 위치

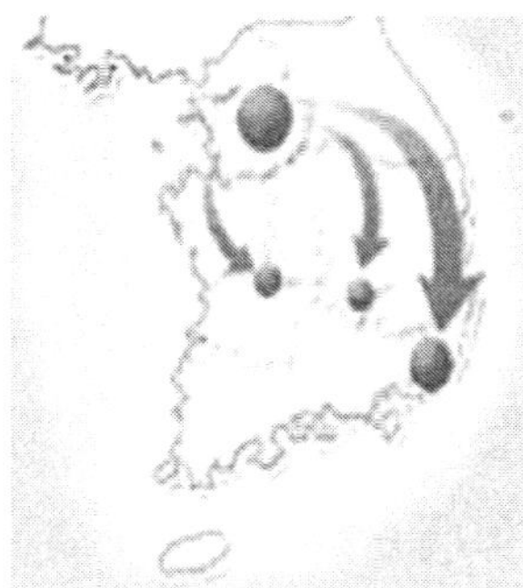

② 배달서비스

- 원넘버 시스템(1577-0077)
- 2003년 11월 10일 007배달 서비스 오픈
- 2003년 12월 1일부터 본격적으로 모든 매장에서 운영
- 도입목적 : 소비자들의 니즈(needs)가 배달 속도에 쏠리고 있는 점을 간파
- 효과 : 배달시간을 평균 20분 정도 앞당겨서 매출증대에 크게 일조

③ 전국 물류시스템

- 과학화된 매뉴얼 Q.Q.S.C(Quick, Quality, Service, Cleanness)에 의한 철저한 매장관리를 하고 있다. 가장 친절한 직원, 가장 깨끗한 매장을 추구하며 한결같은 마음으로 달려오고 있다.
- 미스터피자는 고객에게 모든 매장이 균일한 맛과 서비스, 분위기를 제공할 수 있도록 표준화된 매뉴얼에 의한 사전 · 사후 교육을 실시하고 있다.

• 미스터피자는 전국 어디서나 고품질의 물류를 저렴하고 신속하게 공급할 수 있도록 서울 중앙 물류 공급소를 비롯해 부산과 대구, 대전 등에 물류 공급소를 운영하고 있다. 미스터피자만의 신선한 맛의 비결은 바로 타사에는 없는 전국의 물류 시스템이다.

④ 온라인주문

브랜드 피자업체에서 필수로 하고 있는 온라인주문으로 직접전화를 하지 않아도 쉽고 빠르게 원하는 것을 고를 수 있고 결제도 바로 할 수 있기 때문에 편리성이 요구된다.

(4) Promotion

환대산업에서 일반적인 촉진전략은 광고, 인적판매, 판촉, PR의 4가지 형태이다. 이를 촉진믹스라고 부른다.

① 광고 : TV, 라디오, 신문, 잡지 등의 대중매체를 통해 홍보 메시지를 전달하는 방법이다.

② 인적판매 : 판매원 등의 인적자원을 통해 일대일로 홍보를 하고 거래를 성사시키는 방법이다.

③ 판촉 : 세일이나 홍보물 등 단기유인책으로 구매를 자극하는 방법이다.

④ PR(대중이미지 관리) : 불우이웃돕기 행사, 환경보호 운동 등의 사회 · 환경 친화적 활동이나 관련정보를 기사화하여 뉴스의 형식으로 대중에게 알림으로서 기업의 인지도를 높이고 이미지를 제고하며 궁극적으로 잠재고객을 포함한 대중에게 좋은 인상을 심어 주는 방법이다.

여자를 위한 피자라는 브랜드 슬로건을 토대로 광고도 여성 위주의 광고를 많이 볼 수 있다.

포테이토 골드 : 박해일씨와 이영은씨를 모델로 하여 '여자피자 웬말이냐? 포테이토 골드가 여자꺼냐? 여자꺼냐?' 를 외치며 기름기 없이 담백한 피자를 먹고 싶어서 미스터피자 매장 밖에서 시위를 하는 남자들과 맛있는 포테이토 골드 피자를 먹으며 즐거워

하는 여자들의 모습을 대비하여, 미스터피자는 여자들을 위한 피자 made for women 이라는 것을 알리고 있다.

마지막 Ending 트레일러에서 미스터피자를 주문하기 위해 여자목소리를 흉내 내며 전화 주문을 하는 박해일의 모습에서 피자를 먹고 싶어 하는 남자들의 모습을 코믹하게 표현하고 있다.

시크릿가든 : 국민 여동생인 문근영씨를 모델로 하여 비밀의 정원에서 피자파티를 하고 있는 여자들과 시크릿가든을 먹으려고 비밀의 정원 담 밖에서 애태우는 남자들을 대비시키면서 전체적으로 기름기 없이 담백하고 샐러드 토핑의 피자이기 때문에 여자들을 위한 피자라는 의미를 전달하고자 한다.

Ending 트레일러에서 남장을 한 문근영씨가 '남자는 뭘 먹고 사나?' 라고 멘트하는 장면을 통해 여자를 위한 피자라는 콘셉트를 다시 강조한다.

쉬림프 누드 : 쉬림프 누드의 주요 재료인 '크림치즈무스와 통새우' 를 공개 수배하는 형태로 구성하여, 전국의 여자들을 울리고 다니는 2인조를 공개 수배했는데 알고 보니 너무 맛있어서 여자들이 쓰러지고 울었다는 내용으로 여자를 위한 피자라는 내용을 매우 코믹하게 풀어낸다.

Ending 멘트로 문근영이 피자를 맛있게 먹으면서 '여자를 너무 잘 알어~ 어휴 응큼해!"라면서 여자 입맛에 쏙 맞는 제품만 만들어 내는 미스터피자라는 점을 강조한다.

게살몽땅, 떡갈비, 닭갈비 : 요즘 인기 급상승인 한효주를 모델로 해 토핑이나 도우 위주로 피자를 보여 주고 있다. 100% LIVE라는 슬로건에 걸맞게 얼리지 않은 생도우를 주방에서 만드는 과정을 보여주는 등의 고객이 신뢰할 수 있도록 하고 있다.

오프라인 프로모션 : 온라인 쿠폰, 회원가입을 하면 할인혜택을 받을 수 있는 기회를 주는 등 여성들이 좋아할만한 이벤트를 많이 하고 있다. 그리고 매월 7일 우먼스데이 행사는 미스터피자의 가장 대표적이고 중요한 마케팅 행사로 자리 잡고 있다.

Woman's Day 행사 : 매월 7일을 우먼스데이로 지정하여 여성 고객이 주문 시 프리미엄 피자를 20% 할인해 주는 행사이다. 우먼스데이 당일 매출이 평상 시 매출의 약 30~40% 이상 증가하는 효과를 보이고 있으며, 특히 프리미엄 피자의 매출이 약 70~80%를 차지하는 등 큰 효과를 보고 있다.

2) 여성 마케팅

(1) 왜 여성마케팅인가?

여성은 세계에서 가장 영향력이 큰 소비자 집단이다. 가사를 위한 지출이든, 대기업의 구매 담당이든, 중소기업을 운영하는 여성이든 간에 여성들이 쓰는 돈은 엄청나다.

여성들이 얼마나 많은 돈을 쓰는지 감을 못 잡고 있는 기업도 많다. 그런 기업들은 시장을 이해하지 못하고 눈앞에 돈이 굴러다니는데도 나 몰라라 하고 있는 것이다. 제대로 된 마케팅 메시지로 접근하기만 한다면 충분히 충성스런 고객이 될 수 있는 사람들을 경쟁사에 뺏기고 있다. 그런 기업들은 손에 쥔 모래가 손가락 사이로 빠져나가듯 현재와 미래의 이익이 빠져나가는 것조차 모르고 있다.

설상가상으로 놓쳐버린 여성 고객 한 사람 한 사람이 승수효과를 일으켜 결국은 부익부 빈익빈 결과를 초래한다. 여성은 자신이 구매한 것을 스스로 '팔고' 다닌다. 자신이 구입했던 상품이나 서비스에 만족한 여성은 만나는 사람마다 붙잡고 이야기한다. 여성고객을 놓친 기업은 밑 빠진 독에 물 붓기 같은 허망한 짓을 해야 하는 반면, 여성 고객을 얻은 기업은 가만히 앉아서 가장 탁월한 광고 효과를 얻는다. 입에서 입으로 전해지는 소문만큼 효과적인 마케팅 수단은 없을 것이다. 공짜일 뿐만 아니라, 돈을 들이는 마케팅에 비해 더 믿을 수 있고 효과적이다. 새로운 여성 고객 한 사람으로 반복 구매효과는 물론 다른 사람들에게 권하는 승수효과를 내는 것이다.

마케팅의 거목 탐 피터스는 "여성 시장이라는 기회를 잡는 기업은 터무니없이 적다. 이 얼마나 큰 손해인가?"라고 말하였다. 그는 여성 시장에 대해 "우리가 기대할 수 있는 미래 최고의 시장 기회"라고 말했다.

(2) 콘셉트

"기름기 없이 담백한 맛"의 강점을 살려 특히 여성고객을 중심으로 전개하고 있다.

① 제품개발

– 기름기 없이 깔끔하고 담백한 여자를 위한 피자

제품 주문 즉시 손으로 때리고 공중회전을 통해 만드는 수타 제조과정과 스크린 구이 방식으로 기름기 없이 깔끔하고 담백한 피자이기 때문에 모든 제품이 여자를 위한 피자라는 프로슈머(Prosumer) 개념으로 제품개발을 하고 있다.

② 프로모션

– 여성 고객이 주문 시 프리미엄 피자를 20% 할인해 주는 행사 진행

브랜드 런칭 시부터 여성을 위한 프로모션을 지속적으로 전개하고 있으며, 특히 매월 7일 우먼스데이, 위크로 지정하여 여성고객 주문 시 프리미엄피자를 20% 할인해주는 행사와 여성들이 선호하는 경품 위주의 다양한 프로모션을 통해 여성을 위한 진정한 마케팅 활동을 하고 있다.

③ 매장 인테리어

여성들이 안락하고 편안함을 느낄 수 있도록 내츄럴(natural)한 분위기와 여성들이 좋아하는 세련되고, 모던한 분위기를 조화시켰다.

3) 제품 전략

(1) 100% Live 미스터피자, 왜 Live인가?

① 패스트푸드 방식으로 만드는 미국식 피자

피자의 고향은 이탈리아이다. 하지만 상업화에 성공한 곳은 미국이다. 미국의 피자 브랜드들은 주문하면 곧바로 먹을 수 있도록 피자 만드는 과정을 축소하고 변형하였다. 빠른 시간 내에 피자를 만들기 위해, 냉동 도우를 해동하여 밀대로 밀어 피자빵을 만들고, 그 위에 토핑을 흩뿌린 후 팬 방식으로 기름에 피자를 구워 낸다. 그래서 미국식 피자는 패스트푸드 방식으로 만들고, 그 방식을 전 세계에 공동으로 적용하고 있다.

② 주문 즉시 100% Live하게 피자를 요리하는 Live food

미스터피자는 오리지널 방식 그대로 피자를 만든다. 주문이 들어오면 얼리지 않은 생도우를 직접 수타하고 공중 회전하여 피자빵을 만든다. 그리고 토핑을 모심듯이 한땀 한땀 정성스레 수제 방식으로 직접 얹고, 담백한 맛을 내기 위해 전혀 기름을 쓰지 않는 석쇠구이 방식으로 굽는다. 그래서 미스터피자는 주문 즉시 100% Live하게 피자를 요리하므로 패스트푸드와는 다른 Live food라고 한다.

4) 내부 마케팅

(1) 조직도

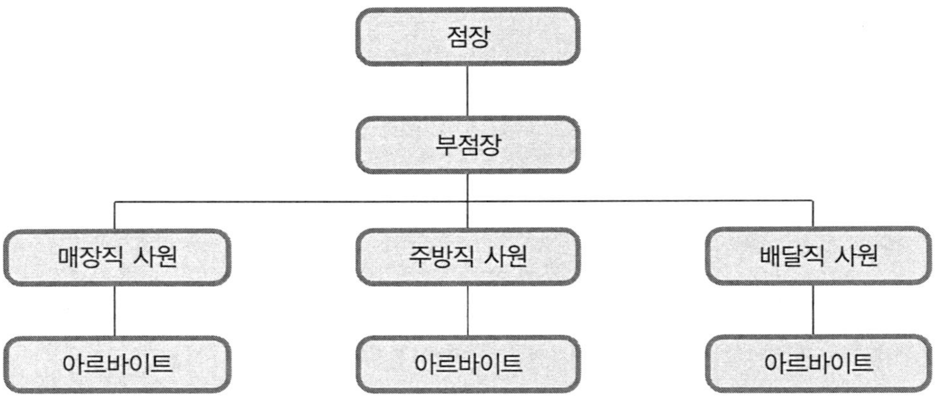

(2) 교육 및 관리

미스터피자는 필요에 의해서 수시로 진행됐던 서비스 교육 프로그램을 좀 더 체계적으로 진행하기 위해 경기도 청평에 자체 연수원 '메이슨 아카데미'를 설립했다. 2년여의 준비기간을 거쳐 완공된 메이슨 아카데미는 매장 교육장과 주방 실습장, 90여 명의 행동훈련과 집합교육이 가능한 공간과 함께 최대 60여 명이 수용 가능한 숙박시설을 갖추고 있다.

메이슨 아카데미에서는 미스터 피자의 신입사원 교육과 소양교육, 부점장과 점장 등의 수시 서비스교육 등을 실시하고 있으며 피자와 파스타에 대한 아카데미도 실시하고 있다.

미스터 피자에 공채로 모집된 신입사원은 2박3일의 기본적인 소양교육과 피자 레시피와 이론, 실기에 대해 7일 동안 교육받은 뒤 매장 내에 배치되어 OJT형식 현장교육을 받고 1개월간의 신입사원 교육을 수료하게 된다.

이후 직원들에게 시행되는 서비스 교육으로 마인드 향상과정과 마인드 심화과정을 전반기, 후반기에 각 1번씩 실시하고 있으며 슈퍼바이저와 점장, 부점장은 1년에 1차수씩 업무능력 향상과정과 양성과정 교육을 받게 된다. 2000년 후반부터 꾸준히 실시되어온 이러한 서비스 교육에 이어 서비스 체계를 구축하고 맨파워를 극대화하기 위해 사내강사 양성을 위한 프로그램도 진행하고 있다.

미스터피자 직영점에서 2년 이상, 대리급 이상 근무한 근속직원 중 맡은 분야에 대한 업무능력이 뛰어난 사람들을 대상으로 외부강사와 사내강사를 통해 교육하며, 대상자들은 맡은 분야의 스킬에 대한 교안을 작성하고 이 교안에 따라 5차례 도의강의를 마련하며, 한 차례의 모의과정이 끝나면 수정과 보완을 거쳐 체계를 잡아간다. 교육부분에 있어 외부강사와 사내강사의 비율이 비슷한 가운데, 강사진의 80~90%를 사내강사로 교체하였다.

또한 미스터피자는 2003년에 점장과 부점장의 필수이수과목과 연간교육시스템을 확정하고 자가학습시스템을 도입해 사이버 연수를 통한 학점 인정제도를 실시하였다. 그리고 EB(Education Banking) 시스템을 도입해 온라인과 오프라인을 오가는 효율적인 교육을 실시하며, 다양한 교육프로그램이 저장될 EB를 통해 직원이 직접 원하는 과정을 수료한 뒤 이수과정마다 학점을 부여하고 있다. 직원들은 원하는 교육을 원하는 시기에 받을 수 있고 본사에서는 이를 평가하여 경력관리까지 가능하게 하고 있다.

미스터 피자에서 실시하고 있는 서비스 교육내용은 다음과 같다.

첫 번째, 미소 서비스이다. 부드러운 미소 속에 부담 없는 접점이 이루어지며 상대(고객)와의 만남에서 대인공포증을 해소시킨다.

두 번째, 안내 서비스이다. 고객을 잠시 기다리게 하는 것은 대기 안내라고 하며 고객이 찾고 있는 목적지를 현 위치에서 안내하는 것을 위치 안내라고 한다. 목적지까지 직접 안내해주는 것은 수행 안내이다.

세 번째, 전화 서비스이다. 전화는 대내적으로 업무수행에 있어 필요 불가결한 기능을 담당하고 있다. 이는 인간의 오감 중 청각에 직접 호소하는 장치이기 때문에 목소리를 냄에 있어 장조음을 이용하여 듣는 사람으로 하여금 친근감과 상냥함을 그리고 자신의 적극적인 서비스를 느끼도록 해준다.

6 개선 방안과 향후 전망

미스터 피자의 "love for women" 홍보캠페인은 다른 피자업체의 가격과 메뉴 중심으로 전개된 홍보방법과 뚜렷한 차별화 전략으로 인해 경쟁력 있는 브랜드 전략을 보여준 것에 의미가 있다. 그녀들의 피자 콘테스트, 러브바이러스, 러브 힐 캠페인, 우먼스 위크, 우먼스데이 등의 다양한 PR활동을 통해서 미스터피자는 고객과 가까이 있는 또 하나의 문화로 친숙하게 다가 왔다. 이런 활동을 통해서 소비자들이 직접 의견을 낼 수도 있고 그 의견을 제품에 반영하는 등 미스터피자는 여자 피자로 도약할 수 있었으며, 나아가 국민 피자로까지 도약했다.

여성마케팅이 성공한 요인은 여성 고객을 타깃으로 설정하면서 여성들이 좋아하는 음식 트렌드를 파악하고 그 여성들에게 맞는 그러나 기존의 피자와는 다른 새로운 피자라는 이미지를 각인시켰기 때문이다.

여성들은 누구나 기름기가 없는 피자를 선호하고, 또한 웰빙피자를 선호한다는 이러한 일련의 분석은 여성들의 트렌드를 잘 파악했다고 볼 수 있다. 그리고 다양한 마케팅 활동을 전개하여 여성 고객의 만족도를 최대화시켰다. 또한 미스터 피자하면 여자 피자라는 사람들의 인식이 현재까지 존재하고 있기에 성공 요인으로 꼽을 수 있다.

사례 16

이색 조합, 이색 궁합 메뉴 뜬다!

"식상한 메뉴는 가라." 틀에 박힌 맛을 떠나 끊임없이 새로운 맛을 찾는 소비자들을 위한 이색 조합, 이색 궁합 메뉴가 속속 등장하고 있다. 파스타에 미역, 전복 등을 가미하는가 하면 피자에 시금치, 떡갈비를 토핑하는 등 전혀 어울리지 않을 것 같은 재료가 어우러진 이색 궁합의 메뉴가 젊은 세대들을 중심으로 인기를 끌고 있다. 이들 메뉴는 양식과 한식 간 결합은 물론이고 누구도 생각하지 못했던 기발한 재료들과의 조합 등 파격적인 조화로 소비자들의 호기심과 무한 상상력을 자극한다. 이탈리안 그린 비스트로 에이프릴마켓은 시금치와 피자, 들깨와 크림소스 등 전혀 어울리지 않을 것 같은 재료의 환상적인 궁합으로 호기심을 불러일으킨다.

에이프릴마켓은 시금치, 전복, 미역 등 이색 재료들을 파스타나 피자 등 이탈리안 음식에 접목시키는 작업의 대중화를 국내 최초로 시도했다. 또한 웰빙 재료를 사용해 음식의 가공과 조리과정을 최소화해 재료의 본연의 맛을 최대한 느낄 수 있게 했다. '시금치 피자' 는 기름기가 쏙 빠지도록 구워낸 도우에 웰빙 채소인 시금치를 토핑으로 듬뿍 얹어 신선한 식감을 느낄 수 있다. '전복 파스타' 는 전복 내장으로 맛을 낸 파스타면과 담백한 소스를 얹어 쪄냈다. '미역국 파스타' 는 조개를 넣어 끓인 미역국과 파스타면이 조화롭게 어우러진 독특한 메뉴다. '들깨 크림 파스타' 는 들깨와 크림파스타의 만남으로 느끼할 수 있는 맛에 들깨가 가미돼 담백한 맛을 내고 떡갈비를 얹었다. '누룽지 파스타' 는 찹쌀 누룽지와 새우, 채소를 볶아 특제 소스를 얹은 파스타다. 오리지널 프리미엄 분식 프랜차이즈 스쿨푸드는 고급스럽게 재탄생시킨 분식에 독특한 재료를 조합해 이색 분식 메뉴를 선보이고 있다.스쿨푸드는 업계 최초로 분식에 크림소스, 오징어먹물, 짜장 등 독특한 재료를 접목시키는 등 퓨전 분식의 대중화에 앞장서왔다. 흔히 볼 수 없는 스쿨푸드간의 독특하고 고급스러운 메뉴들은 다양한 입맛을 가진 고객의 욕구를 충족시켜주고 있다. 짜장과 떡볶이가 만난 '짜짜국물떡볶이' 는 고소한 계란 프라이와 스쿨푸드만의 특제 짜장소스로 만든 떠먹는 국물 떡볶이다. '통오징어떡볶이' 는 커다란 쌀떡에 오징어 한마리를 통째로 넣은 떡볶이로 전혀 어울리지 않을 것 같은 오징어와 떡의 조화가 환상적이다. '까르보나라떡볶이'는 까르보나라소스에 파스타 대신 떡을 넣어 쫄깃쫄깃한 식감을 살린 대표 인기 메뉴다.

애슐리는 여름시즌 메뉴인 쉐프스토리의 하와이안버블 샐러드를 통해 시원함을 전한다. 버블티에 사용하는 타피오카 펄을 샐러드에 접목한 것으로 새콤달콤한 키위와 망고, 시원한 용과를 망고잼에 버무린 후르츠 샐러드다. 하와이안버블 샐러드의 포인트는 바로 용과이다. 용과는 시원한 식감이 특징이며, 마치 아이스크림을 입에 넣은 것과 같은 차가운 맛을 느낄 수 있다. 용과는 단맛이 강하지 않고, 사각사각 아삭거리며 육즙이 많이 베어 나와 여름에 시원하게 먹기 좋은 과일이다. 용과는 칼륨 함량이 사과나 배, 망고보다 높고 인체에 유익한 미네랄 성분과 항산화 물질을 많이 함유하고 있어 고혈압과 당뇨 등 성인병에 좋은 과일이다. 또한 식이섬유를 많이 함유해 변비에도 효과가 있어 다이어트에 도움 된다. 미스터피자는 한국의 전통 음식 떡갈비와 닭갈비를 재해석한 코리안스타일의 '떡갈비 피자'와 '닭갈비 피자'로 인기를 끌고 있다. '떡갈비 피자'는 접할 수 없던 새로운 형식의 피자로 한국적이면서 세계적인 음식으로 꼽히는 떡갈비를 접목시킨 것이 특징이다. 갈비 양념의 진하고 부드러운 직화구이와 쫀득한 떡을 함께 즐길 수 있다. 또한 건강 채소인 아스파라거스가 올려져 아삭아삭한 식감까지 더해진다. '닭갈비 피자'는 부드럽고 쫄깃한 닭다리살을 정통 닭갈비 양념으로 구워 진하고 매콤 달콤한 맛이 살이 있는 것이 특징이다. 또한 고구마와 파인애플이 토핑으로 올려져 여름철 입맛을 한층 돋워줄 것이라고 회사 측은 설명했다. 스쿨푸드 관계자는 "스쿨푸드는 고객들의 각양각색 입맛을 고려해 업계 최초로 떡볶이, 마리에 다양한 재료들을 접목시키는 등의 대담하고 모험적인 시도를 해 왔는데 다행히 이런 시도들이 고객들에게 좋은 평을 얻으며 스쿨푸드가 성장하는데 견인차 역할을 했다"며 "특히 한식의 세계화에 일조하기 위해 국내외 고객들의 입맛을 모두 사로잡을 수 있는 퓨전 메뉴 개발을 지속적으로 진행할 계획"이라고 말했다.

자료 : 매일경제, 2012년 8월 2일

Q&A

1. 피자가 웰빙식품이라고 생각하나?

웰빙식품이라고 단정지을 수는 없다. 고칼로리 식품인 피자가 비만의 원인이기도 하고 건강에 좋지만은 않다는 것을 알고 있다. 그래서 미스터피자는 석쇠구이 방식으로 기름기를 빼서 담백하게 만들려고 노력했고 채소나 해물을 재료르 써서 건강에 신경을 써서 피자를 만들고 있다.

2. 여성마케팅만 강조했는데 너무 여성 위주인 것은 아닌지?

미스터피자가 성공한 주요인이 여성마케팅이었기 때문에 강조를 했다. 미스터피자하면 여자를 위한 피자가 떠오르는 것처럼 현재까지도 미스터피자는 여성 고객을 주 고객으로 하고 있다. 또한 여성고객을 공략하게 되면 남자친구와 가족들이 같이 오기 때문에 동반 소비 창출 효과가 나타나기도 한다.

3. 주문을 한 후에 도우를 만들기 시작한다고 했는데 그래서 배달 약세인건가?

아니다. 배달 약세는 타사와 같이 온라인주문, 전화주문 등 똑같은 시스템을 갖추고 있는데도 미스터피자는 매장을 직접 찾아오는 고객들의 비중이 높고 배달 비중이 낮기 때문에 타사에 비해 배달 약세라고 보는 것이다.

4. 선호도 면에서 피자헛보다 미스터 피자가 왜 높은가?

선호도를 고객 만족에 두었다. 미스터피자는 꾸준히 고객 만족도에서 1위로 선정되고 있다. 그리고 이용 후기를 보아도 피자헛보다는 미스터피자가 만족도가 높았기 때문에 선호도면에서도 미스터 피자가 높다고 본 것이다.

5. 미스터피자가 피자헛보다 나은 점이 있다면?

제품의 차별화이다. 제품 주문 즉시 손으로 때리고 공중회전을 통해 만드는 수타 제조과정과 스크린 구이 방식으로 기름기 없이 깔끔하고 담백한 피자를 내세우고 있다. 타사와 차별된 제품으로 경쟁하고 있다.

✻참|고|자|료

- 34가지 성공브랜드 이야기, 조중연, 비즈프레스
- 미스터피자 사이트(http://mrpizza.co.kr)
- http://blog.naver.com/mrpizzalove?Redirect=Log&logNo=110098557989
- http://blog.naver.com/cnm_univ?Redirect=Log&logNo=140131474685
- 프라임경제 2011년 8월 4일
  http://www.newsprime.co.kr/news/articleView.html?idxno=208872
- 여성 마케팅 http://s1004rp.blog.me/10025341828
- http://blog.naver.com/hanhara?Redirect=Log&logNo=10095220591
- 동아닷컴 2011년 9월 29일
  http://news.donga.com/3/all/20110928/40682412/1
- 브레이크뉴스 2011년 9월 30일
  http://n.breaknews.com/sub_read.html?uid=186656&section=sc3

15

불고기 브라더스

BB 불고기브라더스

불고기 브라더스

1 불고기 브라더스 소개

1) 기업 소개

드라마 '대장금' 및 연예인들을 중심으로 한 한류가 자연스럽게 한식의 세계화 바람으로 이어지고 있다. 이러한 한식의 한류는 아시아권을 중심으로 한식당 수가 증가하고 또 이들 한식당을 찾는 현지인들이 늘어나는 현상을 보이는 한편 한국의 식문화를 체험하기 위해 한국을 찾는 관광객도 어렵지 않게 볼 수 있다. 뿐만 아니라 음식산업이 고부가가치 산업에 새로운 성장 동력으로 떠오르면서 한식의 세계화는 단순히 한식에 대한 세계화에 그치는 것이 아니라 국가홍보전략 외에 관광한국 이미지 부가가치를 창출하는 등 관광상품으로 개발할 수 있다.

그럼에도 아직까지 이를 위한 세계적인 관리나 정부 차원에서의 지원 등이 부족한 것이 현실이다. 현재 해외에서 영업 중인 한식당들에 대한 성공사례가 있기는 하지만 아직까지 대부분 가족중심경영, 한국 관광객이나 교포를 주 고객으로 하는 등 영세한 상태에 머물러 있다.

이러한 상황에서 '불고기 브라더스'는 한식의 세계화를 앞당기기 위해 복잡한 조리 과정의 표준화, 세계인에 기호에 맞는 한식의 개발 및 연구, 식자재, 인테리어, 라이프 스타일에 맞는 음식관련 서비스를 개발하여 해외진출을 뒷받침할 수 있는 발전기반을 마련한다는 점에서 한식업체의 발전을 이끌어갈 수 있는 기업이라고 판단하고 있다.

'불고기 브라더스'는 국내 소비자들에게 익숙한 동시에 외국인들에게도 한국의 대표음식으로 내세울 수 있는 불고기를 좋은 품질의 고기를 넉넉하게 제공한다는 것을 기본 콘셉트로 한국식으로 구워 먹는 소고기 메뉴를 서양식 레스토랑 업태와 융합시키는 기존의 패밀리 레스토랑의 표준화된 시스템을 한식에 최초로 도입한 한식 레스토랑이다. 전 Outback Steakhouse 공동 창업자인 정인태 사장과 이우재 부사장이 한국의 스테이크하우스를 표방하여 운영하고 있다.

패밀리 레스토랑을 20년간 운영하면서 쌓은 경험과 노하우를 바탕으로 한국식 불고기 레스토랑을 직영체제로 전국에 10년 내에 100호점을 운영하고자 계획하고 있으며 '불고기 브라더스' 브랜드의 로열티를 받고 해외진출에 나섰다.

2) 기업 현황

불고기 브라더스는 2006년 4월 13일 (주)이티엔제우스를 설립하여 2006년 10월 23일 1호점인 강남점을 오픈한 이후 명동점, 사당점, 일산점, 2007년 4월 목동점, 5월 염창점, 7월 서교점까지 총 7개로 확장된 후 점포 수는 계속 늘어나고 있다. 현재 거의 모든 점포가 월 10%의 매출 성장률을 보이고 있다.

정인태 대표는 한식 Family Restaurant도 외국계 Family Restaurant에 못지않은 경쟁력을 갖고 있다는 점을 어필하기 위해 빠르게 점포확장을 하고 있으며 현재 해외에 점포를 내어 사업을 확장해 나아가고 있다.

3) 국내 외식업

외식사업은 전자통신, 유통산업과 함께 금세기 최고의 성장산업이라 할 수 있다. 미국과 일본의 경우, 외식산업은 전통적인 기간사업인 화학, 석유, 섬유산업 등과 함께 당당히 2~3대 산업으로 그 지위를 단단히 굳히고 있으며, 외식은 관광과 더불어 가장 중요한 서비스업으로 자리를 잡게 되었다. 이러한 사정은 우리나라도 예외는 아니다. 1976년 4,000여 억 원에 불과하던 외식시장은 그 동안 해마다 10%대에 이르는 놀라운 성장을 거듭해 왔다.

1930년대까지만 해도 외식은 단순한 식사로서의 의미에 불과하였고 아직 외식업체라는 개념이 정확히 확립되지 않았다. 그리고 외식에 대한 부담감으로 접근성이 낮았다. 그러나 1980년대를 지나 서울올림픽을 거치면서 외식은 누구나 즐길 수 있는 대중적 이미지를 구축하였고 많은 업체들이 시장에 진출하기 시작하였다.

소비자들도 환경변화와 소득증대로 다양한 욕구가 발생하였다. 2000년더에 들어서면서부터는 프랜차이즈 기업의 등장과 함께 소비자들의 기호에 닻춘 다양한 외식기업이 등장했고 외식기업의 발달과 성장이 두드러지게 되었다.

산업발전 단계 면에서 볼 때, 우리나라의 외식시장은 고도 성장기에 진입한 것으로 평가된다. 그런데 우리나라 외식시장의 놀라운 성장성을 간파한 외국 유수의 다국적 체인전문점이 대거 진출하여 차별한 시장쟁탈전을 벌임으로서 지금은 문자 그대르 외국 브랜드의 대리전 양상까지 보이고 있다. 이에 따라 로열티 비용이 과다 지출되고 있다.

2 SWOT 분석

1) 강점(Strength)

불고기 브라더스는 한식당으로서는 최초로 패밀리 레스토랑을 표방하여 한식의 정형화를 시도한 케이스이다. 패밀리 레스토랑도, 한식당도 아닌 '불고기 브라더스' 만의 한식 레스토랑 이미지를 창조한 것이다. 자연히 기존 한식당에서는 볼 수 없었던 서비스나 기존 패밀리 레스토랑에서 볼 수 없었던 메뉴들과 맛을 찾아볼 수 있다는 점에서 새로운 시장을 개척하여 First Mover로서의 이점을 선점했다고 할 수 있다. 따라서 선도 기업으로서 경험곡선 효과를 지닌다. 이는 시간이 지나면서 누적판매량이 증가함에 따라 원가가 줄어들어 더욱 낮은 가격을 제공할 수 있는 경쟁우위를 가능하게 한다.

기존 한식당을 대형화, 체인화 하는 데에 가장 걸림돌이었던 체인점마다의 맛과 시스템의 이질성을 벗어나기 위해 불고기 브라더스는 '메뉴 뱅크'를 통해 표준화된 맛을, 또 패밀리 레스토랑 특유의 표준화된 시스템과 서비스를 추구했다. 이에 성공을 거둠으로써 한식당의 체인화가 유용하게 되고 경쟁력을 가질 수 있었다.

불고기 브라더스는 다양한 계층에 경쟁력을 가지고 있다. '한식당의 패밀리 레스토랑화'라는 어쩌면 이질적일 수도 있는 두 가지를 결합함으로써 한식의 이미지는 중·장년층에, 패밀리 레스토랑의 이미지는 청년·신세대 또는 가족단위의 고객에 어필할 수 있는 경쟁력을 가지게 되었다.

불고기 브라더스의 공동창업자인 정인태 대표이사와 이재우 사장은 20년간 타 패밀리 레스토랑(아웃백, TGI 프라이데이)에서 성공신화를 써온 검증된 CEO들이다. 이런 동종 산업에서의 풍부한 경험은 유통에서부터 서비스까지 그들이 쌓아온 노하우를 발휘할 수 있는 좋은 바탕이 되고 있다.

불고기 브라더스는 기존 한식당 또는 타 패밀리 레스토랑과 비교했을 때 가격경쟁력을 가지고 있다. 유통과정을 최소화하고 '호주산 청정우'라는 값싸고 질 좋은 재료를 안정적으로 공급해오는 공급지를 보유함으로써 기존 업체들과의 가격에서 상당한 우위를 점하고 있다.

2) 약점(Weakness)

비록 짧은 시간 안에 불고기 브라더스가 큰 성공가도를 달리고 있기는 하지만, 패밀리 레스토랑이라는 산업에서 기존 업체들이 쌓아온 인지도를 넘어서기에는 아직 많은 시간이 필요하다. 아직은 체인점의 개수나 불고기 브라더스 만의 독특하고 확고한 이미지가 많이 부족한 것이 사실이기 때문에 짧은 역사를 가진 현 시점에서는 그 부분이 약점이 될 수 있다.

불고기 브라더스는 한우가 아닌 호주산 청정우를 사용한다. 이는 강점인 동시에 약점이 될 수 있다. 값도 쌀뿐더러 한우만큼 좋은 품질의 호주산 청정우를 사용하지만, 일단 우리나라에서는 '소고기는 한우가 최고다'라는 명제가 아직까지 큰 영향력을 행사하고 있다. 적어도 소비자들이 느끼기에는 말이다. 비록 호주산 청정우가 한우만큼의 품질을 가지고 있더라도 소비자들이 일단 외국산 소라는 데에 어느 정도 거부감과 불신이 있기 때문에 좀 더 원재료에 대한 신뢰성을 소비자에게 쌓는 것이 중요하다.

3) 기회(Opportunity)

주 5일제 실시의 확대로 요식업 전체에 대한 주말 수요가 늘어나면서 패밀리 레스토랑, 한식 시장도 수요 증가의 붐이 일고 있다. 특히 불고기 브라더스는 주말 가족 단위의 외식이 증가하면서 주말 가족단위고객을 노린 'Kid's 마케팅'이나 여러 주말 이벤트를 통해 주말 고객을 유혹하고 있다. 이처럼 요식업, 패밀리 레스토랑 시장의 확대는 불고기 브라더스에게 기회가 될 수 있다.

우리나라의 관광산업이 점점 발전하면서 외국인 관광객이 늘고 있다. 또 한류의 바람이 불면서 한식에 대한 관심도 증가하고 있다. 이는 자연히 시장의 확대로 이어질 것이고, 특히 외국인에게도 어필할 수 있는 패밀리 레스토랑이라는 구조의 한식당이라면 좀 더 관광객에게 어필할 수 있는 충분한 매력요소가 될 것이다.

4) 위협(Threat)

지난 몇 년간 전 세계와 우리를 불안에 떨게 했던 '미국산 소고기 광우병 파동'은 우리나라의 소고기 산업에도 아직까지 큰 영향력을 행사하고 있다. 비록 광우병 파동이 미국산 소고기에 제한되어 있었다 할지라도 그 후로부터 원산지표시를 의무화하면서 소비자들의 신뢰를 되찾기 위해 정부, 민간이 협력하여 노력해왔다 해도 광우병 파동이 소비자들의 소고기 시장 전체에 대한 이미지에 좋지 않은 영향을 끼쳤다는 것은 명백하다. 또 그 파동이 끝나지 않았고, 언제라도 다시 터질 수 있다는 점에서 소고기 산업을 기반으로 하는 불고기 브라더스에는 큰 위협이 될 수 있다.

한미 FTA로부터 체결된 값싼 미국산 소고기에 대한 전면적 개방은 비 미극산 소고기를 기반으로 하는 업체에 대해 좋지 않은 소식임에 분명하다. 비록 미국산 소고기가 아직까지 소비자의 신뢰를 얻지 못하고 있다 해도 기존 소고기에 반값도 안 되는 값싼 미국산 소고기의 등장은 불고기 브라더스의 가격 경쟁력에도 큰 위협일 것이다.

불고기 브라더스가 '한식당의 패밀리 레스토랑화' 라는 독보적이고 참신한 방법으로 성공을 거둠으로써 이 시장에 대한 시장 매력도가 크게 상승하게 되었다. 따라서 기존 존재하고 있는 한식당이나 아니면 아예 새로운 브랜드를 가지고 이 시장을 호시탐탐 노리고 있는 기업들이 많을 것이다. 만약 새로운 경쟁자가 등장하게 된다면, 불고기 브라더스도 이 시장에서의 독보적 위치를 상실할 수 있는 위협이 있다.

Strengths	Weaknesses
1. 한식으로서 최초로 패밀리 레스토랑 표방(한식의 정형화 성공) → first mover로써의 경쟁력 2. 매뉴얼화된 시스템으로 체인화의 유용성 3. 다양한 계층에서의 경쟁력 한식의 이미지 : 중 · 장년층 패밀리 레스토랑의 이미지 : 가족 단위, 청년층 4. 다년간 패밀리 레스토랑에서 근무한 풍부한 경험의 CEO 5. 다른 업체에 비해 낮은 단가	1. 다른 업체에 비해 낮은 인지도 (오랫동안 자리를 잡아온 타 기업에 비해 짧은 역사로 확고한 이미지, 자본의 부족)
Opportunity	**Threats**
1. 주 5일제 실시의 확대로 주말 가족단위 고객의 증가, 패밀리 레스토랑 시장의 확대 2. 광우병 파동에 따른 신뢰증가(호주산) 3. 외국인 관광객증가와 한식에 대한 관심 증가	1. '미국산 소고기 파동' 으로 인한 소고기시장 전체에 대한 대중의 부정적 이미지 2. 미국산 소고기 개방으로 인한 가격 경쟁력 약화의 우려 3. 경쟁자 출현 가능성(불고기 브라더스의 성공사례를 모방한 타 한식 업체의 진출 위협) 4. 국내 외식업 시장의 포화

3 STP 분석

1) 시장세분화(Segmentation)

마케팅에 있어서 segmentation이란 가치관의 다양화, 소비의 다양화라는 현대의 마케팅 환경에 적응하기 위하여 수요의 이질성을 존중하고 소비자 · 수요자의 필요와 욕구를 정확하게 충족시킴으로써 경쟁상의 우위를 획득 · 유지하려는 경쟁전략이다. 정확하고 감각적인 segmentation이 이루어져야만 그 후의 targeting에 있어서도 우위를 선점할 수 있다.

시장세분화는 고객의 필요나 욕구를 중심으로 생각하는 고객지향적인 전략이다. 먼저 다양한 욕구를 가진 고객층을 어느 정도 유사한 욕구를 가진 고객층으로 분류하는 방법이 취해진다. 특정의 제품에 대한 시장을 구성하는 고객을 어떤 기준에 의해 유형별로 나눈다.

시장세분화의 기준으로는 ① 인구 통계학적 변수(나이, 성별, 가족구성원의 수, 가족생애주기, 소득, 직업, 교육 수준, 국적, 인종 등) ② 지리적 변수(국내 각 지역, 도시와 지방, 해외의 각 시장지역) ③ 심리적 도식적 변수(라이프스타일, 성격) ④ 행동적 변수 등을 들 수 있는데, 문제는 시장세분화의 기준에 대해 혁신적 아이디어를 적용하여 잠재적으로 큰 세분시장을 탐구 · 발견하는 데 있다. 각종 세분화기준 중에서 풍요한 사회일수록 포착하기 힘든 심리적 욕구변수가 중요하다.

불고기 브라더스의 경우 이 중 인구 통계학적 변수에 의해 시장세분화를 하고 있다. 인구 통계학적 변수에는 나이와 생애주기, 성별, 소득, 사회적 계층의 변수들이 있는데 불고기 브라더스의 경우 특히 나이를 기준으로 시장세분화를 하였다.

(1) 20대

주로 학생이 대다수 차지하는 계층이다. 따라서 연인 및 친구 단위의 소비자이며 지불능력이 그리 크지 않다. 객단가가 크지 않고, 한우고기가 돼지고기나 닭고기보다 상대적으로 고가이므로 재방문율이 상대적으로 적다. 주로 세트메뉴에 대한 수요가 높고, 매출에 크게 기여하지 않는 층이다. 술에 대한 수요가 높고, 매장 인테리어, 음악 등 분위기에 민감하다.

(2) 30대

주로 초창기 직장인으로써 수입을 얻고 있는 계층이다. 맛있고 품질 좋은 음식에 대한 수요가 높고, 이와 더불어 음식점의 분위기, 세련된 인테리어에 대한 수요 역시 높다. 20대에 비해 상대적으로 한우고기 가격에 대한 부담이 적고, 재방문율이 상대적으로 높다. 객단가가 높고, 구이 및 식사 종류에 대한 수요가 높고, 술에서는 전통주보다 와인에 대한 관심이 높다. 외식 빈도가 높은 층이다.

(3) 40~50대

사회에서 자리를 잡고, 주축으로써 어느 정도 안정된 수입을 얻고 있는 계층이다. 30대 보다 고품질의 음식에 대한 수요가 높다. 소비 능력이 가장 크며 객단가가 가장 높다. 웰빙에 대한 관심이 높아지는 계층으로써 웰빙 세트 메뉴에 대한 수요가 높고, 일품요리와 같은 고품질의 음식에 관심이 높다. 재방문율 역시 높다. 술에서는 와인보다 전통주에 대한 관심이 높다. 편안한 느낌의 매장 분위기에 대한 수요가 높다.

(4) 50~60대

주로 이제 사회에서 물러서기 시작하는 계층이다. 객단가는 높은 편이지만 재방문율이 적고, 이용 빈도가 낮다. 세련된 인테리어보다는 아늑하고 전통적인 인테리어를 추구한다. 웰빙 메뉴에 대해 높은 수요를 보이고, 술에서는 전통주에 대한 관심이 높다.

2) **목표대상**(Targeting)

Segmentation 이후 자연스럽게 연결되는 과정이 바로 targeting이다. targeting이란 적절한 통계 자료 분석을 통해 얻어진 segmentation된 시장에서 자신만이 목표로 하는 고객층을 확실히 하는 것이다. 그 과정을 통해 특정 고객층에 집중한 제품과 서비스를 개발하는 마케팅을 펼칠 수 있다.

표적시장 선택의 단계에서 기업이 선택할 수 있는 마케팅 전략은 무차별적 마케팅, 차별적 마케팅, 집중적 마케팅 세 가지로 분류할 수 있다.

첫 번째, 무차별적 마케팅은 세분 시장 간 차이를 무시하고 하나의 제품으로 전체 시장을 공략하는 전략으로써 하나의 상품과 하나의 마케팅 프로그램을 개발한다.

두 번째, 차별적 마케팅은 여러 개의 표적시장을 선택하고 각각에 적합한 마케팅 전략을 개발한다.

세 번째, 집중적 마케팅은 기업의 자원이 제한될 경우 하나의 특정한 세분 시장을 선택하여 적합한 마케팅 믹스를 개발하여 공략하는 방법이다.

이러한 마케팅 전략 중 불고기 브라더스의 경우 차별적 마케팅 전략을 선택하고 있다. 첫 번째, 타깃 세분 시장은 30대이다. 불고기 브라더스는 세련되고 모던한 분위기를 선호하는 30대의 취향에 착안하였다. 불고기 브라더스는 식당 안에 재즈 음악이 흐르고 와인 바처럼 수십 종의 와인이 빼곡히 진열되어 있어 세련된 분위기를 연출한다. 다양한 종류, 가격의 와인을 제공하고, 각종 제휴 카드 할인, 온라인 쿠폰 할인 혜택 및 세트 메뉴를 제공하고 있다. 한우뿐만 아니라 부대찌개, 해물 떡찜 메뉴를 제공하고 있다.

두 번째, 타깃 세분 시장은 40~50대이다. 안정적인 수입으로 지불 능력이 높고 객단가가 높다. 지나치게 세련되고, 모던한 분위기와 더불어 레스토랑식 부스형 좌석에 한국형 격자 무늬를 접목하여 동양의 전통미 역시 강조했다. 또한 불고기 브라더스는 전국 각 지역에서 생산되는 한산 소곡주, 황진이, 세시주, 안동소주, 문배주 등 전통주 18가지를 들여놨다. 그리고 모든 매장마다 '전통주 소믈리에'를 두었다. 전통주 소믈리에는 고객들에게 술에 얽힌 역사나 제조와 관련된 기후 · 풍토, 술의 맛 · 성분 등을 설명하며 고객 취향과 모임의 분위기에 맞는 전통주를 추천한다. 더불어 고품질의 일품요리 메뉴를 제공하는 한편 40~50대 고객의 웰빙에 높은 관심에 대응하여 웰빙 세트를 제공하고 있다.

3) 포지셔닝(Positioning)

마케팅에 있어서의 포지셔닝이란 소비자의 마음속에 자사제품이나 기업을 표적시장 · 경쟁 · 기업 능력과 관련하여 가장 유리한 포지션에 있도록 노력하는 과정을 말한다. position이란 제품이 소비자들에 의해 지각되고 있는 모습을 말하는데 즉, 포지셔닝이란 소비자들의 마음속에 자사제품의 바람직한 위치를 형성하기 위하여 제품 효익을 개발하고 커뮤니케이션하는 활동을 말한다.

불고기 브라더스의 포지셔닝을 살펴보면, 우선 기본적으로 소비자 포지셔닝 전략을 취하고 있고 고품질, 저가격의 소고기 음식점 상표로 포지셔닝을 시도했다. 즉, 재료

원가 중 가장 큰 비중을 차지하는 소고기의 구매 유통 경로를 대폭 줄이고, 대량 구매 방식으로 가격을 확 낮췄다. 또한 기타 식자재의 경우 많은 프랜차이즈 식당이 본사가 식자재를 일괄 구매하는 것과는 달리 불고기 브라더스의 경우는 본사가 가격 협상을 한 뒤 13개 매장이 직접 식자재를 구매하는 시스템을 지니고 있다. 이 과정에서 배송, 저장 등의 물류 프로세스를 아웃소싱하여 비용을 대폭 줄였다. 과감한 아웃소싱으로 음식들의 품질을 유지한 채로 가격을 내렸다.

4 4P 분석

1) Product

불고기 브라더스 음식의 가장 큰 특징은 메뉴 뱅크를 이용한 맛의 표준화이다. 지금까지 한식당의 대형화, 체인화가 어려웠던 이유는 한식은 주방장의 손맛에 의존하는 등 조리법이 매뉴얼화되어 있지 않아 요리하는 주방장에 따라 맛의 편차가 매우 컸기 때문이었다. 하지만 불고기 브라더스는 된장찌개의 염도, 김치의 산도, 과일의 당도에서부터 양념의 분량, 냉면 면발을 씻는 물 온도와 횟수, 불의 세기, 온도, 조리 시간까지 계량화, 매뉴얼화하여 모든 조리법을 '메뉴뱅크'라는 레시피에 담아 계량화에 성공함으로써 단기간에 빠른 속도로 많은 지역의 체인화에 성공했다.

제품 구색의 경우 불고기 브라더스의 이름과 걸맞게 냉면 브라더스(물, 비빔냉면), 찌개 브라더스(육수 김치찌개, 해물 된장찌개, 생콩찌개 중 두 개 선택), 그 외에도 양념장 역시도 두 개씩 짝지어서 제공하고 있다.

상표의 경우 고기를 익히는 불모양이다. 이는 고객들에게 친숙하고, 고기가 익어가는 연상을 불러 일으켜 고기에 대한 욕구를 이끌어낸다.

2) Price

불고기 브라더스는 기존 고기집보다 고급화된 이미지이지만 가격 면에서도 경쟁력을 가지고 있다. 대표적인 메뉴인 눈꽃등심 1인분 200g이 2만6,900원. 120~150g 1인분에 4만~5만 원 하는 다른 집과 비교한다면 거의 절반 수준이다. 객단가의 기준으로 살펴보면 점심 메뉴의 경우 1만 원 안팎, 저녁 메뉴의 경우 평균적으로 2만5천 원 안팎이다. 한우메뉴, 호주산 메뉴, 돼지메뉴로 이루어지는 다양한 가격대의 메뉴가 제공된다.

3) Place

불고기 브라더스는 경쟁업체들과 달리 본사직영체제로 운영되어 본사가 직접 가격 협상을 하여 2~3일에 한 번씩 본사와 계약을 맺은 각 지역의 공급처에서 각 매장이 직접 식재료를 조달한다. 더불어 소고기 대량 구매 방식의 유통 경로, 본사가 식자재 가격 협상 후 13개 매장이 직접 공급업체로부터 식자재 구입, 고기 양념 및 후식의 경우 배송, 저장 등의 유통물류에서 과감한 아웃소싱을 하였다.

매장의 경우는 유동인구가 많은 지역, 즉 주요 타깃층인 30~40대 비즈니스맨과 연인, 가족단위 고객 유동이 많은 곳으로 입점되어 있다.

4) Promotion

불고기 브라더스는 Outback 공동 창업인 CEO의 인터뷰, 전 청와대 궁중 요리사의 profile 공개를 통해 차별적인 promotion을 하고 있다. 단골 그객의 리스트를 관리하여 그들에게 계절상품, 요리를 선물로 증정하고, 처음 온 손님들에게 매니저급, 직원들이 찾아가 인사를 나눈다. 회원 가입 시 할인권, 전채요리 무료시식권 제공, 일정횟수 방문 시 메인 요리 식사권 제공, 마일리지카드 활용, 각 호텔의 방문을 통한 고객 유도를 하고 있다.

불고기 브라더스는 광고에 크게 치중하지는 않지만 각종 이벤트, 쿠폰, 추첨을 통해 고객이 직접 찾아오도록 유도하고 있다. 대표적으로 고객의견을 쓴 사람 중 추첨을 통해 VIP 식사권을 주는 이벤트, 직접 매장에 다녀온 사람들을 대상으로 자신의 블로그에 사진과 함께 후기를 올리면 추첨을 통해 식사권을 주는 이벤트 등으로 고객이 직접 홍보하게 하고, 찾아오게 만드는 프로모션 전략을 취하고 있다.

■ 가족단위 고객을 노린 Kid's event

5 경쟁사 대비 및 경쟁적 강점 파악

1) 제품 차별화

기업은 성능, 디자인 등과 같이 제품의 물리적 특성을 가지고 차별화할 수 있다. 불고기 브라더스의 경우 엄선된 재료, 청와대 궁중 음식을 담당했던 20년 경력의 요리장을 스카우트하여 6개월 동안 메뉴 개발에 힘썼다. 또한 이렇게 개발된 요리의 조리법을 표준화시켰다. 예를 들어 된장찌개의 염도, 김치의 산도, 과일의 당도에서부터 양념의 분량, 냉면 면발을 씻는 물 온도, 횟수까지 계량화하고, 불의 세기, 온도, 조리 시간 등을 매뉴얼 함으로써 소비자들이 언제 어디서나 불고기 브라더스 음식점을 찾을 때 느껴보고 싶던 기대하던 맛을 언제나 변함없이 늘 제공할 수 있다.

이는 철저히 메뉴별 레시피가 계량화, 표준화되어 있지 않아 소비자가 재방문 시 기대했던 가치를 완전히, 똑같이 충족시켜주지 못하여 재방문율을 떨어뜨리는 경쟁사에 대비하여 경쟁적 강점으로 파악된다.

또한 불고기 브라더스의 소고기 유통 경로 개혁, 식자재 구매 시스템 변화, 과감한 아웃 소싱 등으로 메뉴의 가격을 낮춰 경쟁 기업과 동일한 고품질의 음식을 제공하더라도 가격을 낮춰 차별화를 시도하고 있다.

불고기 브라더스는 재료를 투명화, 정량화하고 있다. 불고기 브라더스는 적정식자재 코스트를 30~45%로 명확히 규정하고 있다. 더불어 메뉴판에는 호주산 소고기 메뉴인 경우 원산지를 명확히 밝히고, 양념과 뼈를 제외한 고기량 200g, 양념 포함 350g을 각각 표기하고 있다. 메뉴판의 200g이라고 표기하지만 정작 양념, 뼈를 제외하면 150g에도 못 미치는 고깃점들에 비해 불고기 브라더스는 재료에 대한 투명한 정보를 제공하여 고객에게 만족과 신뢰를 제공한다. 또한 밑반찬으로 제공되는 각종 채소의 경우 상추 4장, 깻잎 2장, 풋고추 2개, 마늘 10조각으로 정량화하여 보다 정확하고 효율적으로 재고를 관리, 구매 과정을 시스템화하고 있다.

메뉴의 경우도 또한 일품요리, 구이, 식사, 웰빙 세트, 저녁세트, 와인, 전통주로 고객의 나이 및 기호에 보다 맞는 메뉴를 카테고리화하여 고객의 만족을 얻고 있다. 다양한 와인과 다양한 전통주를 제공하여 경쟁업체와의 차별화를 시도하였고, 더불어 부시맨 브레드 빵 서비스로 선두업체에 올라선 아웃백 스테이크 하우스를 본떠서 고구마, 옥수수, 감자 등의 에피타이저를 제공하고, 고기집으로는 독특하게 홍시, 유자, 복분자, 딸기 등으로 만든 다양한 에이드 음료를 구비하여 제공하고 있다. 양념 불고기 메뉴의 경우 광양식, 언양식, 서울식의 조리법으로 다양한 메뉴를 제공하고 있다. 또한 불고기 브라더스의 이름과 걸맞게 냉면 브라더스(물, 비빔냉면), 찌개 브라더스(육수 김치찌개, 해물 된장찌개, 생콩찌개 중 두개 선택), 커피 브라더스, 그 외에도 양념장 역시도 두개씩 짝지어서 제공하고 있다.

음식뿐만 아니라 불고기 브라더스는 테이블당 약 800만 원을 투자하여 하향식 배기 시스템을 갖추어 온몸에 배일 냄새 걱정 때문에 고기 먹기를 망설이는 고객들에게 차별화된 경쟁우위를 제공하고 있다. 특수 통풍 시스템이 연기와 냄새를 빨아들여 매장 바닥 아래에 설치된 배관 시설을 통해 밖으로 내보낸다. 이 때문에 일반 고깃집처럼 천장에서 내려오는 환풍구도 없어 고객들에게 앞사람과 얼굴을 마주보며 식사할 수 있는 편익을 제공한다.

2) 서비스 차별화

기업은 제품의 물리적 특성 이외에도 제품의 서비스에 대하여서도 차별화가 가능하다. 불고기 브라더스의 경우 패밀리 레스토랑식의 고객 서비스를 도입했다. 매장에서 '고기집 아줌마' 대신에 말끔한 외모에 유니폼을 차려 입은 20~30대 직원들이 주문을 받을 때 고객의 눈높이를 고려하여 무릎을 꿇고 주문을 받는다. 즉 일명 눈높이 서비스를 제공함으로써 고객의 편안함을 만족시킨다.

애피타이저로 제공하는 고구마, 감자, 옥수수의 경우 더 먹고 싶거나 나중에 먹고 싶은 고객들을 위하여 포장 서비스를 제공하고, 홍시, 유자, 복분자, 딸기 등으로 만든 에이드 음료는 패밀리 레스토랑과 같이 무제한 리필 서비스를 제공하고 있다. 더불어 불고기 브라더스는 전통주 소믈리에를 두어 고객들에게 술에 얽힌 역사나 제조와 관련된 기후 · 풍토, 술의 맛 · 성분 등을 설명하며 고객 취향과 모임의 분위기에 맞는 전통주를 추천한다.

불고기 브라더스는 매장마다 단골 사진첩이 있다. 매장당 400명에서 최대 2,000명까지 단골 리스트를 만들어 손님의 사진과 이름 · 취향 · 특징 등을 기록해 둔다. 이를 외운 직원들은 고객을 알아보고 '아는 척'을 하며 식성에 맞춘 메뉴를 추천한다. 계절 반찬이나 양념 등을 선물하기도 한다.

또 '테이블 비지트(table visit)'라고 명시된 서비스 매뉴얼에 따라 새로운 고객이 오면 모든 직원은 테이블을 찾아가 인사하며 얼굴을 익힌다. 매니저급은 새 고객과 무슨 이야기를 나눴는지, 명함을 몇 개나 받았는지, 새 고객의 특징은 어떠한지 파악해서 '테이블 비지트 리포트'까지 작성해야 한다. 교육받은 서비스를 제대로 실행에 옮기도록 매뉴얼화 한 것이다. 이러한 고객 만족 서비스를 제공하여 경쟁업체와의 차별화를 기하고 있다.

서비스 방법 등 업무 성과를 높이는 아이디어를 제안하는 직원은 0.5~4.0%의 인센티브나 진급 기회를 얻는다. 이러한 제도를 통하여 직원들이 보다 고객을 생각하고, 애사심을 높이는 교육 효과를 높이고 있다.

3) 인적 차별화

불고기 브라더스는 다른 고기집과는 달리 주로 20~30대의 젊은 직원을 선발하고 있으며 그리터, 테이블 담당 서버, 테이블을 치우는 서버, 바텐더 등의 업무를 나눠 배분, 업무의 전문화를 높이고 있다.

또한 직급별 서비스 핸드북이 있는데 이를 고객 서비스 기법과 프로세스를 매뉴얼화하여 전 직원에게 교육시킨다.

그리고 직원 제안 제도를 도입하여 고객 불만에 대한 적절한 해결책, 아이디어를 제시한 직원에 대해서는 인센티브를 주고 업무 성과를 높이는 아이디어를 제안하는 직원은 0.5~4.0%의 인센티브나 진급 기회를 얻도록 하고 있다.

4) 이미지 차별화

불고기 브라더스는 경쾌하고 세련된 재즈 음악을 제공하고, 매장 내 조명도 공간별로 색상과 밝기를 달리했다. 통로는 어둡게 하는 대신 좌석 부분은 간접조명을 써 은은한 분위기 속에서 고객들이 편안함을 느끼도록 했으며, 불판 쪽은 스포트라이트의 직접조명을 비춰 고기 익는 모습이 돋보이도록 했다.

인테리어는 패밀리 레스토랑식 부스형 좌석에 한국형 격자무늬를 접목해 동서양의 분위기를 조화시켰다. 이러한 매장 분위기는 기존의 편안하기만 고기집에서 탈피, 레스토랑 같은 세련되고 고급스러운 분위기를 연출하여 경쟁업체에 비해 기업 이미지의 차별화를 기하고 있다. 더불어 불고기 브라더스 홈페이지 온라인 가입 시, 생일 각종 기념일에 혜택을 제공함으로써 체험의 기회를 제공, 기업의 이미지의 차별화를 구축하고 있다.

6 인사정책

1) 독특한 인사정책

불고기 브라더스는 성별, 학력을 불문하고 능력에 맞춰 직급을 정하고 직급에 맞는 월급을 준다. 이런 정책은 정인태 회장과 이재우 사장이 처음에 손을 잡고 TGIF를 세울 때부터 시작되었는데 여전히 진행 중이다.

2) 인사정책의 차별화

기업들은 그들의 경쟁사들보다 직원의 선발 및 훈련에 있어서 많은 노력을 기울여 경쟁적 우위를 누릴 수 있다. 불고기 브라더스는 테이블 담당 서버, 테이블을 치우는 서버, 바텐더 등의 업무를 나눠 배분하여 업무의 전문화를 높인다.

또한 매장마다 고객 서비스 기법과 프로세스를 메뉴얼화하여 직급별 '서비스 핸드북' 으로 만들어 전 직원에게 교육시킨다. 또한 고객 불만에 대한 적절한 해결책이나 아이디어를 제시한 직원에 대해서는 인센티브를 주는 '직원제안 제도' 를 도입했다. 직원제안 제도에 따라 식음료의 품질을 높이는 방법, 업무를 간소화해 효율을 높이는 방법, 좋은 서비스 방법 등 업무 성과를 높이는 아이디어를 제안하는 직원은 0.5~4.0%의 인센티브나 진급 기회를 얻는다.

이러한 제도를 통하여 직원들이 보다 고객을 생각하고, 애사심을 높이는 교육 효과를 보이고 있다. 이재우 사장은 자식들에게 공부하란 소리를 하지 않는다고 한다. '다만 자기가 좋아하는 일을 열심히 하면 된다. 학력이나 학벌을 중요하게 생각하지 않는다.' 라고 말했다. 그러나 그는 그의 직원들이 열정적인 삶을 살기를 원한다.

7 한계점 및 보완점

불고기 브라더스는 최초의 한식 패밀리레스토랑을 구현하여 한식의 메뉴의 표준화, 대중화를 목표로 사업을 전개하고 있다. 그러나 한식을 대중화시킨다는 모토로 사업을 전개하고 있지만 한식의 대중화와 패밀리레스토랑이라는 색다른 두 분야의 결합 때문에 고객층별로 상이한 문제점이 노출되고 있다. 따라서 이에 대한 마케팅 활동의 보완이 필요하다.

첫 번째로 20대의 경우, 한식집임에도 불구하고 세련되고 모던한 분위기는 분명 경쟁 우위로 작용할 수 있다. 하지만 20대의 경우 30~40대에 비해 지불 가능 능력이 낮기 때문에 가격이 덜 부담스러운 돼지고기메뉴 등의 제품 구색이 부족하다. 또한 이들의 입맛을 맞출 수 있는 새롭고 감각적인 퓨전메뉴 역시 시급하다. 더불어 기존의 패밀리레스토랑에 비해 각종 제휴 카드의 수가 부족하고, 통신사 할인 등의 서비스가 이루어지지 않고 있다.

20대의 경우 아직 학생인 사람들이 많아 신용카드를 사용하지 않기 때문에 제휴카드에 앞서 통신사 제휴 카드가 먼저 선행되어야 한다. 또한 신촌 등의 대학가에 매장이 없어 불고기 브라더스에 대한 대학생들의 인지도가 다른 브랜드에 비해 상당히 낮다. 인지도 재고와 더불어 젊은 층을 공략할 수 있는 메뉴 개발을 위해 대학생 대상으로 대학생 홍보대사나 마케터를 선발해 활동하게 하는 것 역시 좋은 방법이라고 할 수 있다. 젊은 층의 입맛과 트렌드를 놓치지 않고 공략할 수 있는 좋은 정보를 다양하게 얻을 수 있는 기회가 될 것이다.

두 번째로 30~40대의 경우, 상대적으로 낮은 가격의 높은 품질의 음식을 제공하고, 깔끔하고 수준 높은 고객 서비스는 경쟁 우위로 작용하고 있다. 하지만 30~40대의 고객층의 경우 직장인이 대다수로써 외식 중에서 회식이 차지하는 비중이 가장 높은데 불고기 브라더스의 경우 한국의 회식문화를 고려할 때 회식장소로써는 부적합하다. 이에 대해 단체손님을 받을 수 있는 시스템 그리고 많은 사람들이 편하게 즐길 수 있는 편안한 분위기를 유도할 수 있도록 별도의 파티룸이나 회식장소를 준비하는 것도 좋을 것이다.

더불어 직장인들은 대부분 점심을 밖에서 먹는데 이를 겨냥한 간단한 점심메뉴로서 특화된 메뉴가 부족하다. 설렁탕, 갈비탕 혹은 그 외의 찌개류 등 간단하고 부담 없는 각종 식사 메뉴 준비가 시급한 것으로 보인다.

세 번째로 50~60대의 경우, 전통주 소믈리에, 웰빙 세트, 다양한 전통적인 한식메뉴는 분명 경쟁 우위로 작용하고 있다. 하지만 노년층의 경우 패밀리레스토랑의 분위기에 익숙하지 않고, 기존의 한식집과 색다른 분위기는 이 나이대의 손님들에게는 반대로 친숙성을 떨어뜨린다. 이러한 점은 장년층의 고객 분들이 부담 없이 물어보고 주문하고 즐길 수 있도록 친절하고 편안한 서비스를 제공함으로써 어느 정도 해소될 수 있다고 본다.

다른 패밀리 레스토랑의 경우 시즌별로 한정메뉴를 개발하고 적극적인 광고, 홍보활동을 통해 고객을 확보하는 방법을 자주 사용하고 있다. 불고기 브라더스 역시 평범한 메뉴들에서 탈피해 계절에 사람들의 입맛을 사로잡을 수 있는 색다른 메뉴의 개발과 더불어 적극적인 광고, 홍보활동을 펼쳐야 할 것이다. 예를 들어 여름 시즌을 위한 수정과, 식혜 혹은 과일빙수의 메뉴를 새롭게 만든다거나 겨울철에는 애피타이저로 호박죽 같은 메뉴를 첨가하는 것도 좋을 것이다.

메인메뉴도 시즌별로 끊임없는 개발을 통해 한정메뉴로 선보이는 전략을 구사하면 많은 손님을 끌 수 있을 뿐 아니라 여러 가지 퓨전 메뉴를 개발하기 위한 좋은 과정이 될 수 있을 것이다.

정리해 보면 한식이면서 패밀리 레스토랑이라는 두 가지 콘셉트를 맞추면서 생기는 한계점을 극복하기 위해 우선 퓨전메뉴, 돼지고기메뉴의 제품 구색의 다양화가 필요하다. 그리고 시즌별, 한정메뉴를 개발하여 특정계층에게 제공하고, 특정 이벤트 기일을 정하여 그 기간 동안 특정 시즌별, 한정메뉴를 구매 시 할인혜택해 주는 이벤트 역시 필요하다.

더불어 카드사와 다양한 제휴가 필요하고, OUTBACK카드처럼 불고기 브라더스 카드 자체를 제작하는 것도 좋은 마케팅 활동이 될 수 있다. 통신사 할인의 경우 20대에게 가장 현실적이고 유용한 할인 혜택임으로 꼭 필요하다. 영화표, 백화점 카드, 코코펀과 같은 홍보책자 등에 할인 쿠폰을 발행하거나 연말 연초에 자체 달력을 제작, 쿠폰을 제공하는 것 역시 효과적인 마케팅 활동이 될 것이다. 또한 불고기 브라더스의 대학생 마케터, 공모전을 개최하여 대학생들 사이에서 불고기 브라더스 브랜드의 친숙도를 높일 필요가 있다.

불고기 브라더스의 가장 취약점으로 볼 수 있는 것은 브랜드의 인지도가 다른 브랜드에 비래 현저히 낮다는 것이다. 현재는 TV 광고를 전혀 하고 있지 않는 상태이며 예전에 했던 기존의 광고들 또한 일반인들 모델 위주의 지나치게 평범한 내용으로 인하여 한식 패밀리레스토랑, 높은 고객 서비스, 전통주 소믈리에 등의 차별점을 고객들에게 인식시키지 못한 것이 가장 큰 원인이다.

따라서 창의적인 아이디어, 그리고 흥미로운 화면 구성이나 유명 연예인 모델을 통하여 고객의 흥미를 이끄는 광고, 경쟁업체와 차별화된 불고기 브라더스, 최초의 한식 패밀리레스토랑으로써의 불고기 브라더스를 분명히 나타낼 수 있는 광고를 제작하여 TV 공중파에 광고함으로써 대중적인 인지도를 높여야 한다. 획기적이고 한 번에 브랜드 이미지를 높일 수 있는 광고를 통해 알린 후에도 주기적으로 신 메뉴나 이벤트 개발 시 이를 어필할 수 있는 광고를 계속 해나가야 한다. 불고기 브라더스만의 색다른 이미지를 만들고, 브랜드의 친숙성, 인지도를 높이기 위해 불고기 브라더스만의 CM송을 만들어 TV, 라디오에 광고하고, 매장에서도 자주 노출하는 것 또한 필요하다.

또한 한식 메뉴이면서 중장년층들이 좋아하는 메뉴가 많이 준비되어 있기 때문에 가족 방문 테이블에 와인이나 디저트를 제공해주는 등의 가족외식 고객들을 공략할 수 있는 크고 작은 이벤트를 준비하는 것도 좋을 것이다.

기업 브랜드의 인지도를 높이고, 보다 고차원적이고, 사회에 공헌하는 윤리적 기업이라는 이미지를 형성하기 위하여 사회 환원적 성격의 프로모션을 진행하는 마케팅 활동이 필요하다. 윤리적인 기업 이미지는 고객에게 그 기업의 상품이나 서비스를 소비함으로써 개인적인 만족감과 더불어 사회에 공헌했다는 만족감 역시 제공할 수 있다. 이에 따라 윤리적인 기업 이미지를 지닌 기업의 이점은 크다. 따라서 불고기 브라더스 역시 사회 환원적 성격의 프로모션이 필요하다. 예를 들어 소년소녀가장들을 초청하여 식사대접하고, 기념품 증정하는 활동을 들 수 있다. 더불어 이러한 활동의 모습을 자체 제작하여 달력에 싣는 프로모션 활동도 효과적일 것이고, 매장에서 판매하는 호리병, 함초 등의 수입의 일부를 소년소녀가장에 기부하는 프로그램을 만들어 고객들에게 적극 홍보할 수 있을 것이다.

불고기가 비빔밥과 더불어 한국을 대표하는 전통요리인 것을 고려할 때 여행사와 제휴을 맺어 불고기 브라더스에서 식사를 하는 프로그램을 담는 패키지 상품을 만드는 것

역시 효과적인 마케팅 활동이 될 수 있다. 이는 국내 매장 매출 증진에만 국한된 것이 아니라 장기적으로 해외시장의 공략을 준비하는 불고기 브라더스로써 더욱 적합한 마케팅 활동이다.

영화나 드라마의 배경으로써 많이 노출된 매장이 매출이 급등한 사례는 많이 볼 수 있다. '꽃보다 남자' 라는 드라마를 통해 노출을 시도한 본죽이 그 예이다. 따라서 불고기 브라더스는 영화나 드라마의 배경으로써 노출을 시도하고, 더불어 한국의 문화가 인기가 높은 일본, 중국, 베트남, 필리핀 등 한류 영향 하의 국가들에 방영될 드라마의 배경에 노출할 경우 브랜드의 인지도를 높일 수 있고, 높은 매출을 기대할 수 있을 것이다.

불고기 브라더스는 구이용의 메뉴의 경우 1인분 주문은 안 되는 경쟁업체와는 달리 1인분 주문이 가능하다. 그러나 이러한 경쟁우위에도 불구하고 구체적이고 공격적인 마케팅 활동이 전무하다. 따라서 혼자 사는 사람의 비중이 높은 지역의 매장의 경우 1인용 테이블을 인테리어에 맞게, 세련되게 배치할 경우 1인분 주문가능이라는 차별점은 더욱 경쟁우위로써 기능을 할 수 있을 것이다.

주요 메뉴가 불고기라는 점과 브랜드 이름이 불고기 브라더스라는 점을 이용, 불고기 브라더스 이름 하의 불고기 요리 대회를 개최하는 것 또한 효과적인 프로모션 전략이 될 수 있을 것이다. 외국인, 주부 등 다양한 계층의 사람들에게 지원 자격을 주고, 수상자에게 불고기 브라더스 상품권 등 다양한 상품을 증정한다. 이를 통해 프로모션 효과와 더불어 불고기 브라더스는 불고기 음식의 트렌드를 읽을 수 있고, 보다 고객에게 맞는, 참신한 메뉴에 대한 정보를 얻을 수도 있다.

불고기 브라더스는 이와 더불어 장기적으로는 사업 계열을 확장함으로써 규모의 경제, 브랜드의 친숙도와 인지도 등을 높이고, 보다 세분화된 시장에 보다 차별화된 음식을 제공함으로써 고객에게 보다 높은 만족을 줄 수 있다. 기업의 비전을 살펴보면 불고기 브라더스의 경우 한식의 대중화, 표준화, 세계화를 통하여 비단 국내뿐만 아니라 미국, 일본, 중국 등 해외 시장에 진출할 계획을 준비하고 있다. 이에 따라 장기적으로 각 지역, 문화에 특화된 메뉴를 개발할 필요가 있다. 더불어 해외시장에 본격적으로 진출 시 제휴 동포들을 먼저 공략할 경우 시행착오를 줄이고, 해외시장에서 보다 빠르고 쉽게 브랜드 친숙도를 높여 나갈 수 있을 것이다.

8 향후 전망

'한국적인 것이 곧 세계적인 것' 이라는 말처럼 현재 치열한 경쟁상황인 외식산업에서 특히 한식산업은 불고기 브라더스가 패밀리 레스토랑과 같은 외국기업에 경쟁우위를 빼앗긴 지금, 한식의 이미지를 개선하고 고객에게 한발자국 더 다가가기 위해 끊임없는 마케팅과 더욱 체계적인 품질관리가 필요하다고 본다.

또한, 대중화와 고급화에 떨어지지 않는 품질과 메뉴를 통해 젊은 층과 장년층 모두를 수용하면서 한 단계 발전하는 기회를 가져야 할 것이다. 메뉴의 정형화에 성공한 지금에 만족하지 않고 더 멀리 도약하려 하기 위해 노력해야 한다고 생각한다.

사례 17

불고기 브라더스, 해외 첫발 내딛어

- 한식브랜드 최초 FC 방식으로 캐나다에 수출 -

한식 패밀리 레스토랑 '불고기 브라더스'가 프랜차이즈 방식으로 패밀리 레스토랑의 본고장인 미주지역에 진출하게 됐다. 우리 한식 브랜드가 미주지역에 직접 수출되는 것은 처음이어서 더욱 의미가 있는 것으로 평가되고 있다.

외식전문기업 ㈜이티앤제우스(회장 정인태)는 캐나다 한인외식기업인 BBNA(회장 김동권)와 '북미 지역 라이센스' 계약을 체결하고 불고기 브라더스의 캐나다 진출을 확정했다고 17일 밝혔다. 이번 계약 조건은 캐나다에 불고기 브라더스 매장이 하나 오픈될 때마다 6만 캐나다 달러(한화 6680만 원 상당)의 라이센싱 피와 매출에 대한 4%의 로열티를 BBNA가 이티앤제우스에 제공한다는 것이다.

기존 국내 외식브랜드들이 해외에 진출할 때 직접 투자를 했던 경우가 대부분이었던 것에 반해 불고기 브라더스는 프랜차이즈 계약 방식이어서 더욱 높은 평가를 받고 있다.

프랜차이즈 형태는 브랜드와 운영 노하우를 수출하고 그에 해당하는 로열티를 받는 것이기 때문에 브랜드의 사업성에 대한 긍정적인 평가 없이는 이뤄질 수 없는 사업모델이다. 또 직접투자와 같이 한국 본사가 전적으로 투자하는 방식이 아니기 때문에 실패했을 때도 직접 손실을 보지 않는다.

게다가 현지 시장 상황에 대해 잘 아는 파트너가 사업을 전개하기 때문에 성공 가능성이 큰 사업 모델로 평가되고 있어 대부분의 국내 외식기업들은 프랜차이즈 방식의 해외 진출을 선호하고 있다. 또한 이번 계약은 프랜차이즈 계약을 맺은 BBNA가 지역 내 다른 개인이나 회사에 프랜차이즈 권리를 마음대로 주는 형태인 '마스터 프랜차이즈' 형태의 계약이 아니기 때문에 이티앤제우스 입장에서는 실익이 더 큰 것으로 평가된다.

이번 계약은 '지역 프랜차이즈(Area Franchise) 계약'으로 BBNA에서 미주 지역에 직접 매장을 오픈할 수만 있는 영업권을 주는 형태라는 것이 회사 측의 설명이다.

매장 오픈 시에도 비용을 받고 한국의 '불고기 브라더스 매장 오픈 준비팀'이 일정 기간 캐나다로 직접 가서 시스템과 노하우를 전수하게 되며, 수시로 캐나다 매장에 대한 음식 및 서비스 관리를 직접 하게 된다.

이는 과거 외국의 유명 패밀리레스토랑들이 한국에 진출할 때 맺었던 계약과 같은 형태다. 이티앤제우스 이재우 사장은 "이번 라이센스 수출은 그동안 준비해왔던 한식 세계화를 위한 첫걸음"이라며 "이제 우리나라도 우리 음식 문화 콘텐츠를 수출하고 로열티까지 받을 수 있는 외식 선진국의 대열에 올라서게 될 것"이라고 자신 있게 말했다.

불고기 브라더스의 북미지역 첫 번째 매장은 올 6월 캐나다 토론토 중심가에 340평 규모로 개점한다. BBNA(Bulgogi Brothers North America)는 캐나다에서 '이찌방 스시'를 비롯한 일식당(현재 매장 26개)을 10년 넘게 운영한 김동권 회장을 주축으로, 불고기 브라더스를 캐나다에서 운영하기 위해 설립한 합작회사이다.

자료 : 이데일리, 2010년 3월 17일

사례 18

이재우 사장, 한식 레시피로 입맛 잡고 무릎 서비스로 발길 잡다.

이재우(49) (주)이티앤 제우스 사장은 '한국식 스테이크하우스', '한국식 패밀리 레스토랑' 이라는 개념의 '불고기 브라더스' 를 만들어 성공을 이어가고 있다. 이에 앞서 그는 국내에 '패밀리 레스토랑' 이라는 개념을 처음 도입해 성공신화를 이룬 주인공이기도 하다.

1993년 T.G.I 프라이데이를 국내에 론칭, 새로운 마켓을 형성한데 이어 1996년에는 아웃백 스테이크도 들여와 또 한 번 업계의 주목을 받았다. 평범한 월급쟁이에서 이제 500명에 이르는 직원을 거느린 한식 불고기 레스토랑 체인본부의 CEO(최고 경영자)로 변신한 이 사장. 그가 어떻게 성공할 수 있었는지, 한식에 대한 경영철학은 무엇인지 그 이야기를 들어봤다.

한국식 패밀리 레스토랑. 이재우 사장이 만든 이 콘셉트는 일반인들에게는 생소하다. 쉽게 말하면 메뉴는 한식이면서 서비스 등 소프트웨어는 외국계 패밀리 레스토랑의 장점을 결합한 것이라고 보면 된다. 한식당의 문제점으로 지적되던 것들, 즉 들쭉날쭉한 맛이나 형편없는 서비스 등 단점을 보완해냄으로써 한식도 프랜차이즈로 성공할 수 있다는 것을 보여주고 있다. 그가 불고기 브라더스의 체인화를 성공시킬 수 있었던 요인은 크게 다음 세 가지로 요약된다.

성공키워드 1 – 표준화

한식의 가장 큰 문제점은 레시피나 맛의 표준화가 힘들다는 것이다. 계량기로 재는 정확한 양보다는 눈대중이 일쑤이고, 맛도 주방장의 입맛에 따라 다르다.

이재우 사장은 이 단점을 이렇게 극복했다. 그는 불고기 브라더스를 론칭하기 전 6개월간 표준화 · 계량화에 매달렸다. 우선 김대중 전 대통령시절 청와대 주방에서 일했던 정찬부 조리 본부장을 영입했다. 그는 한식만 20여 년간 만든 전문가이다. 정 본부장이 메뉴를 만들면 이 사장이 표준화에 나섰다. 해외 패밀리 레스토랑에서는 모든 메뉴를 이미 표준화하고 있었기에 T.G.I 프라이데이와 아웃백 스테이크에서 일했던 경험이 큰 도움이 됐다.

우선 불고기의 양을 결정했다. 음식점 따라 각양각색인 양은 1인분 200g, 육수가 있을 경우에는 350g으로 정했다. "180g은 손님들 입장에서 보면 적다는 느낌이 듭니다. 반대로 250g되면 손님은 좋겠지만 수지 타산이 맞지 않죠. 손님도 주인도 만족할 수 있는 적정선이 바로 200g이었습니다."

그리고 된장찌개의 염도와 김치찌개의 산도도 표준화했다. 된장찌개의 경우 짠맛, 매운맛에서부터 상큼한 맛까지 10가지가량 준비한 후 일반인 수백 명에게 맛을 보게 해 가장 보편적인 맛을 찾았다. 불고기 브라더스 19개의 매장의 된장찌개 맛이 똑같은 이유가 바로 이런 노력의 결과물이다. 당연히 매뉴얼로 만들어 각 주방에다 비치해 놓았다. "다만 대구 사람들은 더 짜고 더 맵게 해달라고 해서 다른 매장보다 맛이 더 강하다"며 웃었다.

"레시피가 표준화됨으로써 주방의 인건비를 대폭 줄일 수 있습니다. 계량화가 되지 않았다면 주방에는 정 본부장 같은 오랜 경력자가 많이 필요했을 것입니다. 일산점의 경우, 이달에 고교를 졸업하는 조리사가 음식을 만들어 내고 있지만 다른 매장과 맛이 같습니다."

또 다른 장점은 점포수를 늘리는데도 도움이 됐다는 것이다. "주방의 경험 유무를 떠나 빨리 배워서 사업을 확장할 수 있습니다. 투자자 입장에서는 그만큼 시간을 절약할 수 있어서 좋은 것이지요."

성공키워드 2 – 서비스

불고기 브라더스에 가면 종업원들이 무릎을 꿇고 주문을 받는다. 외국계 패길리 레스토랑이나 비행기 비즈니스석에서 처럼 이것도 이 사장의 아이디어이다.

"왜 한식당에는 말도 잘 안 통하는 연변 아줌마들만 있습니까. 고기를 구워주다 말 한마디 없이 사라져 버리는, 서비스 개념조차 없는 그런 아줌마들이 버젓이 종업원으로 있습니까. 이런 무개념이 결국 손님들, 특히 외국 손님들의 발길을 끊습니다." 서비스 부문에 이르자 이 사장의 목소리가 커졌다.

불고기 브라더스 매장에서 서빙을 하는 종업원들은 패밀리 레스토랑처럼 젊다. 제일 나이 많은 사람이 30살이란다. "뽑을 때부터 젊은 사람들, 특히 서비스 마인드가 갖춰진 지원자만 뽑습니다. 그리고 철저히 현장에서 교육을 시킵니다. 한번 실수를 하더라드 같은 실수를 반복하지 않도록 교육하죠."

서비스 질을 유지하기 위해서 물론 단점이 있다. 인건비가 다소 값이 들어간다는 점이다. 다른 업체들보다 10~20% 더 준다. 또 우수 직원에게는 발탁승진도 과감하게 해 다른 직원들에게 자극을 주기도 한다. 물론 서비스가 좋아짐으로써 매출도 향상되기에 큰 부담이 되지 않는다.

종업원과 손님의 '소통'도 중요시하는 부분이다. "종업원 한명이 테이블 3개를 담당합니다. 손님이 많을 경우에는 똑같은 서비스를 하기 쉽지 않는 것이 현실입니다. 그럴 경우에는 '고기가 타지 않도록 좀 뒤집어 주십시오'라며 양해를 구하고 다른 테이블로 갑니다. 손님들도 모두 이해를 해줍니다. 말 한 마디가 서로의 기분을 좋게 만드는 것이죠."

또 다른 서비스는 작은 배려이다. 손님이 요구하면 발 난로와 무릎 담요를 준다. "고기를 굽다보니 위에는 따뜻해도 발이 시린 경우가 있습니다. 그런 손님들을 위해 준비해 놓았죠." 수도권의 한 골프장에서 하는 것을 보고 벤치마킹했단다. 이런 작은 배려 하나 하나가 모여 성공의 밑거름이 됐다.

성공키워드 3 – 냄새

가끔 지하철이나 버스를 타면 진한 고기 냄새를 풍기는 사람이 있다. 본인은 아무렇지도 않게 생각할지 모르지만 다른 사람들은 모두 얼굴을 찌푸린다. 힐끗 쳐다보면서 '고기 먹을 것을 자랑하나…'라며 속으로 불만을 터뜨린다.

고기집의 가장 큰 고민이 바로 이 냄새를 없애는 것이다. 옷에 냄새제거제를 뿌려준다든지 나름대로 서비스를 하지만 고약하게도 잘 없어지지 않는 것이 냄새다.

"외국인들이 고기집에 오면 가장 큰 불만이 바로 냄새와 연기입니다. 냄새가 옷에 배는 것을 무척 싫어하지요(우리나라 사람도 마찬가지이다)."

불고기 브라더스 매장에 앉아 있으면 고기 굽는 냄새가 나지 않는다. 물론 연기도 없다. 어떤 이유에서일까. "우리 매장은 연기와 냄새를 없애기 위해 테이블 밑으로 공기를 빼내는 연통을 설치했습니다. 테이블 한 개당 설치비만 500만 원에 이릅니다. 숯불 등 다른 방식에 비해 수십 배 더 비싸죠."

왜 밑으로 뽑는 장치를 했을까. "위로 뽑을 수도 있지만 연통이 앞사람의 얼굴을 가려 제대로 대화를 할 수 없는 단점이 있습니다. 이야기하다보면 자꾸 얼굴이 가려져 짜증나거든요." 외국인들뿐 아니라 우리나라 사람들도 좋아하는 것은 당연하다.

자료 : 일간스포츠, 2010년 2월 4일

사례 19

이재우 사장 "한식엔 우리 술… 같이 파는 건 당연"

이재우 사장은 한국 술에 대한 조예가 깊다. 매장마다 와인뿐 아니라 막걸리부터 한산 소곡주에 이르기까지 우리 술도 함께 파는 것도 이 사장이 술에 대한 남다른 애정을 갖고 있기 때문이다.

우선 그는 전통주라고 하지 않고 한국 술이라고 했다. "전통주라면 수백 년간 이어온 술을 뜻합니다. 한산 소곡주 · 안동소주 · 문배주 등이죠. 이런 술도 있는 반면 최근에 만들어진, 10년 남짓한 우리 술도 있습니다. 이것을 전통주라고 하기엔 어폐가 있죠. 그래서 전부를 통틀어 한 개념으로 한국 술이라고 부릅니다."

일본에서 분 웰빙 바람 덕분에 지난 해 막걸리가 인기를 끈 것에 대해서 어떻게 생각할까. 막걸리로 인해 한국 술들도 빛을 볼 수 있다는 생각 때문에 긍정적이란다. 한국 술 시장이 죽고 있다는 보통의 주장과는 다르다.

"어떻게 마케팅을 하느냐에 따라, 관점이 다를 수 있다"고 운을 뗀 이 사장은 "우리 매장에도 지난해부터 막걸리를 판다. 한국 술도 꾸준히 성장하고 있다"고 주장했다.

이 사장이 사용한 마케팅은 한국 술 알리기. 막걸리를 찾는 외국인, 특히 일본인들에게 다른 우리 술도 소개한다는 것이다. 예를 들면 이렇다. "고기를 먹을 때는 산사춘이 어울리고, 한산 소곡주는 조금 달아서 디저트 와인처럼 마시면 된다. 가격도 와인 한 병을 드시는 것보다 더 싸다"고 설명하면 외국인들이 고개를 끄덕인다고 한다. 이런 손님들은 다시 매장을 찾을 경우, 한국 술들을 주문하는 경우가 종종 있다고 덧붙였다.

"우리나라에도 음식과 맞는 술이 있다고 자꾸 알려줘 외국인들이 관심을 갖도록 해야 합니다. 처음에는 반응이 신통치 않을 수도 있습니다. 그렇다고, 비싸다고 그냥 와인만 추천하면 직무유기라고 봅니다. 우리 음식에는 우리 술이 잘 어울리는데도 말입니다. 식당업자나 주조업자 등 관련 종사자들이 노력해야 합니다. 시작은 미디했지만 끝은 창대하리라라는 말이 있잖아요."

자료 : 일간스포츠, 2010년 2월 4일

Q&A

1. 외국진출은 어떤 방식으로 진행 되었나?

기존 국내 외식브랜드들이 해외에 진출할 때 직접 투자를 했던 경우가 대부분이었던 것에 반해 불고기 브라더스는 프랜차이즈 계약 방식으로 진행하였다. 이 프랜차이즈 형태는 브랜드와 운영 노하우를 수출하고 그에 해당하는 로열티를 받는 것이기 때문에 브랜드의 사업성에 대한 긍정적인 평가 없이는 이뤄질 수 없는 사업 모델이다.

2. 해외 지점에도 한우를 쓰나?

모든 재료를 국산을 쓰고 있진 못하지만 고기는 한우를 쓰고 있다.

3. 국내, 해외 매장 레시피가 같나?

국내와 해외 나라에 따라 메뉴 뱅크가 다르다. 또 매장 오픈 시에 한국의 '불고기 브라더스 매장 오픈 준비팀' 이 일정 기간 해외로 직접 가서 시스템과 노하우를 전수하게 되며, 수시로 캐나다 매장에 대한 음식 및 서비스 관리를 직접 하게 된다.

4. 모든 음식에 모두 한우를 사용하나? 다른 업체보다 저렴한데 이유가 뭔가?

불고기 브라더스는 경쟁업체들과 달리 본사직영체제로 운영되어 본사가 직접 가격 협상을 하여 2~3일에 한 번씩 본사와 계약을 맺은 각 지역의 공급처에서 각 매장이 직접 식재료를 조달한다. 더불어 소고기 대량 구매 방식의 유통 경로, 본사가 식자재 가격 협상 후 13개 매장이 직접 공급업체로부터 식자재 구입, 고기 양념 및 후식의 경우 배송, 저장 등의 유통물류에서 과감한 아웃소싱으로 타 브랜드보다 저렴하게 한우를 이용할 수 있다.

5. 해외에 지점이 있나?

캐나다, 홍콩, 필리핀, 대만 등 나라에 라이선스를 맺었다.

6. 해외 지점 수가 적은데 어떻게 성공사례라 볼 수 있나?

한류가 자연스럽게 한식의 세계화 바람으로 이어지는 반면 지원이나 관리가 부족하여 호텔에서도 한식당은 문을 닫는 추세 등 영세한 상태에 머물러 있다. 이러한 상황에서 2006년 1호점인 강남점을 오픈한 이후 불과 5년 사이에 국내 30호점을 개점하였다. 또 '불고기 브라더스' 는 한식의 세계화를 앞당기기 위해 복잡한 조리과정의 표준화, 세계인에 기호에 맞는 한식의 개발 및 연구, 식자재, 인테리어, 라이프스타일에 맞는 음식관련 서비스를 개발하여 해외진출을 뒷받침할 수 있는 발전기반을 마련한다는 점에서 한식업체의 발전을 이끌어 갈 수 있는 기업이라고 판단하여 성공사례로 정하게 되었다.

*참|고|자|료

- 최신 외식산업의 창업과 경영, 김은숙, 백산출판사, 2011년.
- 불고기 브라더스 홈페이지(http://www.bulgogibros.com)
- 불고기 브라더스 공식 블로그(http://bulgogibros.tistory.com)
- 이데일리
- 일간스포츠

16

비비고

bibigo HOT STONE

비비고

1 비비고 소개

1) 브랜드

(1) bibigo

bibigo는 한국어 '비비다'와 포장해 간다는 의미의 'To-go'의 합성어로 외국인도 쉽게 발음할 수 있는 한식 글로벌 브랜드이다. 한국의 미를 재해석한 세련된 매장 분위기에서 친구, 연인, 동료, 그리고 가족과 함께 지친 일상을 새롭게 채워줄 건강하고 신선한 한식을 맛볼 수 있다.

(2) Healthy & Fresh

bibigo는 Healthy & Fresh라는 테마에 걸맞은 신선한 채소와 나물이 풍성한 샐러드 형태의 비빔밥에 4가지 밥과 6가지 토핑 그리고 4가지 소스를 기호에 따라 선택할 수 있으며 다양한 한식 일품요리 및 Tapas도 함께 즐길 수 있다.

2) CJ 푸드빌 소개

(1) CJ 푸드빌

CJ 푸드빌

1994년 패밀리 레스토랑 '스카이락' 사업을 시작한 이래, 1997년 독자적인 양식 패밀리레스토랑인 '빕스'를 개발하여 런칭하였으며, 이러한 성공을 바탕으로 2000년에 CJ주식회사로부터 분리 · 독립되면서 전문외식기업 CJ푸드빌이 탄생하게 되었다.

'국내 최고의 외식서비스 기업'을 지향하는 CJ푸드빌은 Food와 Village의 합성어로 한 마을에 사는 이웃들과 가족들 간의 단란한 식사공간을 통해 안락하고 행복한 부담 없이 편한 서비스를 제공하자는 의미에서 비롯되었다.

(2) Korean Food Globalization Project by CJ

bibigo는 CJ의 한식세계화 프로젝트의 일환으로 세계 각지의 고객들에게 건강하고 신선한 한국 음식을 제공한다. 2015년까지 중국, 미국, 싱가포르를 시작으로 전 세계에 점포를 오픈하기 위해 지금도 끊임없이 전진하는 비비고! 비비고는 세계무대에 대한민국을 알리고 한식세계화를 통한 국가 브랜드 가치 상승에 기여하는 선두주자로서 커다란 자부심을 느낀다.

3) 한식 세계화의 비전

최근 한류를 바탕으로 한식에 대한 관심이 증가하고 있는 가운데 한식의 우수성이 국내외 언론 등을 통해 확산되고 있다. 특히 김치 · 불고기 · 비빔밥 등을 중심으로 한식이 세계에서 큰 주목을 받고 있다고 한다. 실제로 다음 그래프에서 나타난 바와 같이 한국의 대표이미지를 조사한 결과 전체의 30.4%가 김치, 불고기를 중심으로 한 한식을 꼽고 있으며 다음으로 한복이 27.9%, 한글이 16.1%, 태권도, 태극기 등이 뒤를 이을 정도로 외국인들이 한식에 대한 선호도가 매우 높음을 알 수 있다.

또한 2004년도 WHO에서는 한식을 영양적으로 균형 잡힌 모범 식단으로 선정하였고, 미(美) Health지는 2006년에 김치를 세계5대 건강식으로 선정하여 김치의 식품으로서의 우수성을 전 세계에 알렸다. 또, 뉴욕타임스는 올해 초에 LA의 김치 타코 요리를 인기리에 보도하였는데, 이는 단순히 김치로서 뿐만 아니라 우리의 김치가 세계화된 식품으로 자리 잡고 있음을 알 수 있는 대목이다.

■ **한국에 대한 대표적인 이미지 조사**

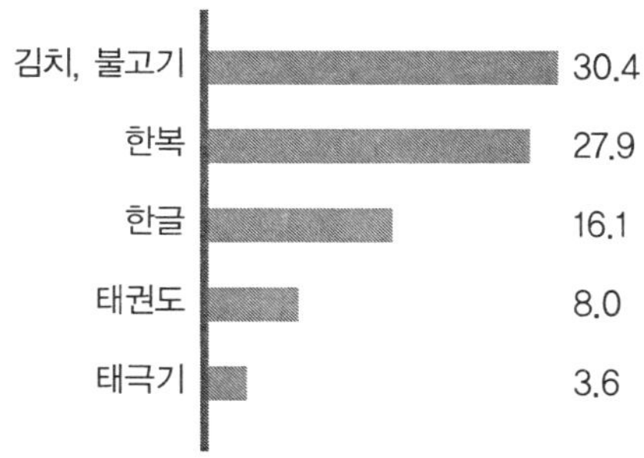

출처 : 국가브랜드위원회(2009)

4) 경쟁사 비교

회사	CJ	LG아워홈	본아이에프
	bibigo HOT STONE	babi dab ida	본 웰빙비빔밥전문점 비빔밥
슬로건	신선함, 건강함	건강하고 든든한 한끼 *최초의 한식패스트푸드	웰빙 밸런스 푸드
메뉴	-세 가지의 비빔밥을 메뉴로 정해 놓고 밥의 종류, 토핑, 소스를 입맛에 맞게 골라 먹음 -추천메뉴와 함께 스페셜메뉴와 타파즈, 캐쥬얼다이닝 메뉴가 있음 -우리 음료 막걸리와 쌀아이스크림 외에도 와인, 맥주가 갖춰져 있음. 특히, 새로 개발한 막걸리 칵테일이 특이함 -Take-out도 할 수 있도록 도시락 메뉴를 만들어 놓음 -외국인들도 즐길 수 있는 비빔밥메뉴를 개발	-시간대별로 메뉴를 달리 하는 것이 특징 -주전부리와 사이드 메뉴를 갖추고 있음 -마실거리는 3가지 종류뿐임 -비빔밥을 전문적으로 하는 것이 아니라 비빔밥류는 한 가지 뿐임 -전 메뉴 Take-out 가능	-비빔밥의 종류가 두 체인점에 비해 다양하다. -추천메뉴가 따로 나와 있으며, 뚝배기&국수류, 두루치기&부가메뉴가 있다. -전체적인 메뉴의 종류가 두 체인점에 비해 많다. -도시락 메뉴를 따로 만들어 판매함 -음료는 따로 나와 있지 않음

회사	CJ	LG아워홈	본아이에프
가격대 (식사류)	7,500~9,000원	3,500~8,500원	5,000~9,000원
매장	서울에 5개, 싱가포르, 미국, 중국 등 총 8개	압구정점 1개	전국에 본죽 & 본비빔밥 포함 많은 수의 매장확보
해외진출	싱가포르, 미국, 중국	해외진출 예정	진출 예정

2 마케팅

1) QSR의 실시

'QSR' 이란 '퀵서비스레스토랑' 으로 비비고는 주문에서부터 계산까지 모두 한 번에 이루어지는 퀵서비스레스토랑이라고 볼 수 있다. 주문의 경우 무엇을 시키는 것에서 끝나는 것이 아닌 직접 밥, 소스, 토핑을 개인의 기호에 맞게 고르면서 그 자리에서 바로 음식이 나온다.

2) Take-Out용 대나무 용기

비비고는 고객의 건강과 자연친화적인 환경을 생각해 Take-out 용기를 그저 일회용 용기가 아닌, 대나무 용기로 만들어 마케팅하고 있다.

3) 개인의 기호에 맞춘 메뉴

다른 음식점과 다르게 비비고는 메뉴 선정 시 준비된 메뉴들 중에 개인의 입맛에 맞게 고를 수 있도록 차별화된 마케팅을 실시하고 있다. 해외에 진출한 비비고 매장들의 경우에도 그 나라의 고객들 입맛에 맞춰 비빔밥에 들어가는 재료의 내용물들을 약간씩 바꾸어 고객들을 유치하고 있다.

4) 한류열풍 활용

다른 기업과 달리 먼저 한류열풍에 맞춰서 우리문화와 같이 식문화를 즐길 수 있도록 홍보하고 있다. 외국인들도 지원하는 오디션 프로그램을 통해서 자연스럽게 외국인들에게 도시락을 협찬하고 있다(mama, 슈퍼스타K, 다양한 후원, 협찬 등).

5) 소셜 마케팅

에코, 웰빙의 주 콘셉트에 맞춘 소셜 마케팅을 하고 있다. 여기서 소셜 마키팅이란 소셜 미디어를 통한 마케팅이 아니고, 가슴 따뜻하고 긍정적인 이미지를 그취시키는 나눔 마케팅을 말한다.

사례 20

뉴욕 타임스퀘어로부터 미국 안방까지 점령 '전광판광고'

- 비빔밥의 다양한 재료를 농악, 태권도, 부채춤, 강강술래 등과 연결해 맛과 멋을 표현
- 뉴욕 타임스퀘어 옥외광고를 시작으로 케이블을 통해 미국 안방에도 상영
- 한식과 비빔밥에 대한 호기심을 자극

작년 말 미국에서 시작한 한 광고 동영상이 세간의 이슈입니다. 빨강, 노랑, 파랑 등 형형색색 화려한 색감이 인상적이었지요. 바로 '무한도전' 팀이 제작한 '비빔밥' 광고입니다.

광고는 '난타'의 한 장면에서 시작합니다. 비빔밥에 들어가는 다양한 재료의 '색(色)'을 농악, 태권도, 부채춤, 강강술래, 탈춤, 북청 사자놀음과 연결해 비빔밥이 가진 맛과 멋을 표현합니다. 30초 분량의 짧은 내용이지만 다양한 재료가 섞여가는 과정은 화합이라는 메시지를 담고 있습니다.

이 광고는 MBC '무한도전' 팀이 농림수산식품부에 제안해 이뤄진 것으로 동원 인력 200여 명이나 됩니다. 촬영도 아침 6시부터 다음날 아침 7시까지 25시간 걸렸다고 합니다. 정말 곳곳에 스텝과 출연진들이 고생한 흔적이 보입니다.

뉴욕 타임스퀘어 옥외광고를 시작으로 케이블을 통해 미국 안방에도 상영됐는데요. 작년 12월 말부터 한 달간 미국 최대 케이블TV 방송사인 CNN을 비롯해 ESPN, ESPN2, 푸드 네트워크, 쿠킹채널, TAN TV등 미국 주요 매체에서 총 273회 노출됐습니다. 인터넷에서도 빠르게 파급되어 유튜브 조회 건수가 75만 건을 넘었고 100개 이상 관련 동영상이 게재되어 있습니다. 비빔밥 광고는 미국뿐 아니라 유럽, 아시아, 중동, 아프리카 등 180여 개 국가에서 상영될 예정이라고 하네요.

비빔밥은 농림수산식품부의 해외 홍보 전략 품목이자, 한식을 대표하는 아이템인데요. 이번 광고는 한식과 비빔밥에 대한 호기심을 자극하기에 충분해 보입니다. 농림수산식품부는 "지금은 한식이 세계인이 즐기는 음식으로 자리 잡기 위한 초기 흥미유발 단계"라며 "이번 비빔밥 광고를 통해 많은 미국인들이 한식의 신비로운 맛과 아름다움에 대해 호기심을 갖게 되었으면 좋겠다."고 밝혔습니다.

사례 21

비빔밥 유랑단

비비고와 비빔밥 전도사가 비빔밥 및 한식을 널리 알리기 위해 의기투합했다. 비비고는 강상균, 김명식, 정겨운, 김수찬 등 비빔밥 홍보를 위해 전 세계 일주를 하는 대장정을 후원하며, 한식 세계화를 위해 뜻을 함께 했다.

비빔밥 전도사들은 4월 5일 출국, 중국 베이징을 시작으로 8개월간 아시아, 유럽, 북미, 남미 등 40개국의 주요 도시를 돌며 100회의 비빔밥 시식행사를 가질 예정이다.

비비고는 이들 비빔밥 전도사의 여정 중 비비고가 위치해 있거나 비비고 입점이 예정된 지역을 중심으로 이들의 비빔밥 홍보활동을 적극 지원할 예정이다.

비비고 관계자는 "비빔밥 홍보 활동이 원활하게 이뤄질 수 있도록 비비고 비빔밥에 이용되는 소스와 밥 등을 제공하고 각종 편의를 제공할 예정"이라며 "이를 통해 전도사 일행이 벌일 외국인 시식 행사 등에 도움이 될 것으로 기대한다."고 말했다.

비비고 밥은 햇반 형태로 제공되고, 소스 역시 고추장, 쌈장, 레몬간장, 참깨 등 4종으로 파우치로 돼 있어, 해외에서 비빔밥 제공 시 용이할 것으로 보인다.

비비고 운영사인 CJ푸드빌 관계자는 "외국인 대상의 전 세계 한식홍보를 위해 고행을 선택한 이들의 용기가 대단하다."며 "한식세계화를 위해 탄생한 글로벌 브랜드 비비고의 후원이 이들 활동에 조금이나마 보탬이 되기를 기대한다."고 전했다.

사례 22

'비빔밥 유랑단' 중국 이어 태국서도 폭발적 호응

전 세계에 한식 대표주자 '비빔밥'을 널리 알리기 위해 조직된 '비빔밥 유랑단'(단장 서경덕)이 중국 행사를 마치고 태국으로 이동해 방콕 시민들에게 큰 호응을 얻었다. 지난주 태국 태권도 대표팀 최용석 감독과 광저우 아시안게임 금메달 리스트 추차왈, 사리타 등 남녀 대표팀 선수들에게 비빔밥을 시식하는 행사를 가졌고 태국 내 인기 영화배우 능티다 소폰이 행사에 참여해 많은 태국 언론에 소개되기도 했다. 특히 이번 태국행사부터는 비빔밥을 통한 '한식홍보' 뿐만이 아니라 한 끼의 식사가 절실한 세계인들에게의 '식사나눔'을 전파하는 역할을 병행하기 시작해 더욱 눈길을 끌고 있다. 이번 나눔행사에 참석한 '비빔밥 유랑단' 단장 서경덕 성신여대 객원교수는 "세계를 돌며 비빔밥 홍보도 중요하지만 세계의 빈민가를 방문하여 나눔을 실천하는 것도 중요하다고 판단해 방콕 맹짜이 빈민가를 방문하여 첫 행사를 진행했다"고 말했다. 유랑단 리더인 강상균 씨는 "4명이서 200인분을 준비하는 게 정말이지 쉽지가 않다. 하지만 비빔밥을 맛있게 먹는 맹짜이 아이들을 보면서 피로는 사라지고 나눔을 통해 오히려 더 많은 걸 배우게 됐다."고 덧붙였다. 또 '비빔밥 유랑단' 측은 "중국, 태국에서의 행사가 성공적으로 치러질 수 있었던 건 한인회 및 재외동포들, 영사관의 도움이 있었기에 가능했다"고 전하기도 했다. 유랑단 막내 김수찬 씨는 "한인회 및 재외동포들이 좋은 일 한다며 차량 및 숙식까지 제공해 줘 큰 도움이 됐다. 이후 방글라데시, 스페인 등지에서는 영사관에서 후원까지 해 준다하니 힘이 절로 난다"고 밝혔다. 이번 '비빔밥 유랑단' 전 세계홍보 프로젝트는 한식재단, CJ푸드빌의 '비비고(bibigo)'가 후원하며 2일 현재 인도 캘커타에 도착해 또 다른 홍보와 나눔 행사를 준비 중이다.

6) 슈퍼스타K2 협찬

[호텔에서 슈퍼스타 예선전 때 나왔던 비빔밥]

7) **통합 마케팅**(CJ자체에서 통합마케팅 실시)

사례 23

광화문 알뜰족을 잡아라…CJ 통합 마케팅 전개

키워드는 '고객을 위한 풍성한 혜택 릴레이' 고물가시대에 얇은 지갑으로도 식사와 쇼핑 등을 알뜰하게 즐길 수 있다.

고객이 투썸플레이스, 비비고, 더플레이스 광화문점 중 한 곳에서 식사를 하거나 음료를 즐긴 후 받은 영수증을 가지고 헬시&뷰티 스토어 올리브영 광화문점 또는 세종로점을 방문하면 1만 원 이상 구매 시 1,000원 할인해준다.

반대로 올리브영, 비비고, 더플레이스 영수증과 함께 투썸플레이스를 방문하면 디저트 구매 시 커피나 음료를 50% 할인받을 수 있다.

글로벌 비빔밥 브랜드 비비고도 올리브영, 투썸플레이스, 더플레이스 영수증을 가지고 방문하면 2인 이상 식사 시 타파스(식사 전 가볍게 즐길 수 있는 한 접시 요리)를 50% 할인해주며, 더플레이스 역시 올리브영, 투썸플레이스, 비비고 영수증을 가지고 가면 메인 메뉴(파스타, 피자, 샌드위치, 와플) 주문 시 탄산음료 1개가 무료로 제공된다.

8) 비비고, MAMA 공식협찬 후원

CJ푸드빌의 '비비고'가 29일 열린 '2011 엠넷 아시안 뮤직어워드(MAMA)' 공식협찬사로 선정돼 아시아 최고 엔터테이너들에게 한식을 맛보는 기회를 제공했다.

국내 최고 아티스트들은 물론 윌 아이엠 등 해외 뮤지션이 대거 참석한 대회에서 비비고는 비빔밥을 비롯해 잡채, 두부스테이크, 오미자 화채 등 음식을 제공해 한식의 맛과 멋을 세계에 알렸다.

3 7P 분석

1) Product : '세계인의 입맛을 사로잡을 우리 전통 비빔밥'

- 한국의 전통음식인 비빔밥을 국제적으로 통용하기 위해, 맛과 메뉴를 선택과 집중에 의해 선별

  예) 비빔밥, 돌솥비빔밥
- 추가 세트메뉴 및 부가메뉴 설정으로 다양한 입맛 충족을 위한 노력 지속

2) Price : '실속적인 한 끼 식사'

일반 메뉴 가격 7,500~9,000원대 가격형성 : 한 끼 식사에 적정 비용으로서 물가상승 대비 변동이 크지 않다. 그러나 일반 비빔밥 전문 음식점과의 차별성을 두지 않으면, 소비자들의 소비 욕구가 낮아질 것으로 예상된다.

3) Promotion : '다양한 촉진전략'

- 외국인 소비자들의 구전 홍보 효과 + 한류 효과를 활용한 한국 전통 음식 홍보 등 다양한 채널 확보를 통해 지속적인 홍보 필요

- 초기 단계에서 어떤 이미지를 심어주느냐가 관건이며, 맛과 이미지의 조화에 신경 써야 할 것
- 실제로 무한도전 비빔밥 광고, 비밥공연, 비빔밥 유랑단 등을 통하여 다양한 홍보 활동을 하고 있음

4) Place : '세계적 체인점'

서울 4개 매장 + 해외 3개 매장(중국, 미국, 싱가포르) 확보로 세계화를 위한 기초 발판 마련

5) People : '세계인의 입맛을 사로잡다.'

모든 연령층

6) Process : '다이렉트'

- 일반적으로 메뉴얼화되어 나오는 음식점과 달리 들어가는 식재료부터 소스까지 소비자가 모두 선택하는 과정에서 다양한 부류의 소비자층 섭렵할 수 있음

7) Physical Evidence : '한국의 오방색'

- 비빔밥에 얹어지는 토핑들의 색깔을 상징하는 컬러타일, 심플함과 모던함
- 자연 친화적 종이, 나무 사용 현재와 과거가 공존하는 느낌 묘사 : 세계화한 한국적 맛과 공간을 창조

4 STP 분석

1) 시장세분화(Segmentation)

- 연령, 성별, 인종, 국가 : 모두가 선호하는 비빔밥으로 따로 세분화된 연령이나 성별, 인종과 국가가 없이 전체적으로 선호함
- 라이프스타일 : 웰빙 선호층이 증가하면서 신선한 채소와 함께 어우러진 식사 선호. 바쁜 현대인의 기호에 맞춘 비빔밥의 패스트푸드화

2) 목표대상(Targeting)

웰빙선호층 : 건강을 생각하면서 인스턴트중심에서 웰빙을 선호하는 사람들을 타깃층으로 삼음

3) 포지셔닝(Positioning)

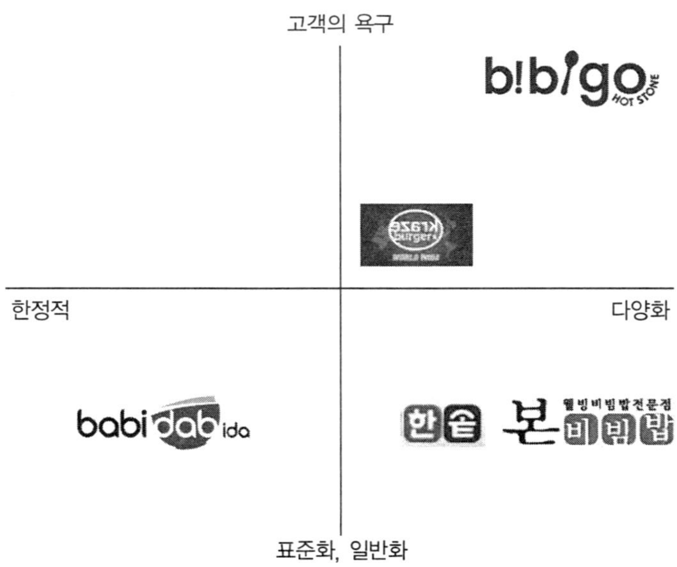

5 SWOT 분석

1) 강점(Strength)

- 계절에 따른 재료선택 : 도매업자와의 직거래를 통한 신선하고 저렴한 재료 공급
- 비빔밥은 부담되지 않는 맛과 가격으로 아침이나 점심으로 간단히 해결할 수 있고 각종 채소와 나물 등으로 건강에도 좋다.
- 다양한 재료가 사용될 수 있는 메뉴, 다양한 양념선택
- 세계적인 체인점(중국, 미국, 싱가포르, 앞으로는 2015년까지 북미, 중국, 일본, 동남아, 유럽 등 전 세계에 오픈)

2) 약점(Weakness)

(1) 공통약점

패스트푸드로서의 비빔밥의 한계(재료를 다듬고 조리하는 데에 온갖 정성을 쏟지 않는다면 비빔밥의 깊은 맛이 제대로 나지 않는다. 그래서 패스트푸드로서의 비빔밥은 그 맛을 지니기 어렵다)

(2) 해외시장에서의 약점

- 차려놓았을 때에는 보기에 좋지만 비비고 나면 호감도가 떨어질 수도 있다.
- 밥의 식감은 빵을 주식으로 하는 사람들에게는 꽤 낯설다. 특히 우리가 좋아하는 차진 밥은 외국 사람들에게 그다지 좋은 식감을 주지 않는다.
- 한식의 패스트푸드화를 추구하지만 햄버거와 비교했을 때, 간편성이 너무 떨어진다(소스나, 밥, 반찬, 국 등의 각기 포장).

3) 기회(Opportunity)

최근 비빔밥 시장이 크게 내국인이든 외국인이든 인기 있는 외식 수단으로 자리 잡고 있다는 것을 알려준다.

- 웰빙을 추구하는 사회적 분위기, 건강을 중시하는 경향이 강해짐
- 한식에 대한 국내외 관심 증가
- 한류열풍으로 인한 외국인 관광객등 유동인구가 많음

관련 기사

기사 1.

외국인들은 비빔밥 안에 들어가는 나물에 관심이 많다고 한다. 박팀장은 "설문 조사 결과 나물 중에서도 시금치와 표고버섯, 콩나물 등을 선호했다" - joins 뉴스

기사 2.

한국관광공사에 따르면 외국인들이 한국을 찾는 첫 번째 이유가 맛이 뛰어나고 영양도 좋은 음식 때문이라고 한다. 그 중에서도 김치, 불고기, 비빔밥은 한국을 방문한 관광객이라면 반드시 먹어보는 대표적인 우리 전통 음식들이다. - 한국경제

기사 3.

종합식품기업 아워홈이 최근 아워홈 급식장을 이용하는 고객 572명(남자 362명, 여자 210명)을 대상으로 고객만족도를 설문조사한 결과 일반인들이 가장 선호메뉴 1위로 소고기채소볶음(25.2%)이 꼽혔다. 비빔밥(23.3%)이 2위를 차지했다. - 한국경제

4) 위협(Threat)

- 남는 재료의 처리(한식의 특성상 원자재비용이 많이 들어가는데 들어가는 원자재를 다 사용하여 판매하는 것이 사실상 불가능하기 때문에 그에 반한 남는 재료가 위협으로 되고 있다.)
- 채소 값 등 재료의 값 폭등

- 낯선 음식에 대한 거부감(한식을 좋아하는 사람과 모르는 것에 대한 거부감을 지닌 사람들로 아직까지 극명하게 나눠져 있기 때문이다)

6 해외진출 현황

1) 미국

미국 UCLA 1호점 외부 모습 ⬆

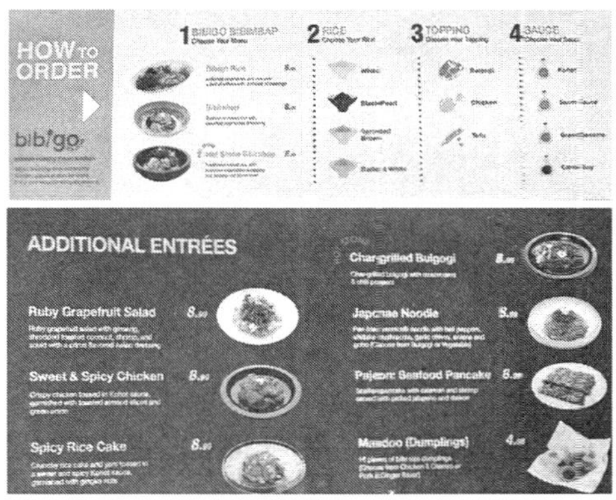

비비고 메뉴보드 ➡

미국 로스엔젤리스의 웨스트우드 빌리지. 캘리포니아 주립대(UCLA) 인근의 비빔밥 전문 레스토랑 '비비고(bibigo)'는 요즘 70개 좌석이 모자랄 정도로 성황이다. 하루 매출이 4,000달러가 넘는다. 특히 2010년 9월 오픈한 이후, 비빔밥에 입맛을 붙인 현지인 고객들이 꾸준히 늘어 지금은 하루 방문객의 80% 이상이 현지인이라고 한다.

미국 UCLA 1호점은 팍스 극장(Fox Theater) 앞에 있는 아름다운 가로수 길, 그 길 끝에 자리하고 있다. 캘리포니아, 특히 남캘리포니아 미국인들이 지닌 외국 문물을 쉽게 잘 받아들이고 즐기는 성향에 맞게 어느 곳에 가도 타이나 중국, 일식 등 아시아 퓨전 음식점들을 쉽게 만날 수 있는 곳에 입점하고 있다. 최근에 미국 내 대형 프랜차이즈 레스토랑에서 한국 음식을 메뉴에 넣었다는 신문기사는 미국 기업들이 맛도 좋고 건강에 좋은 한식을 넣음으로서 매출을 늘릴 수 있기 때문인 것 같다.

현재 미국에 있는 비비고는 화려하지도 않고, 크기도 작지만 점심시간에 발을 들여놓기가 어려울 정도로 사람들이 많이 찾아오고 있다.

메뉴보드는 처음 오는 미국인들도 쉽게 주문할 수 있도록 두 섹션으로 나누어 배치, 단품 메뉴 섹션과 비빔밥을 개인 취향에 맞게 주문할 수 있는 섹션으로 나뉘어져 있다. 흔히 미국인들이 이야기하는 한식 레스토랑의 문제점 중 하나가 식당에서 나오는 대로 먹어야 한다는 점이다. 까다로운 미국인들의 특이한 기질을 잘 파악한 메뉴보드인데, 샐러드 개념의 비빔밥, 차가운 비빔밥, 뜨거운 돌솥 비빔밥에 흰밥을 비롯한 4가지의 밥, 불고기, 두부, 닭고기, 마지막으로 4가지의 다양한 소스를 선택할 수 있으며, 총 144가지의 종류로 변할 수 있다. 따라서 어떤 까다로운 미국인의 입맛도 맞춰낼 수 있는 시스템인 것 같다.

채소들과 재료들은 현지해서 구할 수 있는 최상의 원자재를 이용하고 있고, 그들의 입맛에 익숙한 채소들을 사용하면서 우리 옷은 절대로 버리지 않는 현지화 전략을 하고 있다. 소스 역시 단순히 고추장 소스만 있다면, 매운 것을 싫어하는 미국인들에게 기피 음식이 되어 버리기에 미국인들과 세계인이 좋아 할 무난한 소스를 다양하게 준비한다.

이 매장에서 미국인들에게로부터 다양한 의견을 듣고 그 의견을 음식에 반영하여 앞으로 미국 내 1,000개의 매장을 목표로 열심히 준비 중이라고 한다. 또한 학생들과 바쁜 직장인을 위해 투고(테이크아웃)에도 많은 신경을 쓰고 있으며, LA 1호점을 시작으로 뉴욕의 2호점 오픈, 그리고 2013년부터 본격적인 프랜차이즈 작업을 진행해오고 있다.

특히 글로벌 최대 외식시장 중 하나인 미국 로스엔젤리스(이하 LA)의 웨스트우드 빌리지(Westwood Village; 이하 웨스트우드)에서의 출점은 전 세계에 비빔밥 돌풍을 일으키고 있다. 비비고 LA 매장이 입점한 이 지역은 오피스가 밀집해 있어 유명 글로벌 외식기업의 매장들이 입점해 있는 LA 지역 내의 핵심 상권 중 하나이다.

비비고 관계자는 "웨스트우드는 최신 유행과 트렌드에 민감하고 타 문화에 대한 관심 및 수용도가 높은 대학생들과 직장인들이 많기 때문에 이곳에 미국 첫 매장을 오픈하게 됐다"고 밝혔다. 신개념 한식 레스토랑 '비비고'는 재료부터 운영까지 모든 과정을 글로벌 확산이 가능하도록 표준화되어 있으면서도, 미국 현지의 특성을 반영해 차별화된 메뉴도 선보인다.

LA 매장 역시 비비고라이스, 돌솥비빔밥과 한입에 먹을 수 있는 타파스(Tapas) 형태의 한식 메뉴, 가볍게 즐길 수 있는 탄산음료 등으로 매장 입구에서부터 밥, 소스, 토핑을 선택하여 비빔밥을 조립하고 계산까지 완료하여 원하는 비빔밥을 바로 먹을 수 있는 방식으로 운영되는 점은 동일하다.

LA 매장의 차별화 포인트는 현지인들의 선호하는 그릴 메뉴들과 소주 칵테일을 개발해 제공하는 것이다. 뜨거운 돌판(Hot Stone) 위에 갈비, 치킨, 두부 등을 이용한 그릴 메뉴와 간편하게 즐길 수 있는 부리또 메뉴도 새롭게 선보인다. 이와 함께 소주에 라임, 민트 등을 추가하여 즐길 수 있는 소주 칵테일과 파인애플, 블루베리 등을 추가한 막걸리 칵테일도 새롭게 선보이고 있다. 메인 메뉴의 가격은 $8.99~$12.99 수준이다.

미국은 다양한 인종과 문화가 공존해 있어 새로운 문화에 대한 수용성도 높기 때문에, 비비고를 통해 전통을 살리면서도 현지 음식문화와 결합해 건강하고 트렌디한 형태의 한식으로 승부를 걸겠다는 당찬 의지를 읽을 수 있다.

한편, '한식' 하면 양반다리하고 앉아 받는, 상다리 휘어지게 차려진 전통밥상이 먼저 떠오른다. 무조건 푸짐해야 최고의 미덕인 것처럼 여겨지던 시절이 있었다. 이런 전통적인 한상 차림은 가짓수가 너무 많아 오늘날 연간 13조 원에 이르는 음식쓰레기 배출의 중요한 원인이 되고 있다. 하지만 요즘 한식, 간편해졌다. 대신 맞춤형 비빔밥은 물론 테이크아웃에 빠르고 세련되기까지 참신함으로 승부한다. 고객층도 20~30대로 낮아지고 외국인들까지 두루 섭렵했다. 한식의 의미 있는 업그레이드다.

한식레스토랑 '비비고' 미국 1호점의 주목할만한 것은 식사시간이면 70여 개 좌석이 손님들로 북새통을 이룰 만큼 대단한 흥행력을 자랑하고 있는 것이다. 해외 언론도 관심을 집중하고 있다. 비비고는 미국 인터넷매체 허핑턴포스트가 꼽은 LA 지역 최고의 건강식 패스트푸드, CBS의 LA지역 방송국인 KCAL9 뉴스가 선정한 '주목할만한 레스토랑' 으로 보도됐다.

미(美) 국영방송 PBS는 '김치 연대기' 다큐멘터리를 통해 한국을 대표하는 비빔밥 브랜드로도 소개한 바 있다. 음식점 주제는 한식을 대표하는 비빔밥. 여기에 일반 한식 전문점과는 차별화된 재해석으로 세계인의 이목을 사로잡았다.

비비고는 CJ푸드빌이 운영하는 글로벌 한식 브랜드다. 애초부터 한식의 세계화를 염두에 두고 탄생되었다. 첫 선을 보인 지 1년여 만에 국내 4개, 중국 · 미국 · 싱가포르 등 해외 3개 매장을 오픈하며 성공적으로 안착했다. 그동안 비비고를 방문한 고객은 총

40만 명. 절반가량이 외국인이다. 고유의 비빔밥 전통은 살리면서 고객이 밥, 소스, 토핑을 원하는 대로 선택할 수 있는 맞춤형이 특징이다. 여기에 계산까지 한 번에 이뤄지는 퀵 서비스 레스토랑(Quick Service Restaurant)을 지향한다. 샐러드에 익숙한 서구인을 겨냥해 건강식 비빔밥 '비비고 라이스'와 간편하게 한 입에 먹을 수 있는 타파스(Tapas) 메뉴를 개발, 호응을 얻었다. 특히 돌솥비빔밥의 경우 미국인들에게 인기가 높다.

비빔밥을 테이크아웃으로 판매하고 있는 것도 눈여겨볼 만하다. 채소에서 수분이 많이 빠져나와 맛이 없어지던 단점을 자체 개발한 조리법으로 해결했다. 무엇보다 표준화된 품질, 빠른 메뉴 제공 등 오래 전부터 한식 세계화를 위한 치밀한 전략과 철저한 사전 준비가 주효했다. 가격대는 7,000~1만2,000원 선. 다소 비싸게 느껴지는 듯하지만, 재료의 품질을 따진다면 적정 수준이라는 게 회사 측의 설명이다. 비비고를 한식의 '맥도날드'로 만들어 전 세계에서 사랑받는 대중적인 한식 레스토랑으로 만들겠다는 게 CJ그룹의 포부다.

2010년 12월 서울 신사동 압구정역 인근에 처음 문을 연 LG아워홈의 '밥이답이다'도 톡톡 튀기는 마찬가지. '건강하고 든든한 한 끼'를 슬로건으로 한식 요리를 즉석에서 즐길 수 있는 한식 패스트푸드 전문점을 표방한다. 비빔밥, 잡채, 불고기, 찌개 등의 메뉴는 3~5분 사이에 조리돼 바쁜 이들의 시간을 단축시켜 준다. 또 완성된 음식들은 테이크아웃이 가능해 언제 어디서나 간편하게 먹을 수 있다. 6,000~7,000원대의 비교적 저렴한 가격에 곧 배달 서비스도 실시될 예정이라고 한다.

오픈한지 얼마 되지 않았지만 일단 국내 고객들의 반응은 합격점이다. 복잡하고 고리타분한 이미지였던 한식이 맛과 형식에서 새롭게 다가왔다는 평가다. 아워홈은 '밥이답이다'를 세계로 진출하는 브랜드로 성장시키고자 2년여의 사전 연구과정을 거쳤다.

2) 중국

- 중국인들의 입맛에 맞춰 돼지 불고기 토핑 추가, 막걸리 칵테일도 선보여
- 1분에 OK! 웰빙 패스트푸드로 비빔밥 인기 예감

CJ푸드빌이 야심차게 추진하는 한식세계화가 2010년 8월에 중국 베이징에 비비고 매장을 열어 본격화하였다.

신개념 한식 레스토랑 '비비고(bibigo)' 중국 베이징점은 서울 광화문에 글로벌 허브(Hub) 매장을 오픈한 이후 실제 해외에서는 첫 선을 보이는 매장으로 본격적인 한식 세계화의 신호탄이 되었다.

중국 베이징 최대 쇼핑몰인 동방신천지 지하 1층에 위치한 중국 '비비고' 매장은 총 64석의 규모로 식당가 내에 위치하고 있어 일식, 양식, 중식 등 다양한 종류의 외식 브랜드와 경합을 벌이고 있다. 특히 비비고 매장이 위치한 왕푸징 거리는 하루 평균 30만 명 이상의 유동 인구가 찾는 최대 번화가일 뿐만 아니라 10대 후반부터 30대 중반까지 다양한 연령층이 찾는 곳이기 때문에 '비비고' 브랜드와 비빔밥 메뉴를 단기간에 효과적으로 알릴 수 있는 계기가 되었다.

메뉴는 비비고라이스, 비빔밥, 돌솥비빔밥과 한입에 먹을 수 있는 타파스(Tapas) 형태의 한식 메뉴, 가볍게 즐길 수 있는 탄산음료 등이다. 매장 입구에서부터 밥, 소스, 토핑을 선택하여 비빔밥을 조립하고 계산까지 완료하여 원하는 비빔밥을 바로 먹을 수 있는 방식으로 운영되는 점도 국내 매장과 같다. 단 소고기보다 돼지고기를 선호하는 중국인들의 입맛을 고려해 기존 숯불고기, 두부, 닭가슴살 3가지로 운영되던 토핑류에 돼지불고기를 추가했으며 중국인들이 막걸리를 부담 없이 접해볼 수 있도록 하기 위해 딸기나 망고 등 과일과 함께 즐길 수 있는 막걸리 칵테일도 새롭게 선보였다. 가격은 32위안에서 38위안(5~6,000원 선)으로 책정되어 운영하고 있다.

CJ푸드빌 관계자는 "2015년까지 북미, 중국, 일본, 동남아, 유럽 등 전 세계에 매장을 열고 한식을 통한 한국문화 전파에도 앞장서 국가브랜드 강화에도 기여하겠다."고 밝혔다.

3) 싱가포르

- 글로벌 한식 브랜드 비비고, 베이징, LA이어 싱가포르 오픈, 동남아시아 첫 진출
- 더운 아열대 기후, 싱가포르인 특유의 입맛, 중국 매장에서의 경험을 고려해 현지화한 메뉴 선보여

- 싱가포르점을 시작으로 2015년까지 동남아시아 400개 매장(전 세계 1,000개 매장) 오픈 예정

비비고 싱가포르 1호점 외부 모습

비비고는 2015년까지 전 세계 1,000개 매장 오픈을 준비하고 있으며 가장 많은 400개의 매장 오픈을 동남아시아에서 계획하고 있다. 이런 가운데 싱가포르점 오픈은 동남아 진출에 박차를 가하기 위한 동남아 1호점이라는 점에서 의미가 있다. 특히 싱가포르를 비롯한 동남아 지역에서는 한류의 영향으로 비빔밥을 '대장금식' 으로 부르는 등 친근감이 있어 비비고의 선전이 예상된다. 싱가포르는 또한 세계 유수의 다국적 기업 본부가 대거 몰려 있는 지역으로 비비고의 전략 지점이 되고 있다.

비비고 싱가포르 매장은 시청역 등 2개의 지하철역과 연결되며 로빈슨(Robinson) 백화점을 비롯한 싱가포르 대표 외식브랜드들이 밀집되어 있는 싱가포르 최고의 중심 지역 래플즈 시티몰(Raffles City Mall)에 입점해 고객 반응과 피드백을 예민하게 파악할 수 있다.

'신선함' 과 '건강' 을 주제로 한식 고유의 멋과 비빔밥의 전통을 살리면서도 개개인의 기호에 맞게 밥과 소스, 토핑을 선택할 수 있는 새로운 개념의 한식 레스토랑 '비비고' 는 재료부터 운영까지 모든 과정을 표준화하면서도 현지인들의 특성을 반영한 차별화된 메뉴를 선보이는 것이 특징이다.

우선 비비고 싱가포르 매장은 싱가포르에서 한식이 고급 음식으로 자리 잡은 만큼 기존의 미국, 중국에서 운영하는 패스트푸드 형식이 아닌 광화문점 2층처럼 고객이 밥, 소스, 토핑을 선택, 비빔밥을 조립해 원하는 비빔밥을 주문하여 반상 형태로 먹을 수 있는 캐주얼 다이닝 레스토랑(Casual Dinning Restaurant)로 운영되는 것이 특징이다.

또한 싱가포르에 중국인이 많이 거주하는 만큼 해외 1호점인 중국 매장에서의 노하우들을 적극 반영해 메뉴를 현지화하였다. 특히 볶은 채소를 좋아할 것이라는 예상과

달리 생채소에 열광했던 중국 매장의 반응과 싱가포르 특유의 더운 기후를 반영해 상큼한 샐러드 형식의 비비고 라이스를 단품 메뉴화해 출시하였다.

또한 삼계탕을 좋아하는 싱가포르인의 입맛을 고려, 비비고식으로 재해석한 삼계탕 메뉴를 새롭게 출시했다. 삼계탕은 최근 아열대 기후인 싱가포르에서 새로운 보양식으로 주목받고 있으며, 모의영업 당시에도 현지인 절반 이상이 삼계탕을 주문하는 등 그 엄청난 인기가 입증된 바 있다.

CJ푸드빌 김의열 대표는 "비비고의 싱가포르 진출을 계기로 최근 싱가포르에서 고조되고 있는 한류 열풍에 편승해 한식의 매력을 더욱 널리 알릴 수 있도록 최선을 다할 계획"이라며 "앞으로도 전통을 살리면서도 현지 음식 문화와 결합한 새로운 형태의 한식 세계화를 추진함으로써 한식을 새로운 스타일의 건강하고 트렌디한 문화로 알려나갈 예정"이라고 밝혔다.

7 개선 방안과 향후 전망

비비고는 한식의 홍보대사 역할을 하며 중국, 미국 등 해외로 뻗어 나가 다양한 마케팅과 점포 확장으로 외국인들에게 우리 비빔밥의 전통성과 매력에 대해 끊임없이 알리고 있다. 그러나 한식세계화 계획이 당장의 프랜차이즈 확장에만 초점을 두고, 비빔밥이라는 메뉴를 중심으로 치우쳐 있기 때문에 가시적 성과에만 집중된 경향이 있다.

비비고가 해외에서 계속 한식을 알리는 한식홍보대사로 살아남으려면 비빔밥에 쏟았던 열정만큼 다른 한식 메뉴에도 많은 관심과 노력을 기울여 진정으로 한식을 외국인들에게 알릴 수 있도록 해야 한다. 이를 위해 앞서 제시했던 한식 전문 인력 양성을 비롯하여 한식의 표준화, 식재료 유통체계 확립, 상대에 대한 배려가 담긴 우리 음식의 재해석이 필요하다고 생각한다.

사례 24

프랜차이즈 브랜드 '롱런', 해답은 '가맹점 교육'

불황의 긴 터널이 끝날 줄 모르고 있다. 경기침체와 경직된 소비시장의 흐름으로 인해 외식 시장 역시 크게 위축된 것이 사실이다. 프랜차이즈 외식업 창업의 경우 타사에서 모방할 수 없는 고유의 맛과 기술을 보유한 가맹본부를 선택하는 것이 무엇보다 중요해졌다.

외식 창업의 성패를 결정하는 요인으로는 점포의 입지, 아이템 선정, 점주의 운영 등을 꼽을 수 있다. 점주의 운영능력은 결정적인 역할을 한다. 아이템이나 입지환경은 환경적인 요인으로 치부할 수 있지만 이를 실행하는 주체는 가맹점주이기 때문이다.

아무리 좋은 입지에서 좋은 아이템을 판매하더라도 시장에서의 경쟁, 고객 관리 등 이를 실현하는 점주의 경영이념이나 운영이 미숙하다면 매장의 효율을 극대화하기는 어렵다는 것이 전문가들의 설명이다.

따라서 창업을 준비하는 예비창업자의 경우 창업 전 철저한 준비와 교육의 중요성이 대두되고 있다. 프랜차이즈의 경우 창업 경험이 없는 초보창업자들이 선택하는 경우가 많기에 창업 전 철저한 이론 및 실무 교육의 중요성은 커지고 있는 추세다.

이러한 창업 시장의 흐름에 맞춰 프랜차이즈 본부들이 가맹점 교육에 투자를 강화하기 시작했다. 각 아이템에 맞게 실무에서 활용할 수 있는 매뉴얼을 만드는 한편 매출에 직접적인 영향을 미치는 고객 마케팅에 대한 노하우를 전달하는데 주력하는 모습을 보이고 있다.

최근 커피&샌드위치 전문점 '타미하우스'는 가맹점주교육의 중요성을 인식하고 30일간의 철저한 교육 프로그램으로 성공 점포 만들기에 나서 눈길을 끌고 있다.

손쉽게 창업할 수 있는 커피전문점이지만 치열한 경쟁에서 이길 수 있는 방법은 철저한 교육을 통한 점주의 역량 향상이란 점에 주목했다.

타미하우스의 교육 프로그램은 1주차 전문 바리스타 학원에서 커피에 대한 이론 및 실무 교육으로 커피의 기본기를 배우고 2~3주차까지 직영매장에서 실무에 대한 교육을 받는다. 이때 고객관리, 서비스교육, 종업원 관리 등 실무에 대한 전반적인 교육이 펼쳐진다.

4주차에서는 오픈 예정 매장에서 홍보전략, 종업원 교육 등의 실무 교육의 마무리와 세금, 자금 관리 등의 기타 상세한 교육을 실시한다. 또한 본사의 오픈지원팀이 매장 오픈 후 1주일간 매장운영을 돕는 것을 원칙으로 함으로써 가맹점주가 실전에서 부딪힐 어려움을 최소화시켰다.

임성환 타미하우스 팀장은 "커피 전문점 창업 시에는 입지, 아이템도 중요하지만 점주의 운영 능력이야말로 치열한 경쟁에서 살아남을 수 있는 최고의 경쟁력이 되어준다. 따라서 체계적인 가맹점주 교육 시스템은 롱런하는 지름길"이라며 "본사는 슈퍼바이저를 통한 매장의 관리도 중요하지만 오픈 전 철저한 교육을 통한 완성된 점주를 만드는 것이 더욱 중요하다"고 강조했다.

한편 타미하우스는 2008년에 론칭해 커피, 샌드위치, 수제버거 등의 특화된 메뉴와 배달전략으로 현재 약 20여 개의 매장을 운영 중이다. 창업비는 8평 기준으로 4500만 원 선.

자료 : 매일경제, 2012년 6월 27일

Q&A

1. SWOT 분석 중 남은 재료의 처리는 왜 위협요인인가?

남은 재료의 처리를 위협으로 넣은 것은 한식은 원자재가 많이 필요한 음식이기 때문이다. 이와 같은 이유로 우리나라 특급 호텔이나 정통 한정식을 많이 운영하지 못하는 큰 이유 중의 하나라고 생각한다. 원자재가 많이 들어가는 것에 비해서 또 남은 재료의 처리에도 어려움을 겪고 있어서 위협요인으로 손았다.

2. 채소, 숙채, 고기 중 어느 것이 관리하기가 더 어려운가?

채소라고 생각한다. 외관상으로 눈에 띄게 차이가 나는 것이 채소이기 때문이다.

3. 비비고가 CJ 푸드빌 소속이라고 했는데, 현재 CJ 제일제당에 속해 있는 것이 아닌가?

비비고는 처음 오픈할 때 CJ 푸드빌과 CJ 제일제당 합작으로 진행되었으며, '비비고' 레스토랑의 경우 CJ 푸드빌에 속한다. CJ 제일제당에서는 '비비고'라는 브랜드네임을 사용하여 고추장, 청국장 등의 식품사업을 진행하고 있다.

4. SWOT 분석 중 위협에서 낯선 음식에 대한 거부감의 해결책은 무엇인가?

낯선 음식에 대한 거부감을 해결할 수 있는 해결방안으로는 비비고의 차별화 마케팅에 있다. 개인의 기호에 맞춘 메뉴, 다른 음식점과 다르게 비비고는 메뉴 선정 시 준비된 메뉴들 중에 개인의 입맛에 맞게 고를 수 있도록 차별화된 마케팅을 실시하고 있다. 해외에 진출한 비비고 매장들의 경우에도 그 나라의 고객들 입맛에 맞춰 비빔밥에 들어가는 재료의 내용물들을 약간씩 바꾸어 고객들을 유치하고 있다. 샐러드 개념의 비빔밥, 차가운 비빔밥, 뜨거운 돌솥 비빔밥에 흰밥을 비롯한 4가지의 밥, 불고기, 두부, 닭고기, 마지막으로 4가지의 다양한 소스를 선택할 수 있는데, 총 144가지의 종류로 변할 수 있다. 이러한 차별화 마케팅으로 극복할 수 있을 것이다.

5. 비빔밥에서 채소는 신선함이 생명인데 유통구조는 어떻게 되어 있나?

비비고는 현재 국내 7개 매장, 해외 3개의 매장을 모두 직영으로 운영하고 있다. 해외를 비롯한 매장의 야채들과 재료들은 현지해서 구할 수 있는 최상의 원자재를 이용하고 있고, 해외 매장의 경우 그들의 입맛에 익숙한 야채들을 사용하면서 우리 옷은 절대로 버리지 않는 현지화 전략을 하고 있다.

6. 전통비빔밥의 해외진출이 아닌 것에 대해 어떻게 생각하나?

: 전통비빔밥을 판매하고 있지 않는 것은 아니며 다만 메뉴의 다양성을 두어 개인의 입맛에 맞게 먹을 수 있도록 되어 있다. 너무 전통만을 고집하는 것도 해외진출에 큰 어려움을 가지고 있는 것이라고 생각한다. 전통비빔밥에 대한 해외진출을 하지 않는다는 것이 아니며 어느 정도 입지를 굳힌 다음 기획으로 외국인에게 선보이는 것도 좋은 방법이 아닐까 생각한다. 싱가포르 점의 삼계탕의 성공사례를 본다면 전통비빔밥도 외국인들에게 시간은 다소 걸릴지 모르겠지만 충분히 가능할 것이라고 생각한다.

7. 직영이 7개 밖에 없는데 표준화되어 있고, 성공사례라고 생각하나?

미국 UCLA점에 대하여 보도된 기사에 따르면 일일 매출이 4,000달러가 넘는다는 점과 이용하는 고객의 80%가 현지인이라는 점으로 봤을 때 성공한 지점이라고 생각한다. 한국 광화문에 있는 비비고 역시 광화문 맛 집 순위에 올라가 있는데 광고와 같은 매체를 이용한 마케팅을 실시하고 있지 않음에도 불구하고 이러한 선전을 하고 있다는 점에서 성공사례가 아닐까 생각한다. 성공기업이라고 하면 수익도 물론 높지만 수익에만 치중하는 기업이 아니라 에코, 생태학적인 측면, 윤리적인 기업이 성공기업일 것이다. 그런 점을 비춰 보았을 때, 비비고는 수익도 수익이지만 친환경용기 및 나눔 마케팅과 후원 마케팅 등으로 윤리적인 측면을 갖춘 성공기업이라고 생각하고, 앞으로 더 발전 가능성이 높을 것이라고 본다.

✻참|고|자|료

- 강대경 외, 국제경영, 효일출판사, 2000년.
- 농림수산식품부 www.mifaff.go.kr
- 방문규, 식품산업과 영양, 학술한식산업화 · 세계화추진계획(안), 한국식품영양과학회
- 본비빔밥 http://www.bonbab.co.kr/
- 사이버 외교사절단 '반크' 한식홍보대사 e-학교 http://food.prkorea.com/
- 삼성경제연구소 www.seri.org
- 에릭 슐로서, 패스트푸드의 제국, 에코리브르, 2001년.
- 위키트리 http://www.wikitree.co.kr/
- 이승영, 글로벌 마케팅(비교문화적 접근), 범한, 2003년.
- 이츠의 홈페이지 http://www.socialeatz.com/
- 파파로티-비스티로 메뉴 '비빔-빙수'
- 프래시안 http://www.pressian.com/article
- 한국식품포털 www.foodinkorea.co.kr
- 한국식품연구원 www.kfri.re.kr
- 블로그 : http://acrossthesea.org/120117054028
- 코리아브랜드 http://blog.daum.net/korea_brand/1008, 2011년 2월 15일.
- EBN, 비비고, 중국 베이징에 2, 3호점 연내 오픈, 2011년 7월 6일.

* 저 | 자 | 소 | 개

■ 김 영 식

- 경영학박사(관광 · 호텔경영 전공)
- (주)씨디엘호텔코리아-밀레니엄 서울힐튼호텔
- 웰비스(주)-안양유스호스텔 총지배인
- 주식회사 레스쿨 대표이사
- 미래씨앤피 관리이사
- 성덕대학교 · 수원과학대학교 · 대림대학교 · 신흥대학교 겸임교수

現) 한국관광레저학회 편집위원 · 한국외식경영학회 이사
커피바리스타 심사위원(한국능력교육개발원 · 한국음료직업교육개발원)
소상공인 컨설턴트 및 교육 강사(소상공인시장진흥공단)
한국산업인력공단 관광종사원 국가자격시험 출제위원
한국관광공사 호텔업등급결정 평가위원
코리아푸드트렌드페어 심사위원
청주대학교 호텔경영학과 교수

■ 전 용 수

- 동아대학교 관광경영학박사(관광산업경영전공)
- 롯데호텔(서울 소공동) 식음료팀 지배인
- 부산롯데호텔 식음료팀 업장총괄책임자
- 겸임교수-신라대학교, 부산외국어대학교
- 호텔업 등급결정평가요원
- 전국 품질분임조 경진대회 대통령 은상 수상 (1994)

現) 한국산업인력공단 관광종사원 국가자격시험 출제위원
동북아관광학회 · 한국관광연구학회 · 한국호텔리조트학회 이사
한국관광공사 호텔업등급결정 평가위원
청주대학교 호텔경영학과 교수

■ 전 규 미

- 동국대학교 호텔컨벤션경영학 학사
- 숙명여자대학교 문화관광학과 석사(관광경영전공)
- 캐나다 UBC 교환학생 1년 이수
- 뉴질랜드 정부인증 테솔 자격증 취득

외식경영사례

2015년 9월 20일 초 판 발행
2019년 2월 28일 1판 2쇄 발행

저 자 김영식 · 전용수 · 전규미
발행인 한 인 환
발행처 도서출판 **기 문 사**
등 록 1978. 8. 9. NO. 6-0637
주 소 서울시 동대문구 안암로 50-1(용두동) 홍신빌딩 3층
전 화 02) 2265-7214 / 922-8662~8663
팩 스 02) 922-8772

homepage : www.kimoonsa.co.kr
e-mail : book@kimoonsa.co.kr

ISBN : 978-89-7723-682-0 93590

저자와의 협의하에 인지생략

정가 : 20,000원